미남교수의

플립러닝을 위한 디지털 미디어 활용

미남교수의

플립러닝을 위한 디지털 미디어 활용

신종우

dh 대한나래출판사

서 문

ICT와 다양한 테크놀로지인 과학기술의 발전을 주축으로 스마트 러닝 시대에 플립러닝(Flipped Learning)이 새로운 교육 혁신의 가능성을 활짝 열어주고 있다. 플립러닝이라고 불리는 거꾸로 교실은 이미 2009년부터 미국, 유럽 등에서 확산되고 있는 가운데, 우리나라에서는 초·중·고등학교에서 대학교까지 그 범위가 급속하게 확대되면서 교육 혁명의 화두가 되고 있다.

지금까지의 전통적인 교육 방식은 강의실에서 교수자 중심의 티칭을 통해 학생들의 머릿속에 지식을 주입시켜 주고, 학생들은 집에서 복습을 통해 문제를 푸는 형태였다면, 플립러닝은 말 그대로 교실을 확 뒤집은 것이다. 다시 말해, 플립러닝은 학생들에게 학교에서 공부해야 할 내용을 집에서 동영상 강의를 통해 자기 주도적으로 예습하게 한 후 학교에서는 문제풀이와 토론발표 수업으로 지식을 확장시키고, 참여적인 상호작용 형태의 수업을 함으로써 학생들의 적극성과 자기 주도성을 촉진하는 교수학습방식이다.

본서는 총 27장으로 플립러닝을 진행하기 위해서 필요한 다양한 디지털 미디어 활용법으로 구성되어 있다. 특히, 제1장에서는 필자가 '미남교수의 치기공놀이터'를 통해 진행하고 있는 플립러닝의 전 과정을 상세하게 소개하였기 때문에 누구라도 플립러닝을 진행하는 데 도움이 되도록 하였다. 제9장에서는 플립러닝을 진행하기 위해서는 교수자가 자기 주도적으로 강의 영상을 제작할 수 있도록 동영상 편집 및 녹화 편을 제공하였다. 제18, 19장에서는 구글링을 통한 검색과 구글 알리미를 통한 스마트한 정보 수집으로 급변하는 스마트 세상에서 새로운 정보 공유자의 주역이 될 수 있도록 구성하였다. 그리고 제25, 26장에서는 스마트 세상에서 유용하게 사용할 수 있는 다양한 스마트폰 앱과 프로그램을 제공하였다.

본서의 특징은 기존의 전통적인 수업 방식과는 정반대로, 수업에 앞서 학생들이 교수가 제공한 강연 영상을 미리 학습하고, 강의실에서는 토론이나 과제 풀이를 진행하는 형태의 수업 방식인 플립러닝을 진행할 수 있도록 페이지마다 저자의 다양한 디지털 미디어 활용법 강의 영상을 큐알 코드에 업로드하여 누구나 자기 주도적으로 학습할 수 있도록 구성하였다.

끝으로 본서의 원고가 집필될 수 있도록 많은 조언과 도움을 주신 많은 분들과 출간될 수 있도록 도움을 주신 대한나래출판사 최용원 대표님 및 편집진에게도 감사드린다.

미남교수 **신 종 우**

contents

contents

contents

contents

· **QR 코드 활용**

본서의 가장 큰 특징은 각 페이지마다 QR 코드를 만들어 보조학습 자료로 참고할 수 있도록 제공해 줌으로써 언제, 어디서, 누구나 자유롭게 자기 주도적으로 스마트 러닝을 할 수 있도록 구성하였다.

· **QR 코드 스캔법**

QR 코드는 아이폰이나 안드로이드 탑재폰의 앱 다운로드 서비스에서 "XQR", "QR Code Reader" 중 원하는 애플리케이션을 선택하여 무료로 설치 받아 언제라도 스캔하여 정보를 읽을 수 있다.

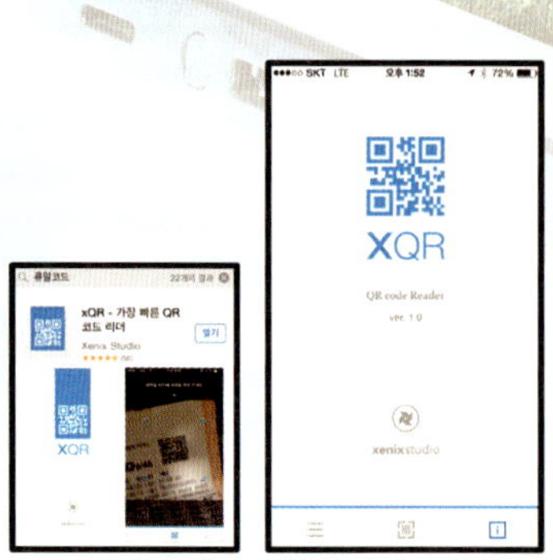

App store – "XQR"

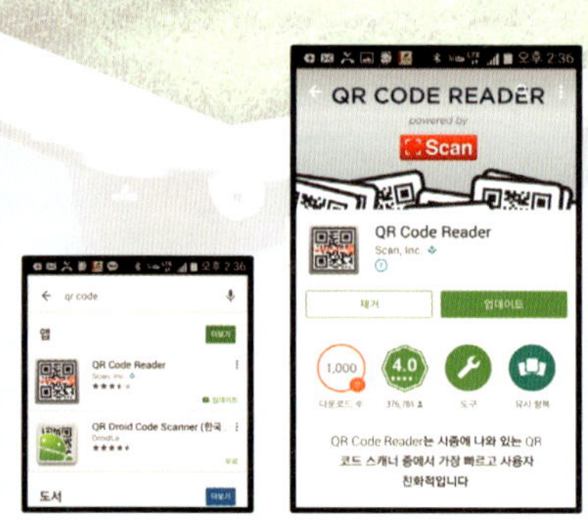

Play store – "QR Code Reader"

01

플립러닝

Flipped Learning

지금까지 전통적인 교육 방식은 강의실에서 교수자 중심의 티칭을 통해 학생들의 머릿속에 지식을 주입시켜 주고, 학생들은 집에서 복습을 통해 문제를 푸는 형태였다면, 플립러닝은 말 그대로 강의실을 확 뒤집은 것이다. 다시 말해, 플립러닝은 학생들에게 학교에서 공부해야 할 내용을 집에서 동영상 강의를 통해 자기 주도적으로 예습하게 한 후 학교에서는 문제풀이와 토론발표 수업으로 지식을 확장시키고, 참여적인 상호작용 형태의 수업을 함으로써 학생들의 적극성과 자기주도성을 촉진하는 교수학습이다.

전통적인 교육방식

플립러닝

1. 스마트 러닝의 이해

개방과 공유 그리고 참여를 모토로 다양한 사회적 연결망을 강조하는 Web 2.0 시대에서 Web 3.0 시대인 Better, Smart, Faster로 정보의 연결망이 발전해 나가면서 형식 교육에서 무형식 교육(informal education)의 비중이 지속적으로 증가하고 있다. 왜냐하면 Web 3.0 시대에서의 학습자들은 기존의 형식 교육이 제공하던 이벤트성 교육이나 규격화된 자격증 또는 수료규정 등을 중시하는 교육보다 자기 스스로 학습목표를 설정하고 필요한 역량을 자기 주도적으로 해결해 나가는 무형식 교육을 더 선호하는 추세이기 때문이다. 따라서 교수자들은 이러한 추세에 발맞출 수 있도록 다양한 무형식 교육학습 콘텐츠를 계발하여 제도와 학습 여건을 제공할 수 있도록 준비하여야 하는 시대에 와 있다. 이러한 무형식 교육의 기본 틀을 제공하는 데에는 스마트 러닝(Smart Learning)에 의한 스마트 티칭이 필수적이라고 할 수 있다. 이에 발맞추어 1990년대 후반부터 불기 시작한 온라인 교육은 다양한 정의(distance learning, e-learning, mobile learning)로 발전을 거듭하고 있다.

소셜미디어 시대를 맞이하여 스마트한 세상에 살고 있다. 전철과 버스 등의 대중교통을 이용하다 보면 많이 사람들이 손에 스마트폰을 들고 있는 풍경을 볼 수 있는데, 우리나라 스마트폰 보유율이 세계 최고 수준이라는 것을 느낄 수 있다. 특히 스마트 기기 사용량이 폭발적으로 증가하면서 온라인 교육에 스마트 러닝으로의 거대한 변화가 일어나고 있으며 이제는 학습의 장으로 초석을 다지고 있는 상황이다. 이 중에서도 도입 단계에 있는 학교에서 관심을 집중시키고 있는 스마트 러닝에 의한 스마트 티칭이 최근 글로벌 트렌드로 자리 잡고 있다.

스마트 러닝을 정의하면 학습자들이 스마트 기기 및 소셜 미디어를 활용하여 자기 주도적으로 형식 학습과 무형식 학습을 융합하여 학습을 수행하는 상시 학습체계라고 할 수 있다. 또한 스마트 러닝은 상호작용을 통한 협력학습이 가능하고, 학습 중에 발생하는 빅데이터를 활용하여 학습 성과를 관리할 수 있다는 이점 등이 있다. 다시 말해, 스마트 러닝은 학습자가 주체가 되고 예습방식이 교재에 한정되어 있지 않다는 점이다. 이는 학습자는 수업에 필요한 학습 주제 영상을 미리 학습한 후 학습자들 간 토의 및 토론을 통해 문제 제기 및 해결 방안 등 다양한 학습 내용을 공유함으로써 상호작용할 수 있다(그림 1-1).

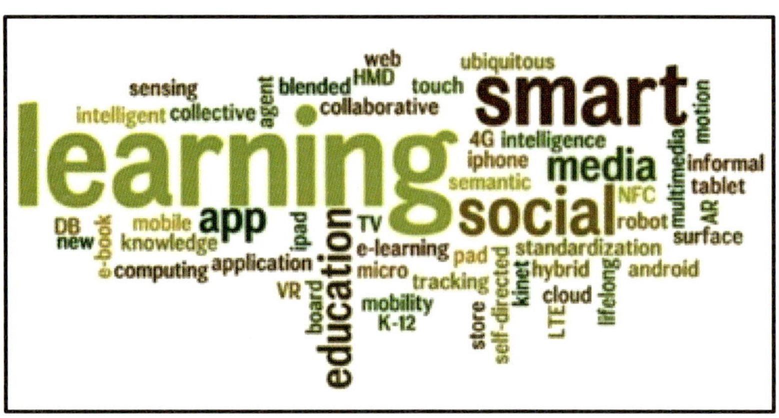

그림 1-1 키워드로 본 스마트 러닝 태그 클라우드(wordle.net 활용)

2. 플립러닝의 이해

'공교육이 무너졌다'라는 이야기에 공감하는 이유는 무엇일까? 아마도 학교 숙제를 가정에서 학습자가 자기 주도적으로 해결할 수 없기 때문에 사교육인 사설학원으로 갈 수 밖에 없지 않을까 라고 자문자답해 본다. 일반적으로 학생들은 학교 수업이 끝나면 집에 가서 숙제를 했지만 플립러닝은 그 반대가 된다고 할 수 있다. 언뜻 선행학습과의 차이가 무엇인지 궁금할 수 있지만, 현재 교과부에서 금지하고 있는 선행학습법과는 확실히 다르다.

선행학습은 공교육 수업과정을 미리 학습해 진도를 나가는 것이라고 한다면, 플립러닝은 단순히 수업 준비를 위한 미리 수업듣기라고 할 수 있다. 만약 동영상 수업을 듣고 오지 않으면 수업시간에 교과활동을 하는 데 어려움을 겪을 수 있다. 그 이유는 미리 자기 주도적으로 동영상 수업을 듣고, 수업 시간에는 듣고 온 수업을 통해 다양한 수업 활동을 하기 때문이다. 다시 말해, 과거에는 지식을 선생님에게 전달받고 집에 가서 복습을 하거나 이를 바탕으로 문제를 풀었다면, 플립러닝은 수업 받을 내용을 수업 듣기 전에 자기 주도적으로 미리 공부하고 와서 수업시간에는 해당 교과 단원에 대한 학습활동을 토론 및 질문 중심의 디테일한 수업을 진행하는 것을 말한다.

스마트 러닝과 플립러닝은 학습 형태와 학습 콘텐츠 및 영상이라는 점에서 상호보완적 역할을 하면서 동반 성장하고 교육의 혁신을 가져올 수 있다. 그 이유는 학습자 중심의 자기주도학습이 스마트 러닝과 플립러닝의 핵심이기 때문이다(그림 1-2).

그림 1-2 플립러닝의 이해

3. 미남교수의 플립러닝

소셜미디어 시대에 스마트 러닝을 위해 필자는 2011년부터 온라인 카페인 "미남교수의 치기공놀이터(http://cafe.naver.com/dtplayground)"를 운영(2015년 8월 22일 현재 회원 수 2,627명)하면서 학습자 중심의 플립러닝 원조교수임을 자부하며, 적극적으로 진행하고 있다. 이를 바탕으로 2015년도를 기준으로 필자가 진행하고 있는 플립러닝을 전체적으로 소개하고자 한다(그림 1-3).

그림 1-3 플립러닝을 활용하고 있는 미남교수의 치기공놀이터 카페

1) 온라인을 통한 개강 전 강의계획서 안내

개강 2주 전에 새 학기에 진행할 강의계획을 영상으로 녹화하여 미남교수의 치기공놀이터 카페에 올린 다음 URL을 학습의 장인 클래스팅에 공지한다. 학습자들은 안내된 강의계획서 영상을 시청하고 강의계획에 학생들의 요구사항을 카페 댓글에 올려 일방적인 교수자 중심의 강의계획서가 아닌 학습자들의 요구사항을 수렴하여 강의계획서를 다시 수정하여 올려준다(그림 1-4, 1-5).

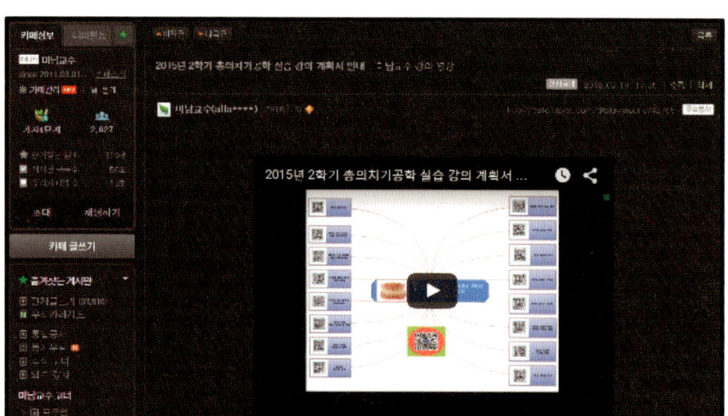

그림 1-4 필자의 카페에 업로드 된 강의계획서 영상

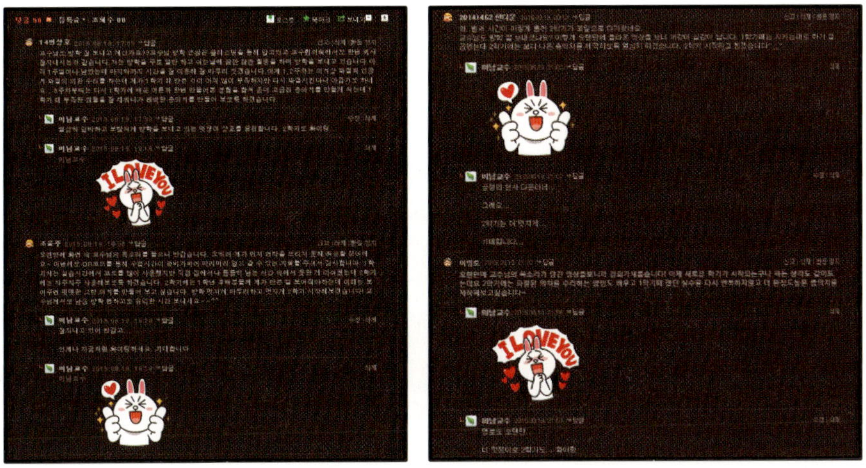

그림 1-5 카페 댓글로 강의계획서에 대한 학습자들의 의견 달기

2) 큐알 코드를 이용한 강의계획서 제공

강의계획서 부분이다. 사전에 공지한 강의계획서에 학습자들의 의견을 담아 매 학기 강의계획서를 디지털 알마인드 맵으로 작성하여, 컬러로 인쇄하고 코팅하여 첫 강의 시간에 배부한다. 큐알 코드에 주차별 강의계획서에 전년도 강의 영상과 진행될 해당 연도 강의를 녹화하여 링크시켜 학습자로 하여금 강의계획서만으로도 자기 주도적 학습을 할 수 있도록 하고 있다(그림 1-6, 1-7).

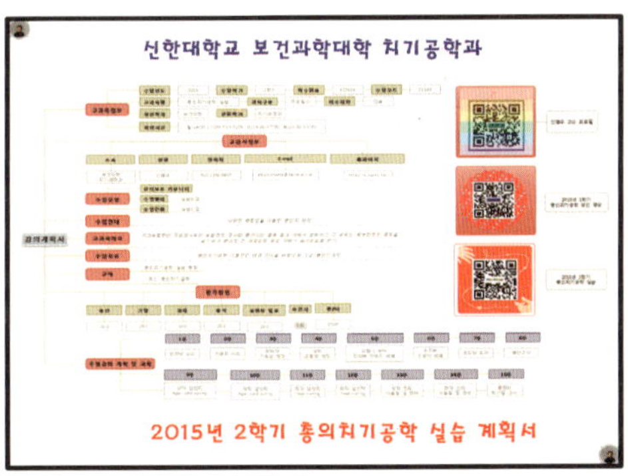

그림 1-6 알마인드 강의계획서 템플릿 이용

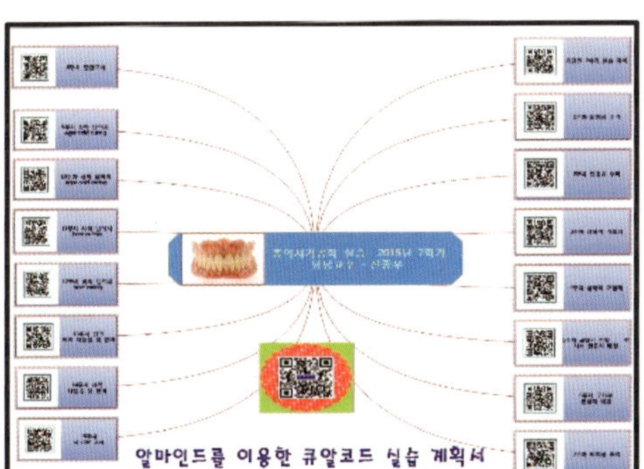

그림 1-7 큐알 코드를 이용한 알마인드 맵 강의계획서

3) 매주 선행학습을 위한 영상 제공

다음 주 수업 내용을 매주 주중(목, 금)에 영상으로 미리 녹화(30~50분 내외)하여 유튜브에 미등록으로 업로드한 다음 소스코드를 복사하여 미남교수의 치기공놀이터 카페에 동영상을 링크시킨다(그림 1-8, 1-9).

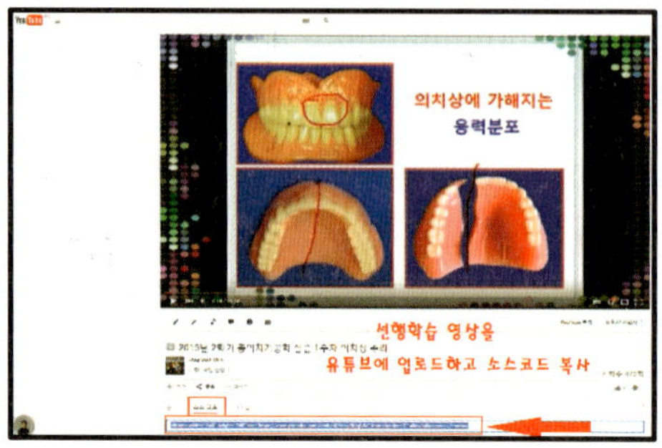

그림 1-8 유튜브에 선행학습 업로드

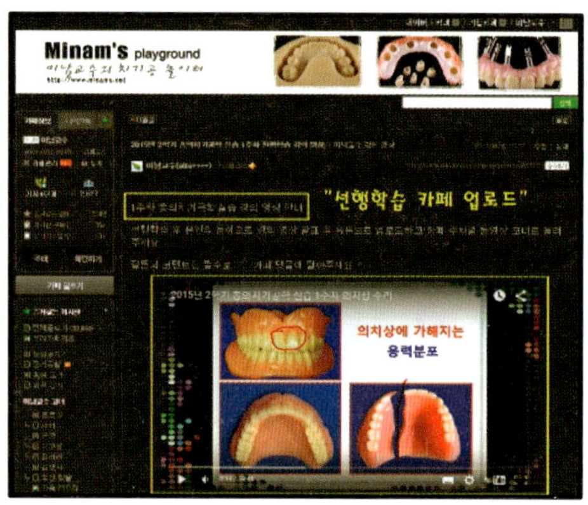

그림 1-9 유튜브 소스코드로 카페에 선행학습 링크

카페에 링크시킨 선행학습 영상 주소(URL)을 복사하여 학습의 장인 SNS 클래스팅(https://www.classting.com/classes/9e8cd3e0-88cc-11e4-b261-65b7447c5bde/posts) 알림장으로 공지하여 학습자들이 직관적으로 모바일에서 자기 주도적으로 학습하도록 해준다(그림 1-10).

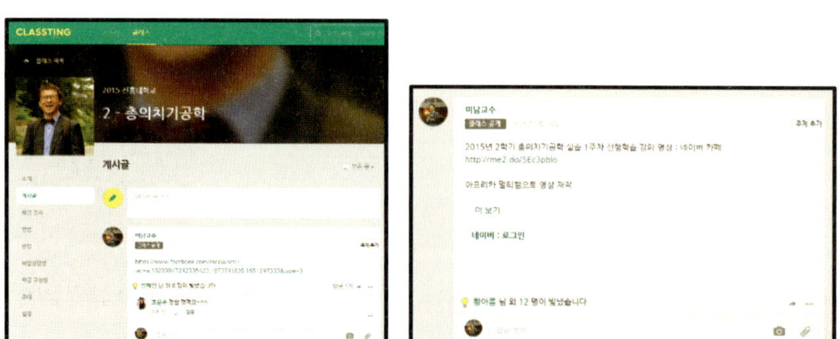

그림 1-10 클래스팅에 선행학습 영상 안내

4) 자기 주도적 선행학습 영상 발표

플립러닝을 위한 선행학습 부분이다. 모바일을 통한 자기 주도적 선행학습 후 필자의 선행학습 강의 영상을 토대로 음성을 묵음으로 하고 학습자 스스로 발표영상을 녹화하여, 유튜브에 올린 다음 필자의 카페의 주차별 동영상 코너에 매주 일요일 9시까지 업로드한다(그림 1-11, 1-12).

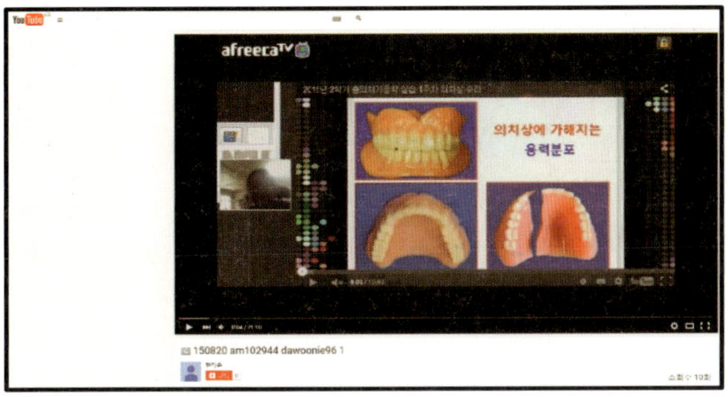

그림 1-11 유튜브에 업로드된 학습자의 선행학습 영상

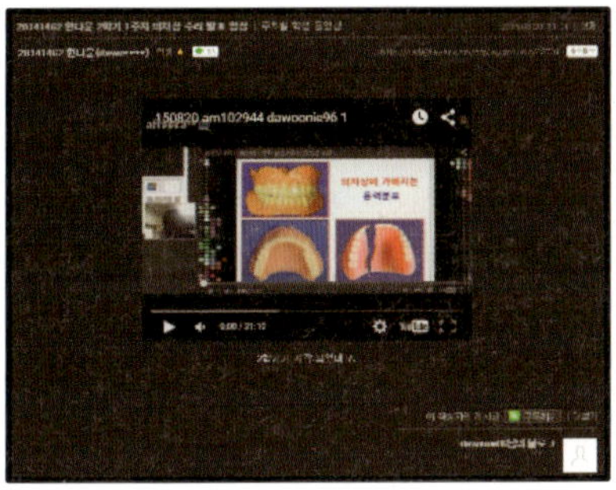

그림 1-12 필자의 카페에 업로드된 학습자의 선행학습 영상

5) 선행학습에 대한 Q&A

주말에 선행학습 강의 영상을 통해 자기 주도적으로 학습한 다음 댓글로 질문을 올려 주면, 필자는 댓글이나 카카오톡 음성 메시지를 통해 학습자와 실시간 선행학습에 관한 피드백을 주고받는다(그림 1-13).

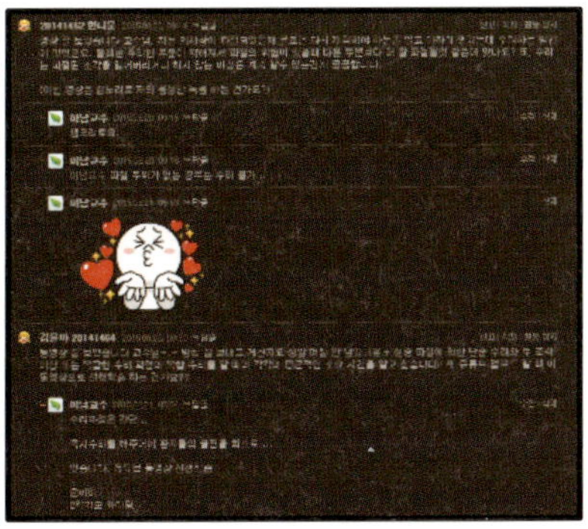

그림 1-13 선행학습에 대한 Q&A

6) 수업 진행 전 스마트 기기를 이용한 시험 실시

본 수업을 진행하기 전에 선행학습의 효과를 높이기 위해 스마트 기기를 이용하여 매시간 약 10분 내외로 시험(객관식/주관식/서술)을 실시한다(그림 1-14).

그림 1-14 스마트 기기를 이용한 시험 실시

7) 본 수업 녹화 영상

본 수업 부분이다. Q&A를 통한 토론 중심의 다양한 참여형 수업과 매시간 3~4명의 3분 스피치 등을 진행하면서 수업을 그대로 영상으로 녹화하여 유튜브에 업로드 한 다음 다시 카페로 링크시키고 SNS 학습의 장인 클래스팅에 올려주어 하교하는 길에 언제라도 복습 학습을 할 수 있도록 해준다(그림 1-15, 1-16).

그림 1-15 학습자의 3분 스피치

그림 1-16 본 수업 강의 녹화 영상

(1) 스마트 기기를 이용한 쌍방향 상호작용

수업에서는 교수자 중심의 강의가 아닌 학습자 중심의 양방향 수업을 스마트폰의 다양한 앱(PingPong, Socrative, Collabo, Plickers, Symflow)을 이용하여 실시간 학습내용에 대한 피드백과 질문을 공유하고 있다.

① 핑퐁

핑퐁(PingPong)은 SPOT Networking으로 강의, 수업, 회의 등 다수의 사람들이 모인 현장에서 상호작용을 도와주는 커뮤니케이션 툴이다. 별도의 가입 절차 없이도 청중의 질문을 유도할 때, 학생의 이해도가 궁금할 때, 자료를 간편하게 공유할 때, 당첨자를 뽑을 때 매우 유용하게 활용할 수 있다. 핑퐁은 PC, 폰, 태블릿 등 어느 디바이스에서나 무료로 서비스를 이용할 수 있다(그림 1-17).

그림 1-17 핑퐁

② 심플로우

심플로우(Symflow)는 오프라인의 쌍방향 커뮤니케이션을 도와주는 온라인 플랫폼으로 'Symphony', 'Sympathy'의 'Sym'과 'Flow'의 합성어로 '함께 공감하여 흐름을 만들어 가는 것'을 의미한다(그림 1-18).

그림 1-18 심플로우

③ 플리커스

플리커스(Plickers)는 교사의 1인 디바이스만으로도 질문을 하고 바로 응답을 받을 수 있는, 즉 양방향 수업을 진행할 수 있는 앱으로 안드로이드와 iOS에서 이용할 수 있다. 학생들은 40~63명까지 생성 가능하며, 무료로 받을 수 있는 카드로 쌍방향 수업이 가능한 프로그램이다(그림 1-19).

그림 1-19 플리커스

④ 콜라보

콜라보(Collabo)는 인터넷이 접속되는 환경에서 개인이 가지고 있는 스마트폰 또는 태블릿, 노트북 등을 이용하여 웹 접속 방식으로 사용할 수 있는 온라인 청중 응답 시스템이다(그림 1-20).

그림 1-20 콜라보

⑤ 소크라티브

소크라티브(Socrative)는 학생들의 평가와 간단한 설문조사에 활용할 수 있는 유용한 앱으로 iOS, 안드로이드, PC(인터넷) 등 대부분의 플랫폼에서 활용할 수 있는 멀티플랫폼 앱이다(그림 1-21).

그림 1-21 소크라티브

8) 수업평가

Q&A와 수업평가 부분이다. 매시간 종료 10분 전에 스마트폰으로 네이버 폼을 이용한 수업평가(http://office.naver.com)와 콜라보 및 심플로우를 통한 질문하기 코너로 학습자들의 피드백을 참고로

강의 후 다시 보충강의 영상을 제작하여 카페에 올려준다(그림 1-22, 1-23).

그림 1-22 매시간 Q&A를 통한 답변 강의 영상

그림 1-23 매시간 수업평가

9) 시험평가

시험평가 부분이다. 학습내용의 평가는 인쇄물의 지면 시험지에서 벗어나 네이버 오피스의 폼 설문지나 심플로우우를 이용하여 스마트폰으로 중간고사와 기말고사를 치르고 있으며, 시험을 치른 다음에 필자가 시험풀이 영상을 녹화하여 학습자들이 시험에 대한 피드백 자료로 활용할 수 있도록 하고 있다(그림 1-24, 1-25).

그림 1-24 스마트폰으로 시험 실시

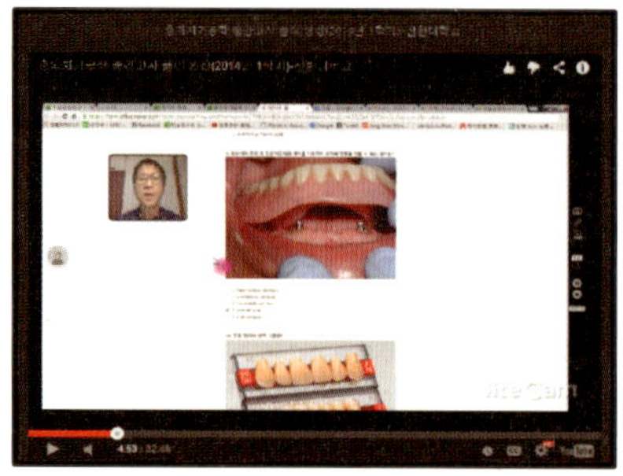

그림 1-25 시험풀이 영상 강의

4. 플립러닝에 대한 제언

플립러닝은 교수자가 일방적으로 학습자들에게 지식을 전달하는 티칭에서 온라인 동영상 강의를 예습하게 하는 것으로 대체하고, 강의실에서는 학습자들이 자기 주도적으로 예습해 온 지식을 바탕으로 문답식 수업이나 토론발표 수업, 개인별 질의응답 방식을 통해 지식을 심화·확장시키는 방식이다. 따라서 교수자는 교과의 내용을 얼마나 효과적으로 주입하고 전달할 것인가에 주력하는 티처(Teacher)라기보다는 학생들의 학습에 대한 적극성과 자기 주도성을 활성화시키고 촉진시키는 코치(Coach)이자, 퍼실리테이터(Facilitator)로 변신할 수 있는 혁신이 필요하다고 할 수 있다(그림 1-26).

필자의 플립러닝은 소셜미디어 시대에서 학습자가 언제, 어디서나 자기 주도적으로 학습할 수 있어, 스마트 러닝으로는 최고의 학습법이라고 적극 추천할 수 있다. 이제 학습의 트렌드가 플립러닝이라고 해도 과언이 아닐 정도로 이러한 대세를 묵인할 수 없다. 수업에 플립러닝을 몇 년째 적용하면서 느낀 몇 가지 성공전략은 첫째, 강의는 온라인으로 한다. 둘째, 교실은 교감하는 시간이다. 셋째, 진행하는 수업 재설계가 필요하다. 넷째, 질문과 토론 중심의 소통전략이 필요하다. 다섯째, 기존 교수학습 패러다임의 획기적인 전환이 필요하다. 여섯째, 언제, 어디서나 학습자들과 플립러닝으로 소통해야 하는 진정성과 열정이 필요하다고 할 수 있다.

그림 1-26 필자가 플립러닝으로 운영하는 미남교수의 치기공놀이터

5. SNS 클래스팅으로 학습자들과 소통

이제는 교육계에도 스마트 바람이 불고 있다. 미국이나 중국은 이미 태블릿 PC를 이용한 교육을 도입하고 있으며, 국내에도 일부 학교를 중심으로 서서히 스마트교실 구축사업 등이 추진되고 있다. 하지만 아직 국내에는 스마트 교육이 원활하게 이루어지지 않고 있다. 스마트 교육 사업이 교사나 학생, 학부모 등 현장의 목소리를 제대로 반영하지 않은 채 일방적으로 진행되는 탓이다. 예를 들면 교육청의 지시로 교육 효과나 만족도가 높지 않은 서비스를 강압적으로 사용하는 경우가 있다. 또한 교사들을 대상으로 한 스마트 교육, 학생이나 학부모가 원하는 교육 서비스에 대한 연구 등이 부족한 것이 현실이다. 이런 현실에서 교사, 학생, 학부모의 만족을 이끌어낸 교육 서비스가 있어 눈길을 끈다. 이것이 바로 클래스팅이다.

클래스팅은 같은 반에서 각종 교육 자료와 알림장 내용을 공유하고 대화를 나눌 수 있는 교육용 소셜 네트워크 서비스다. 클래스팅은 교사와 학생에게 맞춤형 교육 콘텐츠를 제공하며, 학생들이 고민을 털어놓는 비밀 상담방을 통해 학교폭력이나 왕따도 예방한다. 다른 지역 학교나 외국 학교를 연결해 교사와 학생들이 교류할 수 있도록 지원한다. 클래스팅은 현재 전 세계 60여 개 국가에서 사용되고 있으며, 필자 또한 학습자들과 소통의 연결 창구로 적극적으로 활용하고 있다(그림 1-27, 1-28).

그림 1-27 필자가 운영하고 있는 클래스팅

그림 1-28 2015년 총의치기공학 클래스팅

02

마인드 맵을 이용한 강의계획서 작성

마인드 맵(Mind Map)은 말 그대로 생각의 지도라는 뜻으로 영국의 토니 부잔이라는 사람이 두뇌의 특성을 고려하여 만들어낸 두뇌개발 기법이다. 내 머릿속에 있는 복잡한 문제나 추상적인 생각들을 마치 지도를 그리듯 시각적으로 표현하여 특정 사안과 관련된 정보나 아이디어를 체계적으로 정리하거나 확장시켜나가는 두뇌개발 기법으로, 내 머릿속에 있는 생각의 가지들을 그려나가는 것을 말한다.

1. 알마인드

알마인드(almind)는 마인드 맵(Mind Map) 이론을 구현한 무료 프로그램으로 알마인드만의 독창적인 인터페이스인 'Drawing Interface' 기능을 제공해주고 있다. 손이나 마우스로 쭉 잡아당기면 아주 쉽게 마인드맵을 그릴 수 있는 것이 기본으로, 이 외에도 작업 정보 설정, 토픽 추가 설명 기능, 다른 파일 형식과의 호환성 지원 등을 통해 개인뿐 아니라 업무, 교육에도 효율적으로 사용할 수 있다(그림 2-1).

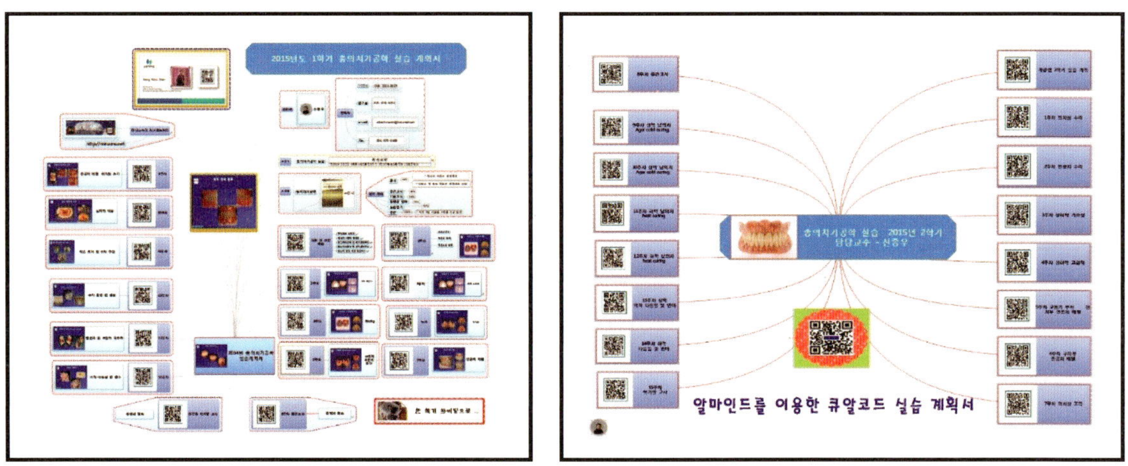

그림 2-1 알마인드를 이용한 미남교수의 강의계획서(2015년 1, 2학기)

2. 알마인드의 기능

자동 줄 바꿈, 맵을 그림으로 복사, 투명 배경으로 그림 저장 기능들을 이용하여 손쉽게 맵을 활용할 수 있다.

1) 토픽 추가 및 토픽 이동

토픽을 클릭하고 추가하고 싶은 위치에 드래그하게 되면 손쉽게 토픽을 추가할 수 있다. 이때 나타나는 토픽 미리보기 이미지를 통해 토픽이 추가될 위치 및 모양을 미리 확인할 수 있다. 그리고 Drawing Interface로 토픽을 쉽게 추가할 수 있는 것뿐만 아니라 토픽을 제약 없이 맵상의 어떤 위치에도 놓을 수 있어 자유로운 맵핑이 가능하다(그림 2-2).

토픽 클릭 시 나타나는 십자 화살표의 이동 영역을 누르고 원하는 위치로 드래그하면 손쉽게 원하는 위치에 토픽을 이동시킬 수 있다. 이때 나타나는 적색 상자를 통해 토픽이 이동할 위치를 미리 확인할 수 있다. 단, 편집한 파일은 원본에 덮어쓰기로 저장하는 대신 따로 저장하는 것이 좋다.

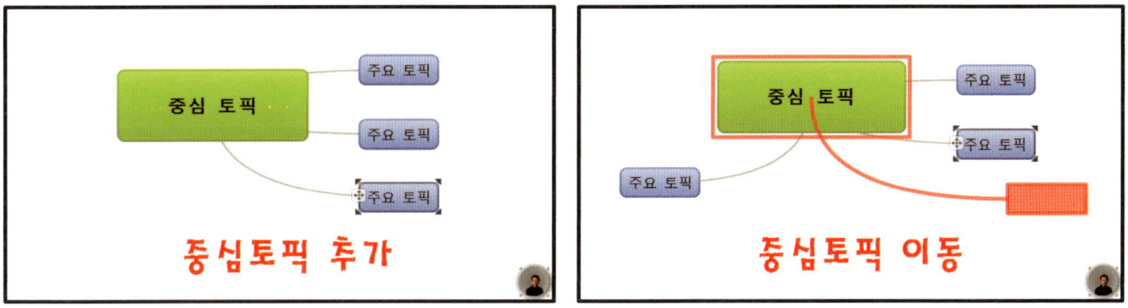

그림 2-2 토픽 추가 및 이동

토픽에 작업 우선순위, 시작/완료 예정일, 진행률, 소요기간 및 자원 등의 작업 정보를 설정할 수 있다(그림 2-3). 이용 방법으로 첫째, 토픽 선택 후 리본 메뉴의 삽입 탭에서 작업 정보 메뉴를 클릭한다. 둘째, 화면 우측의 작업 정보 설정 창에서 우선순위, 시작일, 완료 예정일, 진행률, 소요기간, 자원 등을 설정한다. 셋째, 토픽에 작업 정보가 추가된 것을 확인할 수 있다.

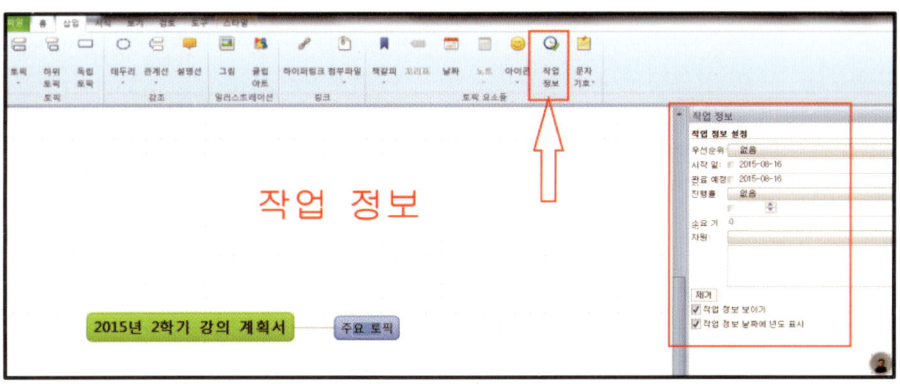

그림 2-3 작업 정보

2) 다른 형식 파일로 저장

알마인드로 작성한 맵 문서를 다양한 형식의 문서로 저장함으로써 업무에 그대로 가져와 활용할 수 있다. 알마인드를 이용하여 만든 맵 문서를 Microsoft의 PowerPoint®, Excel®, Word® 뿐만 아니라 텍스트, 그림, HTML 파일 등과 같이 다양한 형식으로 저장할 수 있다. Pro버전에서는 PDF 파일과 한컴오피스의 한글 문서로 저장 기능을 추가로 사용할 수 있다(그림 2-4).

활용법으로 파일 탭 메뉴에서 다른 형식으로 저장 메뉴를 클릭하고 저장할 문서 형식을 선택한 다음, 다른 이름으로 저장 대화상자가 나타나면 파일 이름을 입력하고 파일 형식 확인 후 저장을 클릭한다. 저장하기 옵션 대화상자가 나타나면 옵션을 설정한 후 확인을 클릭한 다음 저장이 완료된 후 나타나는 알림창에서 예를 클릭하면 저장된 문서를 바로 확인할 수 있다.

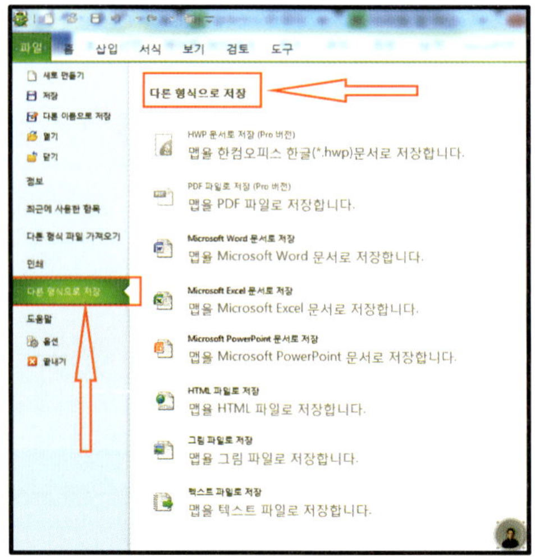

그림 2-4 다른 형식으로 저장

3) 다른 형식 파일 가져오기

Mind Manager, Freemind, Xmind 및 텍스트(.txt) 파일 등 다른 형식의 파일을 가져와 열 수 있다. 이용 방법으로 첫째, [파일 탭] 메뉴에서 [다른 형식 파일 가져오기] 메뉴를 클릭한 후 가져올 파일의 형식을 선택한다. 둘째, 열기 대화상자에서 파일 형식에서 가져올 문서 형식을 선택한 후 해당 파일을 열면 문서를 확인할 수 있다(그림 2-5).

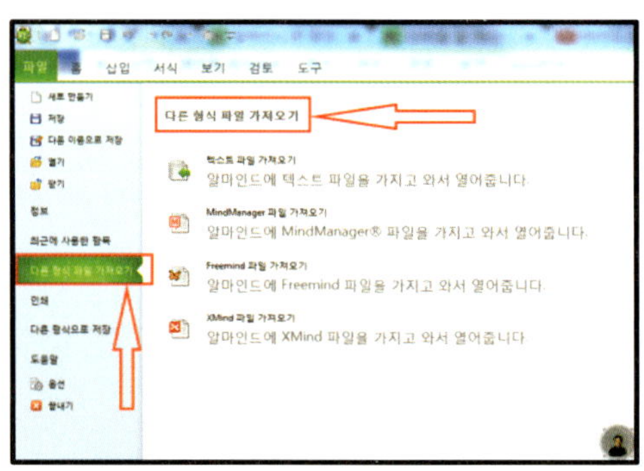

그림 2-5 다른 형식 파일 가져오기

4) 토픽 연결 및 그룹 묶기

토픽을 서로 연결시키거나 여러 개의 토픽을 하나로 묶어 그룹을 만들어 맵 내의 관계를 쉽게 표시할 수 있다.

(1) 관계선

토픽과 토픽을 서로 연결지어 관계를 나타낼 수 있다.

이용 방법으로 첫째, 리본 메뉴의 [홈] 탭 또는 [삽입] 탭에서 [관계선] 메뉴를 클릭한다. 둘째, 관계선의 시작점으로 정할 토픽을 클릭하고, 끝점으로 정할 토픽을 클릭한다. 셋째, 선택한 토픽들의 관계선이 추가된 것을 확인할 수 있다(그림 2-6).

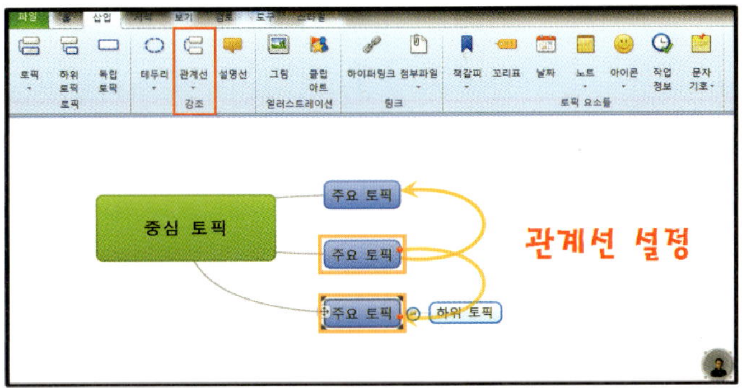

그림 2-6 관계선 설정

(2) 테두리

연관 있는 토픽끼리 그룹을 테두리 지어줄 수 있다(그림 2-7).

이용 방법으로 첫째, 토픽을 선택한 후 리본 메뉴의 [홈] 탭 또는 [삽입] 탭에서 [테두리] 메뉴를 클릭한다. 둘째, 드롭다운 메뉴에서 원하는 모양의 테두리를 선택한다. 셋째, 선택한 토픽의 테두리가 추가된 것을 확인할 수 있다.

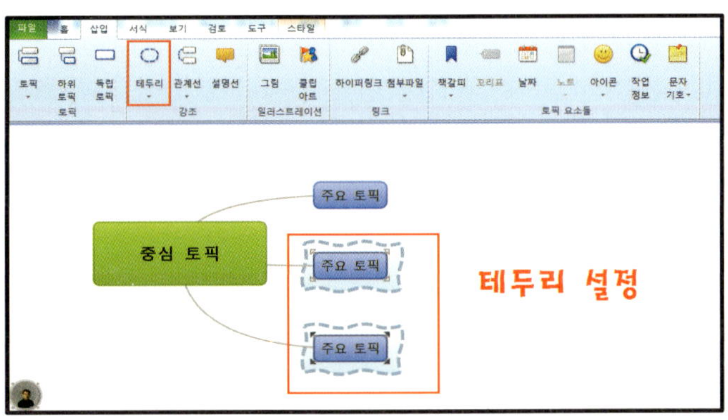

그림 2-7 테두리 설정

5) 토픽 부가 정보 추가

토픽에 그림 및 노트, 하이퍼링크, 첨부파일 등을 추가함으로써 좀 더 자세하게 맵 내용을 보강할 수 있다.

(1) 그림, 클립아트, 아이콘

토픽에 외부 이미지 및 기본으로 제공하는 클립아트, 아이콘 등을 추가할 수 있다(그림 2-8~2-10).

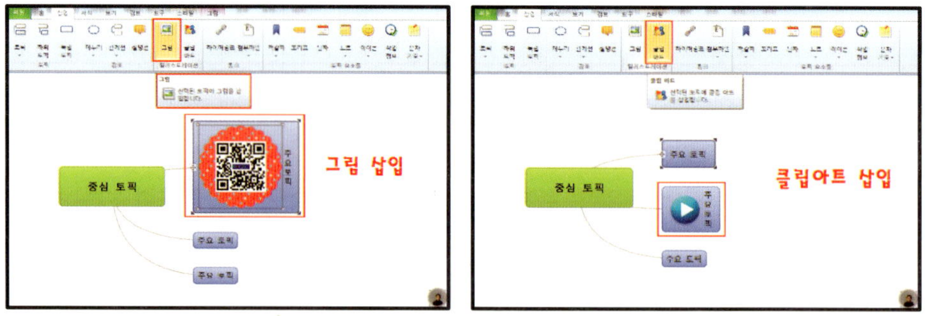

그림 2-8 그림 및 클립아트 삽입

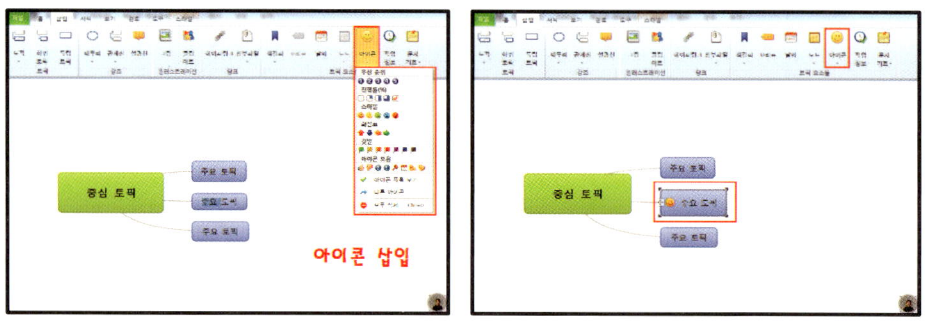

그림 2-9 아이콘 삽입

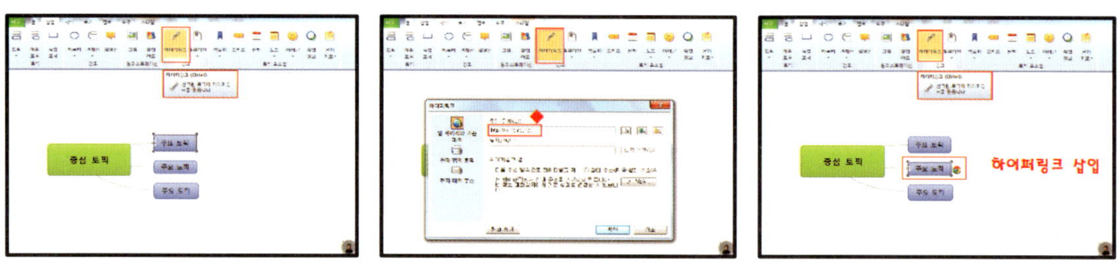

그림 2-10 하이퍼링크 삽입

(2) 부연 설명

토픽의 부연 설명을 위해 노트, 메모, 문자기호, 번호 매기기 등을 추가할 수 있다(그림 2-11~2-13).

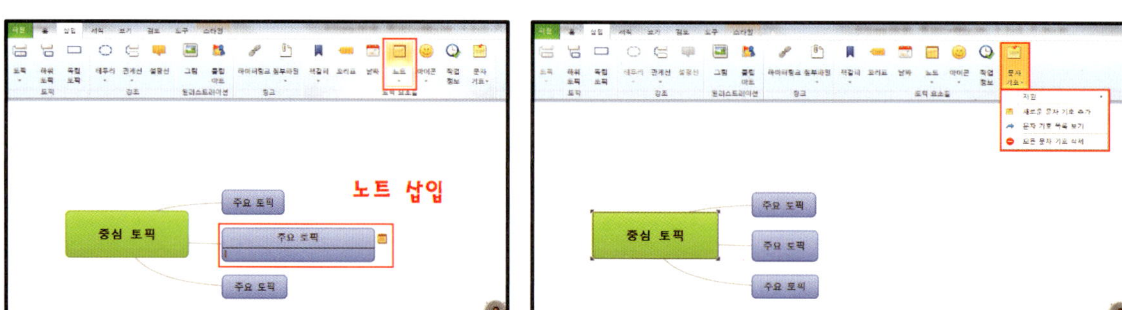

그림 2-11 노트 및 문자 삽입

그림 2-12 책갈피 및 꼬리표 삽입

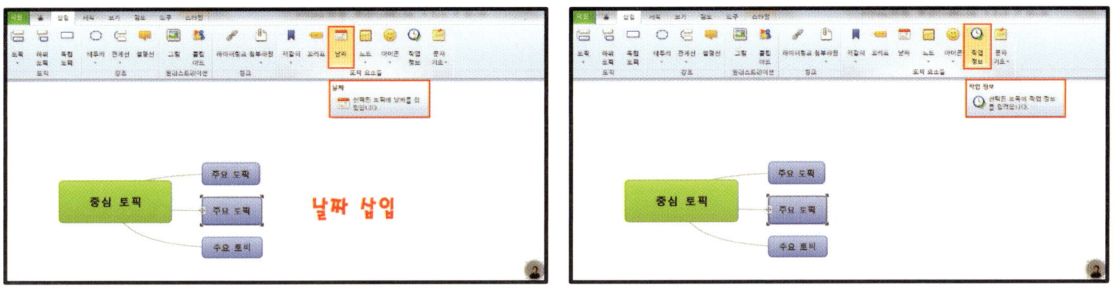

그림 2-13 날짜 및 작업 정보 삽입

6) 다양한 맵 테마와 템플릿

다양한 맵 테마 및 템플릿으로 나에게 필요한 맵을 선택하여 활용할 수 있다(그림 2-14).

기본, 가지형, 칠판, 벚꽃 등 다양한 테마와 회의록, 강의계획서, 시간표 등의 템플릿을 사용할 수 있다. 이용 방법으로 첫째, 맵 테마와 템플릿은 파일 탭의 새로 만들기를 클릭하여 나타나는 선택창을 통해 이용할 수 있다. 둘째, 맵 화면 하단의 [맵 추가] 아이콘 버튼을 클릭하여 나타나는 선택창을 통해 이용할 수 있다.

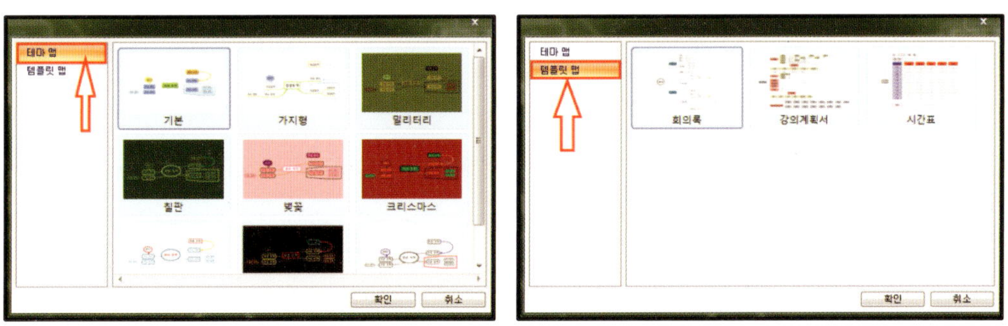

그림 2-14 테마 맵 및 템플릿 맵

(1) 맵 구조 및 보기 변경

진행 방향 변경, 맵 자동 맞춤, 토픽 접기/펴기 등을 통해 맵 구조 변경 및 보기를 편하게 이용할 수 있다.

① 진행방향

선택한 하위 레벨 토픽의 진행방향을 변경시킬 수 있다(그림 2-15).

이용 방법으로 첫째, 토픽을 선택한다. 둘째, 리본 메뉴의 홈 탭 또는 서식 탭에서 진행 방향 메뉴를 클릭한다. 셋째, 드롭다운 메뉴에서 원하는 맵 방향을 선택하면 변경된 맵 방향을 확인할 수 있다.

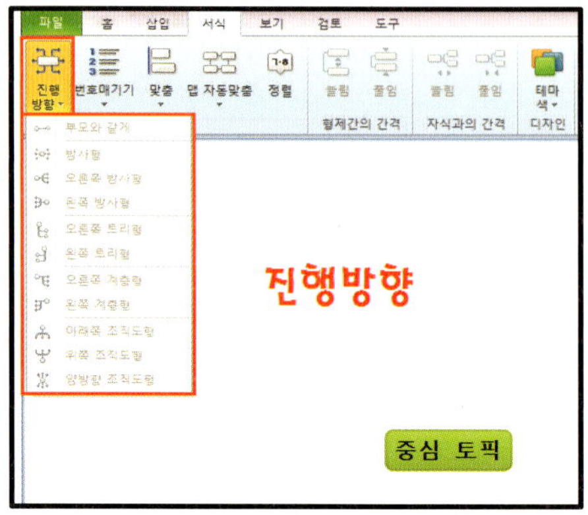

그림 2-15 진행방향

② 맵 자동맞춤

모든 토픽을 정규화된 형태로 만들어 균형을 맞출 수 있다(그림 2-16).

이용 방법으로 첫째, 토픽을 선택한다. 둘째, 리본 메뉴의 서식 탭에서 맵 자동맞춤 메뉴를 클릭한다. 셋째, 맵 자동맞춤 메뉴의 아래 화살표를 누르면 드롭다운 메뉴가 나타나는데 원하는 맵 맞춤을 선택하여 변경할 수 있다.

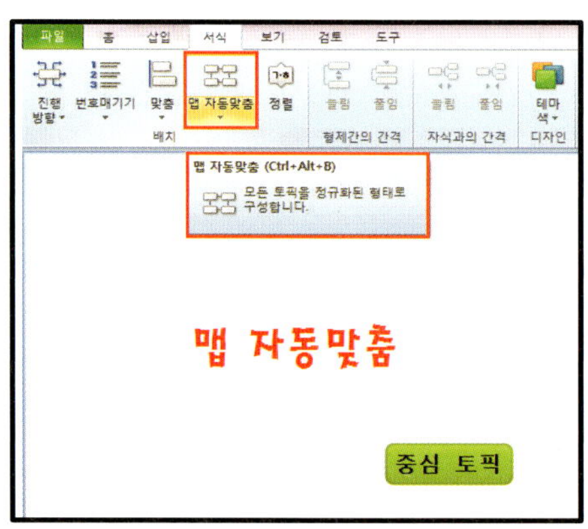

그림 2-16 맵 자동맞춤

③ 접기/펴기

하위 레벨의 토픽을 모두 접기 또는 펼 수 있다(그림 2-17).

이용 방법으로 접기/펴기를 할 토픽을 선택한 다음 리본 메뉴의 보기 탭에서 접기/펴기 메뉴를 클릭한다. 다른 방법으로 드롭다운 메뉴에서 원하는 접기/펴기 메뉴를 클릭하면 접기/펴기 동작을 확인할 수 있다.

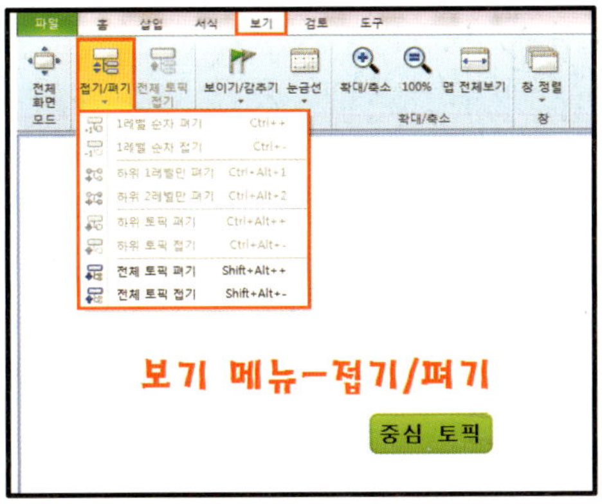

그림 2-17 접기/펴기

④ 전체화면

마인드 맵 문서를 화면에 가득 채워 전체화면으로 볼 수 있다(그림 2-18).

이용 방법으로 리본 메뉴의 보기 탭에서 전체화면 메뉴를 클릭하면, 클릭과 동시에 맵이 전체화면으로 보이며, 전체화면을 종료하려면 화면 우측 하단에 닫기를 클릭하면 된다.

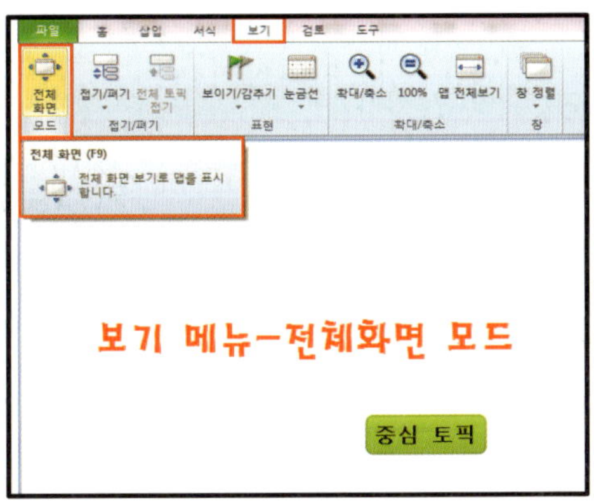

그림 2-18 전체화면

7) 다양한 맵 꾸미기 요소

토픽, 가지 등의 스타일 편집 및 테마색 설정, 배경 변경 등을 활용하여 맵을 좀 더 다양하게 꾸밀 수 있다.

(1) 스타일

토픽, 가지, 관계선, 테두리, 그림 등의 스타일을 편집할 수 있다(그림 2-19).

이용 방법으로 토픽을 선택한 다음 리본 메뉴의 스타일 탭에서 원하는 메뉴를 클릭하여 스타일을 변경하면 된다. 관계선, 테두리, 그림의 스타일을 편집하기 위해서는 각각 해당 요소를 클릭한 후 생성되는 탭에서 변경할 수 있다.

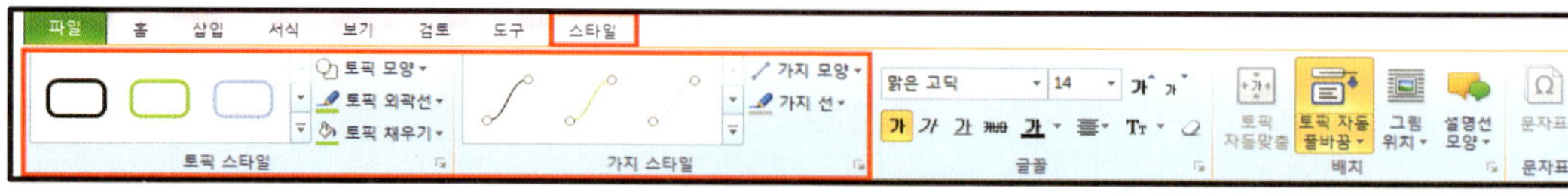

그림 2-19 스타일

(2) 테마색

알마인드에서 기본으로 제공하는 테마색뿐만 아니라 원하는 테마색을 추가하여 변경할 수 있다(그림 2-20).

이용 방법으로 리본 메뉴의 서식 탭에서 테마색 메뉴를 클릭한 다음 드롭다운 메뉴에서 원하는 맵 테마색을 선택하여 변경하면 맵의 색이 변경되는 것을 확인할 수 있다. 다른 방법으로 드롭다운 메뉴 맨 아래 새 테마색 만들기를 통해 직접 테마색을 만들어 변경할 수 있다.

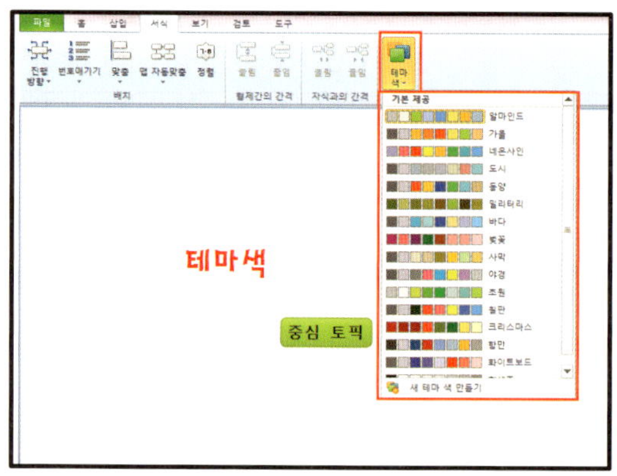

그림 2-20 테마색

(3) 배경

알마인드에서 기본으로 제공하는 배경을 추가 및 직접 배경으로 추가할 수 있다.

이용 방법으로 마인드 맵 우측 작업창 아래 라이브러리-배경을 클릭한 다음 작업창에 배경 이미지가 나타나면 원하는 이미지를 더블클릭 한다. 다른 방법으로 작업창에 마우스 오른쪽을 클릭하여 라이브러리에 추가를 누르면 직접 배경을 추가하여 이용할 수 있다(그림 2-21).

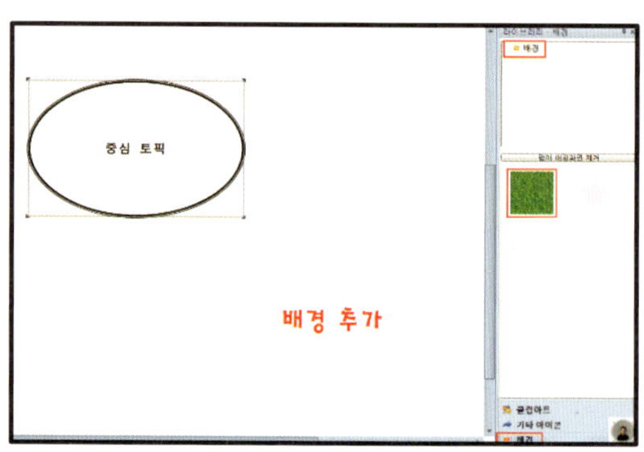

그림 2-21 배경 추가

8) 손쉬운 편의기능 제공

자동 줄 바꿈, 맵을 그림으로 복사, 투명 배경으로 그림 저장 기능들을 이용하여 손쉽게 맵을 활용할 수 있다.

(1) 토픽 자동 줄 바꿈

일정 길이 이상 텍스트를 토픽에 입력했을 때 자동으로 줄 바꿈을 할 수 있다(그림 2-22).

이용 방법으로 줄 바꿈을 하려는 토픽을 선택한 다음 리본 메뉴의 스타일 탭에서 토픽 자동 줄 바꿈 메뉴를 클릭하면 토픽의 입력된 긴 글이 자동 줄 바꿈 되어 보인다.

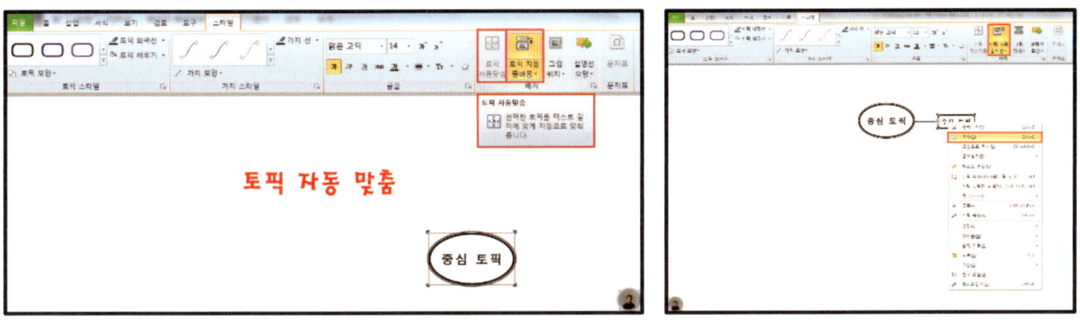

그림 2-22 토픽 자동 맞춤

(2) 그림으로 복사

맵에서 선택한 토픽을 그림으로 복사하여 다른 곳에 그림으로 붙여 넣어 활용할 수 있다(그림 2-23).

이용 방법으로 맵 문서 내에 그림으로 복사할 토픽을 선택한 다음 리본 메뉴의 홈 탭에서 복사 메뉴 아래 화살표를 클릭한다. 드롭다운 메뉴에서 그림으로 복사 메뉴를 클릭한 다음 붙여넣기를 하면 그림으로 복사되어 붙여넣기가 되는 것을 확인할 수 있다.

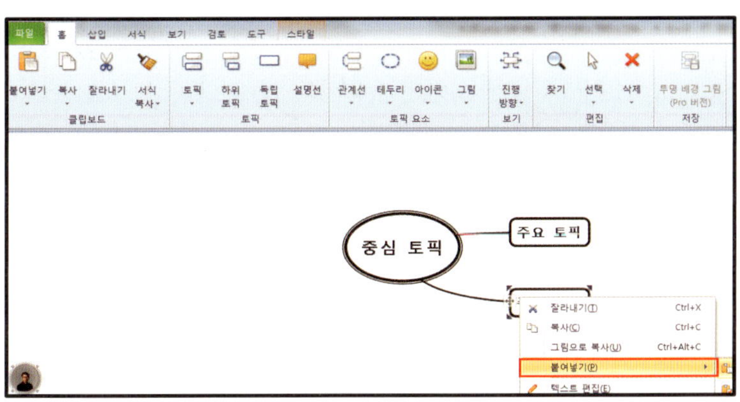

그림 2-23 그림 붙여넣기

(3) 투명 배경으로 그림 저장

맵에서 선택한 토픽의 배경을 투명으로 처리하여 저장할 수 있다. 저장한 그림은 타 프로그램의 배경에 영향을 미치지 않고 토픽 및 맵 상태 이미지 그대로 사용할 수 있는데 이 기능은 Pro버전만 지원하고 있다(그림 2-24).

활용법으로 투명 배경으로 그림 저장할 토픽을 선택한 다음 리본 메뉴의 홈 탭에서 투명 배경 그림 메뉴를 클릭한다. 이때 다른 이름으로 저장의 대화상자가 나타나면 파일 이름을 입력하고 저장을 클릭하며, 선택한 위치에 해당 파일이 투명 배경 그림으로 저장된 것을 확인할 수 있다.

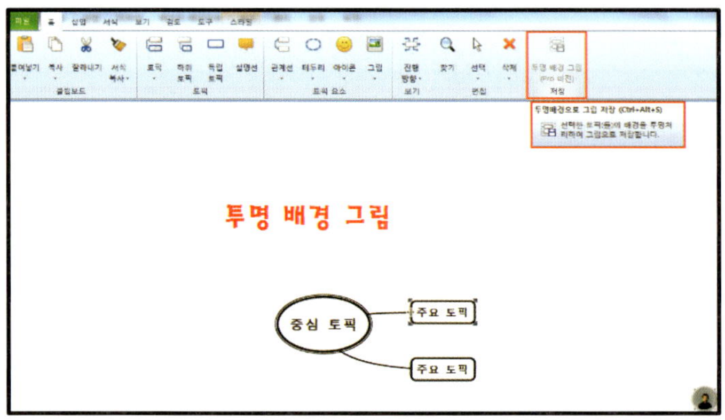

그림 2-24 투명 배경으로 그림 저장

3. 강의계획서 작성

알마인드 파일 목록에서 새로 만들기를 클릭하여 템플릿 맵에서 강의계획서 템플릿을 선택한 다음 항목 수정에서 강의계획서를 작성하면 된다(그림 2-25~2-28).

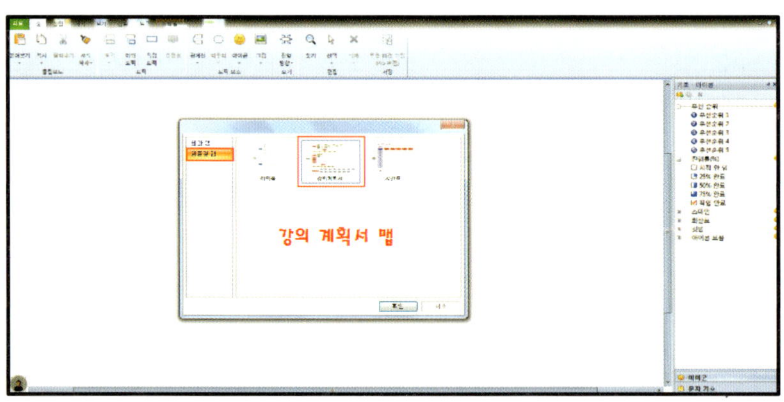

그림 2-25 강의계획서 템플릿 선택

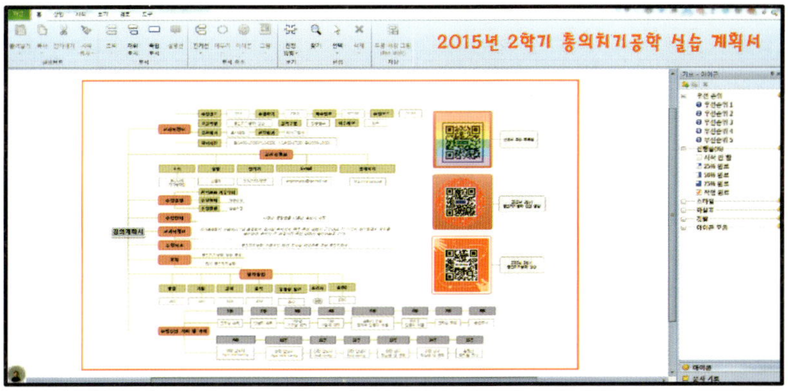

그림 2-26 미남교수의 2015년도 총의치기공학 실습계획서 작성

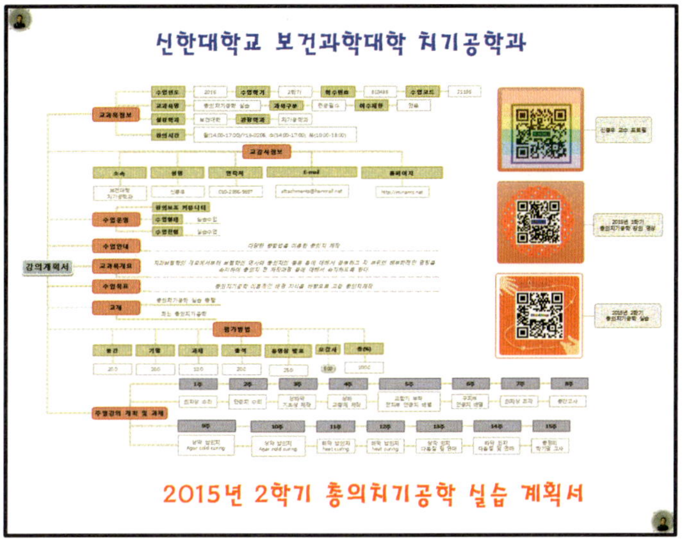

그림 2-27 작성 완료 후 이미지로 저장된 실습계획서(2015년 2학기)

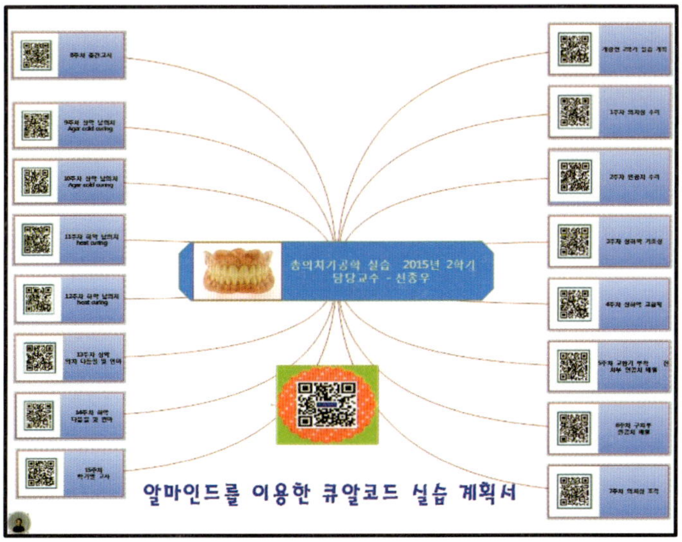

그림 2-28 알마인드를 이용한 미남교수의 총의치기공학 실습계획서(2015년 2학기)

03

모비즌으로 스마트폰 미러링

미러링(Mirroring)이란 한 화면에 표시되는 장면을 다른 디스플레이 기기에 동일하게 복제해 보여주는 기능으로 내 스마트폰이나 태블릿 PC에서 실행한 게임이나 동영상을 모니터나 TV처럼 조금 더 큰 화면에서 볼 수 있다. 모비즌은 화면에 스마트폰 화면을 그대로 띄워놓고, 키보드나 마우스로 이를 직접 제어할 수 있으며, 심지어 파일도 손쉽게 주고받을 수 있는 일종의 원격 제어 기능을 도입한 프로그램이다.

1. 모비즌 PC 설치

모비즌는 원격 제어 솔루션을 제공하는 국내 기업 알서포트(Rsupport)가 일반 사용자를 위해 미러링 및 원격 제어 기능을 무료로 제공하는 소프트웨어로 대표 기능은 미러링이다. 모비즌을 시작하기 위해서는 먼저 모바일 기기(안드로이드 폰 또는 태블릿)에 Mobizen App을 설치하고, PC에도 Mobizen PC를 설치한다. 모비즌 PC버전은 크롬에 최적화되어 있어서 가급적이면 크롬 브라우저를 이용하는 것이 좋다.

1) 모바일 기기에 모비즌 앱 설치하기

구글 플레이 스토어에서 모비즌을 검색하고 설치하면 안내에 따라 계정 등록을 진행한다. 삼성 기기는 제조사정책에 따라 삼성 기기 전용 앱인 모비즌 for SAMSUNG으로 설치하여야 한다[Mobizen App 다운로드(구글 플레이스토어)* Android 4.0 이상, Mobizen for SAMSUNG App 다운로드(구글 플레이스토어)* Android 4.0 이상](그림 3-1, 3-2).

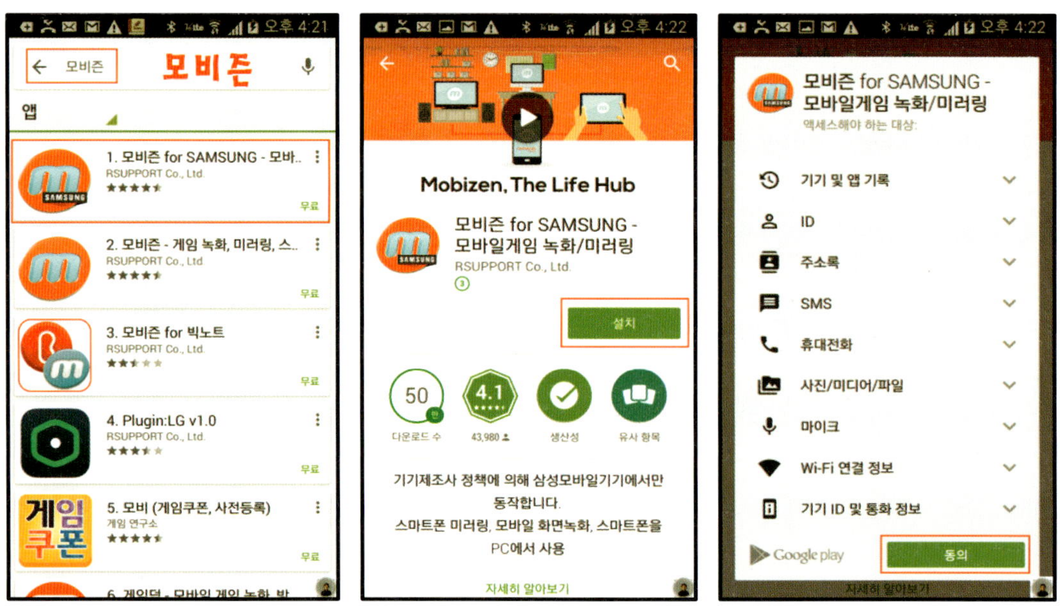

그림 3-1 구글 플레이스토어에서 모비즌 설치 및 동의

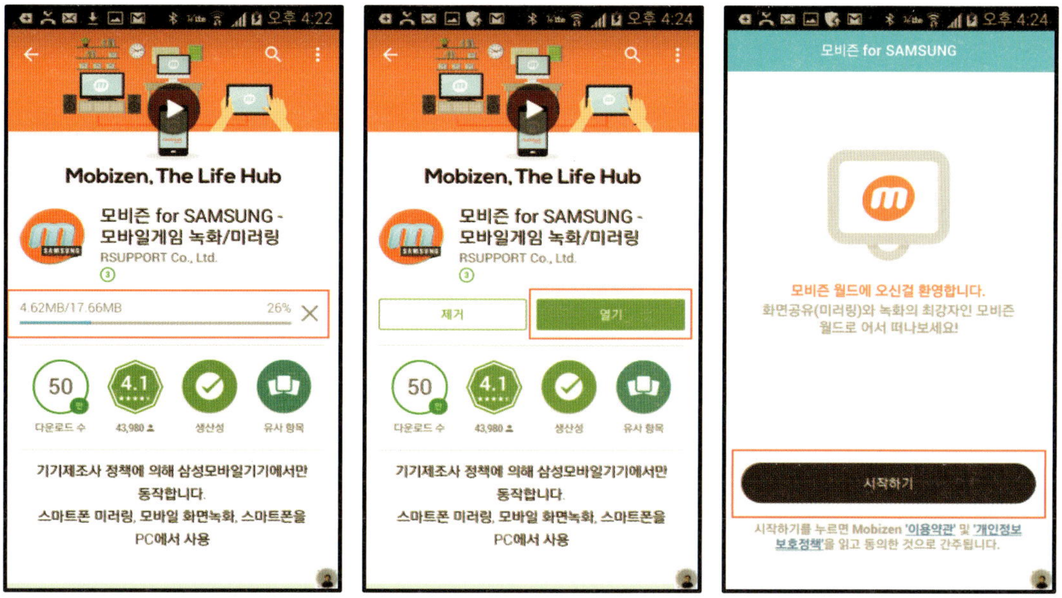

그림 3-2 설치 후 열기

하나의 계정에 여러 개의 모바일 기기를 등록하여 멀티 디바이스로 사용할 수 있으며, 등록하고자 하는 모바일 기기에 모비즌 앱을 설치하고 사용하는 이메일로 계정을 설정하면 등록이 완료된다. 멀티 디바이스 사용자의 경우 로그인 시 원하는 디바이스를 선택할 수 있으며, 로그인 시 불필요한 모바일 기기가 등록되어 있는 경우에는 삭제할 수 있다(그림 3-3~3-5).

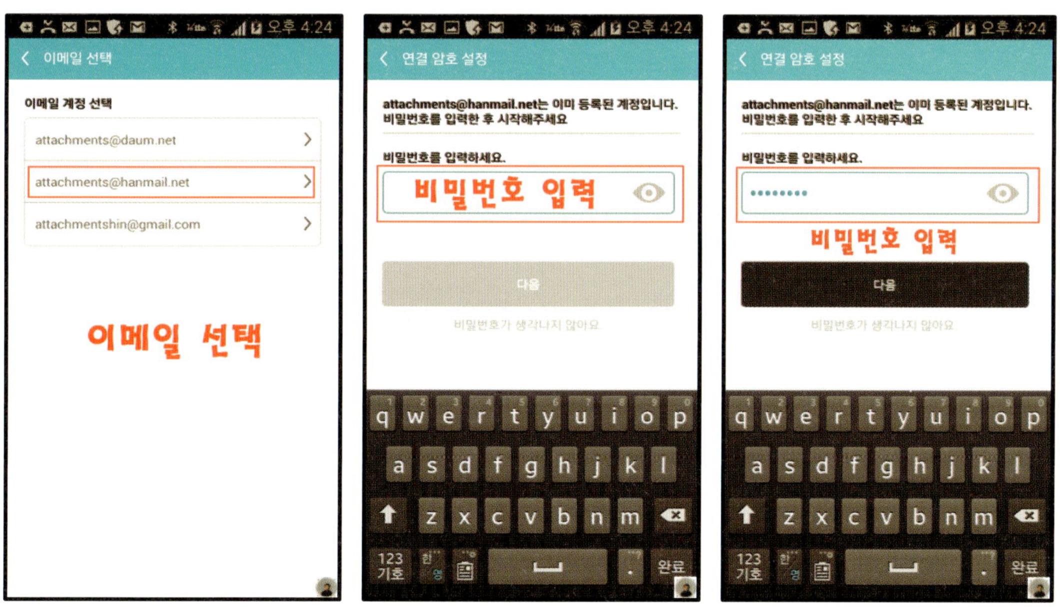

그림 3-3 이메일 및 비밀번호 입력

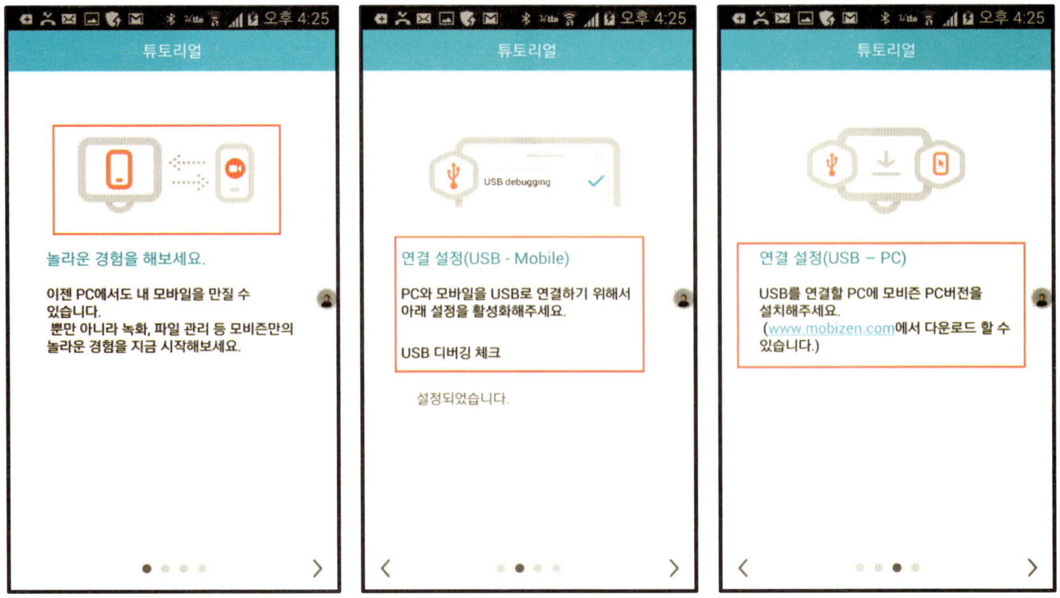

그림 3-4 연결 후 설정 안내

그림 3-5 시작하기

2차 인증코드(OTP)는 매번 입력할 필요가 없다. 모바일에서 인증코드 입력 시 해당 PC는 항상 인증이라는 옵션을 체크하면 해당 PC는 사용자가 인증한 PC로 등록되어 더 이상 2차 인증코드(OTP) 절차를 진행하지 않고도 접속이 가능하다(그림 3-6). 인증 등록할 수 있는 PC는 최대 7대이며, 이를 초과할 경우 인증 해제를 통해 등록된 PC를 해제할 수 있다. 해당 PC 인증 해제는 PC관리 메뉴를 통해 진행할 수 있다. 인증된 내 PC 목록에서 해제할 PC를 선택한 후 해제하면 된다.

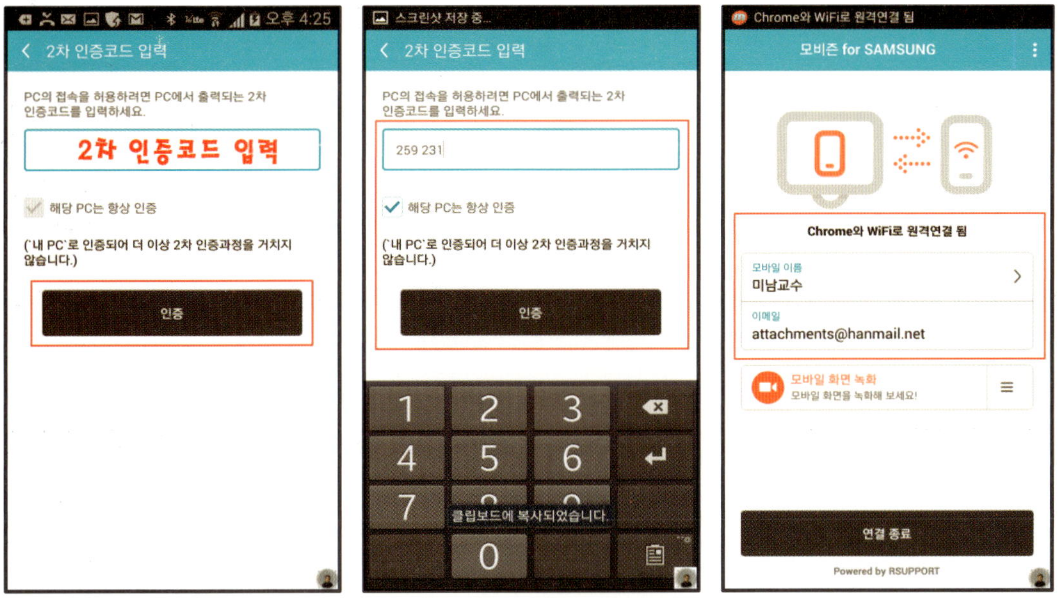

그림 3-6 2차 인증 코드 입력으로 연결

2) PC에 모비즌 PC 설치하기

Mobizen PC를 다운로드하고 설치[(Windows)* Windows XP 이상, 모비즌 Mac 베타 다운로드하고 설치(Mac)* Mac OS × 10.7 이상]를 마치면 PC와 스마트폰을 모비즌으로 연결할 준비가 완료된다(그림 3-7~3-13). 2차 인증 코드 입력은 시간(1분 30초) 안에 설치했던 모비즌 앱을 실행해서 입력해 준다.

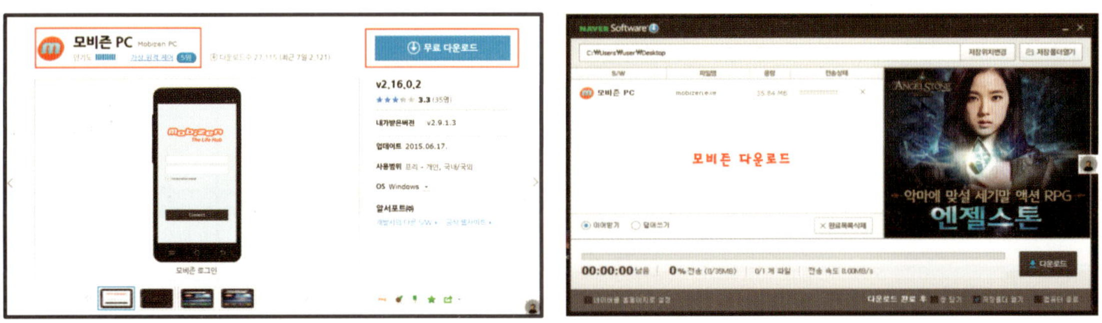

그림 3-7 모비즌 PC 설치

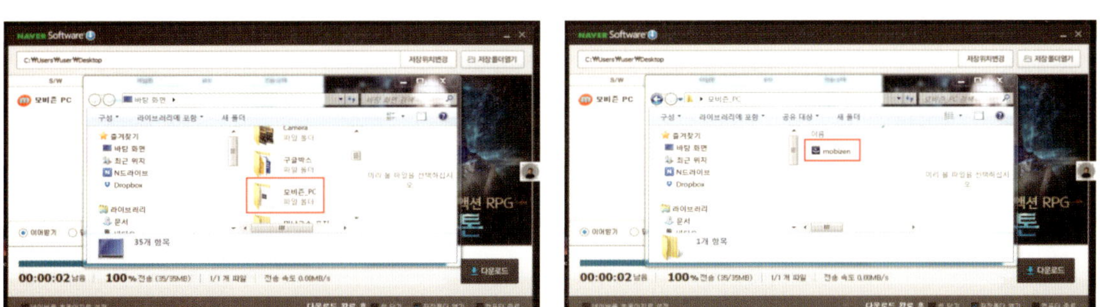
그림 3-8 모비즌 PC 다운로드 완료

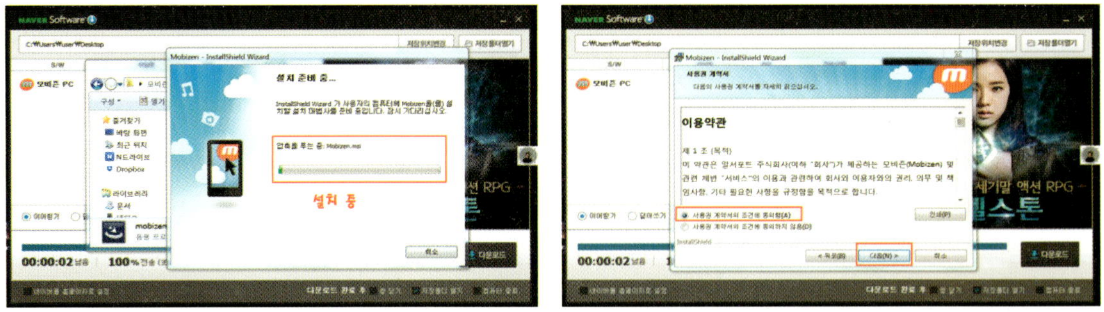

그림 3-9 설치 후 동의

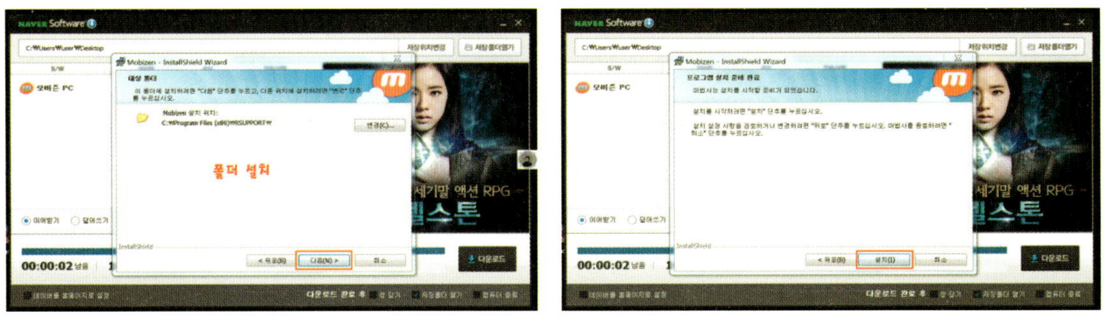

그림 3-10 폴더 설치

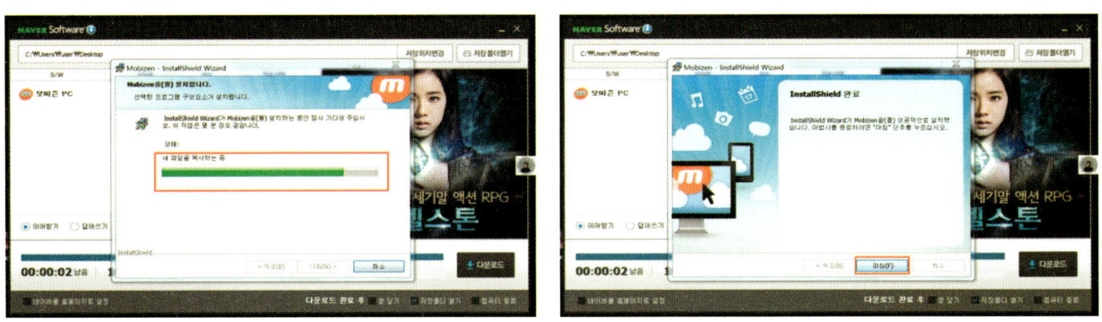

그림 3-11 설치 완료

그림 3-12 이메일 입력 후 2차 인증 코드 발부

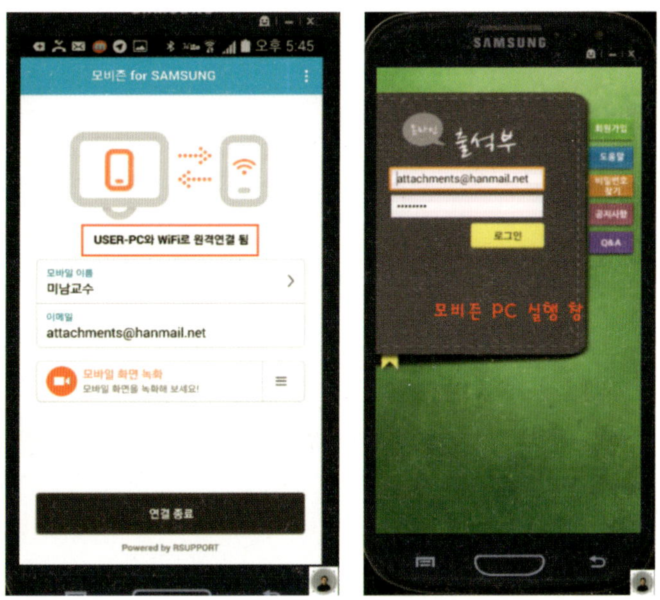

그림 3-13 모비즌 PC 연결

3) USB 연결

모비즌을 USB로 연결하면 가장 빠른 미러링을 할 수 있다. 모바일의 설정 > 개발자 옵션 > USB 디버깅을 체크한다. 모비즌 PC와 모바일을 USB 케이블로 연결하고, 모비즌 웹 브라우저에서 모비즌 접속 후 로그인하면 연결이 이루어진다.

4) 웹 브라우저나 PC에서 스마트폰에 연결

모비즌 사이트(https://www.mobizen.com)에 접속하여 이메일 계정을 입력하고 연결하기를 클릭하면 된다(그림 3-14).

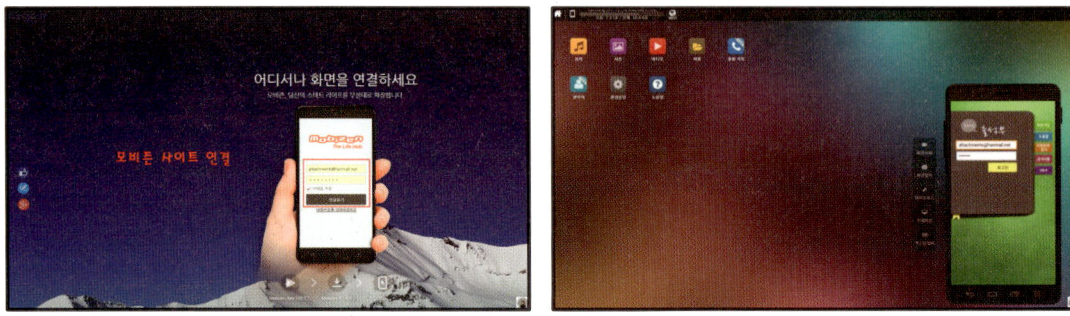

그림 3-14 PC에서 이메일 계정으로 연결

(1) 화면 녹화 및 캡처

녹화나 캡처 도중 '저작권 또는 예기치 못한 오류로 인하여…'라는 메시지가 발생하는 경우는 저작권 보호 콘텐츠가 화면상에 포함되는 경우(백그라운드에 활성화), 배터리/메모리 부족 또는 CPU 퍼포먼스 등의 문제로 모비즌 녹화가 정상 작동하지 못하는 경우, 녹화/캡처가 강제 종료되면 메시지가 발생한다. 이 오류 메시지는 사용자 스마트폰 환경에 따라 발생 여부가 결정되기 때문에 특별한 해결 방법이 없다. 녹화진행 전 불필요하게 메모리나 CPU를 점유하는 앱을 종료하여 프로세스 충돌이 발생하지 않도록 조치해 주거나, 모비즌 앱을 다시 실행해 주면 해당 현상을 방지하는 데 도움이 될 수 있다(그림 3-15).

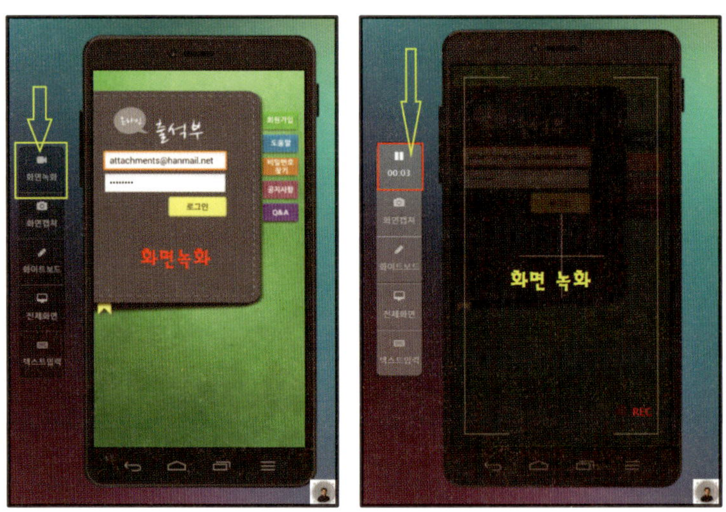

그림 3-15 화면 녹화

이 외로 화이트보드, 전체화면, 텍스트 입력 기능도 추가적으로 진행할 수 있어 편리하다(그림 3-16~3-18).

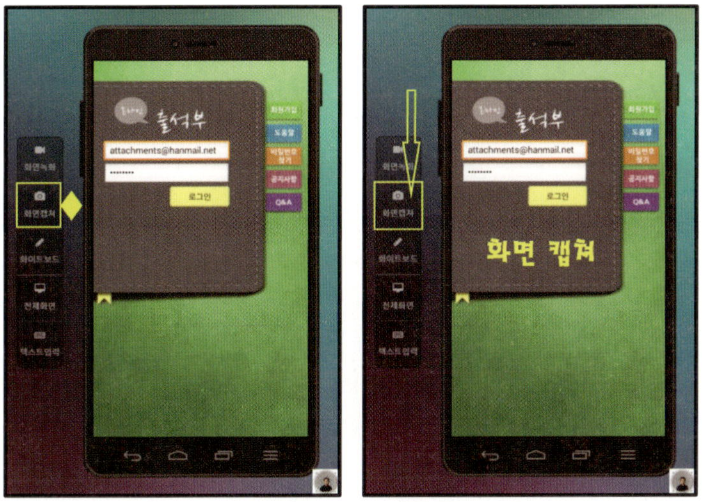

그림 3-16 화면 캡처

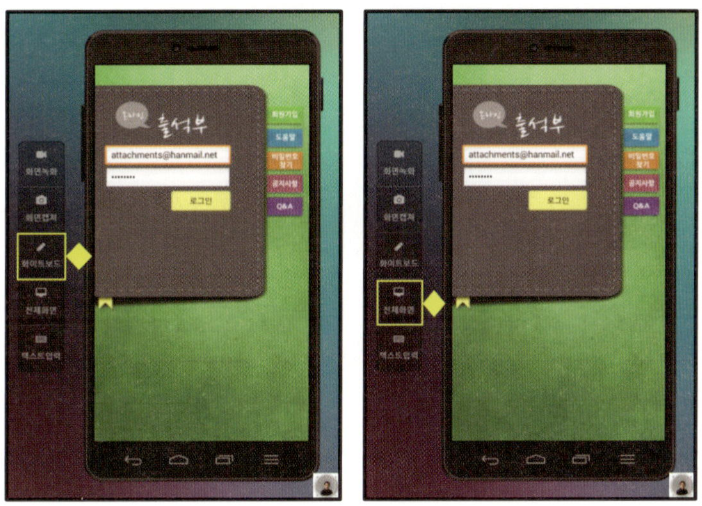

그림 3-17 화이트보드 및 전체화면

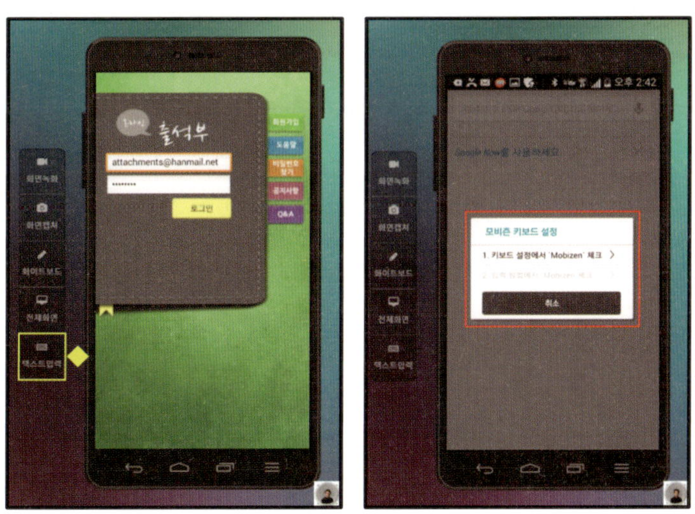

그림 3-18 텍스트 입력

04

곰리모트로 프레젠테이션 제어

곰리모트(GOM Remote)는 컴퓨터의 곰플레이어와 곰오디오, 파워포인트를 원격으로 제어할 수 있게 해주는 무료 곰리모트 앱이다. 곰리모트 실행을 위해서는 PC와 스마트폰(아이폰, 안드로이드)이 같은 네트워크상(Wi-Fi, 3G)에 있으면 된다. 곰리모트는 한 번에 하나의 장치만 연결할 수 있는 곰리모트 용 PC프로그램(Gom Tray)을 통해 PC에 연결되며, 무단 사용자가 직접 PC에 연결하지 못하게 함으로써 원격 연결 보안을 보장하고 있다.

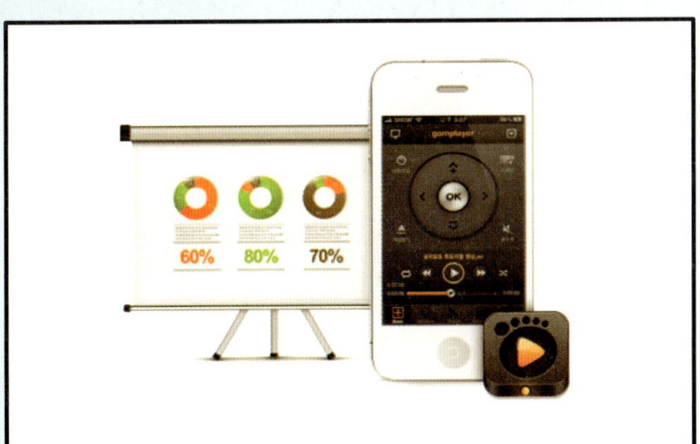

1. 주요 기능

곰리모트 리모컨은 컴퓨터의 곰플레이어와 곰오디오, 파워포인트를 원격으로 제어할 수 있게 해주는 무료 앱이다(그림 4-1). 사용하는 방법은 컴퓨터에 곰리모트를 설치하고 스마트폰에 앱을 설치하면 된다. 파일 열기/닫기 등 간편한 제어부터 화면 시킹이나 캡처, 자막 조정, 곰오디오의 경우 플레이리스트 제어와 곰오디오의 싱크 가사까지 제공되며, 터치스크린을 통해 무선 마우스 기능도 사용할 수 있다. 기본 기능으로는 앞/뒤로 가기, 재생, 일시 정지, 정지, 파일 열기/종료, 전체화면 전환 등의 영상 제어의 기능이 있다.

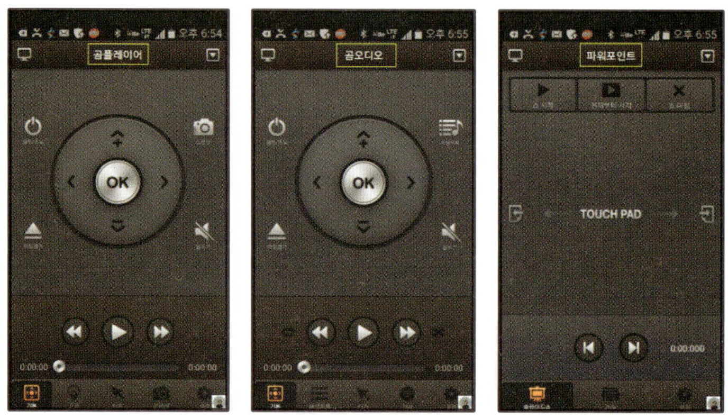

그림 4-1 곰플레이어, 곰오디오, 파워포인트 원격 제어

1) 곰플레이어 원격 조정

곰플레이어는 파일 열기/닫기 등 간편한 제어부터 화면 시킹이나 캡처, 자막 조정 등을 자유롭게 설정한 후 제어할 수 있다(그림 4-2). 곰플레이어 연결된 화면으로 실행/종료와 타임바 제어뿐만 아니라 자막 옵션도 제어되며, 플레이되고 있는 동안에 영화를 스마트폰으로 이미지 캡처를 할 수도 있다. 타이머를 설정해 놓으면 곰플레이어 도중 잠들어 버리는 경우를 막을 수 있으며, 컴퓨터를 끄거나 재부팅 또는 절전 모드로 전환시킬 수도 있다.

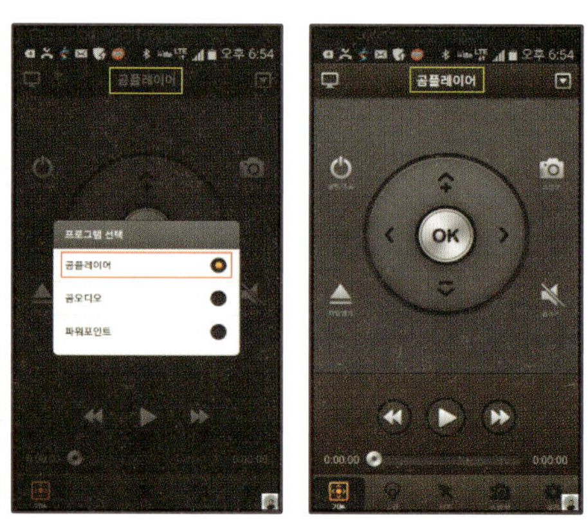

그림 4-2 곰플레이어 원격 조정

2) 곰오디오 원격 조정

곰오디오에서는 곰오디오를 제어할 수 있고, 플레이리스트를 불러올 수도 있으며, 자막도 스마트폰으로 보며 들을 수 있다(그림 4-3).

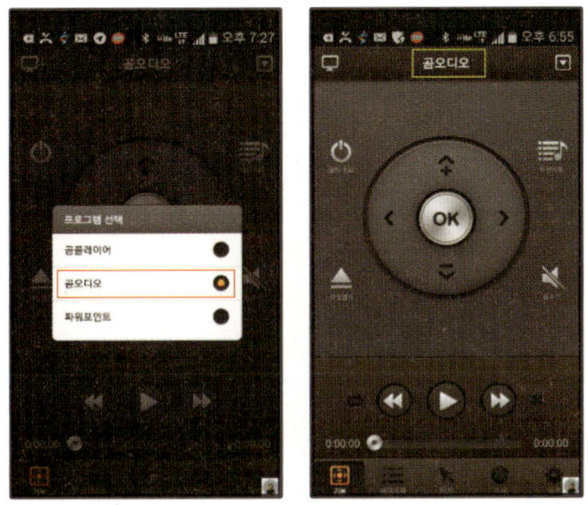

그림 4-3 곰오디오 원격 조정

3) 파워포인트 원격 조정

파워포인트는 MS 파워포인트의 리모컨 역할을 해주며, 프레젠테이션 할 때 스마트폰이 리모컨 역할을 하도록 해준다. 컴퓨터와 스마트폰이 연결될 수 있다면 장소 제약 없이 사용할 수 있다(그림 4-4). 슬라이드 쇼에서 앞/뒤로 가기, 마우스 제어 기능도 있다.

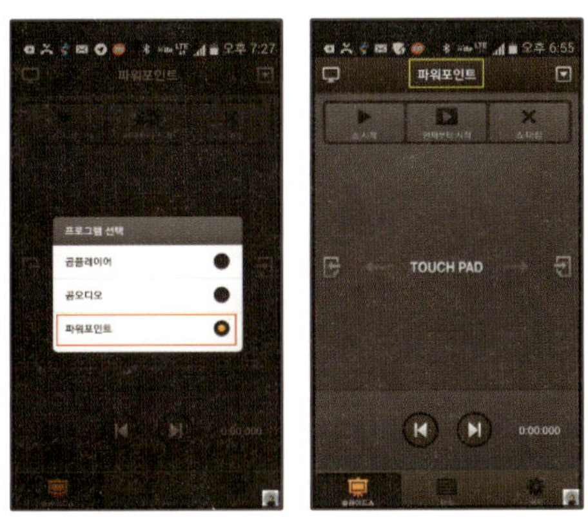

그림 4-4 파워포인트 원격 조정

2. PC에 설치하기

곰리모트 사이트(http://gom2.gomtv.com/release/gom_remote.htm)에서 다운로드 받은 프로그램 설치를 시작하는데 다음 곰트레이를 사용하기 위해서는 이용약관에 동의해야 한다(그림 4-5, 4-6). 설치 권장 사양으로는 PC는 Microsoft Windows XP, Vista(32/64bit), 7(32/64bit), 8(32/64bit), 8.1(32/64bit), 모바일은 Android 2.2 이상, iOS 4.3 이상이어야 한다.

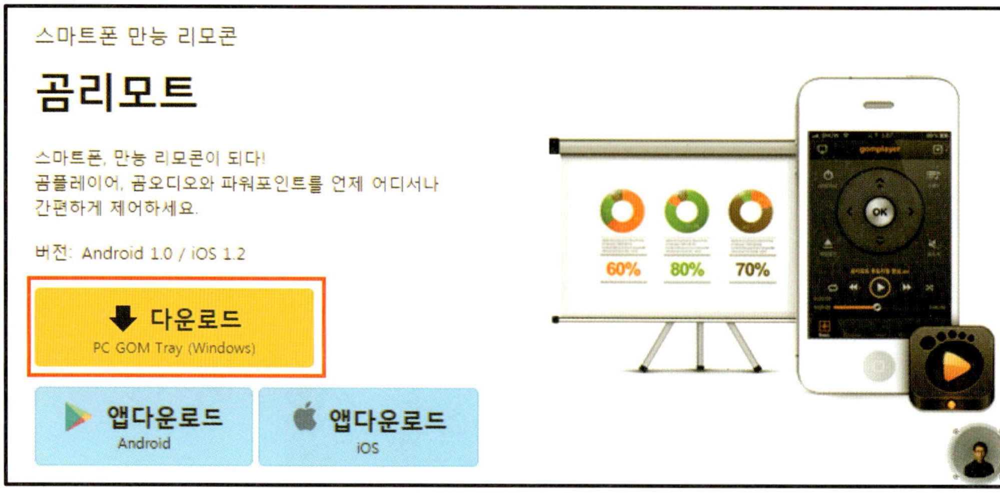

그림 4-5 PC에 다운로드

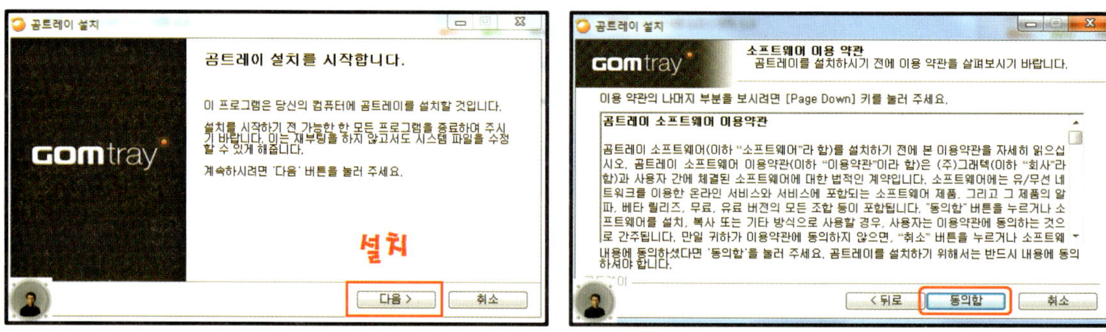

그림 4-6 곰트레이 설치

구성 요소와 설치 위치를 선택하면 다음 팟인코더 설치가 완료된다(그림 4-7).

그림 4-7 구성 요소와 설치 위치 선택

곰트레이의 다운로드 및 설치가 완료되면 프로그램이 자동으로 실행되는데 이때 팝업창 상단에 PC의 인증키 9자리가 나타난다. 이것을 곰리모트 앱에 입력해 주면 연결된다(그림 4-8).

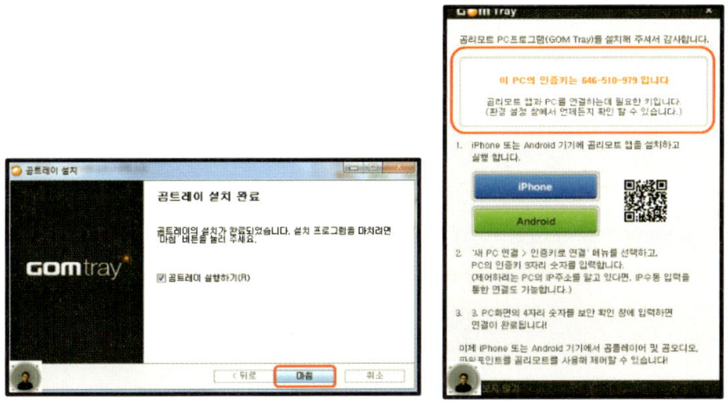

그림 4-8 설치 완료

3. 스마트폰에 앱 설치

곰리모트 앱 사용 전에 원격으로 제어할 PC에 곰트레이 프로그램을 먼저 설치해야 하며, Wi-Fi로 연결된 PC여야 원격 제어(공유기 필요)할 수 있다. 스마트폰 Store(google playstore/iOS App store)에 들어가서 곰리모트라고 검색한 다음 설치해 준다(그림 4-9, 4-10).

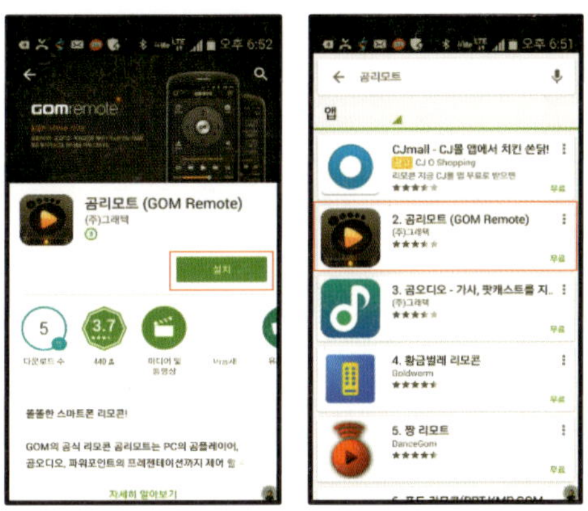

그림 4-9 곰리모트 검색

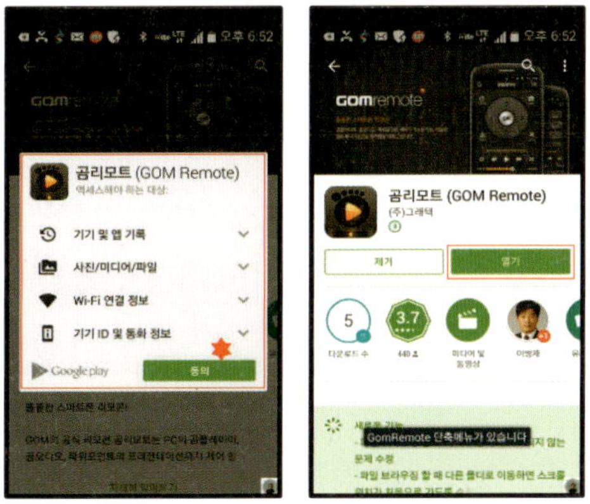

그림 4-10 곰리모트 설치

설치가 끝나면 인증키 입력창으로 전환되는데 이때 PC의 인증키 9자리를 그대로 곰리모트 앱에 입력하고 연결하기 버튼을 눌러준다(그림 4-11, 4-12)

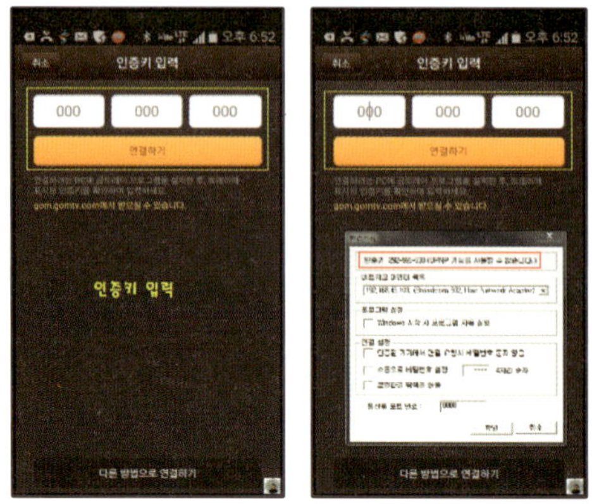

그림 4-11 인증키 입력창

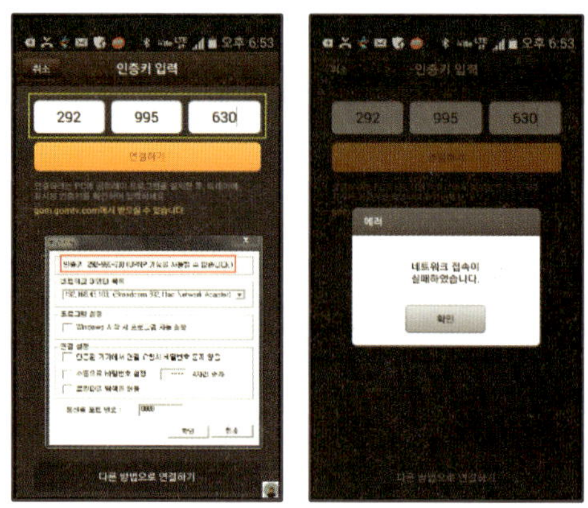

그림 4-12 인증키 입력 후 연결

인증키 입력이 원활하지 않은 경우에는 새 연결을 클릭한 다음 'IP 수동 입력'에서 PC의 네트워크 어댑터 목록 숫자 코드를 입력해주면 된다(그림 4-13, 4-14).

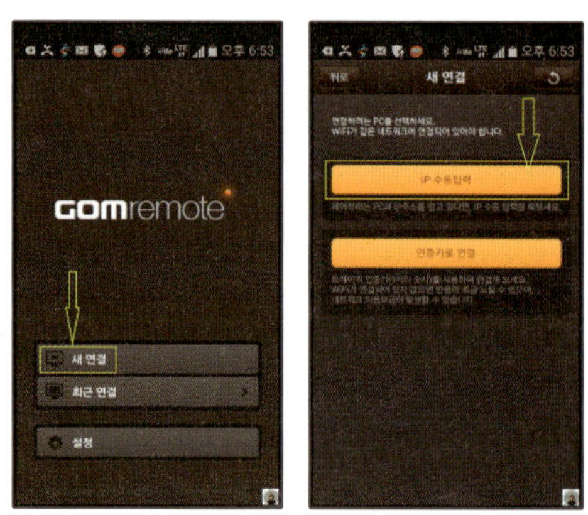

그림 4-13 IP 수동 입력창

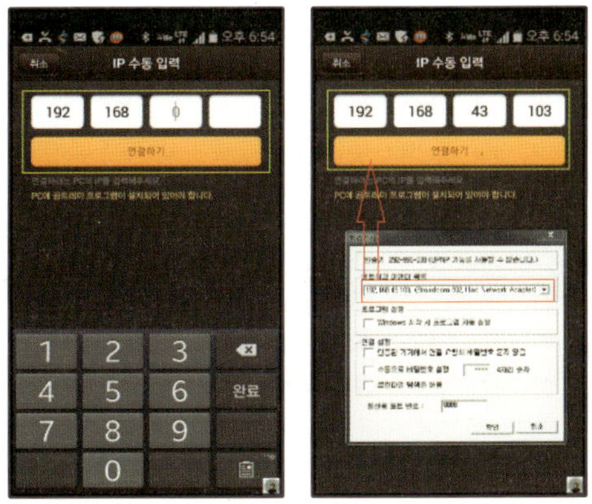

그림 4-14 PC의 네트워크 어댑터 목록 숫자 코드 입력

다시 곰트레이로 돌아오면 이번에는 또 다른 보안 인증번호 4자리를 스마트폰에 입력하라는 팝업이 뜨는데 이때 4자리의 인증번호를 다시 곰리모트 앱에 입력해 주면 완료되면서 곰플레이 창으로 연결된다(그림 4-15, 4-16).

그림 4-15 보안 인증번호 입력으로 연결

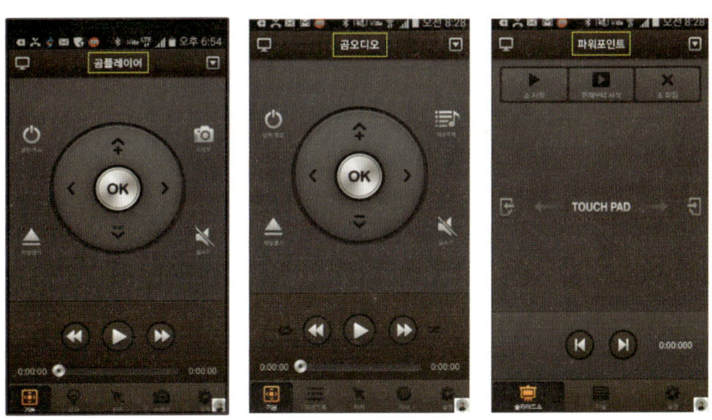

그림 4-16 곰리모트 활용(곰플레이어, 곰오디오, 파워포인트)

05

큐알 코드

QR Code

큐알 코드(QR Code)는 사각형의 가로, 세로 격자무늬에 다양한 정보를 담고 있는 2차원(매트릭스) 형식의 코드로, 'QR'이란 'Quick Response'의 머리글자로 '빠른 응답'의 의미로 쓰이고 있다. 바코드는 한 방향으로만 정보를 가지고 있는 반면, 큐알 코드는 가로, 세로 두 방향으로 정보를 가짐으로써 기록할 수 있는 정보를 비약적으로 증가시킨 코드로 근래 다양하게 이용되고 있다.

Digital Note

대학교재 최초 QR코드 활용한
새로운 스마트 교수법 개발로
소셜미디어 시대 이끄는 신종우 교수

On/Off 라인을 넘나드는 융복합으로 자기주도학습 교재 선보여

대학 교재는 무겁고 비싸다는 꼬리표가 붙어있다. 게다가 내용과 구성도 학생 스스로 공부하기에는 한계가 있다는 지적을 받아왔다. 학생들이 거부감을 느끼지 않고 스마트폰으로 언제든지 쉽게 검색 활용하고 어떻게 하면 자기 주도 학습이 될 수 있을까 고민해 왔다는 신종우 교수를 만나 소셜미디어 시대에 변화해야 하는 바람직한 교재와 교수법에 대해 들어본다.

1. 큐알 코드 소개

큐알 코드는 1994년 일본 덴소웨이브사(社)가 개발하였으며, 덴소웨이브사가 특허권을 행사하지 않겠다고 선언하여 다양한 분야에서 널리 활용되고 있다. 사각형의 가로, 세로 격자무늬에 다양한 정보를 담고 있는 2차원(매트릭스) 형식의 코드로, 'QR'이란 'Quick Response'의 머리글자로 '빠른 응답'의 의미로 쓰이고 있다.

기존의 1차원 바코드는 한 방향으로만 20자 내외의 숫자 정보만 저장할 수 있는 반면, 큐알 코드는 가로, 세로 두 방향으로 숫자 최대 7,089자, 문자(ASCII) 최대 4,296자, 이진(8비트) 최대 2,953바이트, 한자 최대 1,817자를 저장할 수 있어 일반 바코드보다 인식속도와 인식률, 복원력이 뛰어나다. 바코드가 주로 계산이나 재고관리, 상품 확인 등을 위해 사용된다면 큐알 코드는 마케팅이나 홍보, PR 수단으로 많이 사용되고 있다(그림 5-1).

그림 5-1 1차원 바코드(좌)와 2차원 바코드(우)

기존 바코드를 읽을 수 있는 전용단말기는 상품 판매자만 소유할 수 있어 소비자들이 바코드를 이용하여 정보를 파악하는 것이 불가능했지만, 큐알 코드의 경우 스마트폰만 있으면 소비자들이 직접 상품 정보를 파악할 수 있다. 큐알 코드는 스마트폰이 보급되면서 활용도가 높아졌다. 스마트폰 사용자들은 무료로 제공되는 큐알 코드 스캔 애플리케이션을 다운받은 후 스마트폰으로 광고판, 홍보지, 포스터, 잡지, 인터넷 등에 게재된 큐알 코드를 스캔하기만 하면 각종 정보를 손쉽게 얻을 수 있다.

큐알 코드의 정보 제공은 오프라인과 온라인을 넘나들며 이루어진다. 예를 들어 종이잡지에 나온 모 제품의 큐알 코드에 스마트폰을 갖다 대면 그 제품의 웹사이트로 연결되어 생산·유통·가격 정보 등 각종 상품 정보와 이벤트 정보, 쿠폰 혜택 등을 얻을 수 있고, 스포츠 경기나 영화 포스터의 큐알 코드를 스캔하면 홍보동영상 및 사진 정보, 할인권 및 입장권 정보, 영화관 또는 경기장 정보 등을 받을 수 있는 식이다.

은행이나 신용카드 회사, 항공사 등은 큐알 코드를 활용하여 결제서비스를 제공할 수 있고, 백화점이나 할인마트 등 유통업체는 가정으로 배송하던 할인쿠폰 대신 전단지나 신문광고, 홈페이지에 게재한 큐알 코드를 통해 할인쿠폰은 물론 행사품목이나 프로모션 내용까지 제공할 수 있다. 비석에 큐알 코드를 새겨 고인의 사진이나 생전의 기록을 볼 수 있는 모델을 출시한 비석회사도 있을 정도로 다양하게 활용되고 있다(그림 5-2).

그림 5-2 건물 외벽의 필자 큐알 코드

큐알 코드 만들기 사이트를 이용하면 누구나 자신만의 고유 큐알 코드를 만들 수 있다. 즉, 개인사업자 또는 무엇인가를 홍보하고 싶은 사람은 명함에 고유의 큐알 코드를 부착함으로써 자신을 소개할 수 있고, 블로그·트위터 또는 오프라인 광고지에 삽입함으로써 자신이 알리고 싶은 것을 홍보할 수 있다. 필자 또한 큐알 코드를 스마트 교수법에 적극적으로 활용하고 있다.

큐알 코드를 이용한 학습 시스템 및 그 방법으로 특허 취득(특허 제 10-1409795호)한 치과기공학개론, 미남교수의 스토리텔링 프레지 프레젠테이션, 미남교수의 스마트 기기를 활용한 쌍방향 교수법, 미남교수의 플립러닝을 위한 디지털 미디어활용 저서의 페이지마다 각각의 큐알 코드(동영상 강의, 동영상 링크, 검색 링크 등)를 제공하여 장소와 시간 구애 없이 스마트폰으로 학습자가 자기 주도적으로 학습할 수 있도록 하였다(그림 5-3~5-5).

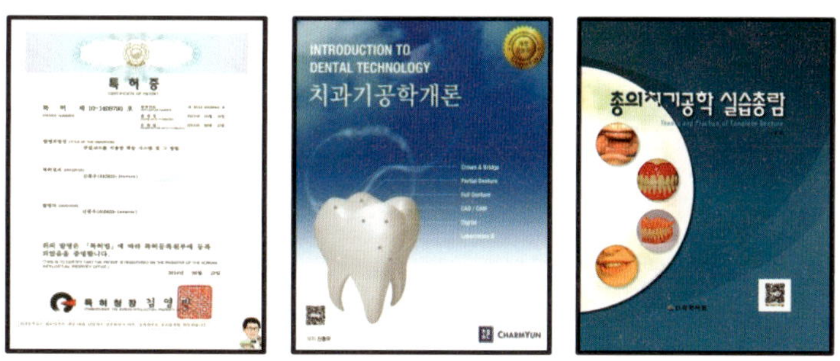

그림 5-3 필자가 특허 취득한 치과기공학개론과 총의치기공학 실습총람 저서

그림 5-4 필자가 큐알 코드를 이용하여 출간한 세 권의 교수법 관련 저서

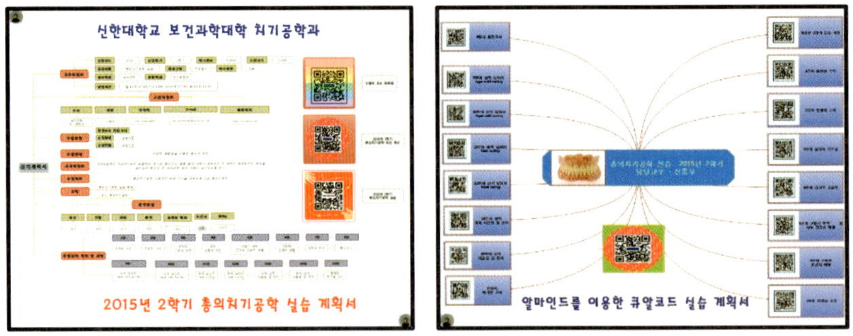

그림 5-5 큐알 코드를 이용한 강의계획서 작성(2015년 2학기 기준)

2. 네이버 큐알 코드 생성

네이버 큐알 코드 서비스를 이용(http://qr.naver.com)하여 나만의 큐알 코드를 만들어 메일이나 블로그 등을 통해 지인들에게 보낼 수 있으며, 이미지로 출력하여 오프라인으로 활용할 수 있다(그림 5-6).

그림 5-6 네이버 큐알 코드 생성 화면

1) 큐알 코드 사용 방식 결정하기

모바일 큐알 코드 인식화면을 본인이 원하는 대로 꾸미고 싶은 경우에 원하는 정보 담기와 링크로 바로 이동하여 두 가지 중에서 큐알 코드 사용 방식을 선택할 수 있다(그림 5-7). 원하는 정보 담기는 모바일로 큐알 코드를 인식한 화면을 내가 원하는 대로 꾸미고 싶은 경우이고, 링크 바로 이동은 특정 사이트나 네이버 검색 결과로 바로 이동시키고 싶을 때 선택한다.

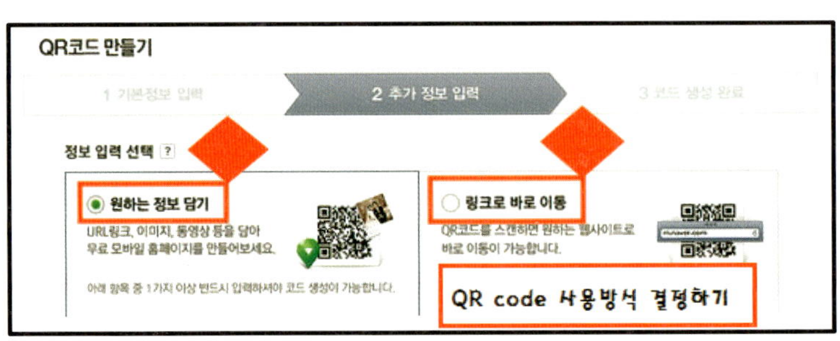

그림 5-7 큐알 코드 사용 방식 선택

2) 코드 생성

네이버 큐알 코드 상단 메뉴의 코드 생성을 클릭하면 큐알 코드 만들기 화면으로 전환된다(그림 5-8).

그림 5-8 코드 생성

3) 기본 정보 입력

20자 내로 코드 제목을 입력하고, 기본형에서 원하는 색상 테두리를 선택한다(그림 5-9). 하단의 큐알 코드 비공개하기는 비공개 코드로 생성하고 싶은 경우에 체크하고, 공개코드로 내보기는 공개 게시판에 등록하고 싶은 경우에 선택한다.

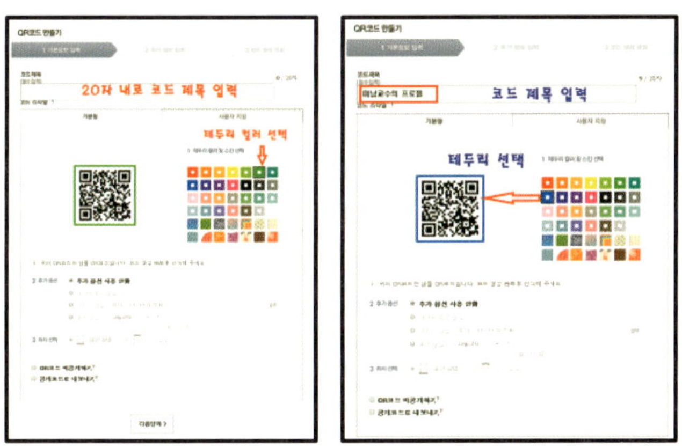

그림 5-9 코드 제목 및 색상 테두리 선택

추가 메뉴 옵션에서 원하는 이미지와 문구를 삽입한다(그림 5-10, 5-11). 나만의 문구는 나눔 글씨체만 제공하고 있다. PC에 나눔 글씨체가 설치되지 않은 경우에는 브라우저상에서 돋음 폰트로 보이지만 실제 큐알 코드를 생성하면 선택한 나눔 글꼴이 적용되어 있다. 생성 시에도 바로 글꼴을 확인하고 싶은 경우에는 네이버 나눔 글씨체를 설치해 주는 것도 바람직하다.

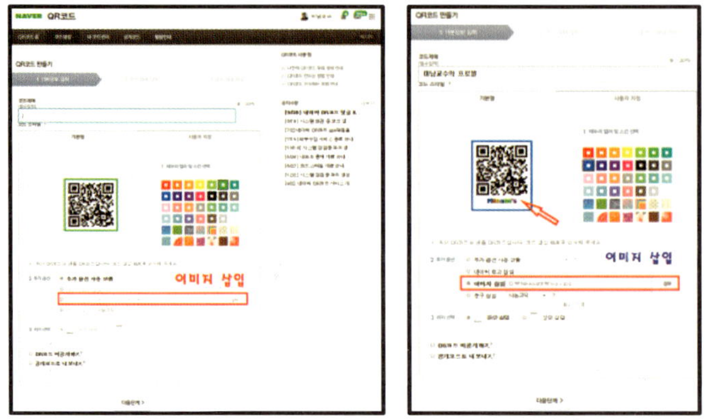

그림 5-10 이미지 삽입

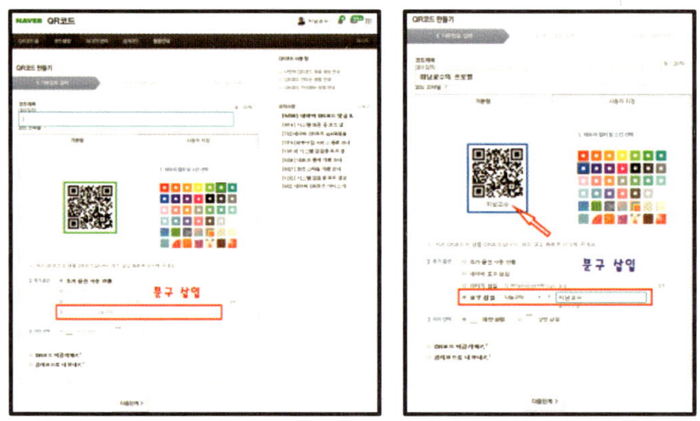

그림 5-11 문구 삽입

이미지나 문구를 삽입한 다음 상단이나 하단에 원하는 위치를 선택한다(그림 5-12).

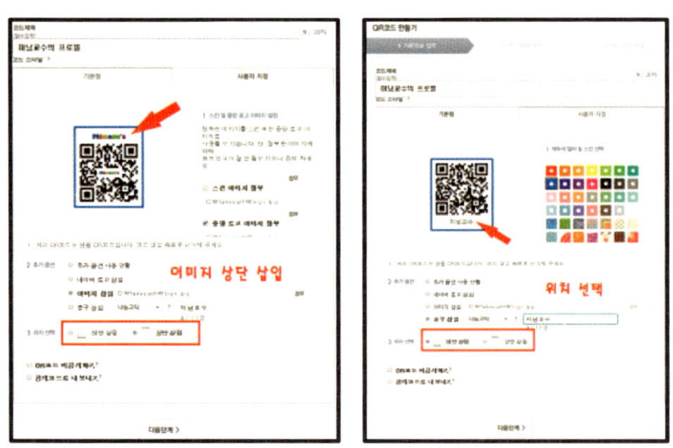

그림 5-12 이미지, 문구 위치 선택

사용자 지정에서는 원하는 이미지를 스킨 또는 중앙로고 이미지(최대 357×357)로 사용할 수 있다. 단, 첨부한 이미지에 따라 코드 인식이 잘 안 될 수 있기 때문에 원하는 규격을 올리도록 한다(그림 5-13, 5-14).

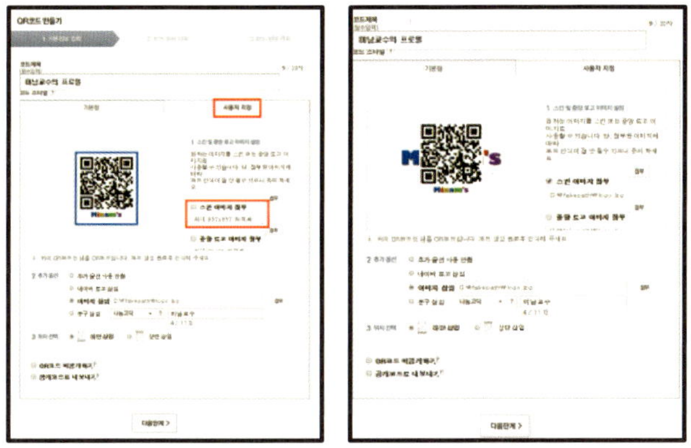

그림 5-13 스킨 이미지 첨부

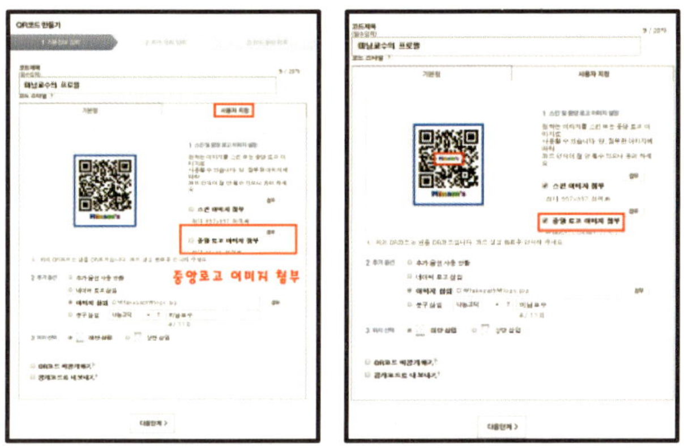

그림 5-14 중앙로고 이미지 첨부

4) 추가 정보 입력

(1) 큐알 코드에 정보 담기

URL 링크, 이미지, 동영상, 지도, 연락처 공유 등을 담아 개인 홈페이지 등을 만들 경우에 이용하며, 모든 항목에 한 가지 이상 정보를 입력해야 코드 생성이 가능하다(그림 5-15).

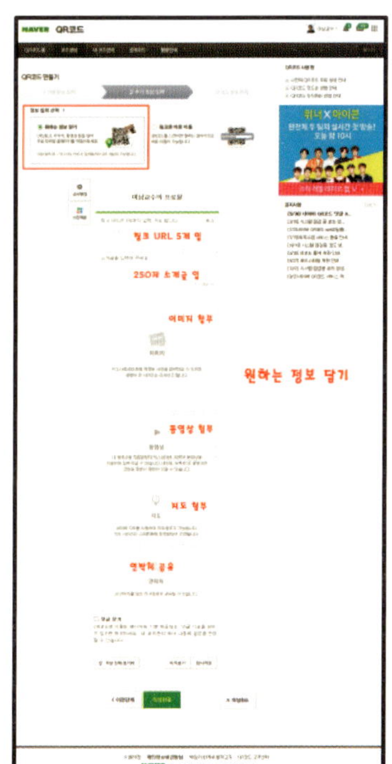

그림 5-15 큐알 코드 정보 담기 전체화면

① 배치 순서 설정

큐알 코드 작성 시 담고 싶은 정보만 미리 선택할 수 있다. 모바일에서 큐알 코드를 인식했을 때 보이고 싶은 정보의 순서대로 배치할 수 있으며, 배치 방법은 마우스로 드래그해서 원하는 위치에 놓으면 배치가 완료된다(그림 5-16). 단 큐알 코드 생성 시 현재 설정한 정보와 순서를 유지하고 싶은 경우에는 하단의 큐알 코드 생성 시 순서 변경내용 항상 유지를 선택하면 된다.

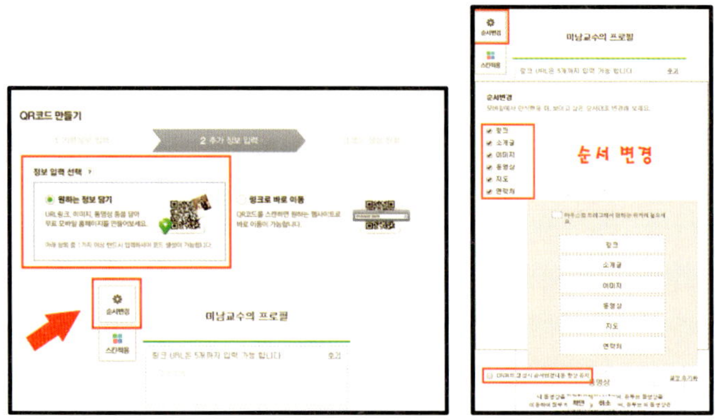

그림 5-16 배치 순서 설정하기

② 스킨 적용

모바일에서 큐알 코드를 인식했을 때 설정한 스킨이 적용되며, 상단 코드 제목 영역에 적용된다(그림 5-17).

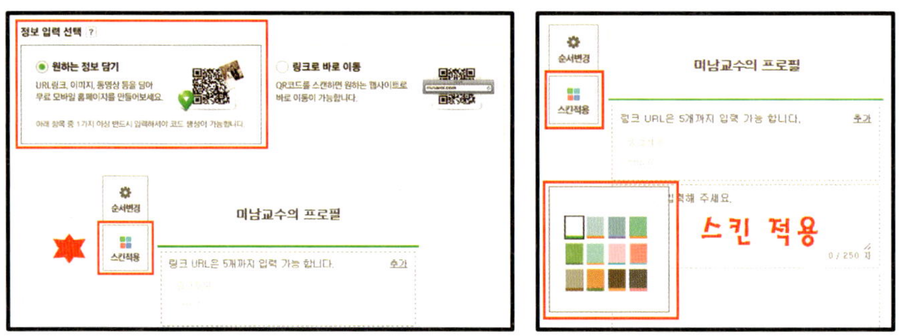

그림 5-17 스킨 적용

③ 링크 URL 입력

링크 URL은 5개까지 입력이 가능하다. 링크 타이틀을 입력하는데 입력하지 않는 경우에는 링크 URL 정보가 그대로 제공된다. 링크 URL을 입력하면 1에서 입력한 링크 제목에 하이퍼링크 방식으로 적용되며, 불필요한 경우에는 삭제 버튼으로 삭제할 수 있다(그림 5-18).

그림 5-18 링크 URL 입력

④ 소개 글 입력

생성하는 큐알 코드에 대한 간단한 소개 글을 입력한다. 이때 소개 글은 250자까지 가능하며, 입력한 글자 수에 따라 남은 글자 수를 볼 수 있다(그림 5-19).

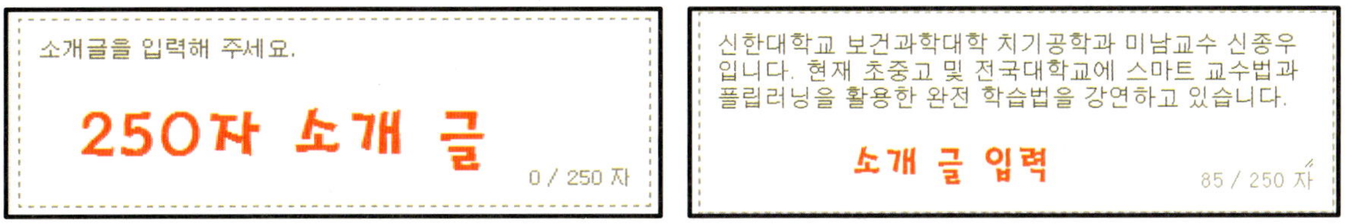

그림 5-19 소개 글 입력

⑤ 이미지 추가하기

내 PC에 있는 이미지 파일이나 N드라이브, SNS의 인스타그램과 페이스북에 업로드되어 있는 이미지를 한 번에 20장씩 추가할 수 있다. 추가한 이미지의 가로 크기 및 회전과 반전 및 삭제를 할 수 있다(그림 5-20~5-22).

그림 5-20 이미지 추가

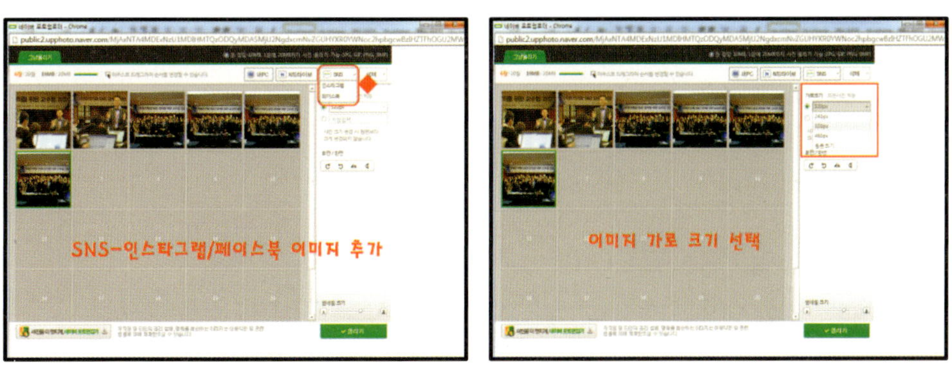

그림 5-21 SNS 이미지 추가 및 가로 크기 선택

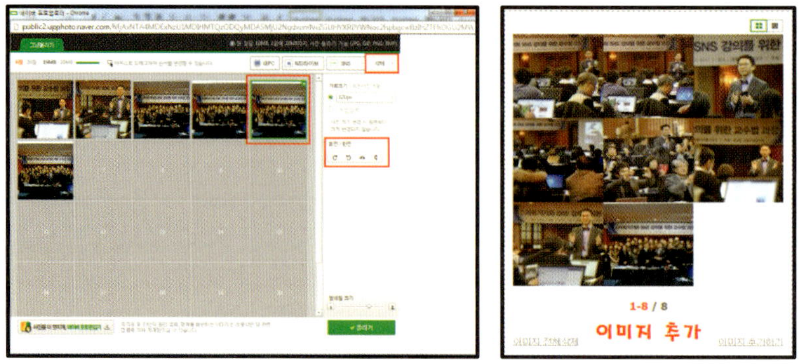

그림 5-22 이미지 삭제 및 추가 완료

⑥ 동영상 추가하기

동영상 추가하기에는 파일 올리기와 링크 걸기로 업로드할 수 있다(그림 5-23, 5-24). 파일 올리기는 내 PC나 N드라이브에서 동영상 파일을 직접 올릴 수 있다. 파일 올리기는 1024MB/15분까지 업로드 가능하며, 15분 이상인 동영상을 올리려면 실명인증을 해주면 된다. 파일 올리기에는 웹캠 촬영, 구간 자르기, 자막 등을 네이버 포토 동영상에서 편집할 수 있다. 저작권 등 다른 사람의 권리를 침해하거나 명예를 훼손하는 동영상은 이용약관 및 관련 법률에 의해 제재를 받을 수 있다.

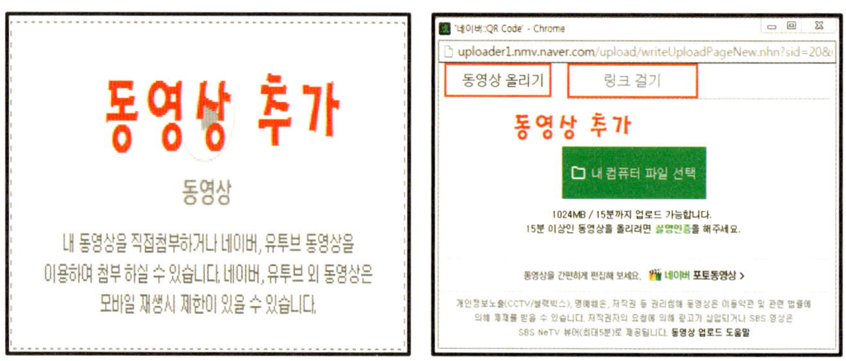

그림 5-23 동영상 추가하기

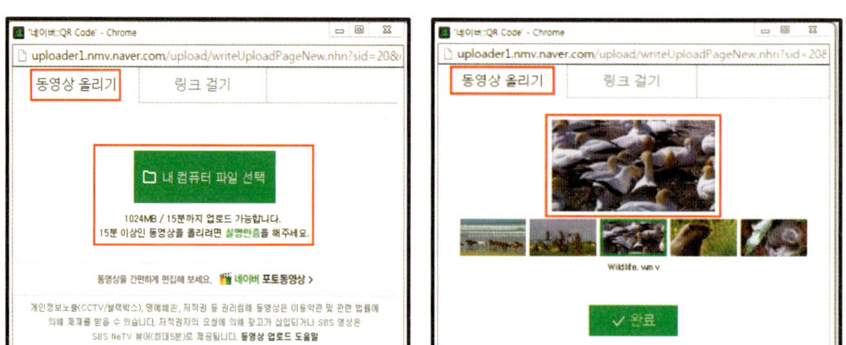

그림 5-24 파일에서 동영상 올리기

링크 걸기는 네이버와 유튜브의 동영상을 링크로 걸 수 있다. 유튜브 동영상을 링크 걸기 위해서는 유튜브 동영상에서 공유 버튼을 눌러 링크 URL을 복사하여 붙여 넣으면 된다(그림 5-25).

그림 5-25 유튜브 동영상 링크 걸기로 올리기

네이버 동영상을 링크 걸기 위해서는 네이버 동영상 플레이어의 링크를 누르면 보이는 URL 주소를 복사해서 붙여 넣으면 된다(그림 5-26).

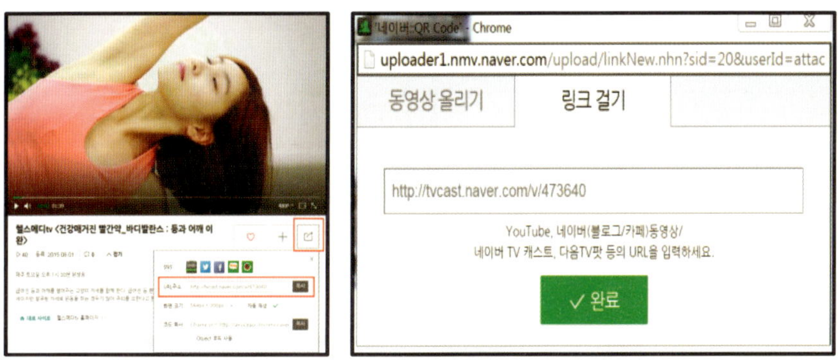

그림 5-26 네이버 동영상 링크 걸기로 올리기

불필요한 동영상인 경우에는 삭제할 수 있다(그림 5-27). 참고로 PC에서 동영상 재생이 잘되어도 단말기 환경에 따라 재생되지 않는 동영상이 있을 수 있다.

그림 5-27 동영상 추가 완료

⑦ 지도 추가

찾고 싶은 지도의 주소나 장소 명을 검색하고 난 후 검색결과에서 첨부할 장소를 선택한다. 검색결과에서 선택한 장소나 주소를 중심으로 지도가 첨부된다(그림 5-28, 5-29).

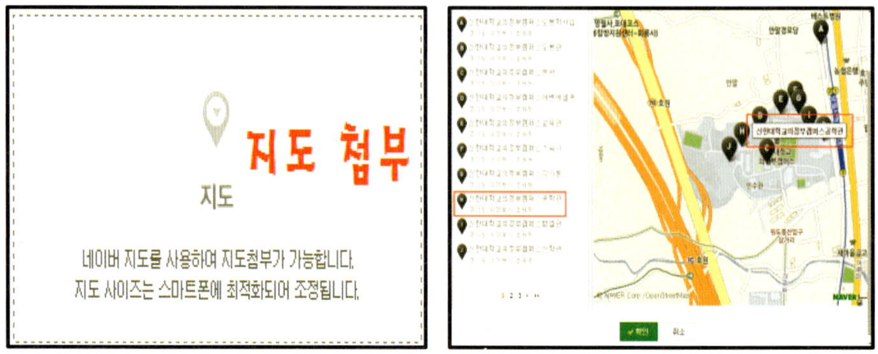

그림 5-28 지도 검색

그림 5-29 지도 첨부

⑧ 연락처 추가

개인 정보 수집 및 이용에 대한 동의를 한 다음 사진 등록, 이름, 휴대폰 번호, 전화번호, 팩스번호, 이메일, 홈페이지, 회사 주소, 자택 주소, 메모 란에 순서대로 입력한다(그림 5-30, 5-31).

그림 5-30 연락처 공유

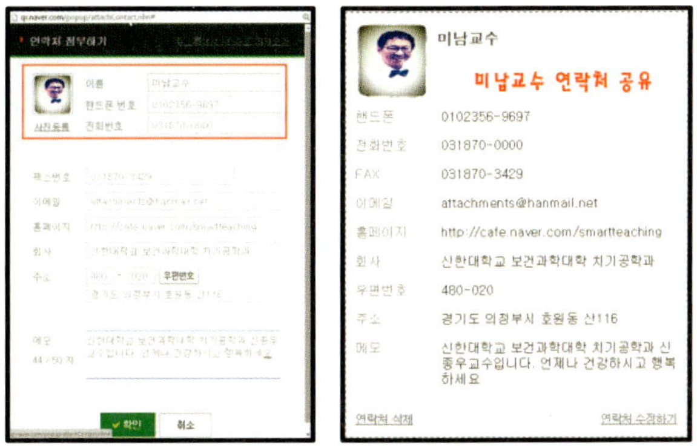

그림 5-31 개인 정보 입력

⑨ 큐알 코드 작성 완료

큐알 코드 작성이 완료되면 미리보기를 통해 항목을 최종 확인하여 문제가 없는 경우 하단 중앙의 초록색 작성 완료 버튼을 눌러 생성한다(그림 5-32). 단, 생성에 문제가 있는 경우에 작성 전체를 초기화하거나, 수정이 필요한 경우 임시 저장할 수 있다.

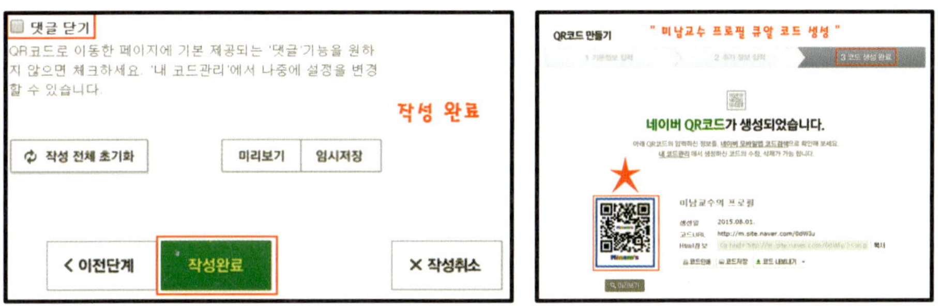

그림 5-32 미남교수의 프로필 큐알 코드 생성 완료

(2) 링크 정보 입력

링크 정보 입력하기를 하면 큐알 코드를 인식했을 때 특정 사이트로 바로 이동시킬 수 있으며, 네이버 통합검색 결과로 이동시킬 수 있다(그림 5-33).

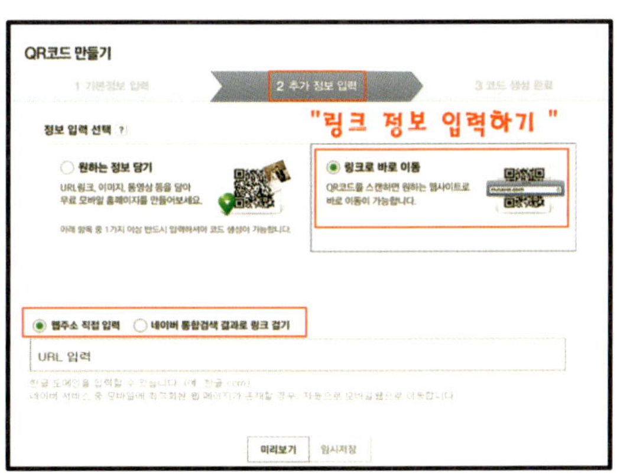

그림 5-33 링크 정보 입력

① 웹주소 직접 입력

큐알 코드를 특정 사이트로 바로 이동시키고 싶은 경우에 웹주소(URL) 직접 입력을 클릭한 다음 정보(URL)를 입력하고 작성 완료하면 자동으로 생성된다(그림 5-34). 네이버 서비스 중 모바일에 최적화된 웹 페이지가 존재할 경우 자동으로 모바일 웹으로 이동한다.

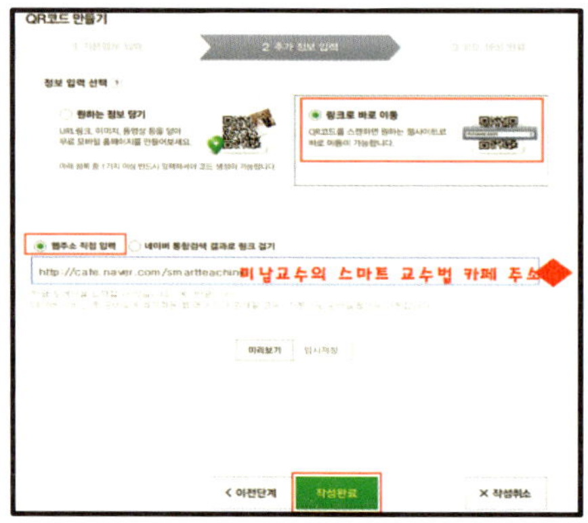

그림 5-34 웹주소 직접 입력

② 네이버 통합검색 결과로 링크 걸기

큐알 코드를 네이버 통합검색 결과로 링크 걸고 싶은 경우에 검색 단어("미남교수")를 입력해 준다(그림 5-35).

그림 5-35 네이버 통합검색 결과로 링크 걸기

(3) 큐알 코드 활용 가이드

큐알 코드가 생성이 완료되면 코드 인쇄, 코드 저장, 코드 내보내기를 이용하여 다양하게 활용할 수 있다. 활용 시 주의사항으로 큐알 코드 훼손율이 20% 이상인 경우에는 인식이 안 될 수 있기 때문에 가능한 공간 내에서는 최대 사이즈로 제공하는 것이 바람직하다. 2cm 이하로 축소한 경우에는 반드시 인식되는지 확인하고 제공하도록 한다.

① 큐알 코드 인쇄

코드 인쇄는 네 가지 사이즈로 인쇄가 가능하며, 큐알 코드 이미지를 인쇄하여 오프라인으로 배포 시 이용한다(그림 5-36).

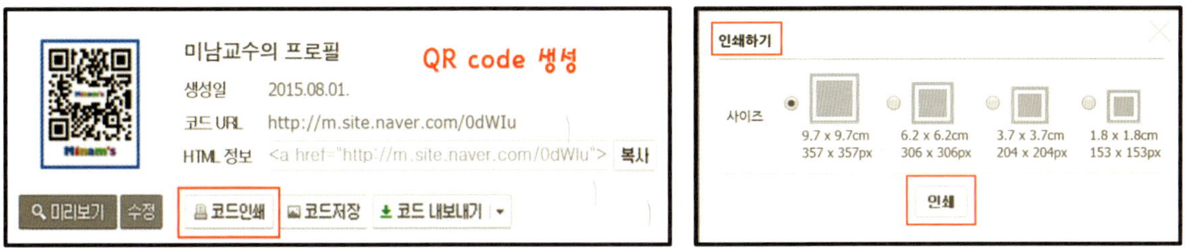

그림 5-36 큐알 코드 인쇄

② 큐알 코드 저장

생성된 큐알 코드는 JPG, GIF, TIF, EPS 확장자로 저장할 수 있다(그림 5-37). 각 확장자의 특징을 살펴보면 JPG는 데이터 압축효율이 좋고, 고해상도 표시장치에 적합하며, 파일의 크기 조절에 유용하다. GIF는 압축 후의 용량이 적어 전송 속도도 빠르고, 이미지 손상도 적다. TIF는 이미지 손실 없이 압축하는 방식으로 용량은 크지만 인쇄 후 파일 크기를 크게 변경할 경우에 적당하다. EPS는 인쇄 출력용이다.

그림 5-37 큐알 코드 저장

③ 큐알 코드 내보내기

큐알 코드 내보내기는 메일로 보내기, 블로그에 담기, 휴대폰으로 전송할 수 있다(그림 5-38, 5-39). 휴대폰으로 전송할 경우에는 한 달에 30건까지만 무료로 전송할 수 있다.

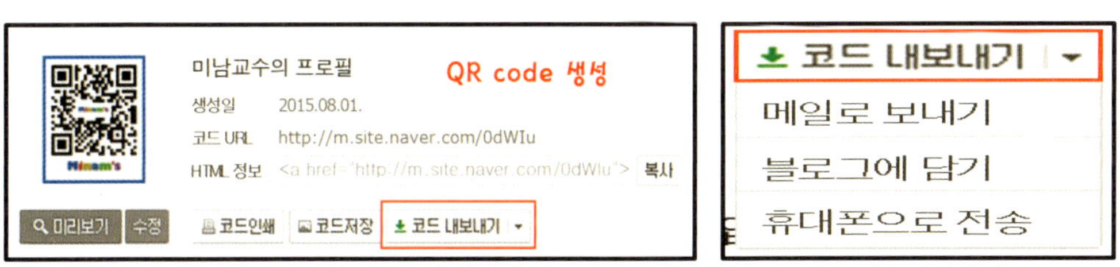

그림 5-38 큐알 코드 내보내기

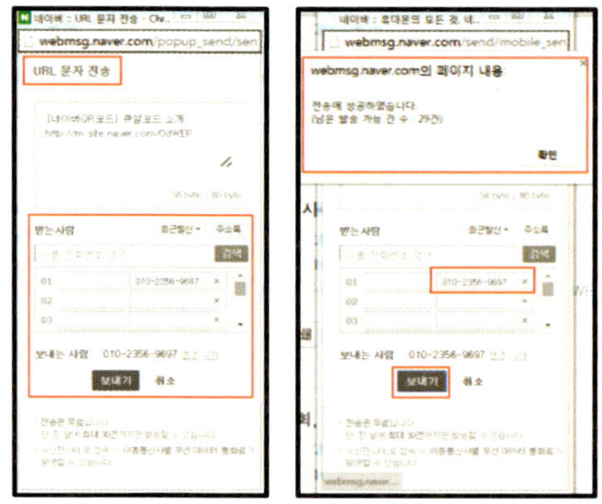

그림 5-39 큐알 코드 휴대폰으로 전송하기

(4) 내 코드 관리

내 코드 관리에는 본인이 생성한 모든 큐알 코드가 클라우딩되어 있으며, 내 코드 관리 메뉴를 클릭하면 내 코드 관리와 내 코드 통계로 구분된다(그림 5-40). 내 코드 통계는 통계요약, 방문 트렌드, 방문자 분포, 시간대별 조회 수를 확인할 수 있다.

그림 5-40 내 코드 관리와 내 코드 통계

3. 다음 코드 생성

다음 코드(Daum code)는 다음 사이트(http://code.daum.net/web)에서 무료로 생성할 수 있다(그림 5-41). 네이버 큐알 코드와 사용법이 흡사하기 때문에 누구나 쉽게 활용할 수 있다.

그림 5-41 다음 코드 생성 화면

1) 다음 코드 제목 입력과 코드 디자인 선택

다양한 테두리 컬러와 스킨 중 본인이 원하는 대로 지정할 수 있다(그림 5-42). 테두리 컬러를 선택하면 로고 이미지 첨부와 코드를 인식하면 URL 보이기가 가능하다.

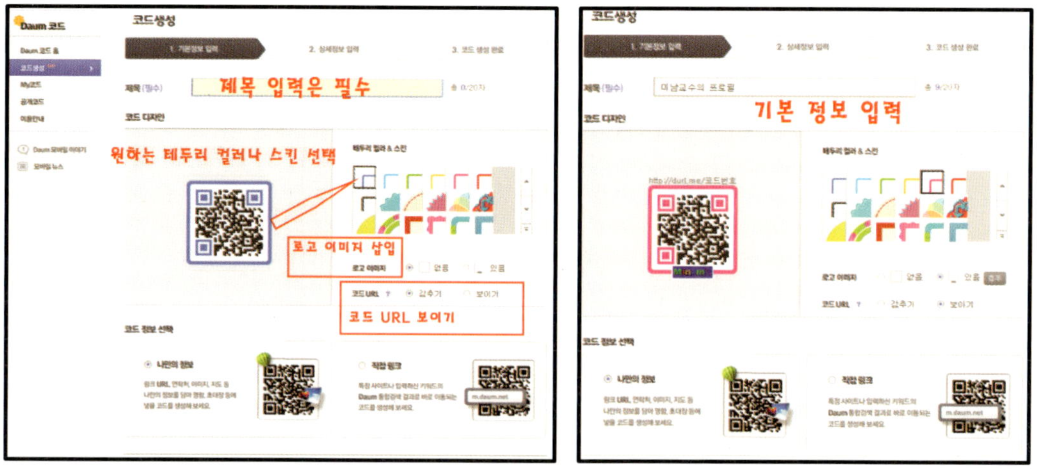

그림 5-42 기본 정보 입력

2) 코드 정보 선택

다음 코드만의 인식화면에 다양한 정보를 담고 싶으면 나만의 정보를, 특정 사이트나 다음 검색 결과 화면으로 보내고 싶다면 직접 링크를 선택한다(그림 5-43).

그림 5-43 나만의 정보 선택

(1) 나만의 정보

코드 정보 선택에서 나만의 정보를 클릭하면 코드 생성 화면으로 전환된다. 나만의 정보는 링크 URL, 연락처, 이미지, 지도 등 나만의 정보를 담아 명함, 초대장 등에 주로 이용한다. 코드 이용 목적에 맞도록 기본, 명함, 초대장, 홍보 중에서 선택한다. 그중 명함 큐알 코드 생성으로 알아보고자 한다.

① 명함 큐알 코드 생성

레이아웃과 스킨을 선택했다면, 소개 글, 연락처, 링크 URL, 이미지 등 나만의 정보를 입력한다(그림 5-44~5-53).

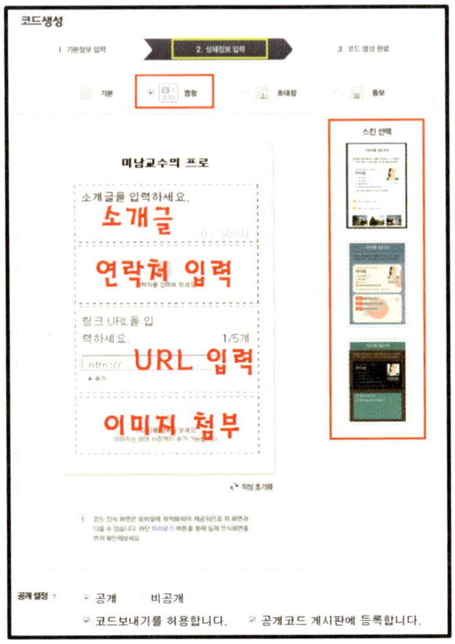

그림 5-44 상세 정보 입력

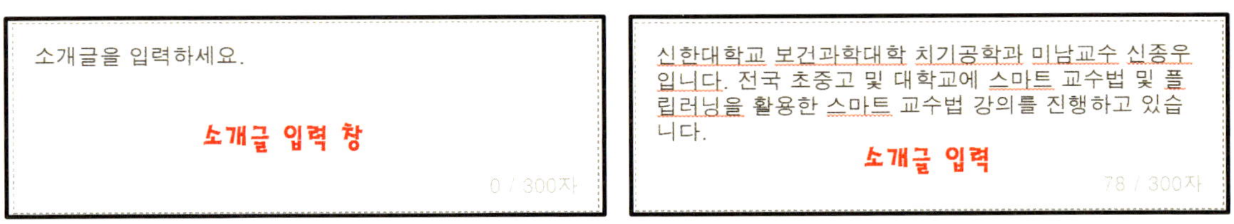

그림 5-45 소개 글 입력

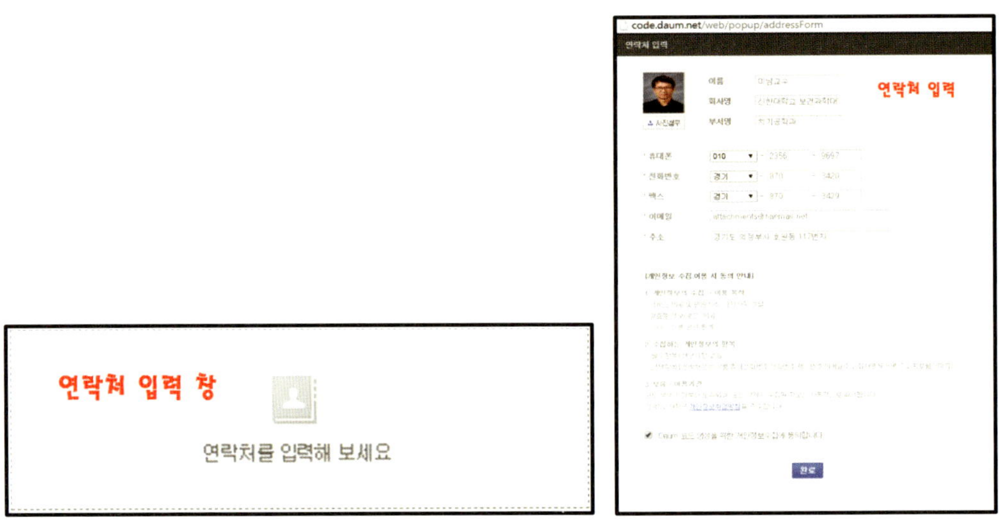

그림 5-46 연락처 정보 입력

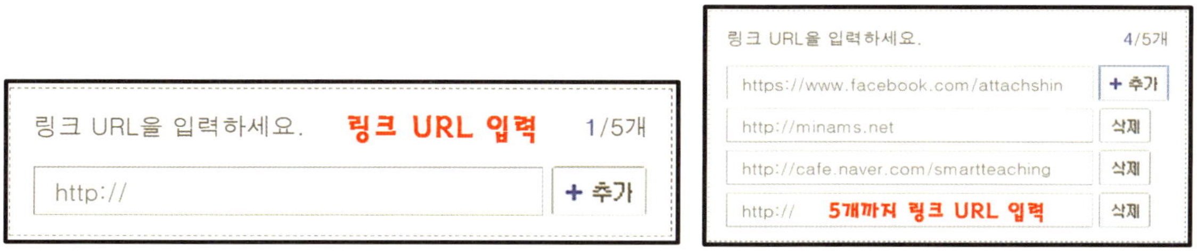

그림 5-47 링크 URL 입력

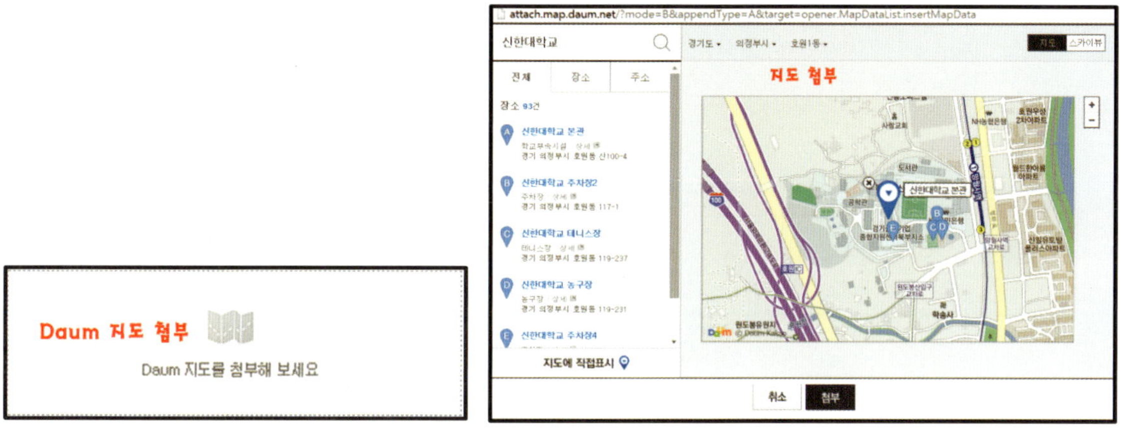

그림 5-48 지도 첨부

그림 5-49 이미지 첨부

그림 5-50 동영상 첨부

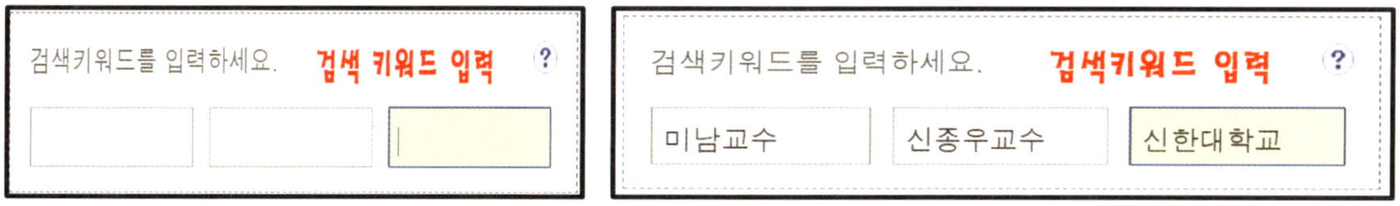

그림 5-51 키워드 입력

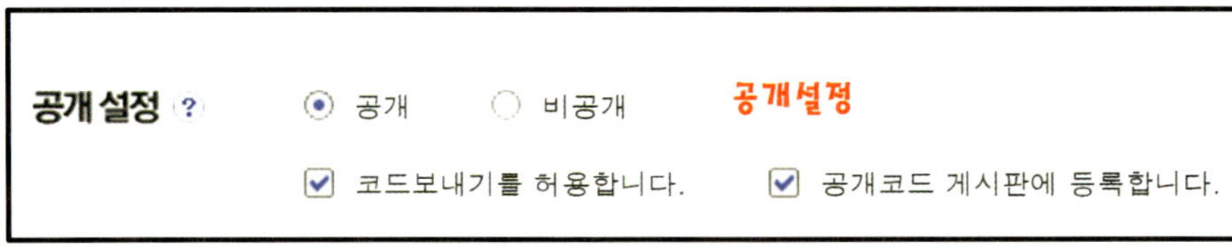

그림 5-52 코드 공개 설정 결정

그림 5-53 생성 완료 후 활용

3) 직접 링크

특정 사이트나 입력한 키워드의 다음 통합검색 결과로 바로 이동되는 코드를 생성하고자 할 때 이용된다(그림 5-54~5-57).

그림 5-54 직접 링크

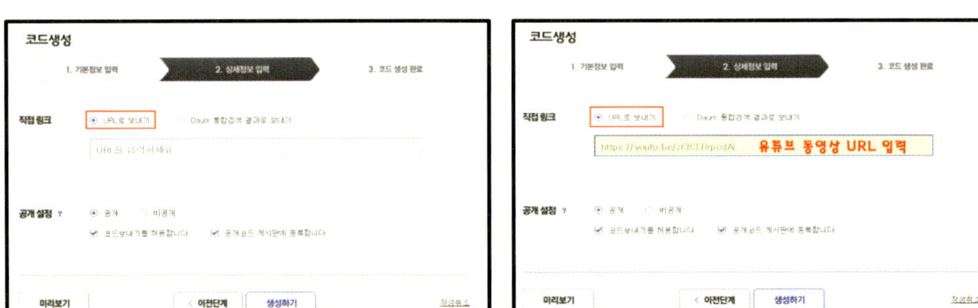

그림 5-55 URL로 보내기

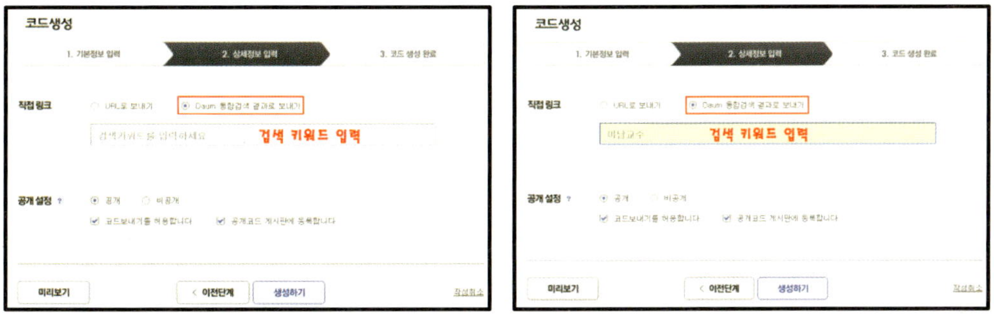

그림 5-56 검색 키워드 입력

그림 5-57 생성 완료 후 활용

4. 큐알 코드 활용 범위

1) 대학교재 및 학습서에 활용하기

필자는 스마트 교수법에 큐알 코드를 적극적으로 활용하고 있다. 큐알 코드를 이용한 학습 시스템 및 그 방법으로 특허 취득(특허 제 10-1409795호)한 치과기공학개론, 미남교수의 스토리텔링 프레지 프레젠테이션, 미남교수의 스마트 기기를 활용한 쌍방향 교수법 등에 페이지마다 각각의 큐알 코드(동영상 강의, 동영상 링크, 검색 링크 등)를 제공하여 장소와 시간 구애 없이 스마트폰으로 학습자가 자기 주도적으로 학습할 수 있도록 하였다(그림 5-58, 5-59).

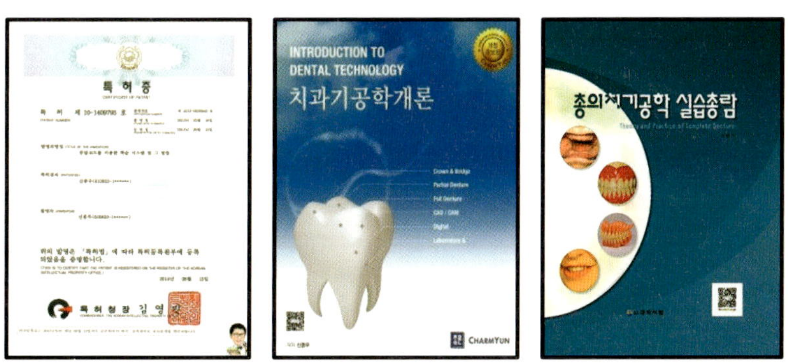

그림 5-58 큐알 코드를 활용한 치과기공학개론 및 총의치기공학 실습총람 저서

그림 5-59 큐알 코드를 이용하여 최근 출간한 교수법 저서

2) 메일 서명에 삽입하기

생성된 다음 코드를 HTML로 복사한 후 메일 서명에 삽입하여 메일 서명으로 사용할 수 있으며, 다음 코드를 메일 서명에 삽입하여 메일을 보내면 상대방이 다음 코드를 인식하여 손쉽게 본인의 연락처를 휴대폰에 저장할 수 있다(그림 5-60).

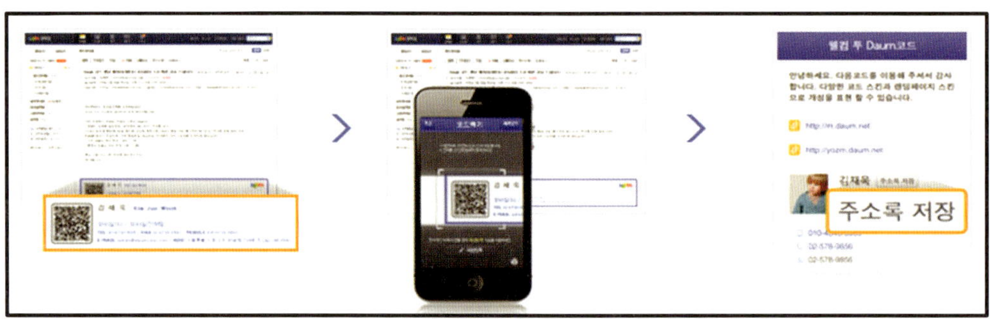

그림 5-60 메일 서명에 삽입하기

3) 명함에 삽입하기

생성된 다음 코드를 이미지로 저장하여 명함에 삽입하면 상대방에게 나의 연락처 정보뿐만 아니라 홈페이지 주소, 동영상, 이미지 등 다양한 멀티미디어를 통해 본인을 홍보할 수 있다(그림 5-61).

그림 5-61 필자의 명함 변천(왼쪽부터-일반 명함, 큐알 코드 명함, 이미지 큐알 코드 명함)

4) 사진 및 동영상을 저장해 소셜 마케팅 홍보

큐알 코드에 저장된 사진, 동영상 파일을 상대방이 코드를 인식하면 휴대폰에서 큐알 코드에 저장된 사진, 동영상을 감상할 수 있으며, 제품 또는 회사의 홍보용 사진, 동영상을 코드로 저장해서 활용하면 효과적인 홍보 수단이 될 수 있다(그림 5-62).

그림 5-62 소셜 마케팅으로 활용

5) 모바일에 손쉽게 접속하기

일반 PC용 웹사이트에 모바일 웹사이트 URL이 저장된 다음 코드를 노출하여 상대방이 쉽게 모바일 웹사이트에 방문하도록 할 수 있다(그림 5-63).

그림 5-63 필자가 운영하고 있는 스마트 교수법과 치기공놀이터 카페 대문

5. 큐알 코드 스캔

카메라 화면이 나타나면 네모칸 안에 큐알 코드가 들이가도록 하는데, 이때 주변이 너무 어둡거나 밝으면 인식률이 떨어질 수 있고, 너무 멀거나, 너무 가까운 거리에서는 인식이 되지 않을 수 있기 때문에 적당한 거리에서 이용하는 것이 바람직하다(그림 5-64).

그림 5-64 스마트 교수법 과정에서 큐알 코드 스캔 중

06

PowerPoint 프레젠테이션

파워포인트(PowerPoint)의 정식 명칭은 마이크로소프트 오피스(MS)이다. 정보를 기반으로 제품, 서비스, 솔루션을 하나로 통합해 효과적인 협동 작업을 할 수 있도록 플랫폼을 제공하는 오피스 시스템에 포함되어 있다. 여러 사람 앞에서 자신의 생각을 발표하거나 공동 작업을 할 때 시각적 보조자료로 활용할 수 있도록 프레젠테이션을 도와주는 소프트웨어이다.

1. PowerPoint에서 비디오 영상 제작

프레젠테이션은 소개·발표·표현·제출을 뜻하는 용어로, 많은 사람에게 효과적으로 메시지를 전달하고자 할 때 사용한다. PowerPoint의 기능은 바로 여기에 있다. 즉, 프레젠테이션을 효과적으로 작성·발표하고, 공동 작업을 하는 데 도움을 주는 도구들의 모임이 PowerPoint이다. PowerPoint 2010 이상에서는 애니메이션과 설명이 포함된 멀티미디어 프레젠테이션을 올바르게 재생할 수 있도록 Windows Media 비디오(.wmv) 파일로 저장하여 안전하게 배포할 수 있다.

.wmv 파일 형식을 사용하지 않는 경우에는 원하는 타사 유틸리티를 사용하여 파일을 다른 형식(.avi, .mov 등)으로 변환할 수 있다. 고화질 버전의 프레젠테이션을 전자 메일에 첨부하거나, 웹에 게시하거나, CD/DVD에 구워 동료나 고객에게 제공하려는 경우 프레젠테이션을 비디오로 재생하도록 저장할 수 있다.

1) 활용

프레젠테이션을 비디오로 기록할 때 활용할 팁을 살펴보면, 첫째, 음성 설명과 레이저 포인터의 움직임을 비디오에 기록하고 시간을 지정할 수 있다. 둘째, 멀티미디어 파일의 크기와 비디오의 품질을 제어할 수 있다. 셋째, 동영상에 애니메이션 및 전환을 포함할 수 있다. 넷째, 컴퓨터에 PowerPoint가 설치되어 있지 않아도 프레젠테이션을 볼 수 있다.

다섯째, 프레젠테이션에 포함된 비디오는 특별히 제어하지 않아도 제대로 재생된다. 여섯째, 프레젠테이션의 콘텐츠에 따라 비디오를 만드는 데 시간이 걸릴 수 있다. 프레젠테이션의 길이가 길고 애니메이션, 전환, 미디어 콘텐츠가 포함된 경우 만드는 시간이 더 오래 걸린다. 그러나 비디오를 만드는 동안에도 PowerPoint를 계속 사용할 수 있다.

2) 비디오 영상 제작

PowerPoint 2010부터는 슬라이드 쇼를 진행하면서 슬라이드 설명을 녹음할 수 있다. 슬라이드 쇼 녹화 화면이 표시되면 녹화할 항목을 선택하고 녹화 시작을 클릭한다. 슬라이드 쇼가 진행되면 시스템의 마이크를 이용하여 슬라이드 발표 내용을 녹음한다. 컨트롤(Ctrl)키와 마우스 왼쪽 단추를 눌러 레이저 포인터 효과를 사용할 수도 있다.

설명을 기록하고 재생하려면 컴퓨터에 사운드 카드, 마이크, 스피커가 있어야 한다. 효율적인 프레젠테이션의 경우 슬라이드 내용 자체는 간략하며 발표자의 동작과 설명을 통해 이 내용을 지원 및 보강해야 한다. 비디오 버전의 프레젠테이션을 만들 때는 음성 설명과 레이저 포인터 동작까지 기록하고 시간을 지정하여 프레젠테이션에서 발표자가 직접 설명하는 요소를 캡처할 수 있다. 슬라이드 쇼를 청중과 함께 보기 전에 기록해도 되고, 실제 청중 앞에서 직접 프레젠테이션을 하면서 설명을 기록하고 청중의 의견과 질문을 삽입할 수도 있다(그림 6-1, 6-2).

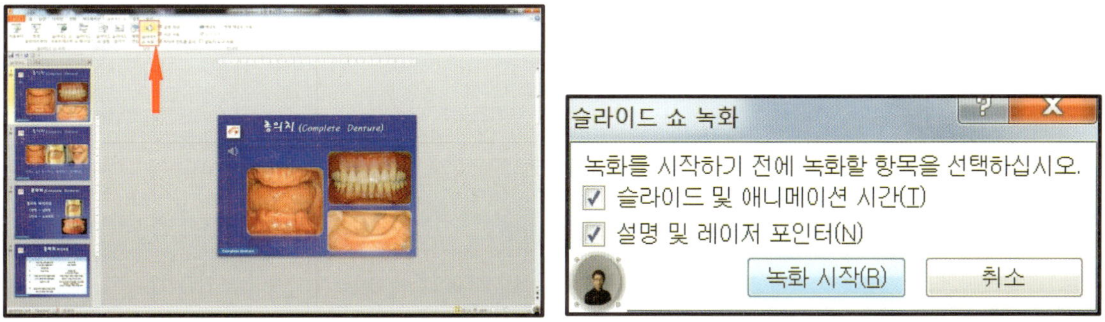

그림 6-1 슬라이드 쇼 녹화

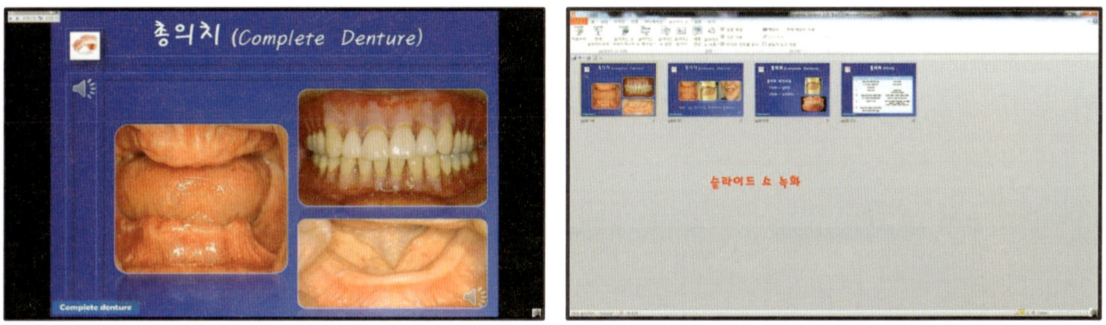

그림 6-2 슬라이드 쇼 녹화 종료

작성된 PowerPoint의 파일을 저장하고 파일을 클릭한 다음 저장/보내기를 클릭하여 비디오 만들기를 선택한다. 비디오 만들기의 기능 화면이 오른쪽에 나타나면 우선, 생성되는 비디오 파일을 품질을 선택한다. 품질은 고해상도용(960×720), 웹 업로드 및 DVD제작용 중화질(640×480), 휴대장치용(320×240) 중에 하나를 선택할 수 있다.

품질이 매우 높고 크기가 큰 비디오를 만들려면 컴퓨터 및 HD 디스플레이를 클릭하고, 파일 크기와 품질이 중간 정도인 비디오를 만들려면 인터넷 및 DVD를 클릭하고, 파일 크기가 가장 작고 품질도 가장 낮은 비디오를 만들려면 휴대용 장치를 클릭하면 된다. 각 품질을 테스트하여 필요에 맞는 옵션을 선택할 수 있다(그림 6-3).

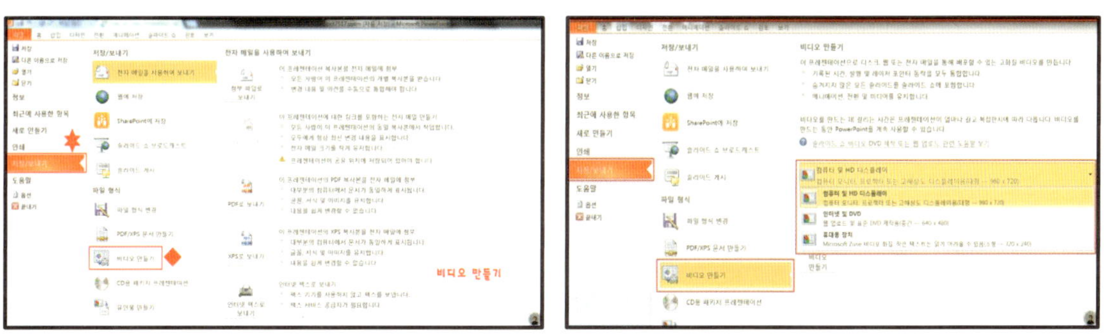

그림 6-3 비디오 만들기에서 해상도 선택

기록된 시간 및 설명을 사용할지 여부를 결정할 수 있다. 이 기능을 이용하면 동영상이 아닌 PowerPoint 파일만으로도 다른 사람에게 발표한 음성을 전달해 줄 수 있다. 미리 기록된 시간과 설명을 사용할 것인지 아니면 정해진 시간 간격으로 슬라이드를 넘기는 동영상을 제작할 것인지 선택할 수 있다.

기록된 시간 및 설명 사용 메뉴의 하부 메뉴인 시간 및 설명 기록을 클릭한다. 기록된 시간 및 설명 사용 안 함을 클릭하면 아래에 있는 각 슬라이드에 걸리는 시간(초) 만큼씩의 간격으로 저장된다(그림 6-4). 기록된 시간 및 설명 사용 안 함 아래쪽 화살표를 클릭하고 다음 중 하나를 실행한다. 음성 설명과 레이저 포인터 이동을 기록하지 않고 시간을 지정하지 않은 경우 기록된 시간 및 설명 사용 안 함을 클릭한다.

활용 팁으로는 각 슬라이드에 걸리는 기본 시간이 5초로 설정되어 있다. 슬라이드 표시 시간을 변경하려면 각 슬라이드에 걸리는 시간(초) 오른쪽의 위쪽 화살표를 클릭하여 초를 늘리거나 아래쪽 화살표를 클릭하여 초를 줄일 수 있다. 설명과 포인터 이동을 기록하고 시간을 지정한 경우에는 기록된 시간 및 설명 사용을 클릭하면 된다.

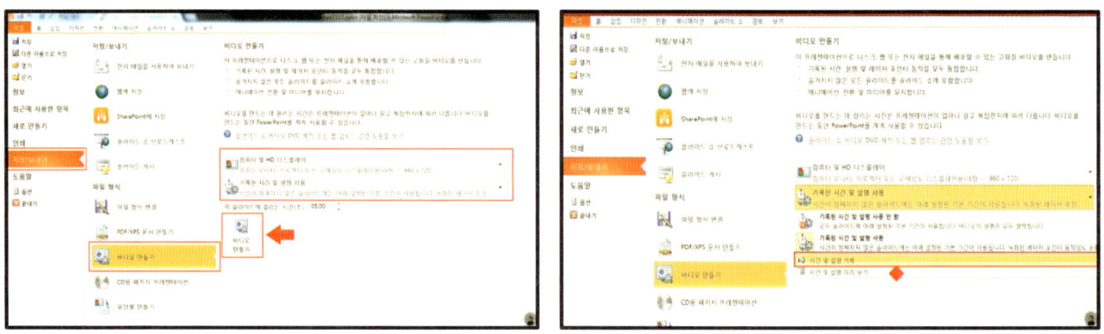

그림 6-4 기록 시간 설정

생성된 비디오 파일을 Windows Media Player에서 동영상으로 PowerPoint의 내용을 볼 수 있다(그림 6-5).

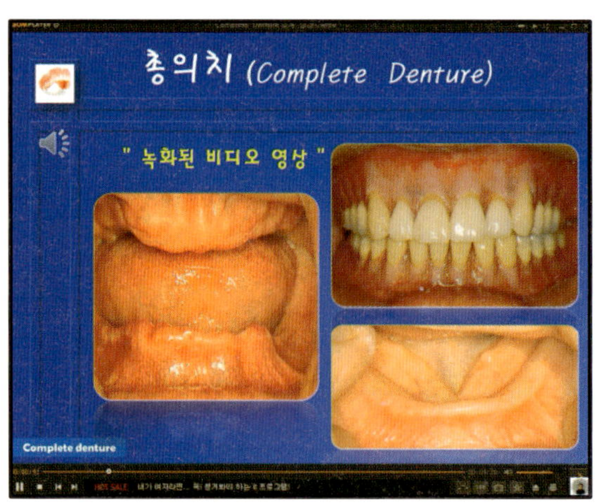

그림 6-5 생성된 비디오 파일

2. PowerPoint에 비디오 삽입

PowerPoint 2013에서는 이전보다 쉽게 유튜브와 같은 인터넷상의 비디오 파일을 삽입할 수 있다. 또한 PowerPoint가 없는 컴퓨터, 스마트폰, 스마트패드 같은 장치에서 PowerPoint 파일을 열수 있는 MP4 형식의 비디오로 저장할 수 있다.

1) 온라인 비디오

(1) 유튜브 비디오 삽입

[삽입] 탭-[미디어] 그룹-[비디오]를 클릭하고 [온라인 비디오]를 선택한 다음 [비디오 삽입] 대화상자에서 찾고 싶은 비디오를 검색 창에 입력한 후 엔터키를 누른다(그림 6-6). 필요한 경우 슬라이드에 삽입된 비디오의 크기와 위치를 변경할 수 있다.

그림 6-6 선택된 유튜브 비디오 삽입

검색된 비디오 중 원하는 비디오를 선택한 후 [삽입]을 클릭한 다음 추가된 비디오를 실행할 수 있다(그림 6-7). PowerPoint 2010 버전에서는 asf, avi, wmv, mp4, mpg 등과 같이 잘 알려진 동영상 포맷은 물론, mov, qt와 같은 매캔토시 동영상과 플래시(*.swf) 형식의 파일도 삽입할 수 있다.

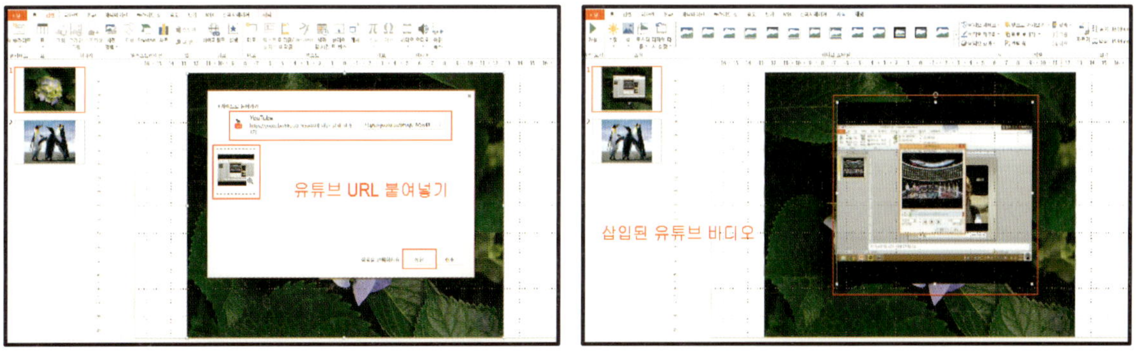

그림 6-7 삽입 후 비디오 실행

(2) 비디오 Embed 태그 삽입

원하는 비디오 Embed 태그를 복사하여 [삽입]을 클릭한 다음 추가된 비디오를 실행할 수 있다(그림 6-8).

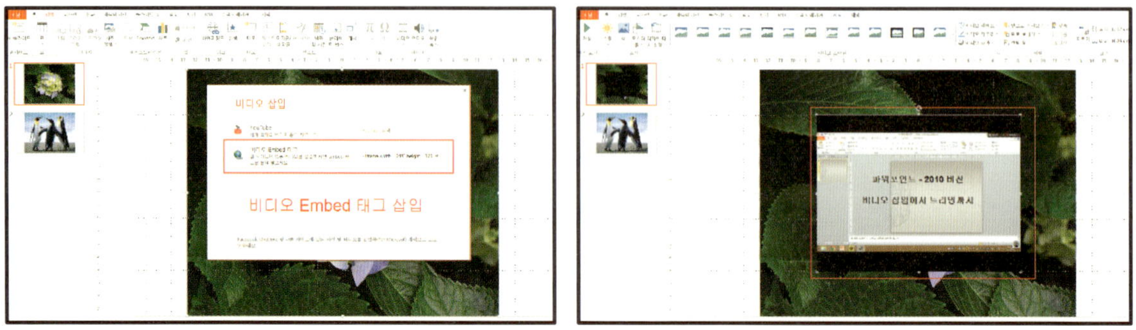

그림 6-8 비디오 Embed 태그 삽입

2) 내 PC의 비디오 삽입

[삽입] 탭-[미디어] 그룹-[비디오]를 클릭하고 [내 PC 비디오 삽입]을 선택한 다음 [비디오 삽입] 대화 상자에서 찾고 싶은 비디오를 검색 창에 입력한 후 엔터키를 누른다(그림 6-9, 6-10). 필요한 경우 슬라이드에 삽입된 비디오의 크기와 위치를 변경할 수 있다.

그림 6-9 내 PC 비디오 삽입

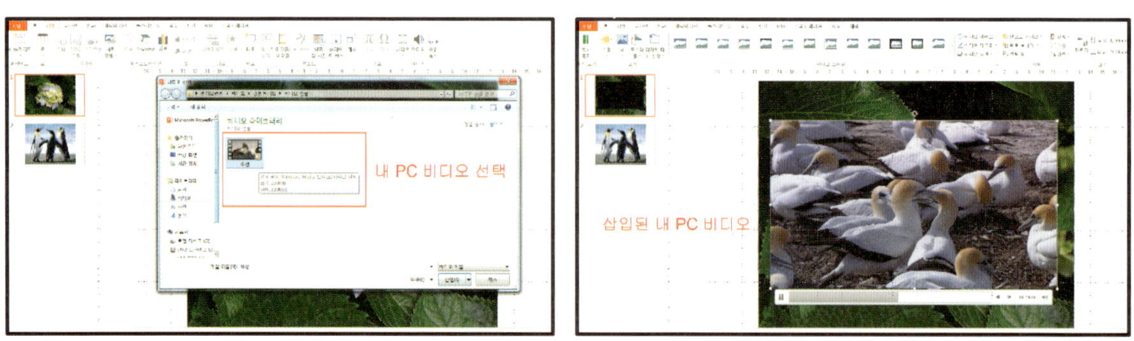

그림 6-10 삽입된 내 PC 비디오

3. 동영상 자르기

슬라이드에서 해당 동영상을 선택하고 비디오 도구-서식 탭을 연 후 자르기를 클릭한다. 동영상 테두리 위쪽에 있는 자르기 핸들에 마우스 포인터를 위치시키고 아래로 원하는 만큼 드래그하면 잘라진다(그림 6-11).

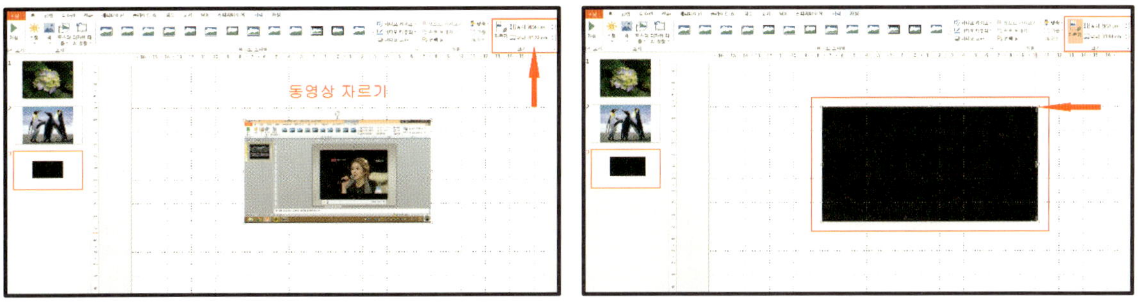

그림 6-11 동영상 자르기

4. 배경 제거

원하는 그림을 PowerPoint 2010으로 불러온 다음 그림을 더블클릭 하면 그림 관련 리본메뉴로 이동한다. 그림 관련 리본메뉴의 맨 오른쪽에 있는 배경 제거 메뉴를 선택한다(그림 6-12).

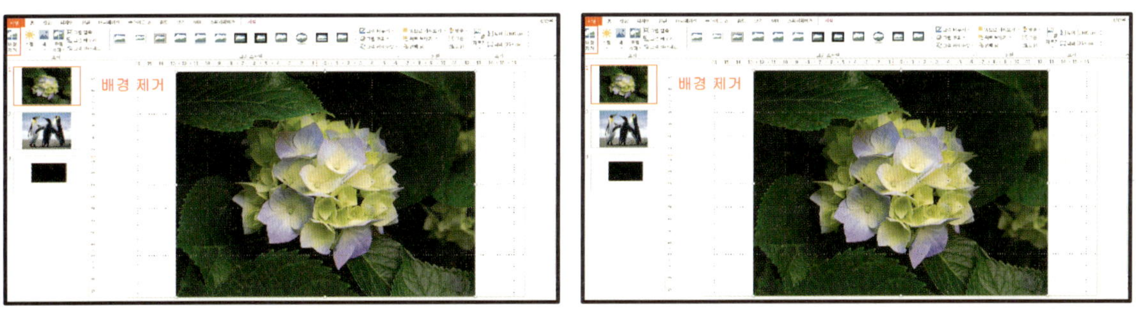

그림 6-12 배경 제거

제거될 배경이 자동적으로 선택되어 보라색으로 표시가 된다. 만일 원하는 부분이 보라색으로 선택되어 있다면 [Remove Background]의 세부도구를 이용하여 수정하면 된다(그림 6-13).

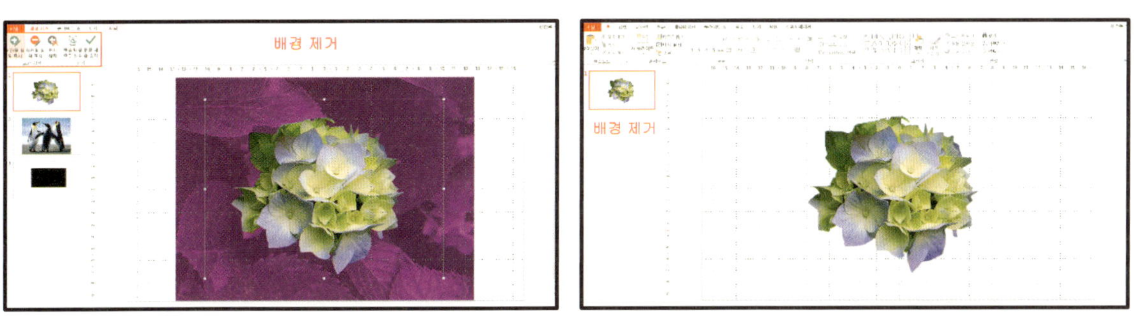

그림 6-13 배경 제거 세부 수정

5. 슬라이드 크기 조정

PowerPoint의 슬라이드 화면은 전형적인 4:3 비율의 크기를 가지고 있었으나 최근 출시되는 노트북과 모니터의 화면 비율을 보면 점차 와이드로 변화되었고, 강의장의 빔프로젝터도 와이드 비율을 지원하기 시작하였다. 발표 장소의 여러 환경에 따라서 슬라이드 크기를 조정하여 프레젠테이션을 할 때 유용하다(그림 6-14).

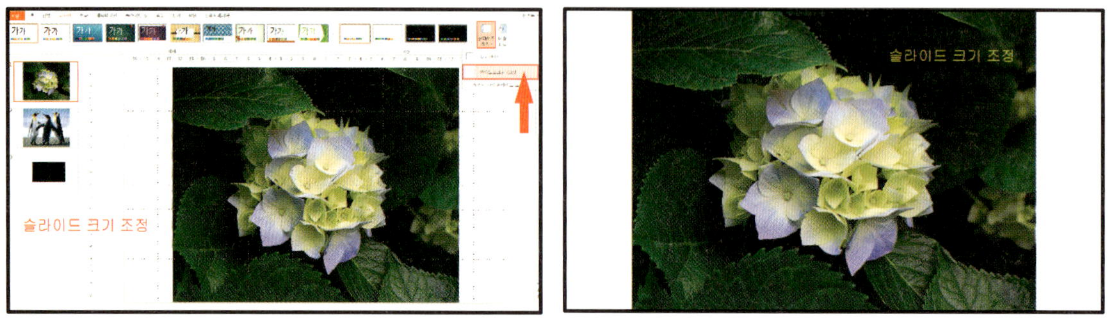

그림 6-14 슬라이드 크기 조정

6. Office Mix

오피스 믹스(Office Mix)는 Microsoft Startup Business Group에서 개발하고 있는 툴(https://mix.office.com/)로서, Microsoft Office 2013 또는 Office 365 subscript을 가지고 있는 유저라면 누구나 무료로 이용할 수 있다. 홈페이지에서 PowerPoint Add-in을 다운받게 되면 'Mix'라는 Ribbon Tab이 생기는데, 슬라이드를 다채롭게 구성할 수 있다(그림 6-15).

주요 기능을 살펴보면 첫째, PPT 파일에 영상/음성을 녹음할 수 있고, Watcom 등의 펜이 있다면 슬라이드 위에 필기도 할 수 있다. 둘째, Quiz, Poll 등 Interactive component를 추가할 수 있다. 셋째, 완성된 PowerPoint를 클라우드(Cloud)에 배포하여, 다른 사람들과 쉽게 공유할 수 있으며, O365 Video Portal, SCORM 패키지 등의 형태로 배포할 수도 있다. 넷째, 클라우드에 배포된 슬라이드(Slide)를 여러 사이트에 Embed할 수 있다. 다섯째, Web portal을 통해 통계 자료를 볼 수 있다.

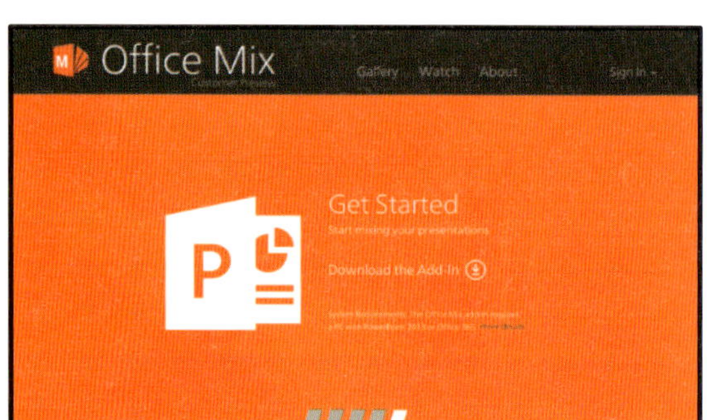

그림 6-15 Office Mix

Office Mix

7. Office 365 Education Plus

학생용 Office 365 Education Plus는 교사 및 직원용 Office를 구입한 교육 기관에 다니는 학생들에게 무료로 제공되는 프로그램(www.Office.com/GetOffice365)이다(그림 6-16).

학생들은 Word, Excel, PowerPoint, Outlook, OneNote, Publisher 및 Access를 최대 5대의 PC 또는 Mac에 설치하고 Office 앱을 다른 모바일 장치(Android, iPad, Windows 태블릿 등)에 설치하여 Office Online, Yammer 및 SharePoint 사이트를 통해 편집하고 공동으로 작업할 수 있다.

그림 6-16 Office 365 Education Plus

Office 365

07

화면 공유 프로그램

기계로부터 멀리 떨어진 곳(자동화된 공장 등)에서 유선 또는 무선의 통신로를 이용하여 기계를 제어하는 것을 원격 제어라고 한다. 이때 이용하는 PC의 화면 공유(Screen-sharing) 서비스는 개인적인 목적뿐만 아니라 업무에서도 널리 활용할 수 있도록 다양한 애플리케이션을 제공하고 있다.

1. TeamViewer

팀뷰어(TeamViewer)는 윈도우, 맥, 리눅스, 안드로이드, 아이폰과 아이패드 등 여러 플랫폼과 30여 가지의 언어를 지원한다. 화면은 물론이고 비디오 및 오디오도 공유할 수 있다. 팀뷰어는 파일 공유, 채팅, 화이트보드 기능을 제공하며, 해당 프로그램을 내려받아야 사용할 수 있다(그림 7-1).

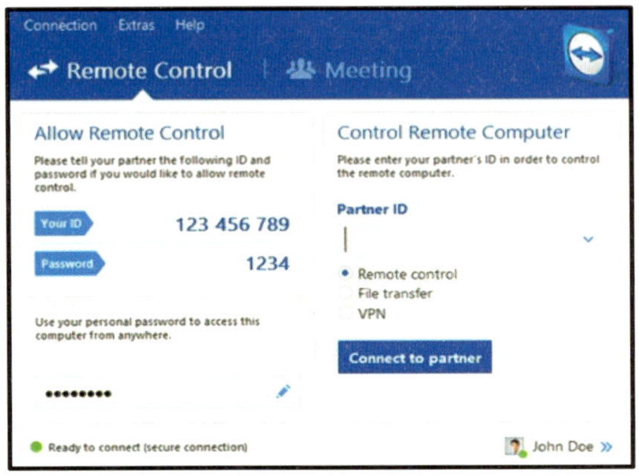

그림 7-1 TeamViewer 활용

2. Skype

스카이프(Skype)는 친구, 가족, 동료와의 비디오 채팅 때 많이 사용하는 서비스이지만 화면 공유 도구로도 사용해볼 수 있다. 과거에는 유료 가입을 해야 화면 공유 서비스를 사용할 수 있었지만 현재는 무료 사용자에게도 이 기능을 제공하고 있다. 개인이나 그룹 모두에게 파일을 전송하거나 화면을 공유할 수 있다. 메시징과 비디오 채팅, 전화 등에 스카이프를 사용하고 있다면, 화면을 공유할 때 스카이프를 활용해보는 것도 바람직하다(그림 7-2).

그림 7-2 Skype 활용

3. Join.me

로그미인(LogMeIn) 개발사가 만든 조인닷미(Join.me)는 매우 쉽고 빠르게 회의에 이용할 수 있는 화면 공유 프로그램이다. 최대 10명까지 지원하는 화면 공유 및 VoIP 기능을 무료로 제공한다. 무료 버전을 설치하면, 모바일 앱, 파일 전송, 공동 제어, 아이패드 앱에서 최대 4명까지 화이트보드 협업 기능을 이용할 수 있다. 데스크톱 프로그램을 다운로드 받으면 된다. 나머지 절차는 간단하다(그림 7-3).

그림 7-3 Join.me 활용

4. Show My PC

쇼마이PC(Show My PC)는 무료 소프트웨어를 내려받아 실행시킨 후 비밀번호를 생성해 다른 참여자를 초대할 수 있다. 회의에 로그인할 경우에는 상자 안에 번호를 입력하면 회의에 참여할 수 있다. 채팅과 화면 공유는 무료이다. 파일 공유, 프레젠터(발표자) 교대, 회의 녹화 기능을 이용하려면 유료 서비스에 가입해야 한다(그림 7-4).

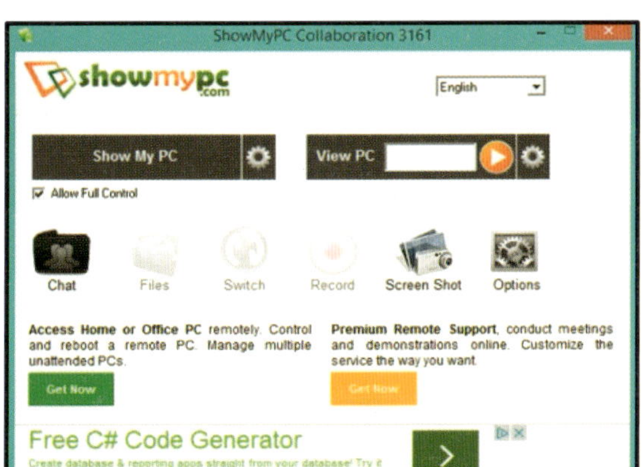

그림 7-4 Show My PC 활용

5. Google Hangouts

채팅과 비디오(화상) 통화 외에 화면 공유에도 구글 행아웃(Google Hangouts)을 이용할 수 있다. 행아웃 통화를 시작할 때 프레젠터를 선택해 화면 공유를 시작할 수 있다. 구글 계정과 무료로 내려받을 수 있는 행아웃 앱만 있으면 된다(그림 7-5).

그림 7-5 Google Hangouts 활용

6. Mikogo

미코고(Mikogo)는 프로그램을 따로 설치하거나 플래시를 내려받을 필요가 없다. 비상용으로 사용할 경우는 무료이다. 무료 계정만 있으면 무제한 회의를 열고, VoIP 및 전화 회의 기능을 이용할 수 있으며, PC와 맥, 리눅스, iOS, 안드로이드 등 다양한 플랫폼을 지원한다. 무료 버전에는 약간의 제약이 있다. 회의 녹화, 화이트보드는 3명 이상이 참여할 때에는 유료인 비즈니스 계정이 필요하다(그림 7-6).

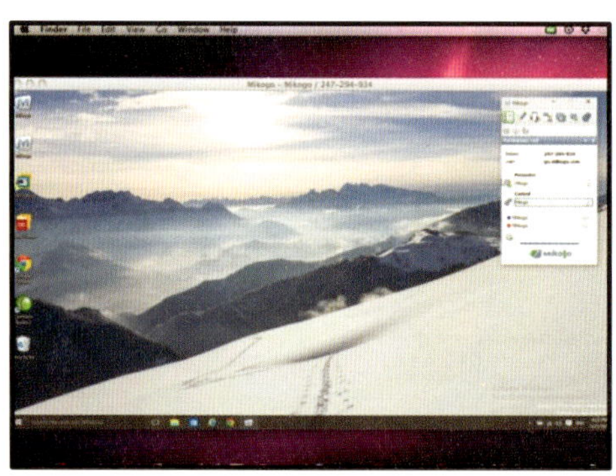

그림 7-6 Mikogo 활용

7. Deskhop

데스크홉(Deskhop)은 여타 다른 화면 공유 플랫폼과는 달리 페이스북에서 실행되는 도구이다. 사용자는 데스크톱 및 iOS용 페이스북에서 다른 사람의 데스크톱(여러 플랫폼) 화면을 공유 및 제어할 수 있다. 사용자는 자신의 데스크톱이나 iOS 기기에 해당 소프트웨어를 설치해야 한다. 데스크톱 버전의 경우 문서 협업, 슬라이드 공유, 사진 편집, 다른 사용자의 컴퓨터 제어 등의 기능을 지원한다. 계정만 있으면 제약 없이 무료로 사용할 수 있는 도구이다(그림 7-7).

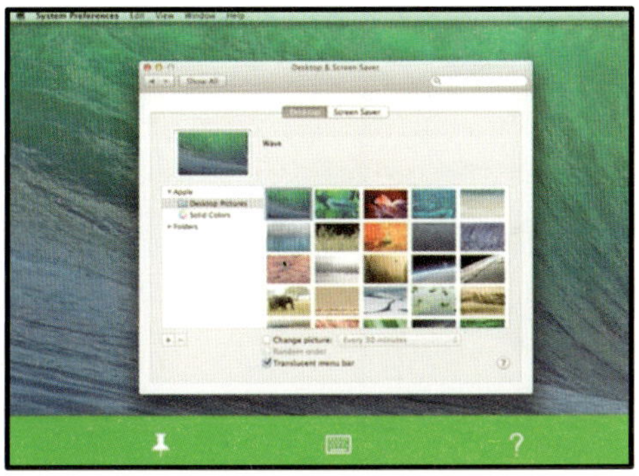

그림 7-7 Deskhop 활용

8. Messages

맥을 사용하고 있다면 메시지(Messages) 앱을 통해 화면을 공유할 수 있다. 윈도우 원격 지원과 마찬가지로 다른 맥을 원격 제어할 수 있는 기능도 갖고 있다. 옵션 메뉴에서 화면 공유 요청하기(Ask to Share Screen) 기능을 선택했을 때 다른 사용자가 이를 수락하면 실행이 된다. 장기간 사용할 만한 화면 공유 도구는 아니지만 급하게 다른 맥 사용자와 화면을 공유하고자 한다면 유용하게 사용해볼 수 있다(그림 7-8).

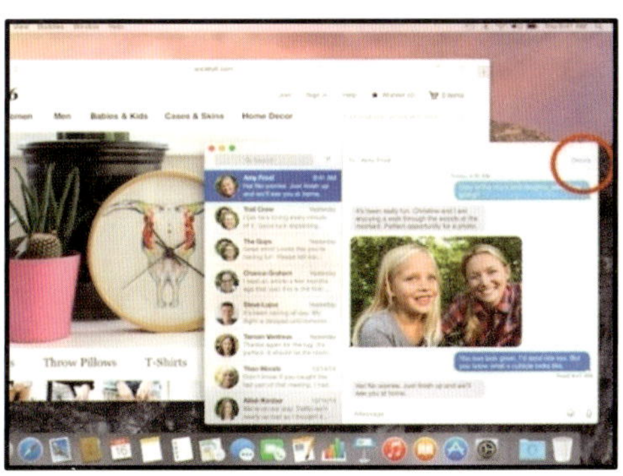

그림 7-8 Messages 활용

9. AnyMeeting

애니미팅(AnyMeeting)은 무료 계정 사용자가 최대 4명까지 참여하는 협업 등 여러 유용한 기능을 이용할 수 있다. 비디오 회의 기능을 지원하며, 무제한 회의와 컨퍼런스 콜을 이용할 수 있다. VoIP 전화

통화, 회의 기록, 채팅, 개인 회의 URL 발송, 구글 앱스 및 아웃룩과의 동기화, 회의 중 유튜브 비디오 공유 기능을 제공한다. 4명 이하의 사용자가 정기적으로 화면을 공유하는 회의를 갖는다면 좋은 선택이 될 수 있다(그림 7-9).

그림 7-9 AnyMeeting 활용

10. Vyew

뷰(Vyew)는 무료 계정만 있으면 이용할 수 있는 프로그램이다. 다른 서비스처럼 제약은 없으나 광고가 포함되어 있고, 최대 동시 참여자 수가 다른 서비스보다 적다. 브라우저 기반의 서비스로 독특한 기능 몇 개를 제공한다. 뷰는 브랜딩 목적에서 사용자가 인터페이스 색상과 로고를 바꿀 수 있는 기능, 웹사이트나 URL에 회의를 게재하는 기능, 상시 회의실 기능을 제공한다. 올웨이즈-온 회의실이란 언제든지 로그인하면 그동안의 회의 결과를 확인할 수 있는 기능이다. 즉, 회의를 자동으로 저장하는 기능이다. 이 서비스는 흥미로우면서도 독창적인 기능을 다수 제공한다. 웹사이트에서 기능에 관한 자세한 정보를 얻을 수 있다(그림 7-10).

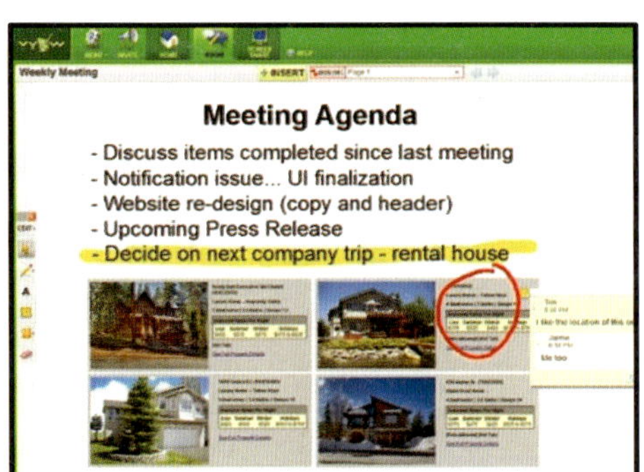

그림 7-10 Vyew 활용

08

클라우드 컴퓨팅

Cloud Computing

클라우드 컴퓨팅은(Cloud computing)은 정보가 인터넷상의 서버에 영구적으로 저장되고, 데스크톱, 태블릿 컴퓨터, 노트북, 넷북, 스마트폰 등의 IT기기 등과 같은 클라이언트에는 일시적으로 보관되는 컴퓨터 환경을 뜻한다. 즉, 이용자의 모든 정보를 인터넷상의 서버에 저장하고, 이 정보를 각종 IT기기를 통하여 언제 어디서든지 이용할 수 있다는 개념이다. 다시 말해 구름(cloud)과 같이 무형으로 존재하는 하드웨어, 소프트웨어 등의 컴퓨팅 자원을 자신이 필요한 만큼 빌려 쓰고 이에 대한 사용 요금을 지급하는 방식의 컴퓨팅 서비스로, 서로 다른 물리적인 위치에 존재하는 컴퓨팅 자원을 가상화 기술로 통합해 제공하는 기술을 말한다.

1. 클라우드 컴퓨팅

클라우드 컴퓨팅을 도입하면 기업 또는 개인은 컴퓨터 시스템을 유지·보수·관리하기 위하여 들어가는 비용과 서버의 구매 및 설치비용, 업데이트 비용, 소프트웨어 구매 비용 등 엄청난 비용과 시간·인력을 줄일 수 있고, 에너지 절감에도 기여할 수 있다.

PC에 자료를 보관할 경우 하드디스크 장애 등으로 인하여 자료가 손실될 수도 있지만 클라우드 컴퓨팅 환경에서는 외부 서버에 자료들이 저장되기 때문에 안전하게 자료를 보관할 수 있고, 저장 공간의 제약도 극복할 수 있으며, 언제 어디서든지 자신이 작업한 문서 등을 열람·수정할 수 있다. 하지만 서버가 해킹당할 경우 개인 정보가 유출될 수 있고, 서버 장애가 발생하면 자료 이용이 불가능하다는 단점도 있다.

구글·다음·네이버 등의 포털에서 구축한 클라우드 컴퓨팅 환경을 통하여 태블릿 컴퓨터나 스마트폰 등 휴대용 IT기기로도 손쉽게 각종 서비스를 사용할 수 있다.

요즘에는 PC, 스마트폰, 태블릿 PC 등 IT기기를 2개 이상 사용하는 사람들이 많다. 여러 개의 IT기기를 사용하다 보면 번거로운 점도 있지만, 하나의 기기에 저장된 자료를 다른 기기에서 공유하고, 관리하는 것을 잊을 수 있다. 예를 들면, 내 PC에 저장된 중요한 자료를 태블릿 PC로 옮겨두지 않는 경우나 발표 자료를 저장해 둔 USB를 분실한 경우 등이 있을 것이다. 이런 낭패를 겪지 않으려면 클라우드 프로그램을 이용하면 된다. PC, 스마트폰, 태블릿 PC 등에 클라우드 프로그램을 설치하고 자료를 보관해 두면, 언제 어디서나 자료를 추가하거나, 자료를 열람하고 수정할 수 있다(그림 8-1).

그림 8-1 클라우드 컴퓨팅

2. 클라우드 컴퓨팅 활용

클라우드로 표현되는 인터넷상의 서버에서 데이터 저장, 처리, 네트워크, 콘텐츠 사용 등 IT 관련 서비스를 한 번에 제공하는 혁신적인 컴퓨팅 기술인 클라우드 컴퓨팅은 인터넷을 이용한 IT 자원의 주문형 아웃소싱 서비스라고 정의되기도 한다. KT 올레 uCloud, Daum 클라우드, Naver N드라이브, 애플 iCloud, 마이크로소프트 스카이 드라이브(SkyDrive), DropBox가 있다. 다양한 클라우드 서비스의 용량을 살펴보면, Daum 클라우드 50GB, KT 올레 uCloud 50GB, Naver N드라이브 30GB, 마이크로소프트 SkyDrive 25GB, 애플 iCloud 5GB, Dropbox 2GB, 구글 5GB 등이다(그림 8-2).

그림 8-2 대표적인 클라우드 프로그램

1) N드라이브

네이버 N드라이브는 네이버 아이디만 있으면 누구나 사용할 수 있는 클라우드 무료 서비스로 기본 용량은 30GB가 제공된다. 기본적으로 웹에서 로그인해 쓸 수 있으며, PC에 N드라이브 탐색기를 설치하면 좀 더 편리하게 이용할 수 있다(그림 8-3).

그림 8-3 N드라이브

2) 드롭박스

드롭박스(Dropbox)는 클라우드 프로그램 중 가장 많은 사용자들이 쓰는 서비스이다. 드롭박스는 사용 방법이 간단하며 동기화 속도가 빨라 범용적으로 쓰이고 있다. 드롭박스를 이용하려면 회원가입만 하면 된다. 회원가입은 간단하며, 드롭박스 공식 홈페이지(https://www.dropbox.com)에서 이름과 이메일 주소, 드롭박스 암호로 쓸 비밀번호를 입력하기만 하면 된다. PC에서 드롭박스를 이용하고 싶다면 드롭박스 공식 홈페이지 및 네이버 소프트웨어에서 드롭박스 프로그램을 설치하면 된다.

스마트폰이나 태블릿 PC에서 이용하고 싶다면 드롭박스 앱을 무료로 내려받은 뒤, 이메일 계정으로 로그인만 하면 된다. 드롭박스 이용 방법 역시 간단하다. PC에서 드롭박스를 실행하면 탐색기 창이 뜨는데, 여기에 원하는 파일을 끌어다 넣기만 하면 된다. 스마트폰이나 태블릿 PC를 이용할 경우에는 원하는 파일을 공유한 뒤 드롭박스를 선택하면 된다. 드롭박스가 제공하는 무료 용량은 2GB다. 드롭박스에 페이스북 및 트위터 계정을 연결하거나, 친구들에게 드롭박스를 추천하면 용량을 더 얻을 수 있다. 다만, 용량을 더 많이 늘리고 싶다면 유료 결제를 해야 한다(그림 8-4).

그림 8-4 드롭박스

3) iCloud

아이폰, 아이패드, 맥북 등 애플 기기를 이용하는 사람이라면 iCloud(아이클라우드)라는 클라우드 서비스를 이용할 것이다. 아이클라우드를 좀 더 간편하게 관리하고 싶을 때 쓸 수 있는 프로그램도 있는데, 바로 아이클라우드 제어판이다. 이것은 아이클라우드의 콘텐츠를 엑세스 하고 공유하는 관리 프로그램이다. 아이클라우드 제어판은 네이버 소프트웨어에서 내려받을 수 있으며, 설치 후 애플 기기에서 사용하는 아이디로 로그인하면 된다(그림 8-5).

iCloud

그림 8-5 iCloud

09

동영상 편집 및 녹화

'지금 보고 있는 내 모니터 화면을 그대로 녹화할 수는 없을까?' PC를 사용하다 보면 누구나 한 번쯤 이러한 생각을 떠올려 봤을 것이다. 게임을 즐기면서 어려운 스테이지를 성공했거나, 좋은 아이템을 얻었을 때 등 기록으로 남기고 싶은 순간이 있다. 영화나 애니메이션을 볼 때도 마찬가지이다. 보다 쉽게 내가 보고 있는 PC 화면을 찍을 수는 없을까? 이럴 때 사용하는 프로그램이 '동영상 캡처(capture) 프로그램'이다.

1. 다음 팟인코더

다음 팟인코더(Daum PotEncoder, http://tvpot.daum.net/encoder/PotEncoderSpec.do)는 휴대폰이나 게임기, PC 등 타 기종에서 영상을 재생할 수 있도록 동영상을 변환해 주고, 간단한 편집까지 가능한 강력한 동영상 변환 프로그램이다. 버전체계가 v2.1.4.62로 사용범위는 개인이나 기업 등에서 무료로 사용할 수 있다.

1) 설치

(1) 다음 팟인코더 설치

다운로드 받은 프로그램 설치를 시작하는데 다음 팟인코더를 사용하기 위해서는 이용약관에 동의를 해야 한다(그림 9-1).

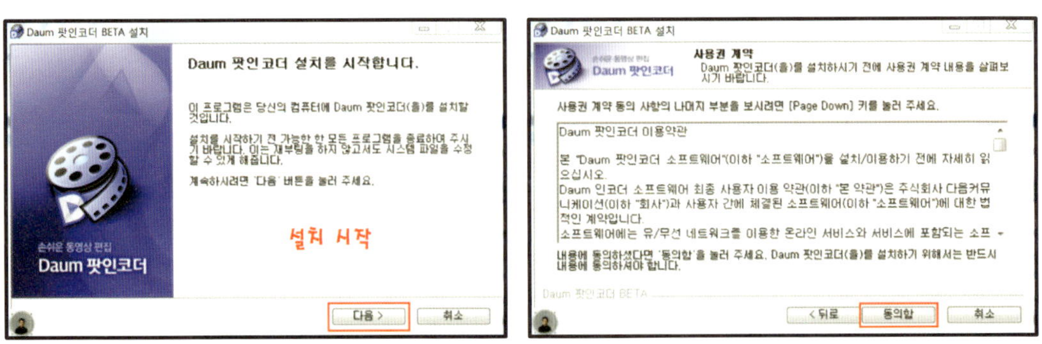

그림 9-1 이용약관에 동의 후 설치 진행

구성 요소와 설치 위치를 선택하면 다음 팟인코더 설치가 완료된다(그림 9-2, 9-3).

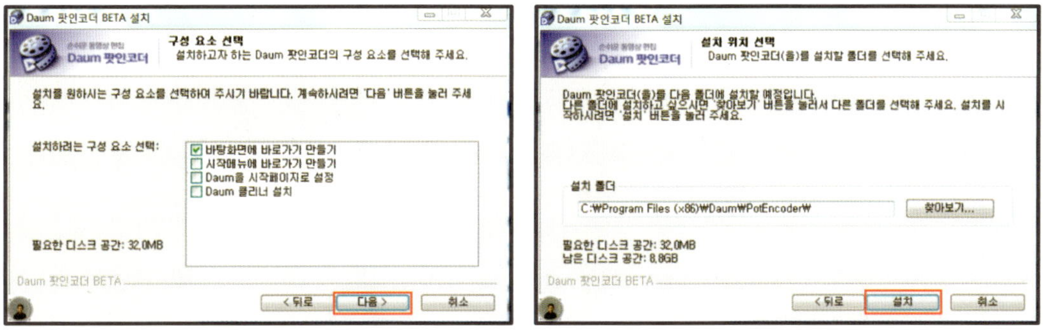

그림 9-2 구성 요소와 설치 위치 선택

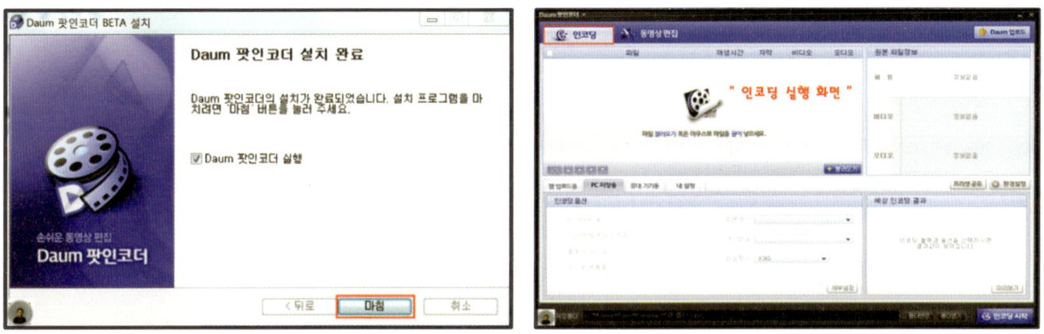

그림 9-3 다음 팟인코더 설치 완료

2) 기능

(1) 인코딩

스마트폰에서부터 MP3, 게임기까지 다양한 기기에 맞는 인코딩을 간편하게 실행할 수 있으며, 사용자끼리 자신이 설정한 파일을 나눌 수 있다. 인코딩은 정보의 형태나 형식을 변환하는 처리나 처리 방식이다. 인코딩할 파일을 불러온 후 선택하고, 웹 업로드용, PC 저장용 등 용도에 따라 인코딩 옵션을 설정한다(그림 9-4).

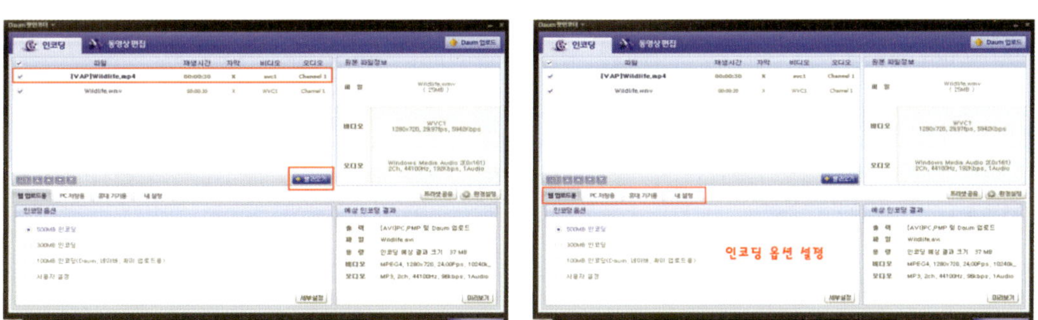

그림 9-4 인코딩 파일 선택 후 옵션 설정

인코딩 옵션은 미리 제공되는 것 외에도 세부설정 등을 통해 변경할 수 있다. 인코딩 옵션을 선택했다면 오른쪽 하단에 인코딩 시작 버튼을 클릭해서 인코딩을 진행한다(그림 9-5).

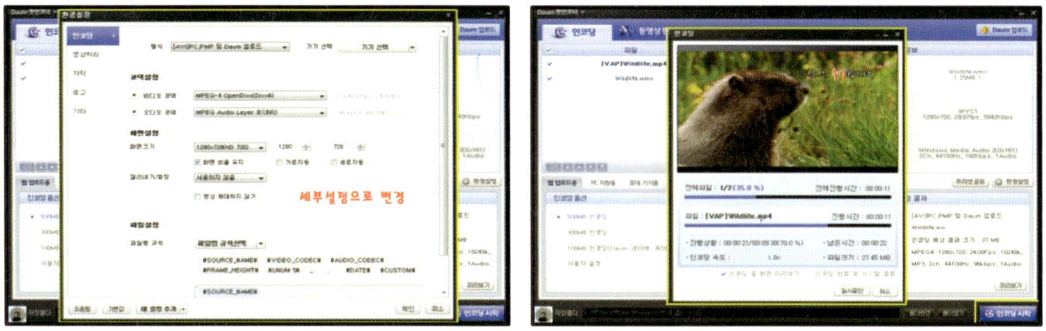

그림 9-5 세부설정으로 변경

인코딩이 끝나면 설정한 폴더에 변환된 파일이 저장된다(그림 9-6).

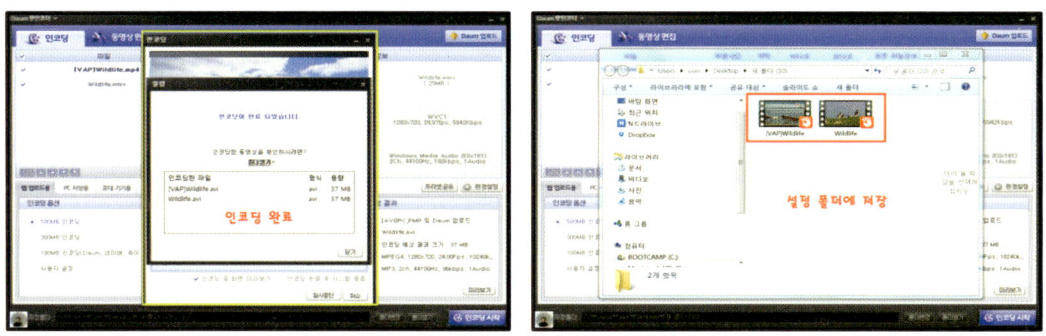

그림 9-6 설정 폴더에 변환 파일 저장

(2) 동영상 편집

하나의 영상에서 필요한 부분만 자르거나, 여러 개의 영상을 합치고 싶을 때, 동영상 앞뒤에 오프닝과 엔딩을 삽입하고 싶을 때 동영상 편집을 할 수 있다.

① 동영상 자르기

하나의 영상에서 원하는 부분만 잘라낼 수 있는 기능이며 여러 영상에서 자른 내용을 하나로 합칠 때도 활용이 가능하다.

편집할 동영상 파일을 불러온 후 선택하고, 선택한 파일을 편집영역으로 옮겨준다(그림 9-7).

그림 9-7 파일 불러오기

영상을 재생하면서 자른 곳을 결정했다면 영상을 자르기 시작할 부분에서 '시작' 버튼을 누르고 끝날 부분에서 '끝' 버튼을 눌러 구간을 선택한다(그림 9-8). 이때 프레임 단위로 선택하거나 조그 셔틀로 미세하게 구간을 선택할 수 있다.

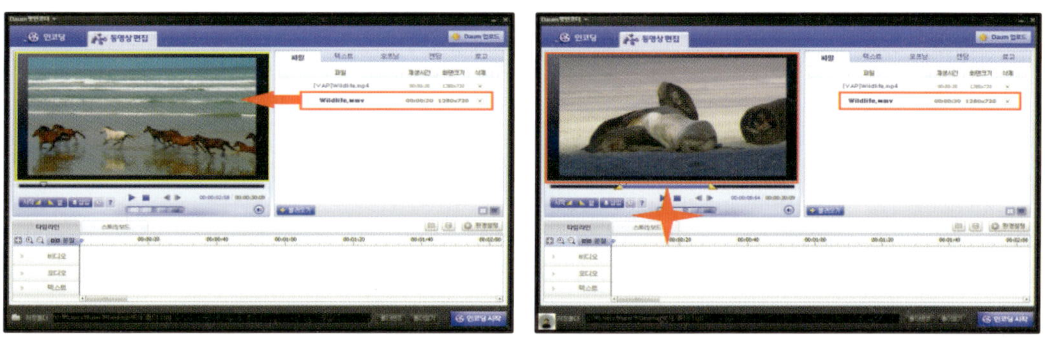

그림 9-8 자르기 구간 결정

자르기 구간을 선택한 후 삽입을 누르면 자른 영상이 편집 영역 하단의 타임라인과 스토리 보드로 옮겨지는데 이때 인코딩 시작을 눌러주면 저장 폴더로 저장된다(그림 9-9, 9-10).

그림 9-9 삽입 후 인코딩 시작

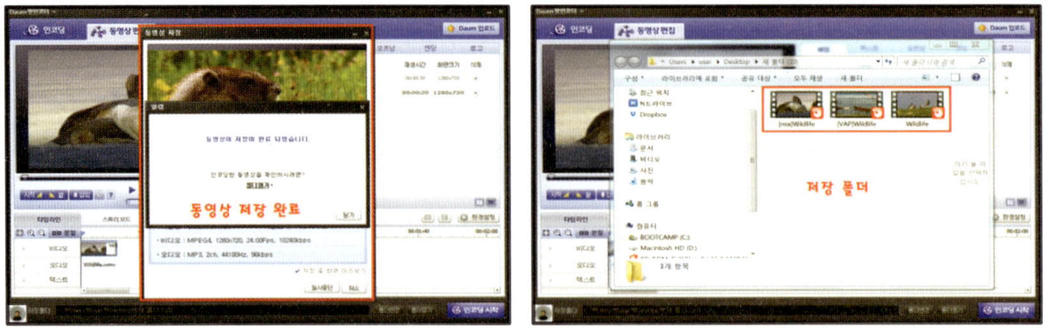

그림 9-10 자르기 동영상 폴더로 저장

② 텍스트 입력

동영상에 텍스트를 입력할 수 있는 기능으로 글꼴 및 글자 크기, 효과, 위치 등을 조절할 수 있다. 텍스트 탭을 클릭하면 텍스트를 입력할 수 있는 화면이 나타나는데 이곳에 입력할 텍스트를 텍스트 입력 칸에 넣은 후 여러 가지 스타일을 설정한다. 적용을 눌러 타임라인에 텍스트를 적용한 다음 인코딩 시작을 눌러 폴더에 저장한다(그림 9-11~9-13).

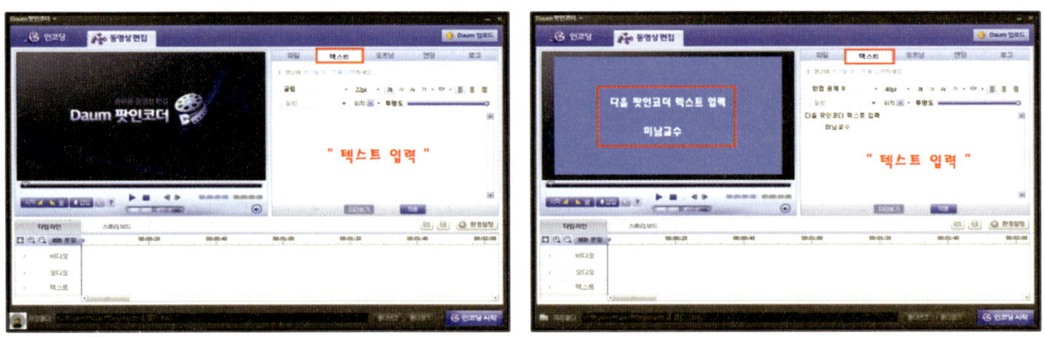

그림 9-11 텍스트 입력

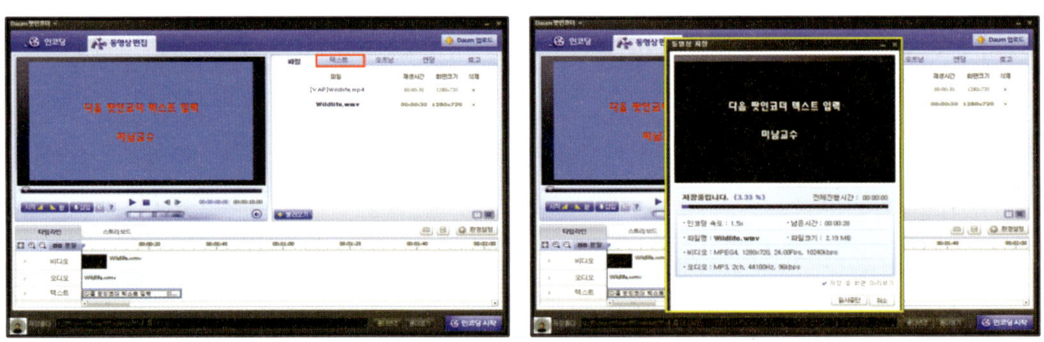

그림 9-12 텍스트 적용 후 인코딩

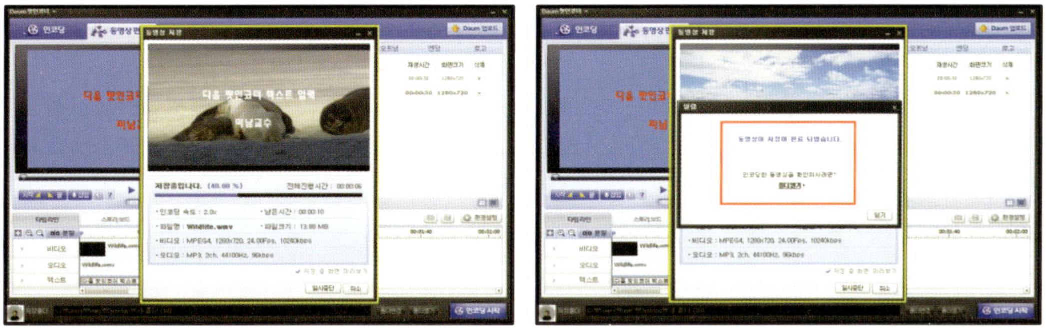

그림 9-13 폴더로 저장

③ 오프닝 입력

영상의 시작을 알리는 제목, 동영상의 끝을 알리는 정보 등을 삽입할 수 있다. 오프닝 탭을 클릭하면 오프닝을 설정할 수 있는 화면이 나타난다(그림 9-14).

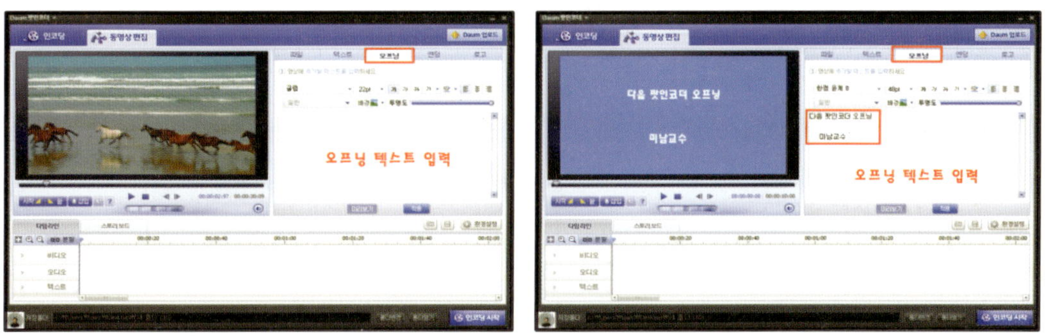

그림 9-14 오프닝 텍스트 입력

이때 오프닝 문구를 입력칸에 넣은 후 여러 가지 효과를 설정한 다음 적용을 눌러 타임라인에 오프닝을 적용하고 인코딩 시작으로 폴더에 저장한다(그림 9-15~9-17).

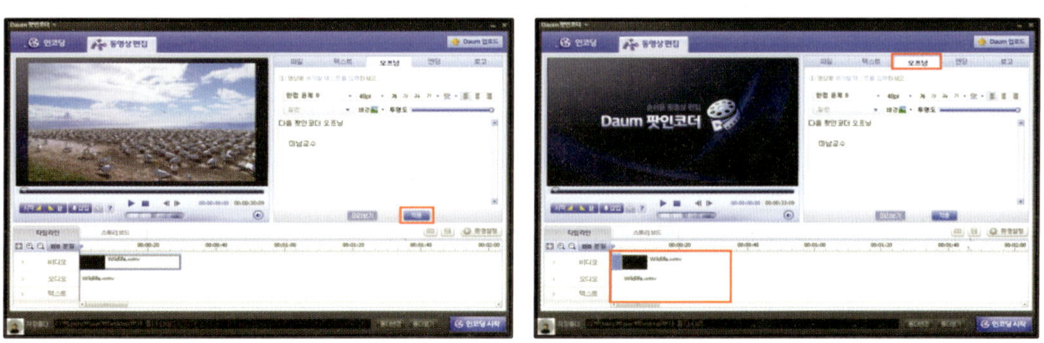

그림 9-15 적용으로 오프닝 텍스트 타임라인에 삽입

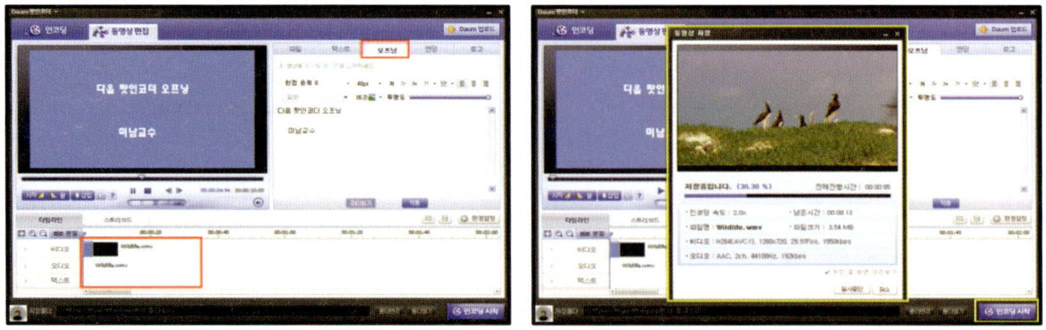

그림 9-16 인코딩 시작으로 폴더에 저장

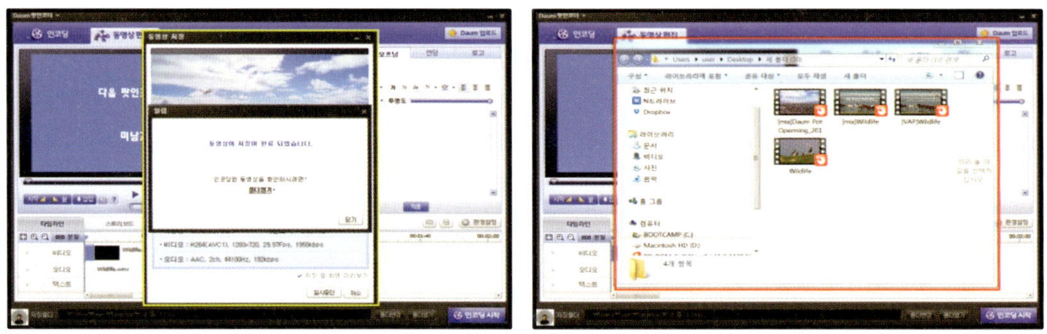

그림 9-17 지정 폴더에 저장

④ 엔딩 입력

동영상의 끝을 알리는 정보 등을 삽입할 수 있다. 엔딩 탭을 클릭하면 엔딩을 설정할 수 있는 화면이 나타난다. 동영상 끝에 보일 만든 사람의 정보를 입력 칸에 넣은 후 여러 가지 효과를 설정한 다음 적용을 눌러 타임라인에 엔딩을 적용한다(그림 9-18~9-20).

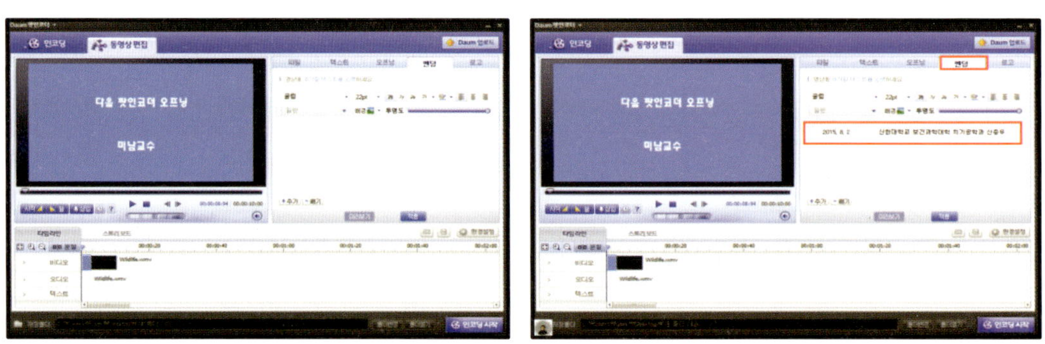

그림 9-18 엔딩 입력

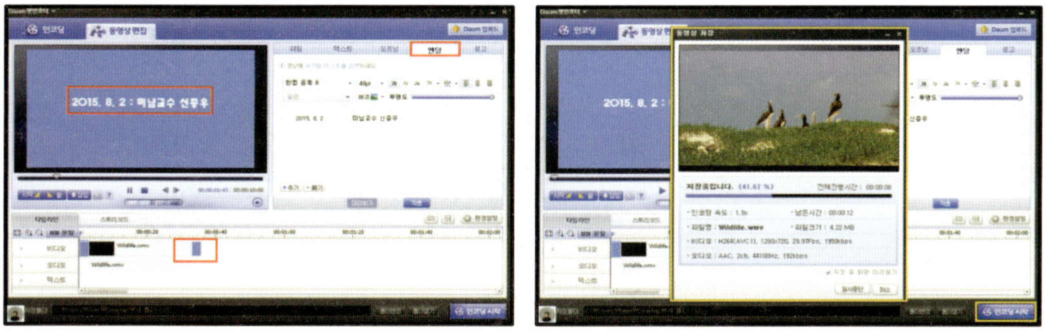

그림 9-19 엔딩 입력 후 인코딩 시작

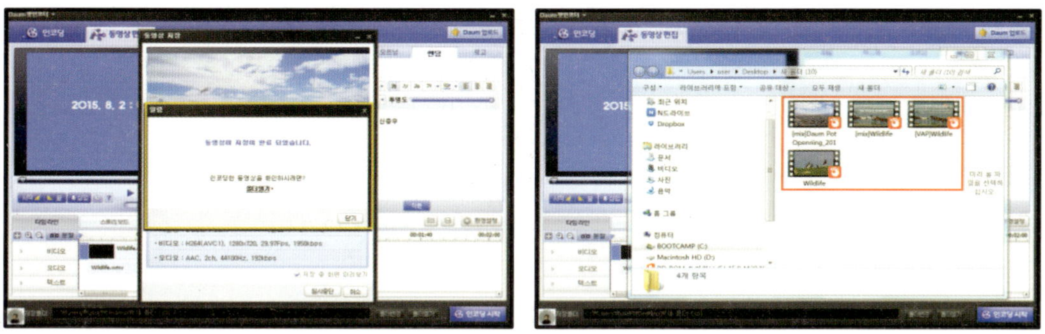

그림 9-20 인코딩으로 폴더에 저장

⑤ 로고 입력

동영상 재생 중 보일 특정 로고를 삽입할 수 있다. 로고 탭을 클릭하면 로고를 설정할 수 있는 화면이 나타나는데 '로고로 사용하기'로 로고 기능을 활성화한 후 원하는 이미지를 불러온다. 특정 시간에만 보이도록 설정하거나 로고가 표시될 위치를 선택해 적용한 다음 인코딩 시작으로 폴더에 저장한다(그림 9-21~9-24).

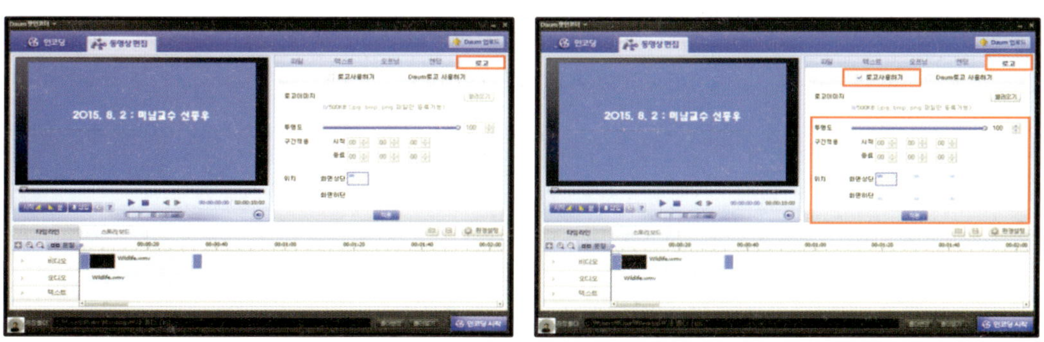

그림 9-21 로고 사용하기

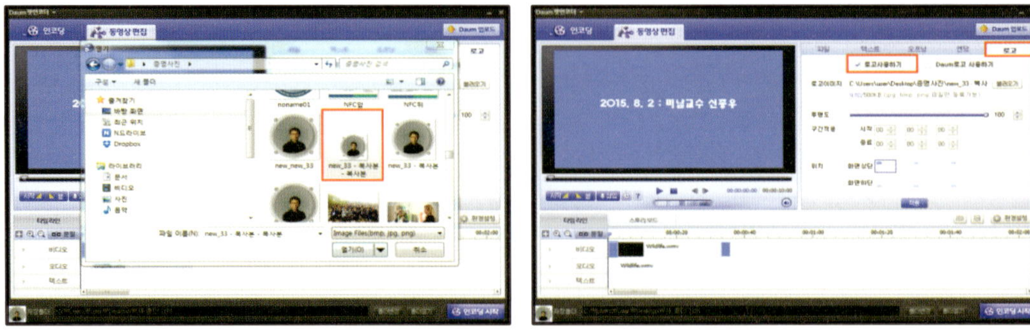

그림 9-22 로고 불러오기

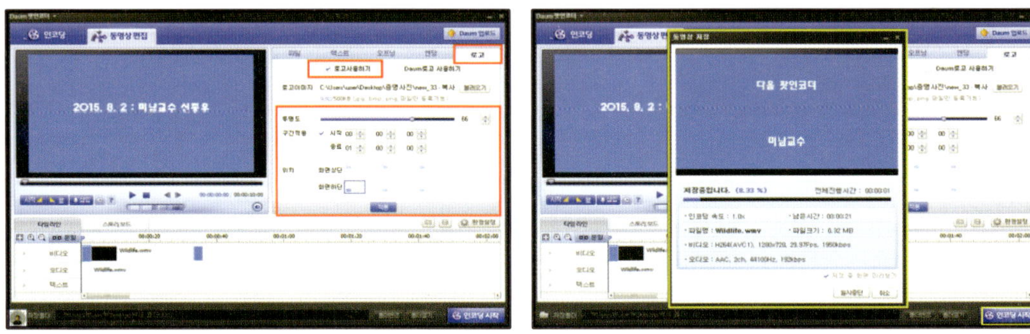

그림 9-23 로고 적용

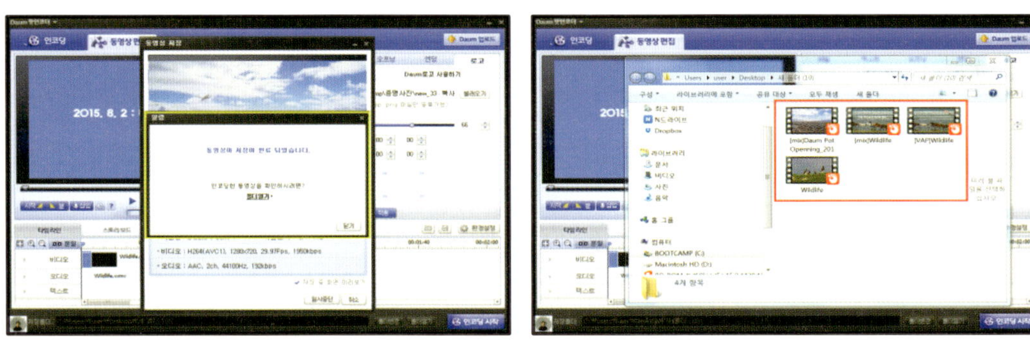

그림 9-24 폴더에 저장

⑥ Daum service에 업로드

tv팟뿐 아니라 카페, 블로그 등 Daum의 다양한 서비스에 직접 동영상을 업로드할 수 있다. 편집한 파일이나 인코딩한 파일을 Daum에 업로드하려면 상단 우측의 'Daum 업로드'를 클릭한다(그림 9-25).

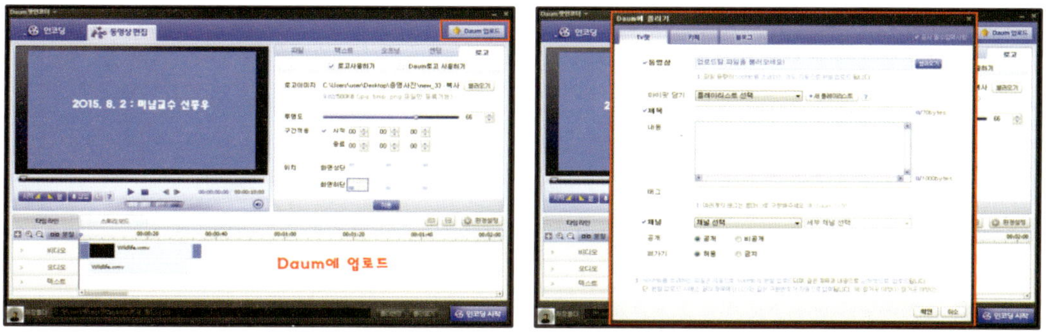

그림 9-25 Daum service에 업로드

tv팟, 카페, 블로그 등 업로드할 곳을 선택한 후 파일에 대한 정보를 입력한 후 '확인'을 클릭한 다음 업로드한다(그림 9-26~9-28).

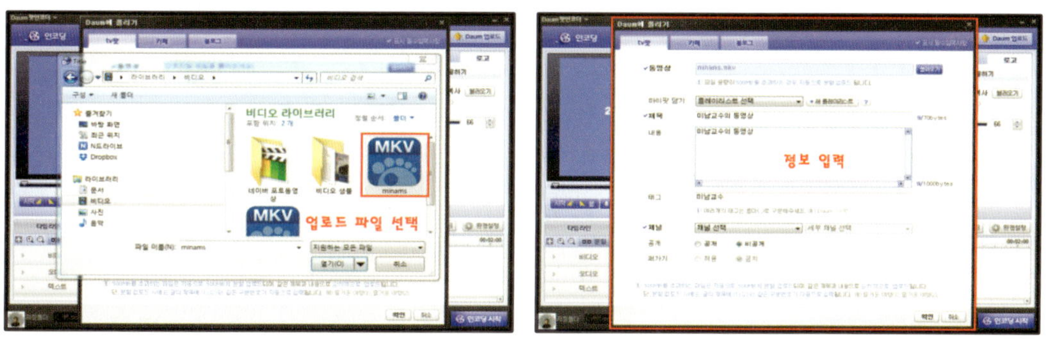

그림 9-26 업로드 파일 선택 후 정보 입력

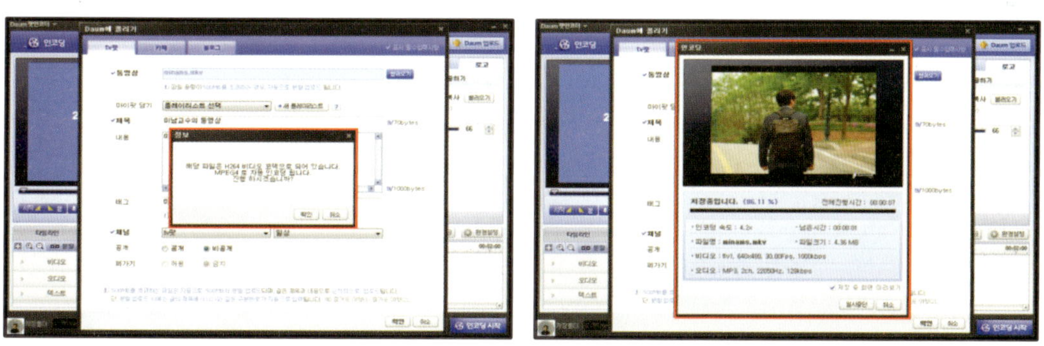

그림 9-27 인코딩

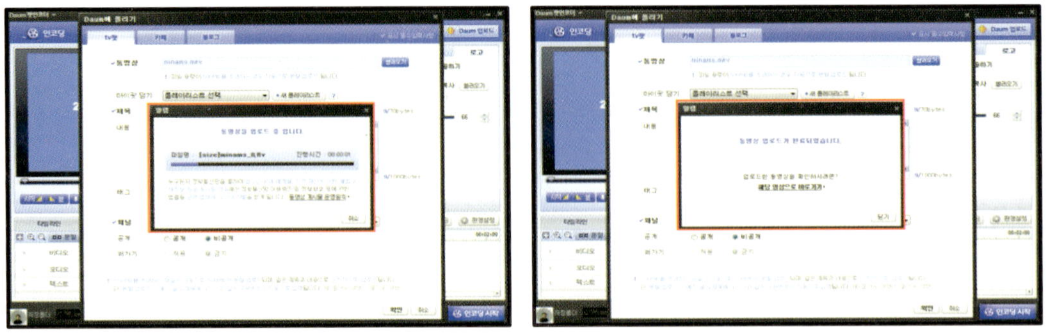

그림 9-28 Daum에 동영상 업로드

2. 캠노리

캠노리(Camnori, http://www.camnori.co.kr)는 사용에 아무런 제한이 없는 프리웨어로 동영상 녹화, 유튜브 동영상 다운로드, 화면 캡처 등 멀티미디어 프로그램으로 누구나 편리하게 동영상을 녹화하고 다운로드하여 컴퓨터에 쉽게 저장할 수 있는 무료 통합 멀티 프로그램이다.

1) 캠노리 설치

다운로드 받은 프로그램 설치를 시작하는데 캠노리를 사용하기 위해서는 이용약관에 동의를 해야 한다(그림 9-29). 프로그램 설치 권장 사양으로 윈도우 XP(컴퓨터 H/W: Pentium Ⅱ 이상, 64MB Ram 이상, 웹브라우저: Microsoft R Internet Explorer 8.0 이상-권장)이면 가능하다.

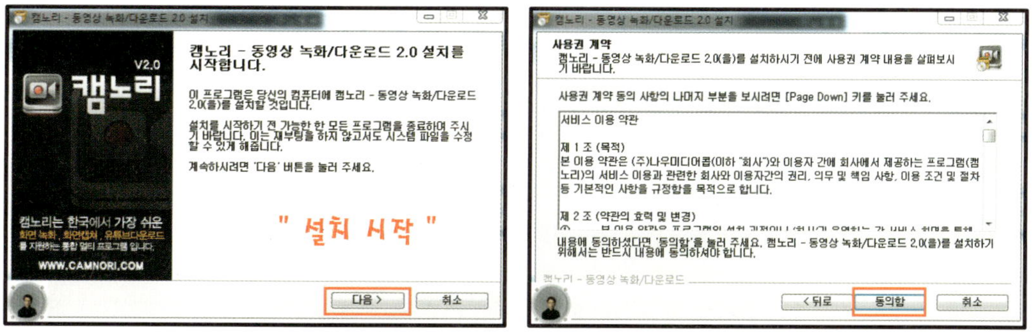

그림 9-29 이용약관 동의

구성 요소와 설치 위치를 선택하면 캠노리가 설치 완료된다(그림 9-30, 9-31).

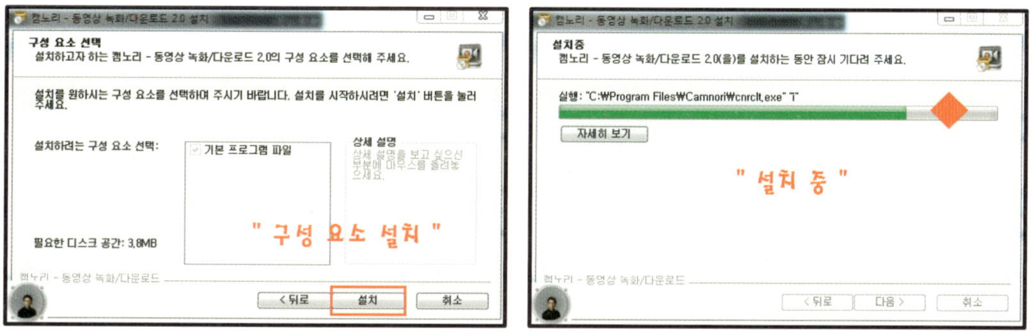

그림 9-30 구성 요소와 설치 위치 선택

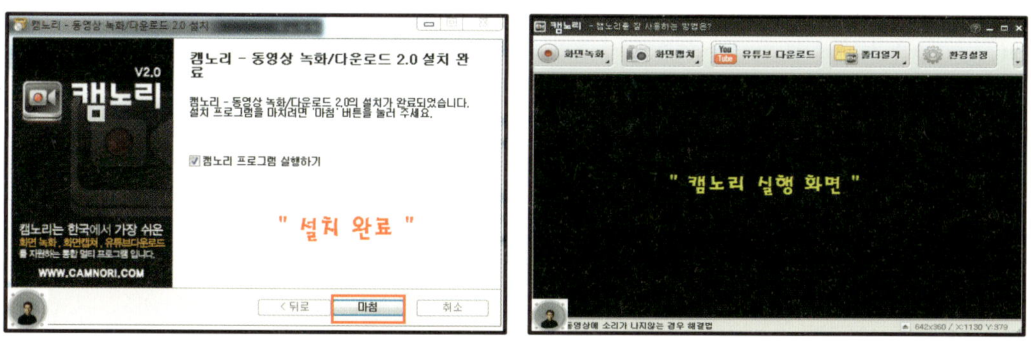

그림 9-31 캠노리 설치 완료

2) 기능

캠노리는 동영상 녹화, 화면 캡처, 유튜브 다운로드의 세 가지 기능으로 활용할 수 있다(그림 9-32). 동영상 녹화는 캠노리 영역 녹화와 전체화면 녹화를 진행할 수 있으며, 화면 캡처는 캠노리 영역, 영역 지정, 윈도우 화면, 전체화면, IE 자동 스크롤 캡처를 할 수 있다. 유튜브 다운로드는 동영상 URL만 입력하면 모든 동영상을 고화질로 다운로드 받을 수 있다.

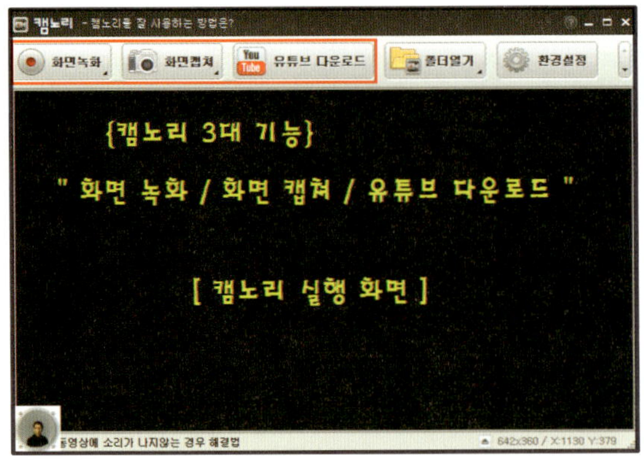

그림 9-32 캠노리 실행 화면

(1) 동영상 녹화

캠노리 기능 중 가장 대표적인 기능으로 웹 서핑을 하면서 접하게 되는 뉴스, 강의, 애니메이션, 영화, 최신 뮤직비디오 등을 녹화하고 싶을 때 바로 캠노리를 이용하여 보이는 화면 그대로 또는 녹화하고 싶은 동영상 크기에 맞게 영상을 녹화할 수 있다. 누구나 쉽게 사용할 수 있도록 직관적인 화면(UI) 설계로 보고 듣는 그대로 영상을 녹화하여 내 컴퓨터에 자동으로 저장할 수 있다.

동영상 녹화는 캠노리 영역 화면 녹화(F2)와 전체화면 녹화(F6)를 선택적으로 할 수 있다. 녹화 중 녹화하고 싶지 않는 부분에는 일시정지하고, 계속적으로 녹화한 후 정지버튼으로 녹화를 끝낸다. 캠노리 영역 녹화는 캠노리 캡처 영역에 보이는 화면을 녹화하는 것이고, 전체화면 녹화는 윈도우 전체화면을 녹화하는 것이다. 녹화 시에는 캠노리 창이 사라지며, 녹화를 종료하기 위해서는 트레이를 통해서 종료한다(그림 9-33, 9-34).

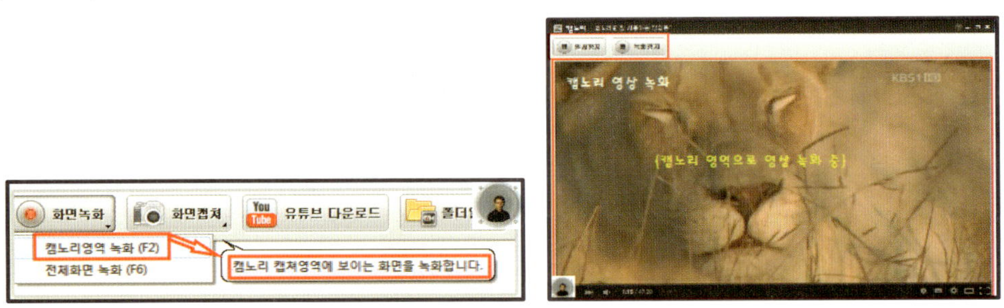

그림 9-33 캠노리 영역 녹화

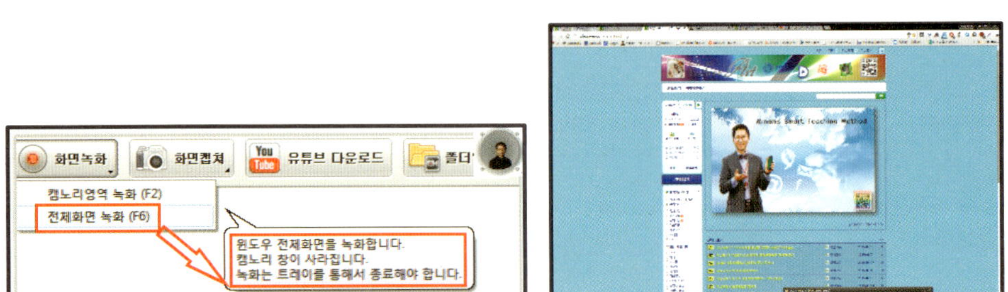

그림 9-34 캠노리 전체화면 녹화

(2) 화면 캡처

캠노리의 두 번째 강력한 기능은 바로 화면 캡처 기능이다. 캠노리 화면 캡처는 편리한 사용을 제공하며, 쉬운 조작과 빠른 접근성으로 누구나 쉽게 원하는 화면을 캡처할 수 있다. 그리고 바로 웹 페이지 스크롤 캡처 기능으로, 웹 서핑을 하다 스크롤이 길게 늘어진 웹 페이지를 캡처하고 싶을 때 캠노리 스크롤 캡처 기능을 이용하면 쉽게 페이지가 자동 스크롤되어 웹 문서 전체를 캡처할 수 있다. 화면 캡처는 직접지정 영역, 영역 지정, 윈도우 화면, 전체화면, IE 자동 스크롤 캡처를 간단하게 진행할 수 있다.

① 직접 지정 캡처

고정영역을 클릭하면 사용자 마우스 포인트가 열십자 모양(+)의 커서로 변경되는데 캡처를 원하는 부분을 선택 드래그하여 대상을 드래그 창 안에 위치시키고 마우스를 클릭하여 해제하면 캡처된다(그림 9-35).

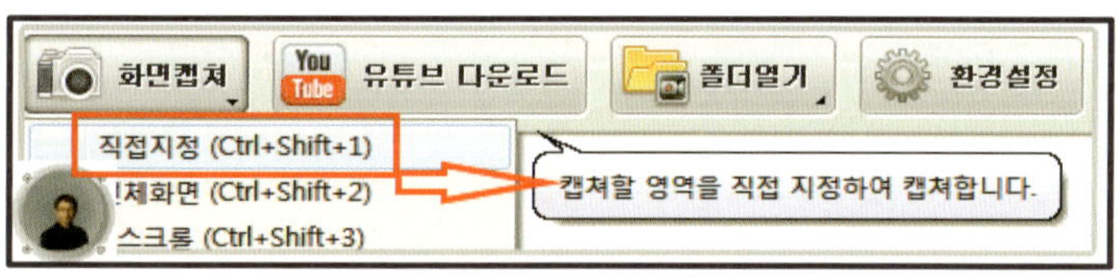

그림 9-35 직접 지정

② 전체화면 캡처

윈도우 바탕화면 전체를 캡처하는 기능이다(그림 9-36).

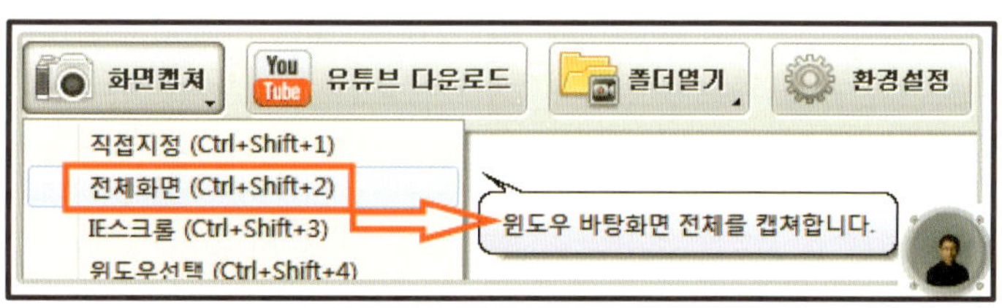

그림 9-36 전체화면 캡처

③ IE 자동 스크롤 캡처

내용이 많은 웹 문서 전체를 캡처할 때 웹페이지가 자동으로 스크롤되면서 캡처되는 기능이다(그림 9-37).

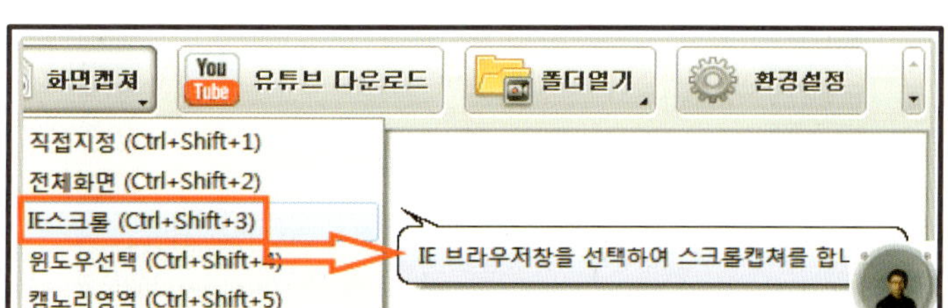

그림 9-37 IE 자동 스크롤 캡처

④ 윈도우 선택 캡처

윈도우 영역을 선택하여 캡처하는 기능이다(그림 9-38).

그림 9-38 윈도우 선택 캡처

⑤ 캠노리 영역 캡처 기능

캠노리 캡처 영역의 크기대로 화면이 캡처되는 기능이다(그림 9-39).

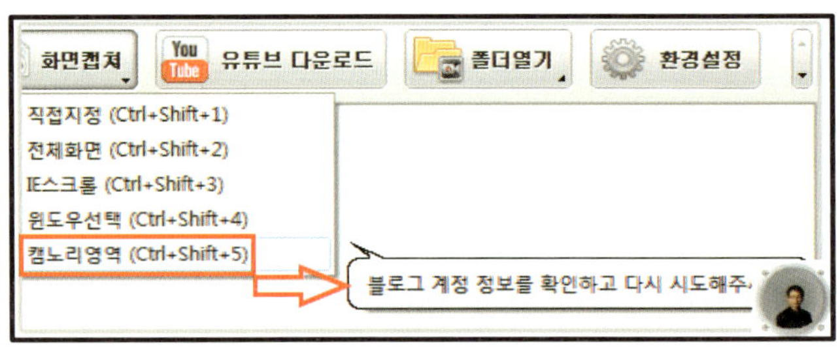

그림 9-39 캠노리 영역 캡처

(3) 유튜브 다운로드

유튜브 바로가기 버튼으로 유튜브에 방문하여 원하는 사이트에 게시되어 있는 모든 동영상의 URL만 복사하고 캠노리에 붙여넣기만 하면 캠노리가 유튜브의 고화질 동영상을 자동으로 찾아 다운로드해 주는 기능이다(그림 9-40).

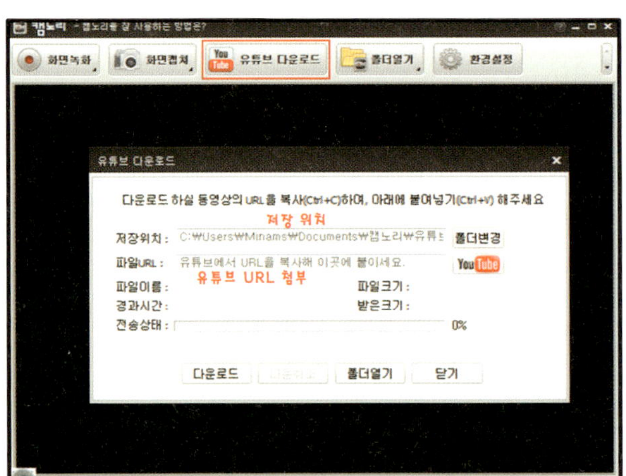

그림 9-40 유튜브 다운로드

(4) 폴더 열기

캠노리 기본 폴더로 유튜브 다운로드를 통해 저장한 동영상, 캠노리를 통해 캡처한 이미지 및 동영상들이 모두 해당 폴더에 자동으로 저장된다(그림 9-41).

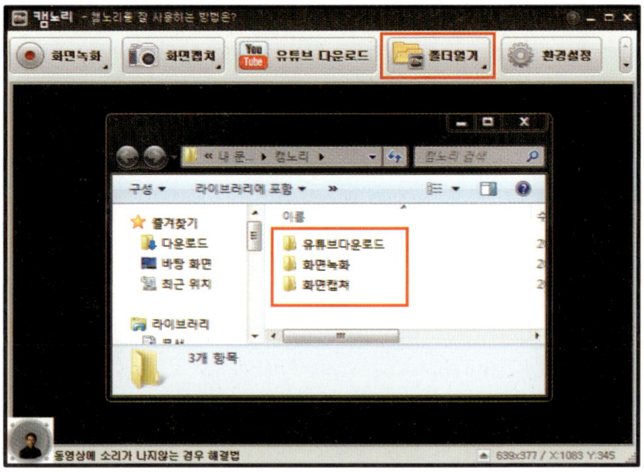

그림 9-41 폴더 열기

(5) 환경 설정

화면 녹화, 화면 캡처, 유튜브 다운로드 설정, 워터마크 설정, 창 크기 조절 등을 할 수 있다(그림 9-42).

① 화면 녹화 설정

안내 메시지를 설정하거나, 마우스 포인트를 함께 녹화 설정하거나, 최근 좌표를 기억하는 등 화면녹화에 필요한 기본 설정을 할 수 있다. 기본설정으로 지정된 저장 경로를 변경할 수 있다.

② 화면 캡처 설정

캡처된 이미지가 저장될 기본 경로를 설정하고 변경할 수 있다.

③ 유튜브 다운로드 설정

캠노리 기본 설정은 고화질로 자동 저장되며 고화질/중화질/저화질 중에서 선택적으로 저장 화질을 설정할 수 있다.

④ 워터마크 설정

캠노리는 사용자 워터마크 설정을 지원한다. 워터마크 형태는 이미지와 텍스트를 지원하며, 최대 이미지 크기는 150×28 픽셀 크기의 이미지를 권장하고 있다. 이미지 지원 포맷은 JPG, BMP, GIF이며,

워터마크의 위치는 좌측 상단, 우측 상단, 좌측 하단, 우측 하단의 네 가지 유형을 지원하고 있다. 이때 사용자 워터마크를 사용하면 캠노리 로고와 함께 사용자 로고가 표기된다.

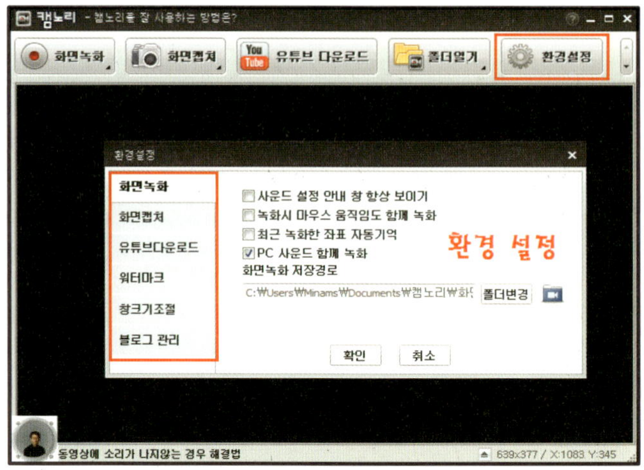

그림 9-42 환경 설정

⑤ 창 크기 조절

캠노리 창 크기 설정은 미디어가 지원하는 콘텐츠별 창 크기 선택을 할 수 있도록 정리되어 있는데 그 표는 다음과 같다(표 9-1).

표 9-1 창 크기 조절

미디어	창 크기	미디어	창 크기
SBS	600×370	MBC	685×350
KBS	640×330	Naver	500×375
Yahoo	640×435	Daum	645×365
Nate	520×380	디오데오	642×362
판도라	607×360	엠군	482×363
YouTube	640×360	아프리카TV	640×360

3. 오캠

오캠(Ocam)은 개인이나 기업, 관공서 등이 무료로 사용할 수 있는, 아무런 제한이 없는 프리웨어 프로그램으로 모니터에 표시되는 화면의 동영상과 소리를 녹화하고 녹음할 수 있다. 특히, 사용자들이 주로 사용하는 곰플레이어, KMP 등 다양한 동영상 플레이어의 화면과 유튜브 등 동영상 스트리밍 화면도 쉽게 저장할 수 있다.

1) 오캠 설치

오캠의 가장 큰 장점은 설치부터 사용법까지 쉽고 간단하다는 점이다. 네이버 소프트웨어 또는 개발사 홈페이지에서 프로그램을 내려받은 뒤 파일을 실행하면 설치까지 3단계 정도면 끝난다. 사용하고자 하는 언어(한국어, 영어, 중국어 등)를 선택한 뒤 설치 버튼을 누르고, 사용자 동의 과정만 거치면 된다. 가끔 프리웨어를 설치하면 1+1처럼 따라오는 다른 프로그램들도 없어 깔끔하다. 다운로드 받은 프로그램 설치를 시작하는데 오캠을 사용하기 위해서는 이용약관에 동의를 해야 한다(그림 9-43). 권장사양으로 CPU pentium4 2.5GHz, 메모리 1G RAM, 그래픽카드 1024×768, 16비트 이상이어야 한다.

그림 9-43 이용약관 동의

구성 요소와 설치 언어를 선택하면 캠노리 설치가 완료된다(그림 9-44, 9-45).

그림 9-44 구성 요소와 설치 언어 선택

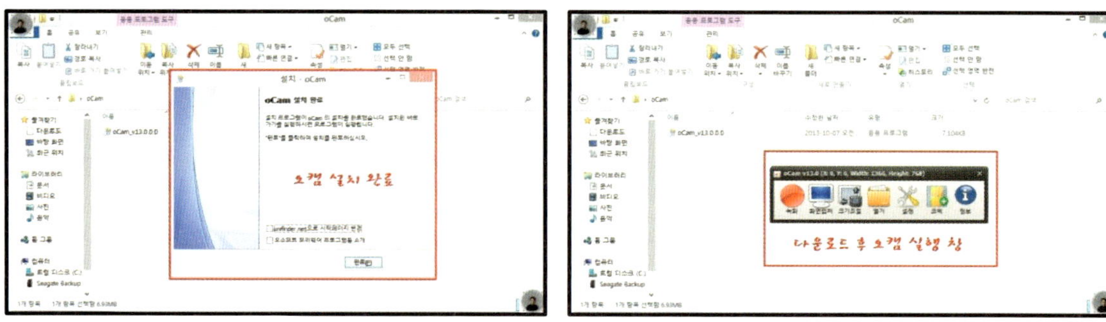

그림 9-45 오캠 설치 완료

2) 기능

(1) 메뉴

오캠을 설치한 뒤 바탕화면의 아이콘을 더블클릭 하면 사용 준비는 끝난다. 메뉴는 녹화, 캡처, 크기 조절, 열기, 설정, 코덱, 정보가 있다. 간단한 메뉴 구성만큼 사용법도 매우 쉽다. 메뉴 하단에는 오소프트가 표시하는 간단한 팁(단축키 등)이 제공되어 있다.

메뉴 위 'ㅁ' 모양의 초록색 사각형은 녹화할 수 있는 영역이다. 각 모서리와 위아래 및 좌우측에 표시되어 있는 꼭짓점을 마우스로 드래그하여 크기를 자유롭게 조절할 수 있다. 또한 한가운데 '+' 부분을 누르면 녹화 영역 전체를 옮길 수 있다. 원하는 녹화 영역을 선택했다면 이제 녹화하면 된다. 마우스로 녹화버튼을 클릭하거나 키보드의 F2(기본 설정된 녹화 버튼 단축키)를 누르면 된다. 녹화를 완료할 때는 버튼을 한 번 더 누르면 된다(그림 9-46, 9-47).

참고로 녹화 영역을 세밀하게 옮기고자 할 때는 '화살표 키'를, 이보다 조금 더 많이 옮기고 싶을 때는 '컨트롤+화살표 키'를 이용하면 유용하다. 또한 '시프트+화살표 키'를 이용하면 녹화 영역 크기를 세밀하게 조절할 수 있으며, '시프트+컨트롤+화살표 키'는 녹화 영역 크기를 조금 더 크게 조절할 수 있다(마우스로 세밀하게 조절하기 어려울 때 사용하면 좋다).

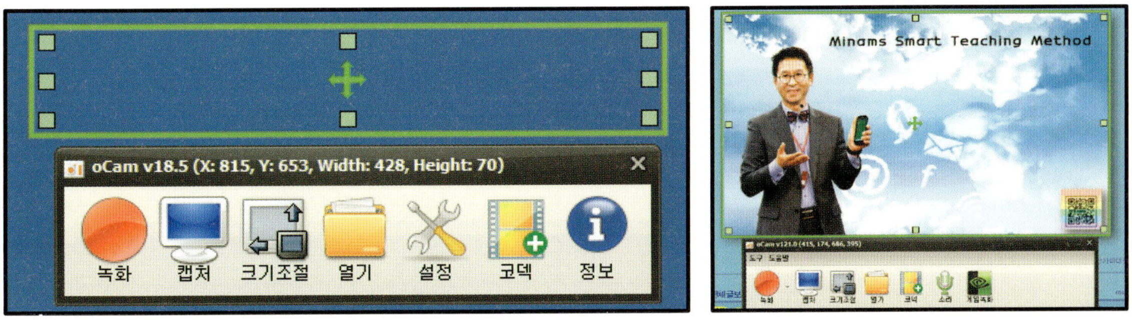

그림 9-46 오캠 실행 시 기본 화면

그림 9-47 녹화 실행 중(일시 중지와 녹화 중 캡처 가능)

① 인코딩

인코딩 메뉴는 동영상의 초당 프레임과 동영상/오디오의 비트레이트를 조절할 수 있으며, 멀티코어 사용 유/무를 결정할 수 있다. 듀얼코어 또는 쿼드코어 프로세서를 탑재한 PC를 사용 중이라면 멀티코어를 사용하는 것이 약간이나마 오캠의 성능을 높일 수 있다(그림 9-48).

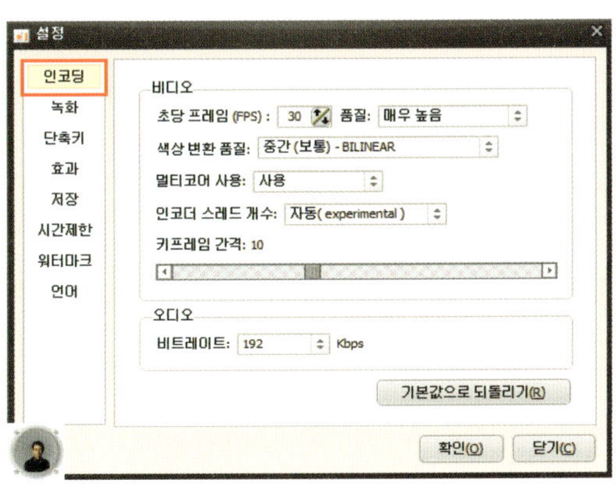

그림 9-48 인코딩

② 녹화 메뉴

녹화 메뉴는 오디오 장치를 연결하거나 해제해 녹화 시 소리를 넣거나 뺄 수 있다. 단축키는 말 그대로 단축키다. 녹화 버튼과 캡처 버튼, 그리고 대상찾기를 사용자가 원하는 버튼으로 바꿀 수 있다. 기본적으로 녹화는 F2, 캡처는 F3으로 설정되어 있다. 바꿀 수 있는 버튼은 F1~F12이며, 여기에 컨트롤키 또는 시프트키를 조합할 수 있다(그림 9-49).

게임 플레이 화면을 녹화할 때 게임 내 설정키와 오캠 녹화/캡처 단축키가 중복될 경우 바꿔서 사용하도록 한다. 일반적으로 동영상 녹화 결과물은 손실 압축되므로 실제 화면에 비해서 색상이 손실된다. 초고화질(무손실)로 녹화하려면 Lagarith Lossless Video 외장 코덱(http://lags.leetcode.net/codec.html)을 다운로드 받아 사용할 수 있다.

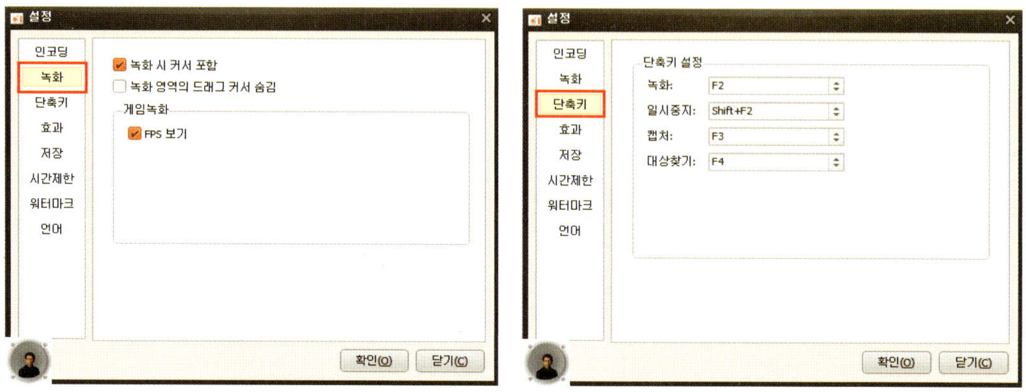

그림 9-49 녹화 및 단축키 메뉴

③ 효과 메뉴

효과는 녹화 영역에 마우스 커서를 넣었을 때 주변에 나타나는 효과의 크기와 색상 등을 조절하는 메뉴다(그림 9-50). 메뉴에서 크기를 조절하고, 색상을 선택하면 아래 스크린 샷처럼 마우스 커서 주변에 나타나는 노란색 원형 무늬를 확인할 수 있다. 이 기능을 이용하면 마우스 커서 이동 경로를 보다 쉽게 확인할 수 있다. 때문에 PC 사용 시 도움이 되는 동영상이나 교육용 동영상 등을 제작하는 데 유용하다.

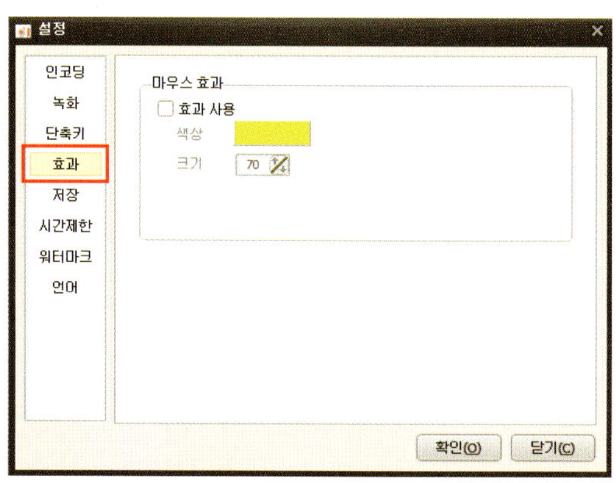

그림 9-50 효과

④ 저장 및 시간제한 메뉴

저장 메뉴는 동영상 또는 캡처 파일의 저장 경로와 캡처 시 저장하는 이미지 파일 형식을 지정할 수 있다. 지원하는 이미지 파일은 JPG, PNG, GIF, BMP이다. 시간제한 메뉴는 녹화 시간을 설정해 녹화를 끝낼 수 있는 기능이다. 참고로 이미지는 JPG → PNG → BMP 순으로 품질이 좋지만, 용량은 늘어난다(그림 9-51).

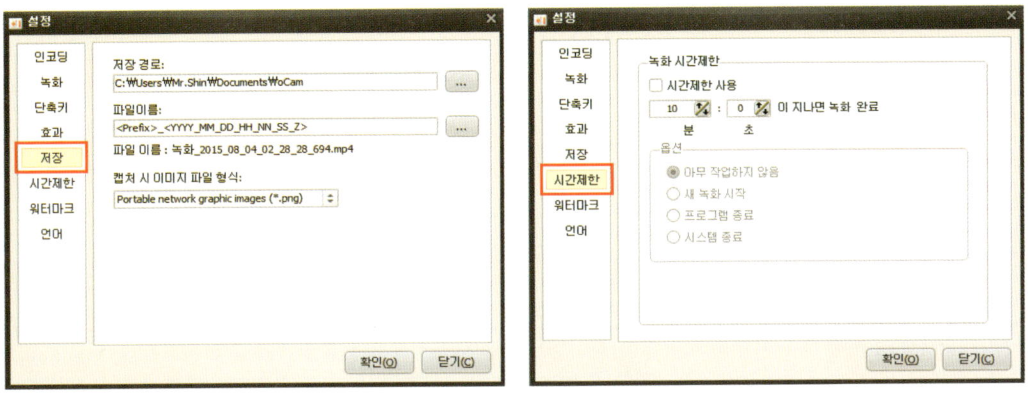

그림 9-51 저장 및 시간제한

녹화 영역은 앞서 언급한 것처럼 마우스로 사용자가 원하는 크기로 직접 설정할 수 있지만, 크기 조절메뉴를 통해 설정된 크기로 조절할 수도 있다(그림 9-52). 또한 전체화면을 녹화하거나 듀얼 모니터를 사용하는 경우 주/보조 모니터 영역을 나눠서 녹화할 수도 있다. 사이즈에 맞춰 동영상을 녹화하고자 할 때 유용하다.

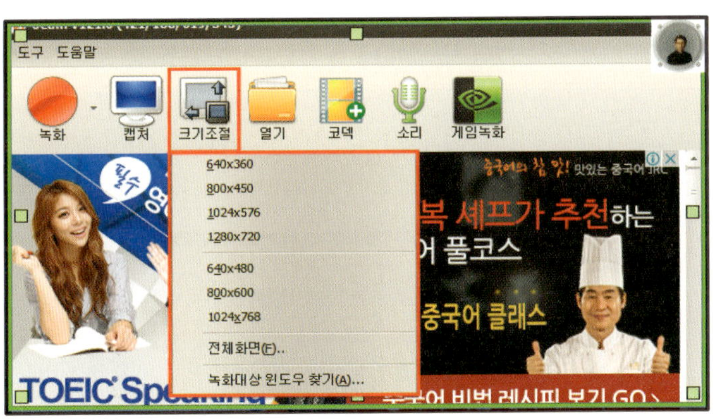

그림 9-52 녹화 창 크기 조절

⑤ 워터마크와 언어 메뉴

워터마크란 나의 동영상을 다른 누군가가 퍼갈 수 있으므로 내 동영상에 출처를 증명하는 이미지를 추가하는 것을 말하며, 워터마크를 추가하는 방법은 오캠 메인 창에서 메뉴의 도구–옵션을 클릭한다. 설정 창이 뜨면 왼쪽에 워터마크를 클릭한 다음 워터마크를 설정할 수 있다. 워터마크 사용에 체크를 하면 녹화된 동영상에 이미지 경로에 설정한 이미지가 표시되는데 불투명도가 100%일 경우에는 그대로 표시되며, 값이 작아질수록 투명하게 표시된다. 좌표는 워터마크를 동영상에서 보여줄 위치를 설정한다. 워터마크 이미지는 PNG, JPG, BMP 포맷을 지원하며, PNG는 알파채널이 포함된 이미지도 지원하고 있다. 언어는 한국어로 설정한다(그림 9-53).

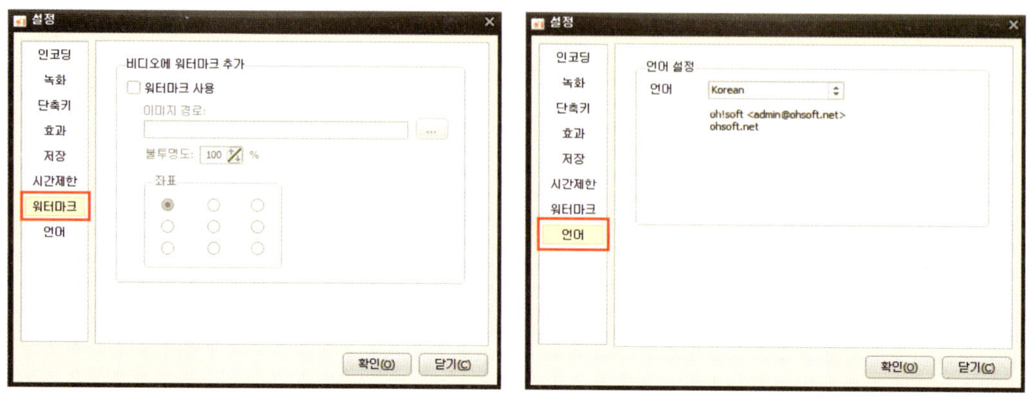

그림 9-53 워터마크와 언어

(2) 코덱

코덱은 설정 버튼 옆의 코덱 버튼을 눌러 바꿀 수 있다. 기본 동영상 코덱은 MPEG-1, MPEG-2, MPEG-4, XVID, OpenDivx, 마이크로소프트 MPEG-4 파트2, 마이크로소프트 MPEG-4 파트3 등이다(그림 9-54). 해당 코덱은 AVI 파일로 저장된다. 설치 시 기본 동영상 코덱은 마이크로소프트 MPEG-4 파트2이다(대부분의 동영상 플레이어에서 재생할 수 있는 오디오 파일을 생성한다).

추가로 지원하는 동영상 코덱 중 FLV(플래시비디오)도 있다. 실시간 스트리밍을 지원하는 동영상 파일로 제로보드와 같은 게시판에 인터넷 웹브라우저 상에서 동영상을 바로 볼 수 있는 데 유용하다. 코덱을 선택하면 오캠과 함께 사용하면 좋은 외장코덱을 내려 받을 수 있다(링크:http://ohsoft.net/update/codec.php) Xvid, x264vfw, VP8 등을 사용할 수 있다).

그림 9-54 코덱

(3) 소리

컴퓨터 시스템 소리만 녹음해서 MP3로 저장할 수 있다. 동영상 녹화뿐만 아니라 오디오 녹음이 가능하다(그림 9-55).

그림 9-55 소리 녹음

소리 녹음 절차를 통해서 녹음이 가능하다. 오캠 메인 창의 녹화 버튼에서 조그마한 드롭다운 메뉴를 클릭한 후 소리만 녹음 메뉴 아이템을 클릭하면 오디오 녹음 형태로 방식이 바뀌게 된다. 이 상태에서 녹화 버튼을 클릭하면 화면녹화가 되는 것이 아니라 시스템 소리가 녹음된다. 그리고 코덱 버튼을 클릭하여 어떠한 오디오 파일로 저장할지 설정할 수 있다(MP3, WMA 확장자를 지원하고 있으며, 오디오 형식은 추가될 예정이다(그림 9-56).

그림 9-56 소리 녹음 절차

4. 안캠코더

안캠코더(AnCamCoder, http://ancamera.co.kr/home/index.html)는 동영상 녹화 프로그램으로 화면에 보이는 그대로 소리와 함께 녹화해서 동영상 파일로 저장할 수 있는 프로그램이다. 사용에 제한이 없는 프리웨어로 기업, 관공서에서도 무료로 사용이 가능한 동영상 캡처 녹화 프로그램이다.

1) 설치

안캠코더 홈페이지(http://ancamera.co.kr/home/index.html)에 접속한 후 상단에 있는 메뉴 중 [다운로드]를 클릭하면 최신 버전과 구 버전을 다운로드 받을 수 있는 페이지로 이동하게 되는데 최신 버전을 사용하려면 로그인이 필요하다. 다운로드 받은 프로그램 설치를 시작하는데 안캠코더를 사용하기 위해서는 이용약관에 동의를 해야 한다(그림 9-57).

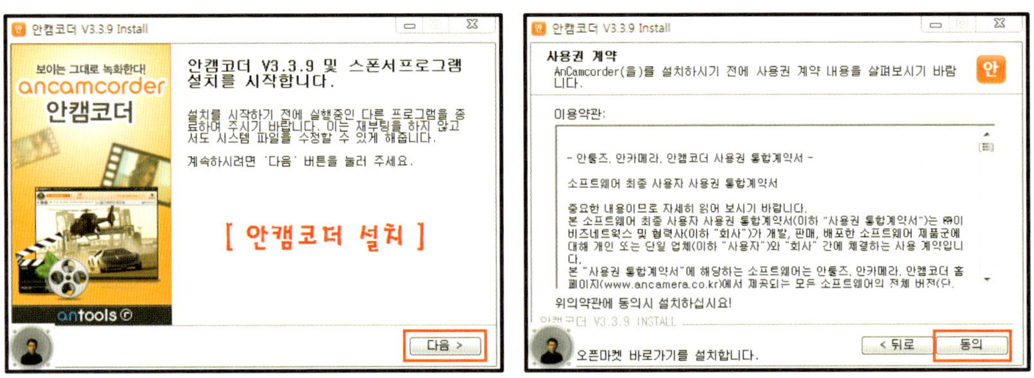

그림 9-57 이용약관 동의

구성 요소와 설치 위치를 선택하면 안캠코더 설치가 완료된다(그림 9-58, 9-59).

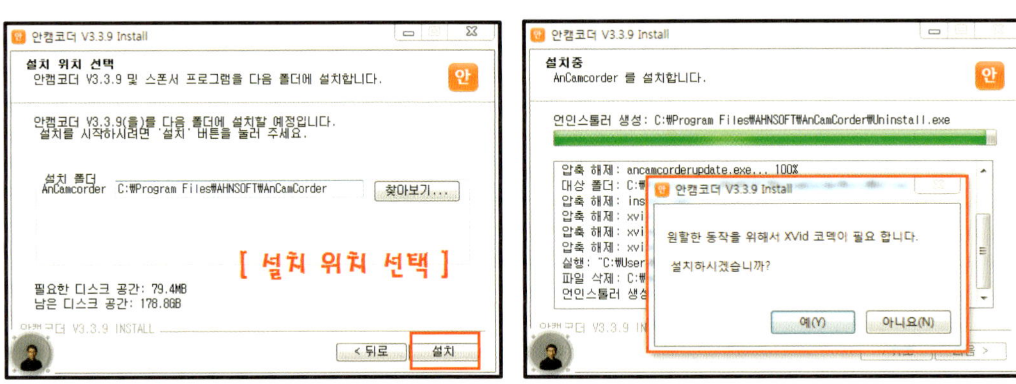

그림 9-58 구성 요소와 설치 위치 선택

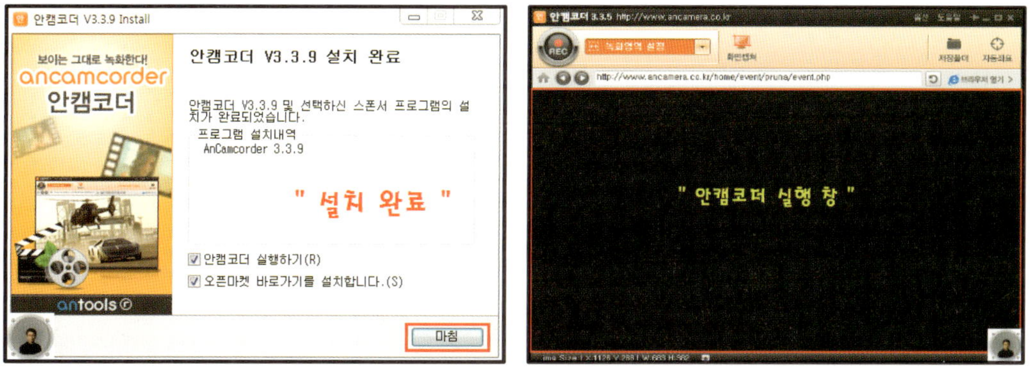

그림 9-59 안캠코더 설치 완료

2) 주요 기능

안캠코더는 화면녹화와 웹사이트 녹화를 지원하고 있다.

(1) 화면 편의

브라우저 열고 닫기 기능, 캡처할 주소를 입력하여 해당 사이트로 이동할 수 있는 주소 입력창, 캡처 메뉴와 도움말, 새로고침, 홈 버튼 등의 기능을 제공한다(그림 9-60, 9-61).

그림 9-60 녹화 영역 기능

그림 9-61 녹화 영역 설정

(2) 캡처 메뉴

영역 캡처, 스크롤 영역, 직접 지정, 영역 선택, 연속 캡처, 전체화면, 복사하기, 녹화하기 등의 기능을 이용할 수 있는 메뉴를 제공한다(그림 9-62).

그림 9-62 캡처 메뉴

(3) 화면 녹화

화면 녹화 모드는 녹화 영역이 뚫려 있어 바탕화면을 녹화할 때 주로 이용하는 프로그램이다. 안캠코더창 사이즈에 맞게 녹화되므로 녹화하고자 하는 영역에 안캠코더를 이동시키고, 사이즈를 조절하여 좌측 상단에 녹화버튼(REC)을 클릭하여 녹화하면 된다(그림 9-63).

그림 9-63 녹화 영역

녹화시작 전 저장 경로 및 파일명 설정 후 REC 버튼이 깜박거리며 녹화가 진행된다(그림 9-64, 9-65). 이때 ESC 키나 깜박이는 REC 버튼을 한 번 더 클릭하면 녹화가 중지된다.

그림 9-64 녹화 후 저장

그림 9-65 녹화 저장 완료

5. 기타 동영상 편집 및 녹화

1) 곰인코더

곰인코더는 사용자가 가진 동영상을 휴대폰, MP3 플레이어, 게임기 등 다양한 환경에서 볼 수 있도록 변환해 주는 강력한 소프트웨어(http://encoder.gomtv.com)이다(그림 9-66).

동영상 변환 기능이 주요 기능으로 첫째, 곰플레이어로 재생할 수 있는 동영상 포맷은 모두 변환이 가능(SWF 제외)하다. 둘째, 동영상에 자막을 입힐 수 있다. 셋째, 휴대폰, PSP/PS3, iPod용 MP4, 3GP, SKM, AVI, WMV, OGM, FLV, MP3 등으로 변환이 가능하다. 넷째, 안정적인 인코딩을 지원하고, 매우 빠른 변환속도를 지원하며, 동영상 재생속도 변환 기능을 사용하여 동영상 강의 등을 볼 때 빨리 볼 수 있는 기능인 배속 인코딩 기능을 지원하고 있다.

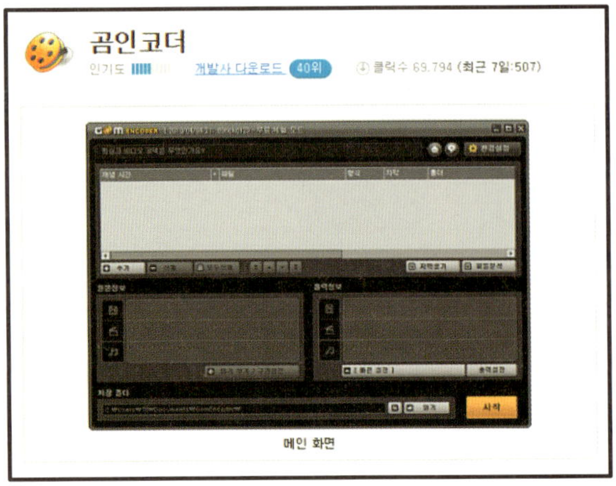

그림 9-66 곰인코더

2) Camtasia Studio

Camtasia Studio는 PC 화면에 보이는 모든 동영상 및 웹캠 비디오 등을 녹화하여 PowerPoint식으로 동영상을 만들어 프레젠테이션이나 공유 등의 다목적으로 사용할 수 있도록 해주는 프로그램(https://www.techsmith.com/camtasia.html)이다(그림 9-67).

주요 기능을 살펴보면 첫째, 화면 녹화이다. Camtasia Studio의 화면 녹화 옵션을 통하여 전체화면, 웹캠 비디오, PowerPoint 프레젠테이션 등을 쉽게 녹화할 수 있다. 둘째, 애니메이션 기능이다. 녹화된 동영상에 설명을 추가하는 텍스트 등의 문구를 독특한 애니메이션 효과로 동영상의 내용 안내를 쉽게 이해시킬 수 있다. 셋째, 높은 수준의 비디오 제작 기능이다. 파워풀하고 유용한 Camtasia Studio의 편집도구를 통해 녹화된 화면 및 기존의 비디오 편집이 가능하다. 넷째, 오디오 추가이다. 녹화된 화면 영상에 내레이션, 배경음악 등의 오디오를 추가하여 제작할 수 있다. 다섯째, 공유 및 커뮤니케이션 기능이다. 노트북, 스마트폰, 태블릿 등 여러 가지 휴대용 기기를 통한 공유 및 재생이 가능하다.

그림 9-67 Camtasia Studio

3) Windows Movie Maker

Windows Movie Maker(무비 메이커)는 비디오카메라, DV캠 등 비디오 영상을 쉽게 편집 및 제작을 가능하게 하는 편집 프로그램(http://windows.microsoft.com/ko-kr/windows/support#1TC=windows-7)이다(그림 9-68). 무비 메이커를 사용하면 그 어느 때보다 훨씬 쉽게 나만의 동영상을 만들고 공유할 수 있으며, 손쉬운 방법으로 홈 비디오를 만들거나 편집할 수 있어 초보자도 쉽게 동영상 편집을 하고 나만의 영화와 동영상을 제작할 수 있다.

주요 기능으로 첫째, 비디오 및 사진 합성 기능이다. 무비 메이커를 사용하면 컴퓨터에 있든지, 카메라에 있든지 관계없이 사진과 비디오에서 동영상을 만들 수 있다. 둘째, 손쉬운 편집 기능이다. 무비 메이커 특수 효과 및 테마를 사용하여 독창적인 동영상을 만들 수 있다. 동영상을 편집하려면 장면, 정지 사진 및 전환을 원하는 곳으로 끌어 놓기만 하면 된다. 동영상 마법사를 사용하여 무비 메이커에서 자동으로 영화가 만들어지게 할 수도 있다. 셋째, 온라인에서의 동영상 공유이다. 몇 번의 클릭만으로 유튜브 및 페이스북과 같은 즐겨 찾는 소셜 네트워킹 사이트에서 동영상을 공유하거나 Skydrive에 동영상을 업로드할 수 있으며, Windows Live Messenger에서 채팅하면서 친구와 동영상을 함께 볼 수 있다.

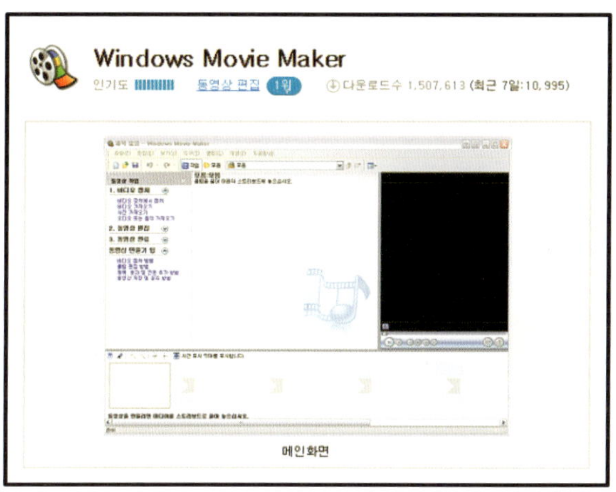

그림 9-68 Windows Movie Maker

4) 유마일 인코더

유마일 인코더(UmileEncoder)는 쉬운 사용법으로 유저가 원하는 동영상을 필요한 형식에 따라 변환할 수 있는 프로그램(http://www.umileencoder.com/kr)이다(그림 9-69).

유마일 인코더는 동영상 파일을 iPod touch, iPad, iPhone, 휴대폰, 게임기 등과 같은 기기에서 재생할 수 있도록 변환해 주는 프로그램으로 주요 기능은 첫째, Easy User Interface로 사용자 경험(UX)을 고려한 인터페이스 설계로 쉽게 사용할 수 있다. 둘째, 다양한 기기 지원으로 Apple, Sony, HTC, Samsung 등 다양한 모바일 기기를 지원하고 있다. 셋째, 손쉬운 프리셋 생성자만의 변환 설정값 등을 프리셋으로 만들어 사용할 수 있다.

그림 9-69 유마일 인코더

5) 카카오 인코더

카카오인코더(CacaoEncoder)는 각종 동영상 및 오디오 파일을 PC 또는 휴대기기에서 볼 수 있는 형태의 인코딩하는 프로그램으로 국내에서 가장 많은 포맷을 지원해 주는 빠른 속도의 동영상 변환 프로그램(http://software.naver.com/software/summary.nhn?softwareId=MFS_100043&categoryId=C0400000)이다(그림 9-70).

주요 기능으로 첫째, 동영상 변환 기능이다. 모든 동영상의 변환이 가능하며, 자막파일을 지원하지 않는 기기에서도 동영상에 자막을 삽입하여 감상이 가능하다. 둘째, 휴대기기 및 웹, 플래시 등 여러 가지 디바이스로 변환이 가능하다(스마트폰, PDA, PSP/PS3, iPod/iPad, MP4/3GP/SKM/K3G, 네비게이션용, 홈페이지, 블로그 게시용, UCC 동영상 변환, FLV, SWF). 셋째, 동영상에서 음성만 추출하여 MP3 파일로 변환할 수 있고 다중 인코딩을 지원하며, 동일한 형태로 동영상 포맷만 변경이 가능하다. 넷째, 미리 저장된 빠른 설정(기기 설정 정보)으로 간편하게 원클릭 동영상 변환이 가능하다. 다섯째, 안정적인 인코딩과 매우 빠른 변환 속도로 변환할 수 있다(듀얼 및 쿼드코어/하이퍼스레딩 CPU에서 더욱 빠름). 여섯째, 속도 조절 변환 기능을 지원하고 있다(배속 인코딩).

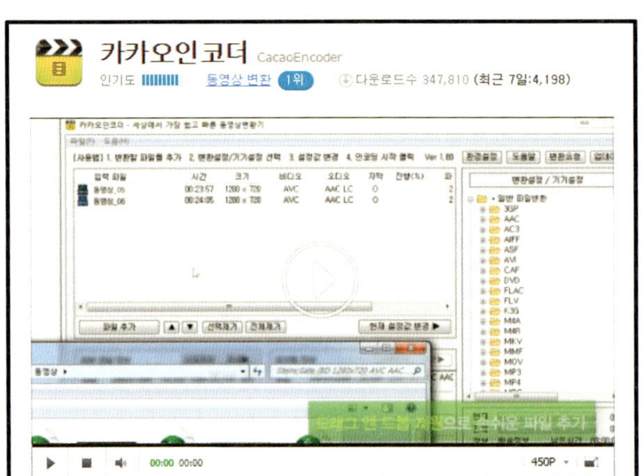

그림 9-70 카카오 인코더

6) 바닥 인코더

바닥 인코더(Badak Encoder)는 일반 동영상을 PDA와 같은 휴대기기에서 볼 수 있는 형태의 동영상으로 제작해 주는 프로그램(http://badakencoder.com/home/intro_02.html)이다(그림 9-71).

주요 기능을 살펴보면 첫째, 인코딩 기능으로 PC용 동영상을 PDA와 같은 휴대기기에 재생할 수 있도록 인코딩해 주며, 고화질의 동영상을 작은 크기의 저화질 동영상으로 변환하여 인코딩할 수 있다. 둘째, 동영상 파일에 자막을 같이 인코딩할 수 있으며, 각종 동영상의 출력 파일을 변환할 수 있다(WMV → AVI, MOV → AVI 등). 셋째, 복구 기능으로 인덱스가 손상된 AVI 파일의 인덱스 복구 기능을 지원한다.

그림 9-71 바닥 인코더

7) 픽픽

픽픽(PicPick)은 다양한 캡처 기능과 눈금자, 각도기, 색상 추출 등의 기능을 제공하는 블로거, 웹 디자이너, 프로그래머 및 일반 사용자를 위한 종합 그래픽 작업 도구 프로그램(http://wiziple.tistory.com)이다(그림 9-72).

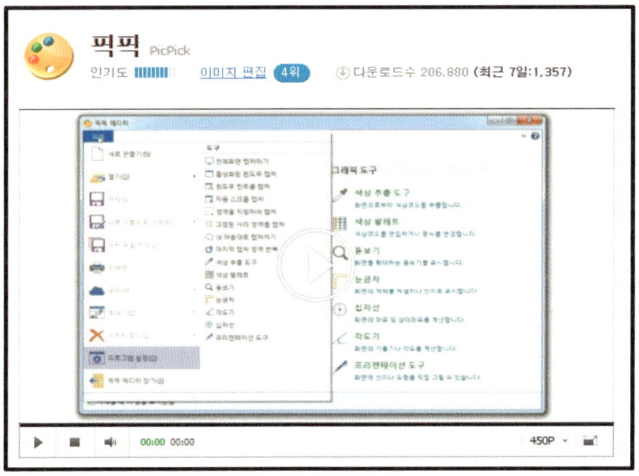

그림 9-72 픽픽

8) 아프리카TV 멀티캠

아프리카TV는 대한민국의 SNS 미디어 플랫폼(http://corp.afreecatv.com)으로 인터넷 개인 방송 서비스로서 특별한 기술·장비·비용 없이도 누구나 쉽게 PC나 모바일 기기(스마트폰, 태블릿 PC 등)로 언제 어디서나 실시간 생방송을 할 수 있는 개인 미디어이다. 웹캠 방송은 물론 PC 모니터상의 화면을 방송할 수 있는 데스크탑 방송이 가능해 누구라도 다양한 소재로 방송할 수 있는 시스템이다. 채팅 화면이 있어 방송인과 시청자 사이에 실시간 소통이 가능하다. 특히 필자가 운영하고 있는 플립러닝 시 학습자들이 동영상을 발표할 때 화면에 얼굴이 나오게 하여 프레젠테이션 할 때 주로 이용하고 있다(그림 9-73).

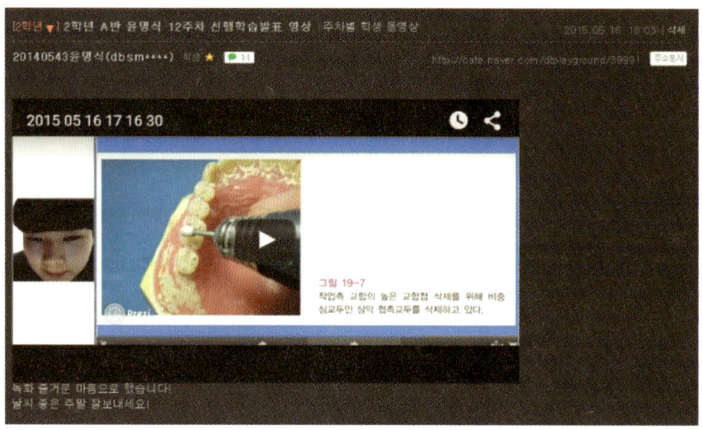

afreecaTV

그림 9-73 아프리카TV 멀티캠으로 선행학습 영상 제작

9) 유스트림 인터넷 방송

유스트림(Ustream)은 가장 빠르게 성장하고 있는 세계 최고의 라이브 스트리밍 플랫폼(http://www.ustream.tv)으로, 전 세계에 수많은 시청자와 브로드캐스터를 확보하고 있으며, 온라인 미디어의 지평을 새롭게 개척하고 있다. Ustream Asia는 2010년에 처음 서비스를 시작해 아마추어 브로드캐스터와 미디어, 언론, 기업들의 다양한 콘텐츠를 전 세계에 공급하고 있다(그림 9-74).

USTREAM

그림 9-74 유스트림 인터넷 방송

10

뱁 시리즈 프로그램

뱁 시리즈 프로그램 중 뱁믹스(Vapmix)는 영상과 사진을 이어 붙여 동영상 파일을 만들 수 있고, 뱁션(Vapshion)은 전문가급 영상을 만들 수 있으며, 뱁컷(VapCut)은 동영상의 원하는 부분을 잘라낼 수 있고, 뱁포토(VapPhoto)는 사진을 편집할 수 있는 프로그램이다. 뱁 시리즈 프로그램은 회원가입 후 사용할 수 있으며, 회원가입을 위해서는 이메일이 필요하다. 이 아이디와 비밀번호로 뱁믹스, 뱁션, 뱁컷, 뱁포토, 뮤컷 등을 함께 이용할 수 있다.

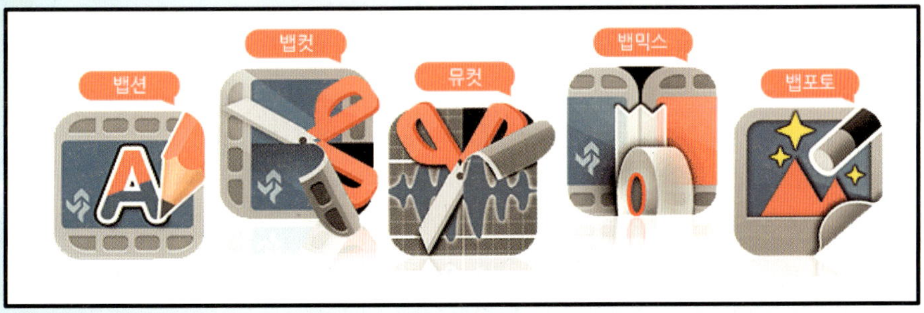

1. 뱁믹스

뱁믹스(Vapmix)는 간단한 인터페이스로 사용자가 쉽고 빠르게 영상과 사진을 이어 붙여 동영상 파일을 만들 수 있게 해주는 프로그램이다. JPG, PNG, MP4, MOV, WMV 등 다양한 확장자의 파일을 소스로 활용할 수 있다. 주요 기능만 있어 초보자는 오히려 직관적으로 프로그램을 쓸 수 있어 편리하다.

1) 주요 기능

첫째, 다양한 포맷 지원(avi, wmv, mov, mp4 등 다양한 포멧의 영상과 사진파일을 첨부)할 수 있다. 둘째, 간편한 UI로 직관적인 아이콘들로 빠르게 작업할 수 있다. 셋째, 결과물 미리보기 지원으로 사진과 영상을 이어 붙인 결과물을 미리 들어볼 수 있다(그림 10-1).

그림 10-1 뱁믹스

2) 뱁믹스 편집

(1) 사진 및 영상 추가

불러온 원본은 회전할 수 있고, 이을 때 겹치는 듯한 효과를 줄 수 있다. 이미지가 기본화면보다 조금 크다면 가운데를 중심으로 위에서 아래로 스르르 내려온다. 원하는 사진 및 영상을 하단의 +사진/영상 버튼을 클릭하여 계속 추가한다(그림 10-2~10-5). 본인이 원하는 순서대로 나열 후 시간조절-동영상의 빠르기, 화면조절-동영상 확대/축소 및 회전이 가능하다.

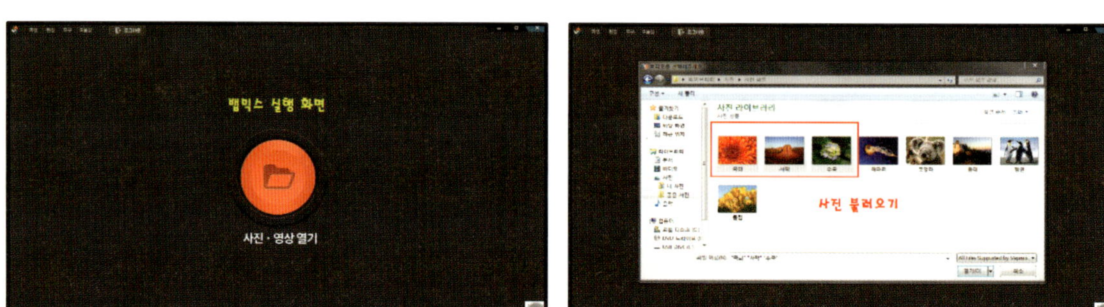

그림 10-2 사진 불러오기

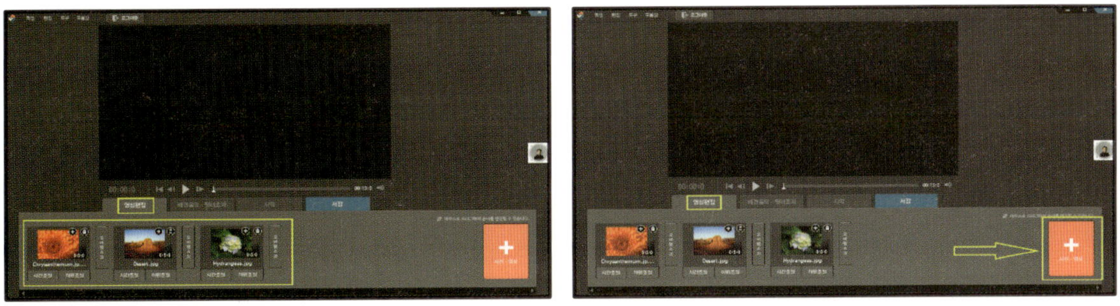

그림 10-3 불러온 사진

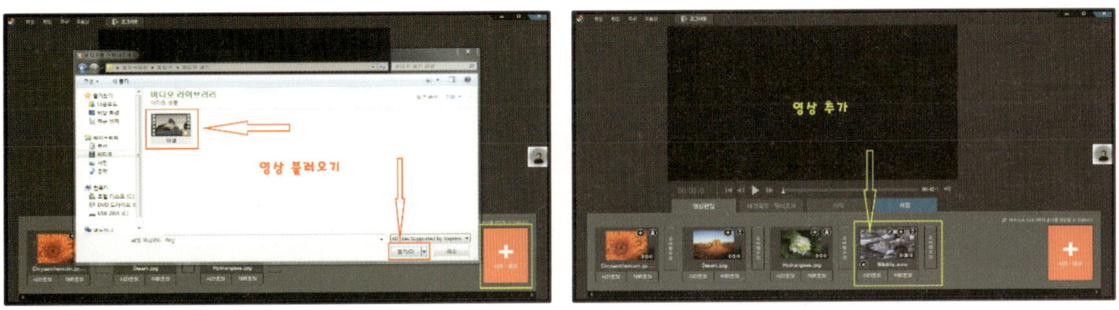

그림 10-4 영상 불러오기

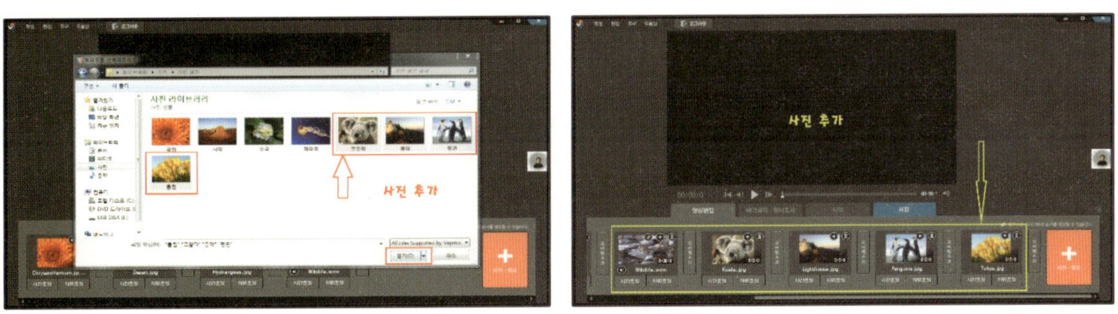

그림 10-5 추가로 사진 불러오기

(2) 배경음악 및 필터 추가

배경음악과 필터도 넣을 수 있다. 배경음악은 자신 소유의 음악 파일을 써야 한다. 필터는 흑백영화, 또렷하게, 뽀샤시, 가을낙엽, 민트초코 등 9가지이다. 참고로 필터는 부분부분 적용할 수 없다(그림 10-6~10-11).

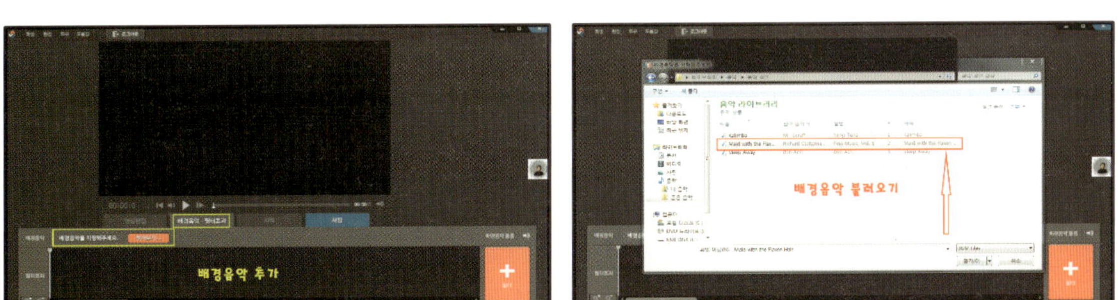

그림 10-6 원하는 배경음악 불러오기

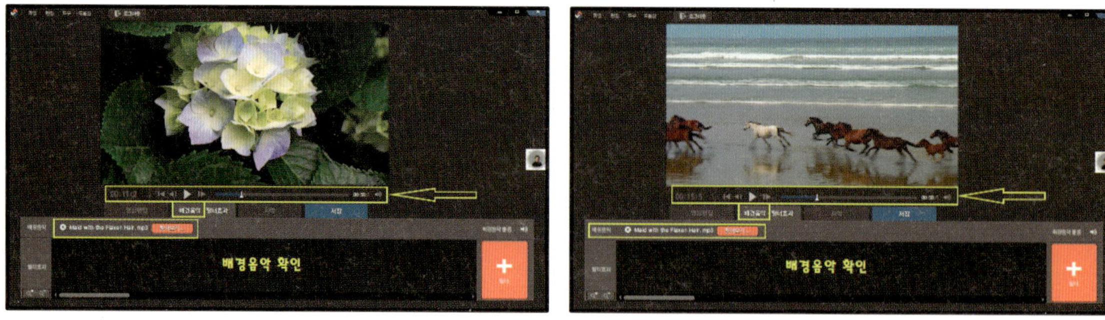

그림 10-7 추가한 배경음악 확인

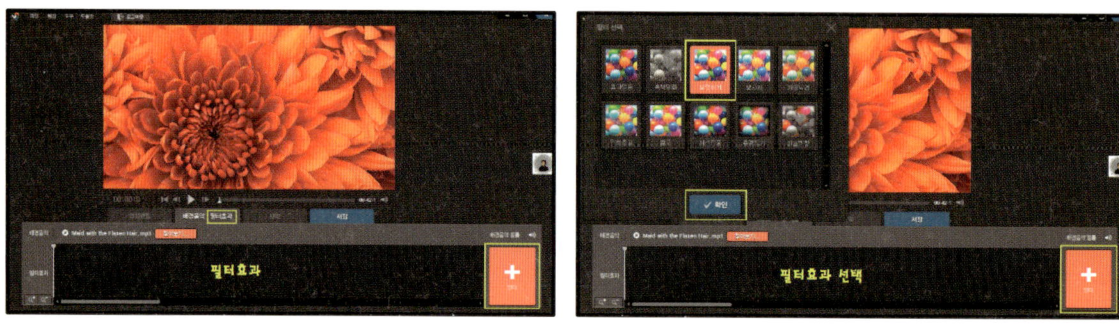

그림 10-8 필터효과 선택

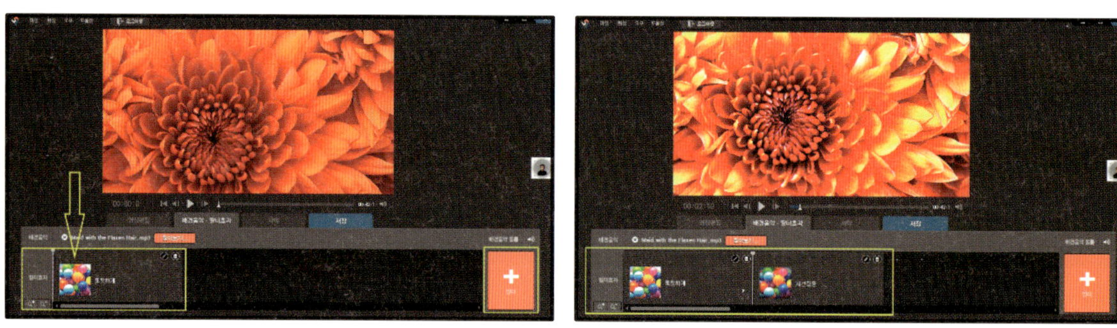

그림 10-9 필터효과 추가

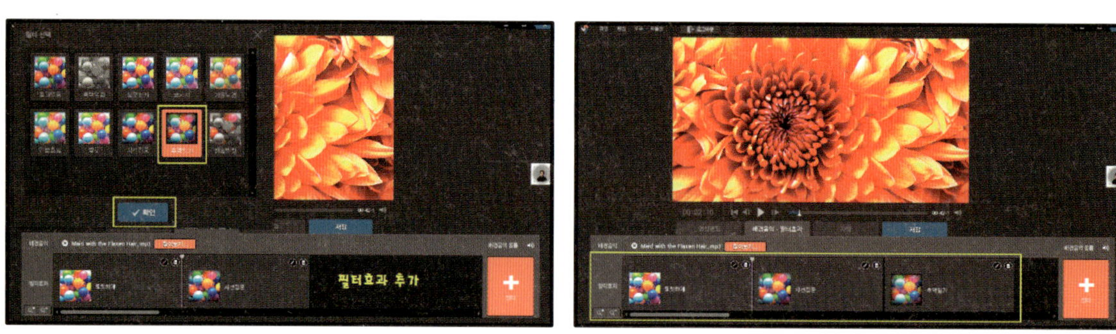

그림 10-10 계속적으로 원하는 필터효과 추가

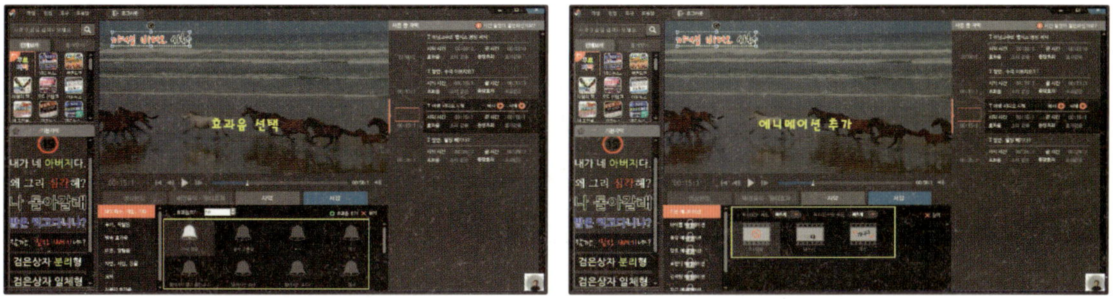

그림 10-11 효과음 선택하여 추가

(3) 자막 추가

뱁믹스에는 시간에 맞게 자막 넣기를 할 수 있으며, 무료로 넣을 수 있는 자막도 많다. 유료인 경우에는 좀 더 예쁘고 고급스러운 자막도 있어 선택적으로 사용할 수 있다(그림 10-12~10-14).

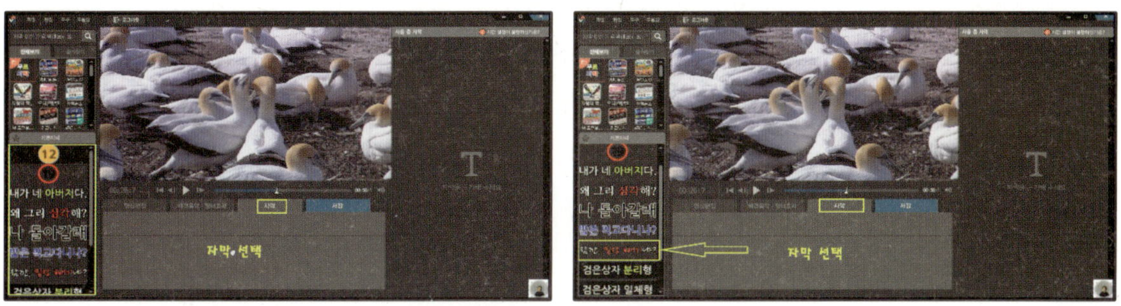

그림 10-12 이미지에 자막 선택

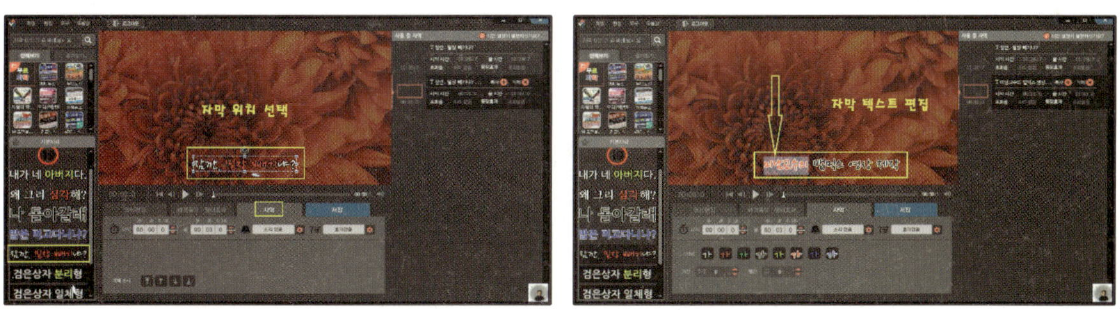

그림 10-13 이미지에 자막 위치 선택

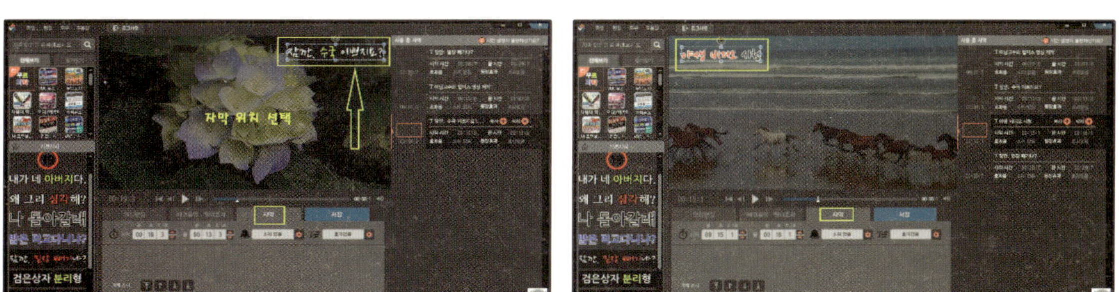

그림 10-14 영상에 자막 위치 선택

(4) 동영상 저장

뱁믹스는 간단히 이어주기만 하는 것으로 저장하는 영상의 해상도, 크기 등은 지정하지 못한다. 또한 세로 영상과 가로 영상을 이으면 세로 영상 좌우에 여백이 생기고, 저장 확장자는 MP4이다(그림 10-15~10-17). 프로젝트 파일 저장을 하면 뱁믹스 파일로 저장되기 때문에 나중에 다시 불러와서 포토샵 파일 저장처럼 수정이 가능하다. 그러나 오른쪽 동영상 파일로 저장하면 수정이 불가능하기 때문에 2개 다 같이 저장하는 것도 바람직하다.

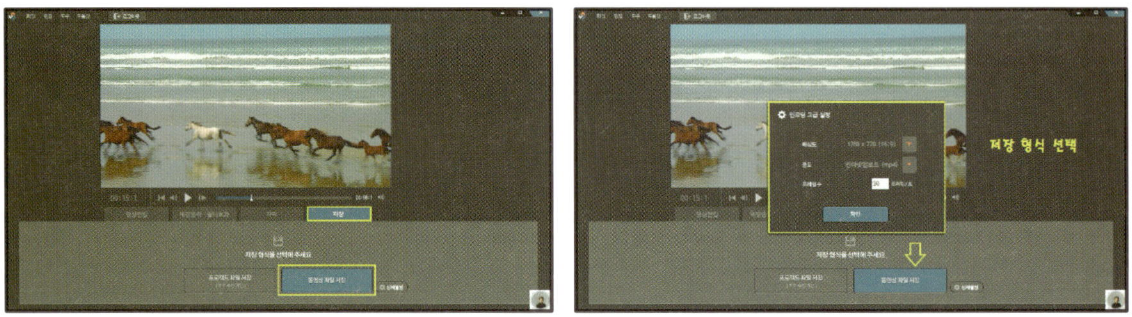

그림 10-15 저장 형식 선택

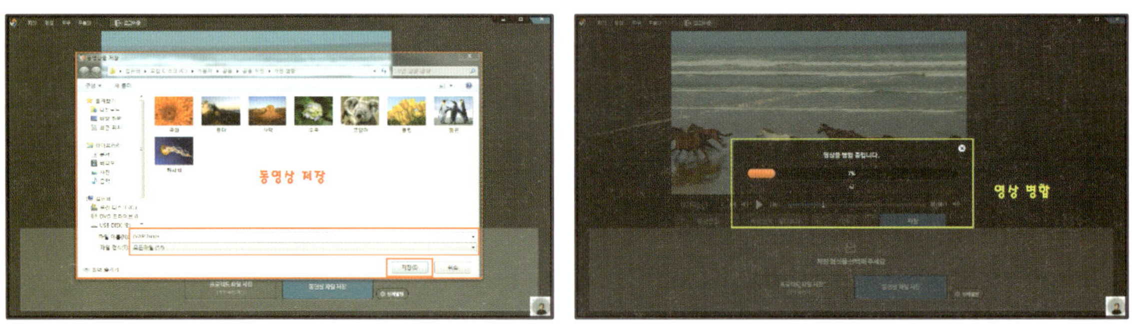

그림 10-16 저장 폴더 선택

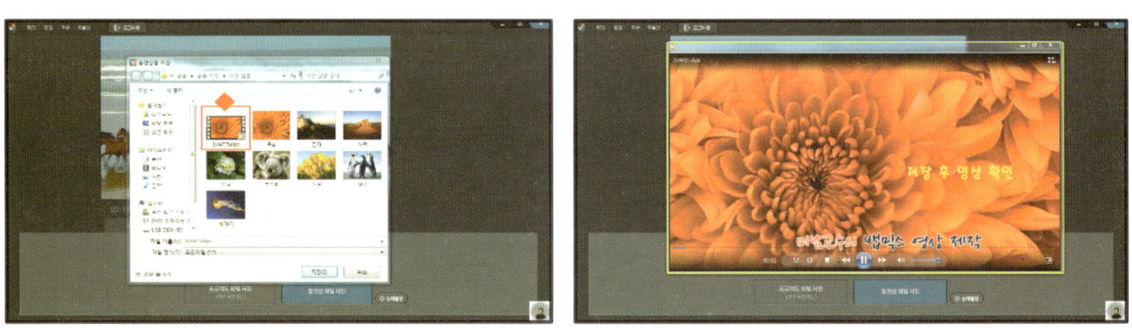

그림 10-17 저장된 비디오 영상 확인

2. 뱁션

뱁션(Vapshion)은 TV 문자그래픽을 UCC에 접목시킨 신개념 프로그램으로 일반인도 쉽고 편리하게 TV 프로그램과 같은 전문가급 영상을 만들 수 있도록 자동화된 환경을 제공해 주는 프로그램이다.

1) 주요 기능

첫째, 다양한 포맷 지원(avi, wmv, mov, mp4 등 다양한 포멧의 영상 편집)이 가능하다. 둘째, HD급 화질 인코딩(자막 삽입 후 결과물 1280×720)의 해상도로 출력한다. 셋째, 간편한 UI로 프로그램 테마를 선택하면 자동으로 자막 스타일을 추천해 주어 초보자도 몇 번의 클릭으로 자막 삽입이 가능하여 빠르게 작업할 수 있다. 넷째, 자막삽입영상 내부 미리보기 지원으로 자막 편집 중 예상 결과물을 미리 볼 수 있다. 다섯째, 애니메이션 기능 지원으로 자막에 애니메이션 효과를 추가할 수 있다(그림 10-18).

그림 10-18 뱁션

2) 뱁션 활용

영상에 TV 프로그램처럼 자막을 넣고 싶다면 뱁션을 활용하면 좋다. 프로그램을 처음 실행하면 사용법을 간단히 알려준다(그림 10-19, 10-20).

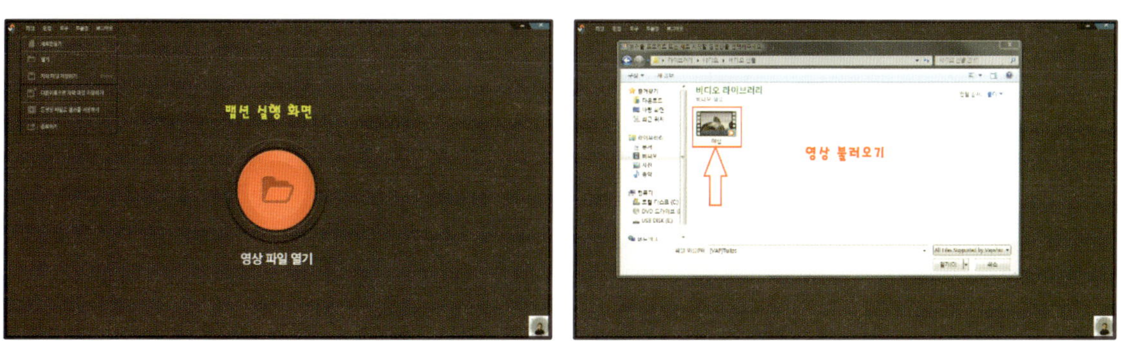

그림 10-19 영상 불러오기

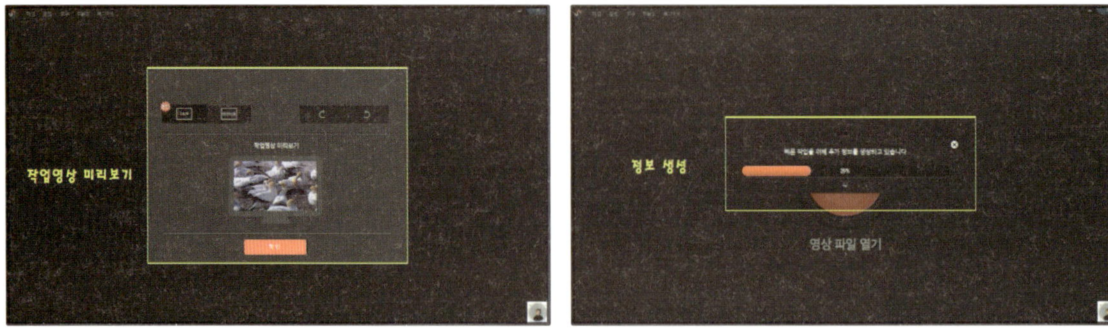

그림 10-20 영상 정보 생성

무료 자막이 몇 개 제공되며, '아빠! 어디가!', '무한도전' 등 유명 프로그램 스타일의 자막은 유료로 결제해서 쓸 수 있다. 가격은 몇 개를 얼마나 오래 쓰느냐에 따라 천차만별이다. 기본으로 들어있는 무료 자막도 꽤 쓸 만하다. 글자체, 테두리 유무 등 자막의 기본 스타일은 바꾸지 못하지만 내용, 색깔, 자간, 행간, 크기 등은 조절할 수 있다(그림 10-21).

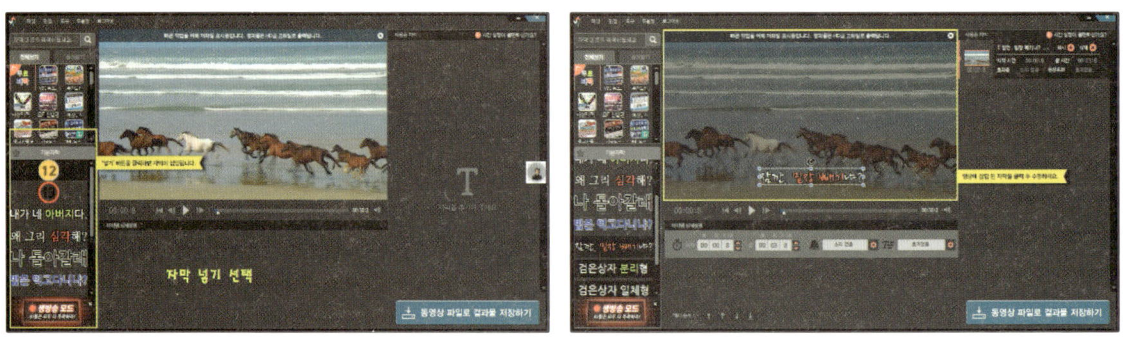

그림 10-21 자막 넣기

자막이 나올 때 무료 효과음이나 타자기, 회전 등 자막 출현 효과를 넣으면 영상이 더 생생해진다. 특히 무료 효과음은 SFX 특수, 게임, 기타, 무기, 폭발음, 버튼 등 꽤 다양한 편이다(그림 10-22).

그림 10-22 자막 편집 및 애니메이션 효과 선택

자막을 입힌 후 저장하는 파일의 해상도는 저화질, 일반화질, 원본화질 중 선택 가능하다. 뱁션으로 직접 자막을 넣은 동영상을 첨부한다(그림 10-23~10-25).

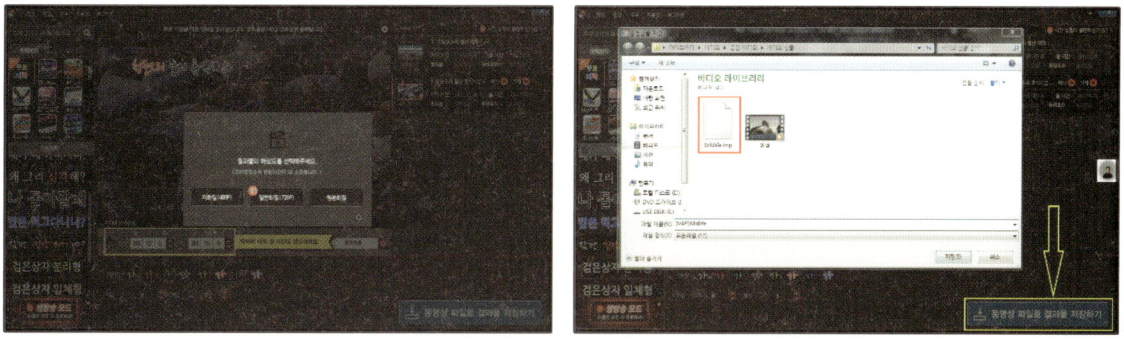

그림 10-23 화질 선택 후 저장

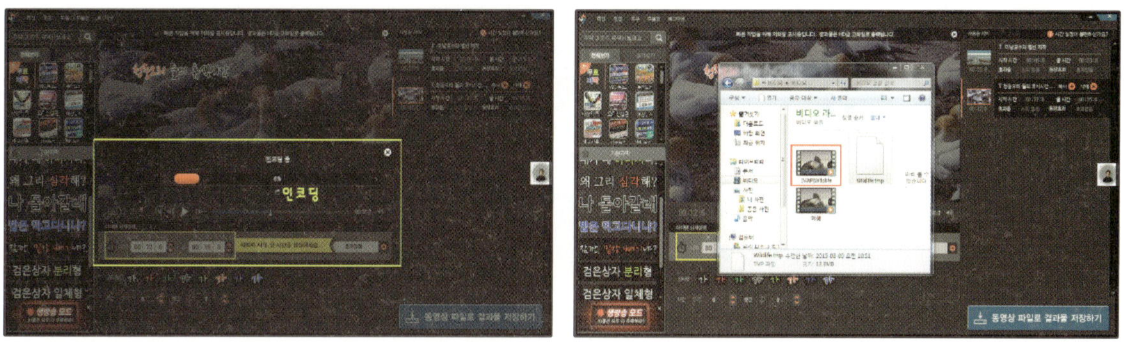

그림 10-24 인코딩 후 폴더에 저장

그림 10-25 저장 폴더 영상 확인

3. 밴컷

밴컷(VapCut)은 간단한 인터페이스로 사용자가 쉽고 빠르게 동영상의 원하는 부분을 잘라낼 수 있게 해주는 프로그램이다.

1) 주요 기능

첫째, 다양한 포맷 지원(avi, wmv, mov, mp4 등 다양한 포맷의 영상 잘라내기)이 가능하다. 둘째, 간편한 UI로 직관적인 아이콘들로 빠르게 작업할 수 있다. 셋째, 자막삽입영상 내부 미리보기 지원으로 잘라낼 영상의 예상 결과물을 미리 볼 수 있다(그림 10-26).

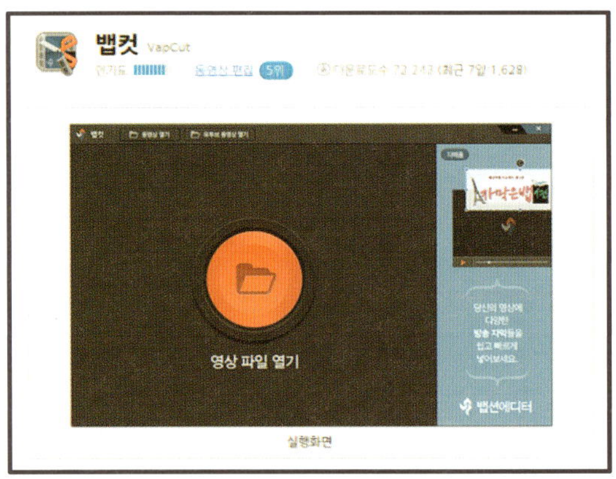

그림 10-26 밴컷

2) 밴컷 활용

밴컷은 영상을 자를 때 쓴다. 편집하고 싶은 영상을 불러와 시작, 끝 부분을 지정하고, 자르기 버튼을 누르면, 손쉽게 영상을 잘라낸다. 시작과 끝 시각 옆의 위아래 화살표를 누르면 0.1초 단위로 세세한 편집도 가능하다. 미리 영상이 어떻게 보일지 확인하며 작업할 수 있어 효율적이다(그림 10-27, 10-28).

동영상을 불러올 수 있는 창은 세 가지가 있는데 영상 파일을 열어서 동영상을 간단하게 찾는 방법과 유튜브 동영상 열기 버튼을 클릭하여 스크립트 창이 나오면 선택적으로 이용할 수 있다.

그림 10-27 영상 불러오기

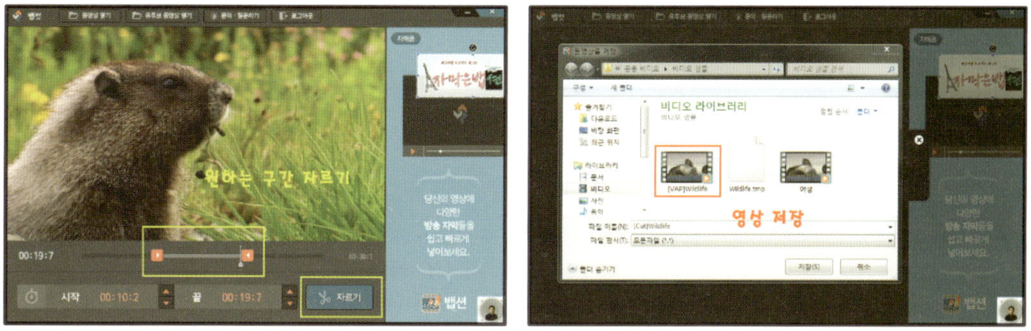

그림 10-28 원하는 구간 잘라내기 후 저장

편집한 영상은 원본 영상의 확장자 그대로 저장된다. 예를 들어, MP4 영상을 불러와 특정 부분만 잘라서 저장했다면 자른 영상 파일도 MP4이다. 저장하는 동영상 파일의 포맷, 해상도 등은 따로 선택할 수 없다. 저장할 때 결과물에 이상이 있으면 정밀 모드로 재시도하라는 알림창이 나온다. 만약 저장 시 오류가 나거나 원하던 결과물이 안 나왔다면 정밀 모드로 재시도해 보면 된다(그림 10-29).

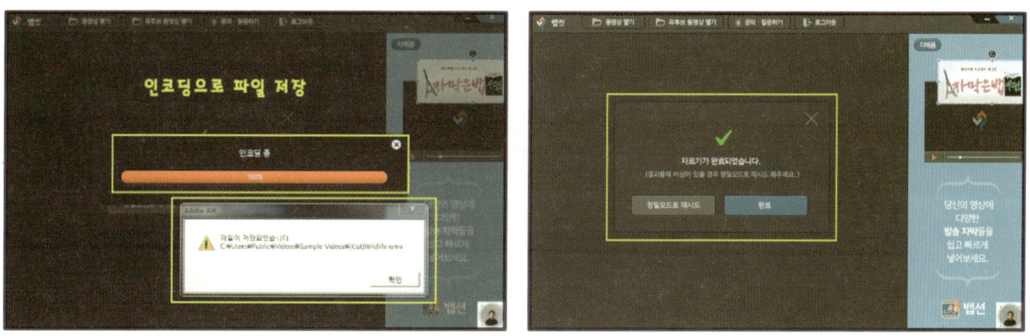

그림 10-29 인코딩으로 파일 저장

PC에 저장된 동영상뿐 아니라 유튜브 동영상을 가져와 편집해 저장하는 기능도 있다. 다양한 소스의 영상 자료를 모으는 사람에게 유용하다. 유튜브 동영상 열기 메뉴를 선택하면 창이 하나 뜨는데 이곳에 동영상 주소를 입력하면 된다. 유튜브에서 가져온 동영상은 MP4 파일 형식으로 저장된다(그림 10-30).

그림 10-30 저장 후 영상 확인

4. 뱁포토

뱁포토(VapPhoto)는 간단한 인터페이스로 사진 편집, 필터, 스티커 총 3개의 탭으로 이루어져 있어 사용자가 쉽고 빠르게 사진을 편집할 수 있는 프로그램이다.

1) 주요 기능

첫째, 다양한 포맷 지원으로 JPG, PNG, GIF 등 다양한 사진 파일을 불러올 수 있다. 둘째, 사진 크기조절 기능으로 원하는 비율로 사진을 쉽게 자를 수 있으며, 픽셀 크기를 입력하여 사진의 크기를 조절할 수 있다. 셋째, 사진 파일 변환 기능으로 PNG, JPG, GIF, BMP, TIFF의 파일 변환 기능을 제공한다. 넷째, 사진 필터 기능으로 사진의 색감을 바꿀 수 있다. 다섯째, 사진 스티커 기능으로 사진에 스티커를 붙이듯 예쁜 글씨를 입력할 수 있다(그림 10-31).

그림 10-31 뱁포토

2) 뱁포토 활용

뱁포토는 사진 편집, 필터, 스티커 등 총 3개의 탭으로 구성되어 있다. 사진 편집 탭은 회전, 자르기, 크기 조절(해상도 또는 파일 용량), 확장자 변환이 가능하다. 자르기에서 선택할 수 있는 옵션은 증명사진, 반명함 사진, 여권 사진 등으로 다양하다(그림 10-32~10-34). 크기 조절, 해상도 조절은 숫자를 직접 입력하거나 화살표를 위(▲), 아래(▼)로 클릭하여 원하는 숫자를 맞춰준다.

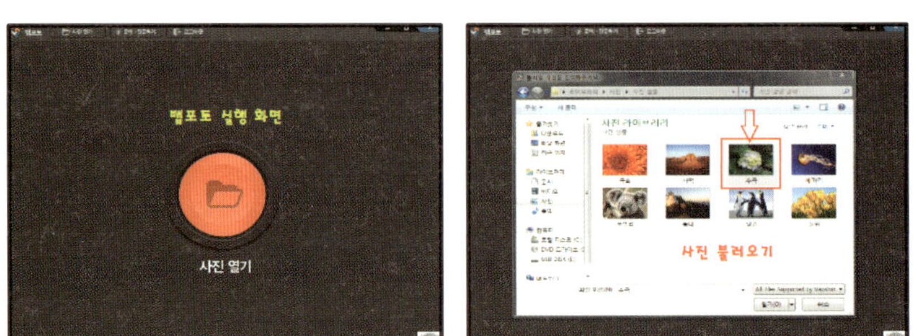

그림 10-32 사진 불러오기

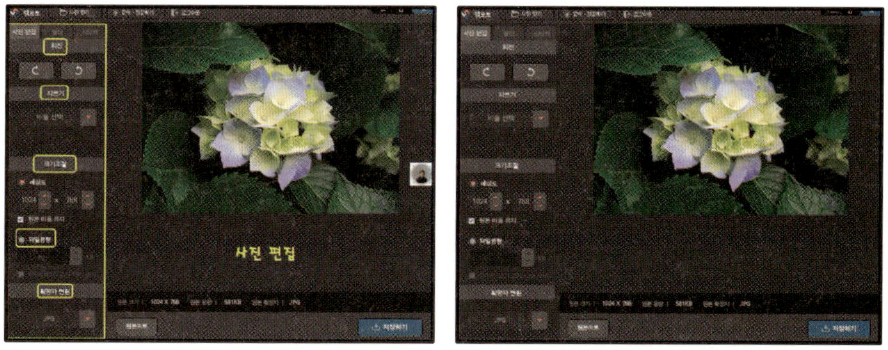

그림 10-33 사진 편집 선택

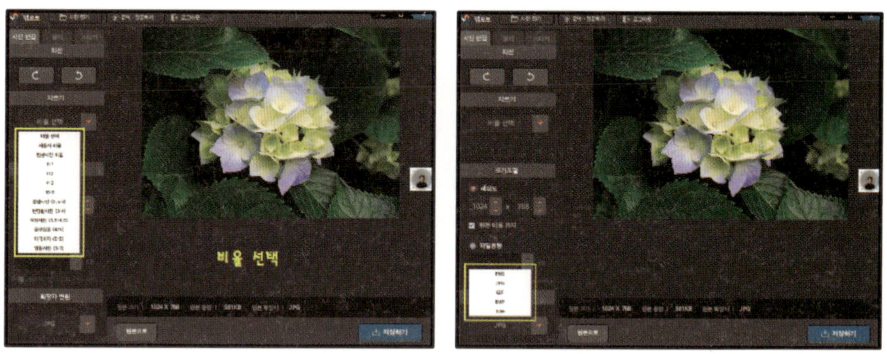

그림 10-34 원하는 사진으로 편집

사진을 불러온 후 원하는 필터를 클릭만 하면 된다. 뽀샤시, 가을낙엽, 민트초코, 벚꽃, 추억일기, 레드벨벳 등 다양한 필터가 있기 때문에 원하는 느낌을 찾아 필터를 적용하면 된다(그림 10-35).

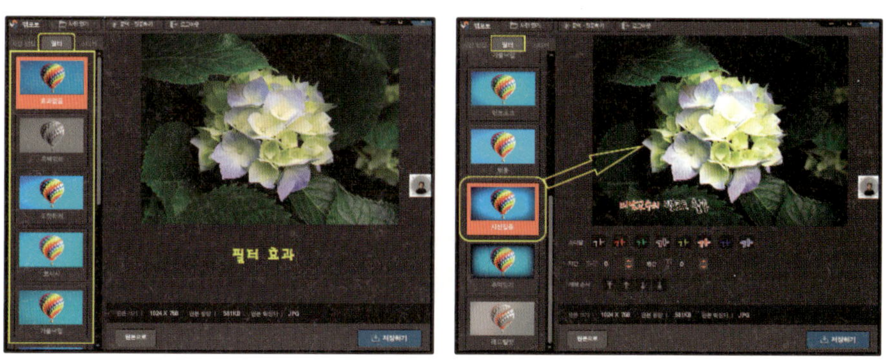

그림 10-35 필터 선택

사진 위에 자막을 스티커처럼 붙일 수 있다. 스티커 탭에는 기본 자막과 미니다큐 우리네 이웃, 쿠킹마마, 칠전팔기, 만화이모티콘 등의 자막을 무료로 사용할 수 있다(그림 10-36). 나머지 유료자막은 뱁션 아이템 샵에서 유료 구매 후 사용할 수 있다.

그림 10-36 스티커 첨부

5. 뮤컷

뮤컷(Mucut)은 간단한 인터페이스로 사용자가 쉽고 빠르게 동영상의 음원을 추출하고, 음악 파일의 원하는 부분을 잘라낼 수 있게 해주는 프로그램이다. 쓰기 어렵고 용량이 큰 전문가용 프로그램을 설치하지 않아도 손쉽게 오디오 파일을 자르거나, 동영상 파일에서 소리만 뽑아낼 수 있다. 간단히 음악을 잘라서 벨소리로 설정하거나, 미국 드라마 등 동영상 파일의 오디오 파일만 추출해 어학 공부 등이나 유튜브 동영상의 오디오만 따로 파일로 저장할 수도 있다. 뮤컷은 고급 기능은 없어도 이를 충분히 만회하는 매력이 있는 프로그램이다.

1) 주요 기능

첫째, 다양한 포맷(avi, wmv, mov, mp4)을 지원함으로써 다양한 포맷의 영상에서 음원 추출이 가능하다. 둘째, 간편한 UI로 직관적인 아이콘들로 빠르게 작업할 수 있다. 셋째, 음원 미리듣기 지원으로 잘라낼 음원의 예상 결과물을 미리 들어볼 수 있다. 넷째, 지속적인 업데이트로 프로그램 안정성 및 새 기능이 계속 업데이트 된다. 참고사항으로 Windows의 관리자 계정이 아닌 경우 일부 기능에 제한이 있을 수 있다(그림 10-37).

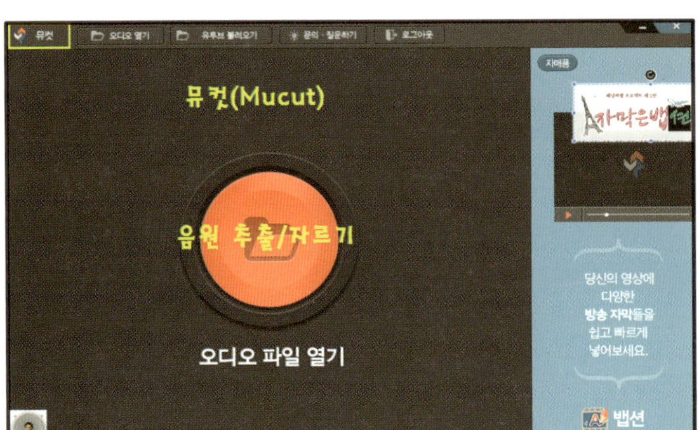

그림 10-37 뮤컷

2) 뮤컷 활용

(1) 오디오 자르기

뮤컷의 인터페이스는 기능이 별로 없어 매우 단순하다. 메뉴나 버튼이 많아서 무엇을 눌러야 할지 헷갈리는 일 없이 쉽게 진행할 수 있다. 메뉴의 오디오 열기나 화면 가운데의 오디오 파일 열기를 눌러 재료가 될 음악 파일을 불러온다. 공유음악의 음원을 선택해 음악의 몰입도가 증가하는 중간 부분부터 일정 부분을 잘라낸다(그림 10-38).

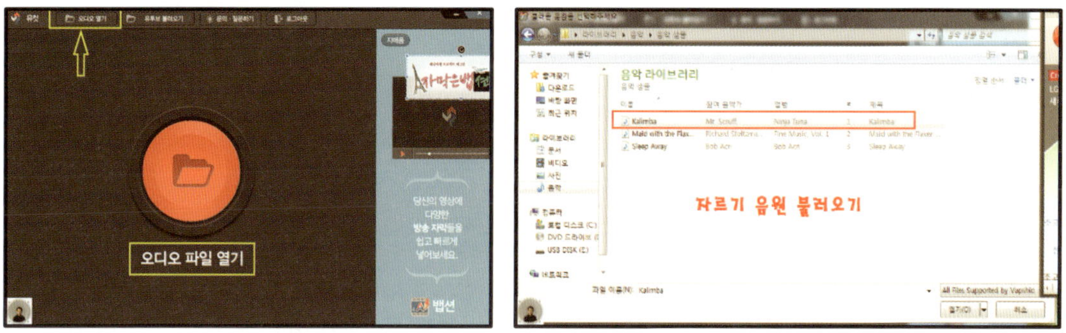

그림 10-38 음원 불러오기

음악 파일을 불러오면 창 가운데에 소리의 파형이 나타난다. 선이 긴 부분은 소리가 큰 것이고, 짧은 부분은 작은 것이다. 1절에서 2절로 넘어갈 때처럼 노래의 파트가 바뀌는 부분에서 소리가 작아졌다가 커지는 경우가 많으니 자를 때 참고한다. 아쉽게도 프로그램 내에서 파형 부분을 확대해서 볼 수는 없다.

잘라낼 부분의 시작/끝 위치는 세 가지 방법으로 설정할 수 있다(그림 10-39). 첫째, 파형 위의 빨간 선 2개를 마우스로 끌어다가 조절한다. 둘째, 타임라인 위의 ▷, ◁ 등 2개의 버튼을 선택해 움직인다. 셋째, 재생 버튼 옆의 시작과 끝 시점의 숫자를 바꾼다. 미세하게 조작하고 싶을 때는 세 번째 방법이 가장 적당하다. 0.1초 단위까지 정확하게 위치를 바꿀 수 있기 때문에 첫째나 둘째 방법으로 대강의 위치를 정한 뒤 소리를 반복해서 들으며 세 번째 방법으로 확실한 지점을 고르는 것이 효율적이다.

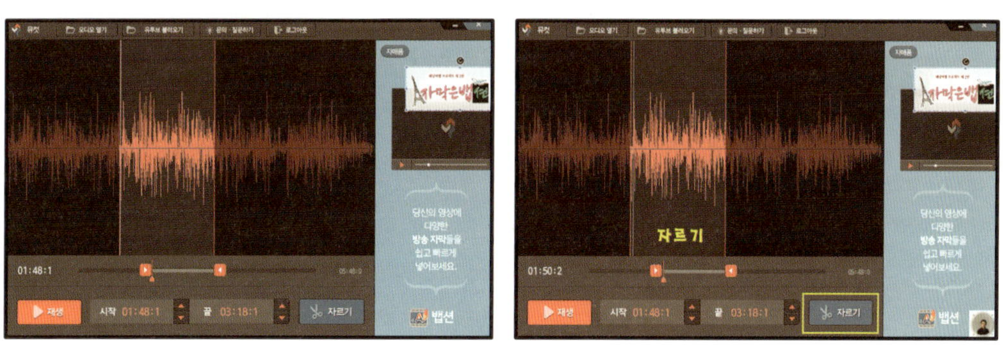

그림 10-39 중간 부분부터 일정 부분 선택 후 잘라내기

구간을 정하고 자르기 버튼을 누르면 해당 부분만 따로 저장되는데 저장 품질은 선택할 수 없다. 파일 형식은 원래 형식, wma, mp3 중 하나를 선택해 저장할 수 있다(그림 10-40). 파일명은 재료가 된 파일명 앞에 [Cut]이 붙는다.

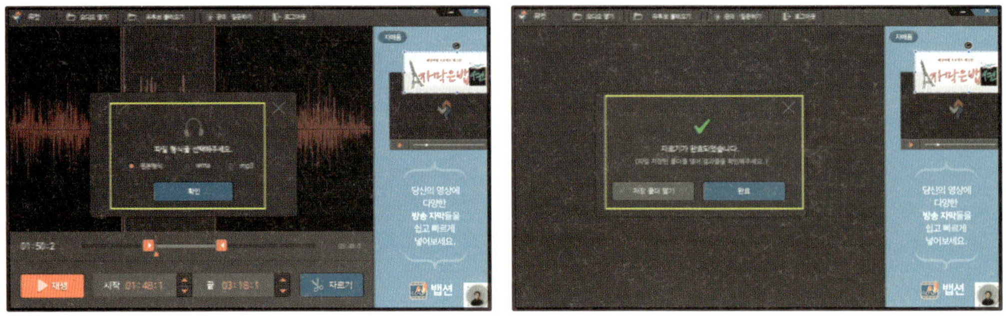

그림 10-40 잘라낸 음원 저장

(2) 동영상 오디오 저장

좋아하는 드라마나 인문학 강의 또는 뮤직비디오 등의 오디오만 저장해 이를 들으며 학습하거나 노래를 듣고 싶을 때 뮤컷을 활용할 수 있다. 동영상 파일 그대로일 때보다 용량이 작기 때문에 스마트폰에 더 많은 파일을 넣을 수 있다.

오디오 열기를 누른 후 동영상을 불러온다. 특정 부분을 선택하지 않고 '자르기' 버튼을 누르면 영상의 오디오가 처음부터 끝까지 그대로 추출된다. 원본형식, wma, mp3 중 선택해 저장할 수 있는데 동영상인 경우 원본 형식을 택해도 mp3로 저장된다(그림 10-41).

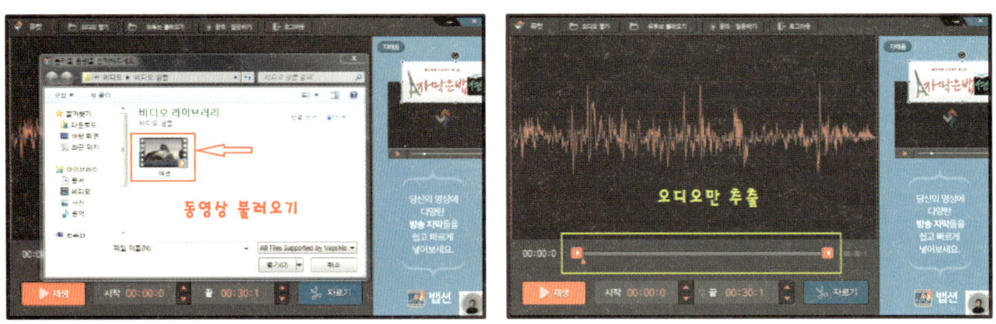

그림 10-41 동영상 오디오 저장

(3) 유튜브 음원 자르기 및 추출하기

유튜브 영상의 소리만 저장할 수 있다. 업로드되어 있는 동영상의 음질이 좋다면 듣기에 나쁘지 않은 오디오 파일을 얻어내는 것이 가능하다. 유튜브 불러오기 버튼을 눌러 나타난 창에 동영상 URL을 넣고 확인 버튼을 누르면 추출이 끝난다. 저장도 역시 mp3, wma 중 선택하고 원본 형식을 선택하면 mp3로 저장된다(그림 10-42~10-45). 저작권이 있는 동영상의 오디오를 추출할 때는 그 활용에 저작권에 고려를 해주어야 한다.

그림 10-42 유튜브 동영상 URL 붙여넣기

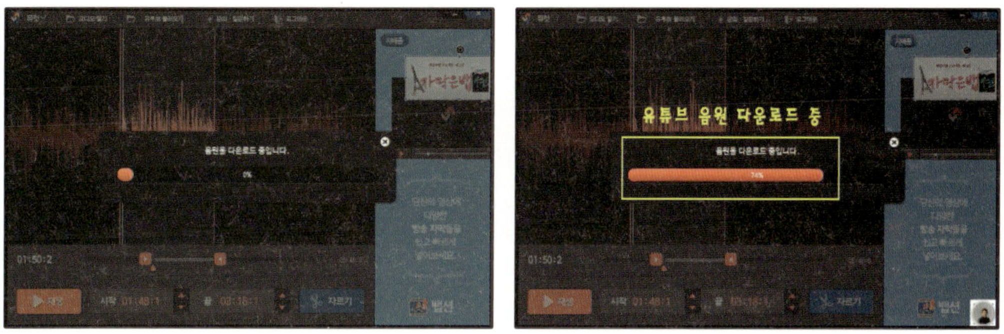

그림 10-43 유튜브 동영상 음원 다운로드

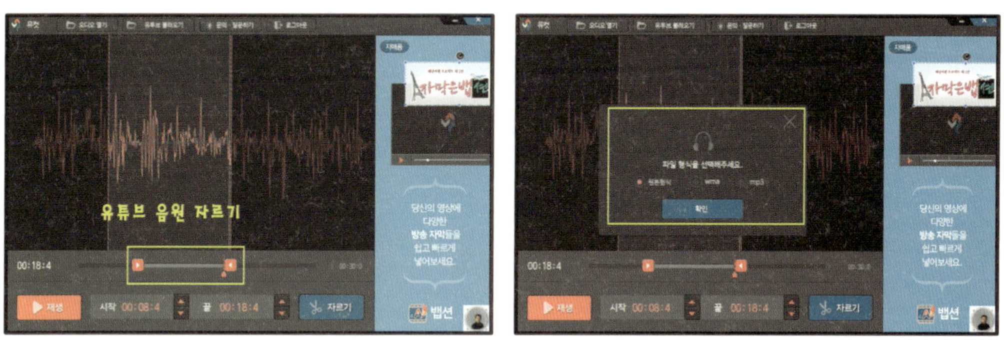

그림 10-44 원하는 구간 설정 후 음원 자르기

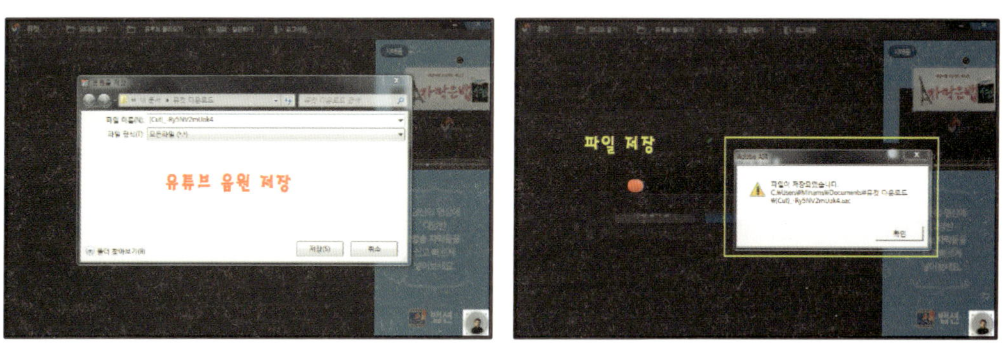

그림 10-45 잘라낸 음원 저장

12
11
10
2
8

11

이미지 편집 프로그램

사람들은 본능적으로 다른 세계, 다른 장소 또는 다른 사람의 생활을 궁금해 하며 그들이 어떻게 살아가는지 보고, 느끼고 싶어 한다. 이러한 것들을 물론 텍스트로도 볼 수 있지만 스마트폰으로 간단하게 찍은 사진 또는 이미지가 훨씬 전달하기 쉬운 수단이 될 수 있다. 그 이유는 멋진 사진, 이미지 한 장은 언어에 관계없이 모든 사람들에게 의미를 전달할 수 있고, 느낌을 전해줄 수 있기 때문이다. 이러한 이유로 텍스트보다 이미지를 선호하는 사람이 많아지고 있는 것이다.

PC용 이미지 편집 프로그램 중 단연 어도비사의 포토샵(Photoshop)이 대표적이다. 워낙 유명하다 보니 사진 편집을 하는 행위를 포샵질 한다고 할 정도다. 다만, 포토샵은 엄연히 유료 프로그램이고 가격도 상당히 비싸다. 이미지 편집을 생업으로 하는 전문가라면 모를까, 간단히 일상적인 사진을 수정하고 싶은 일반인에게는 부담이 크다. 하지만 좀 더 살펴보면 무료로 쓸 수 있는 이미지 편집 프로그램도 상당히 많다는 것을 알 수 있다. 포토샵과 같은 전문적인 기능은 부족하지만 쉽게 다룰 수 있고, 프로그램의 용량도 적으며, 낮은 성능의 PC에서도 부담 없이 구동되는 것이 장점이다(그림 11-1).

그림 11-1 이미지 편집

1. 포토스케이프

포토스케이프(PhotoScape, http://www.photoscape.co.kr)는 상당히 다양한 편집 기능을 가지고 있을 뿐 아니라 사용법이 간편한 것이 장점이다. 이미지의 밝기나 색상, 크기를 조절하는 기본적인 기능은 물론, 이미지의 일부를 자르거나 글자, 말풍선 등을 넣는 기능도 갖추고 있어 일반인들이 주로 쓰는 대부분의 이미지 편집 작업을 할 수 있다.

전문적인 지식이 없는 사용자들을 위해 선명하게, 뽀샤시, 역광보정과 같이 알기 쉬운 용어로 사용자 인터페이스를 구성하였으며, 여러 장의 이미지를 한꺼번에 편집하거나 파일이름을 바꿀 수 있는 기능도 지원한다. 그 외에 정지 이미지 여러 장을 이어 붙여 움직이는 GIF 파일을 만드는 기능도 있다. 단순히 사진을 편집하는 것 외에도 실생활에 유용한 인쇄 기능도 있다. 증명사진, 여권사진 등의 규격으로 이미지를 출력할 수 있으며, 노트나 오선지, 모눈종이나 달력 등을 인쇄할 수 있는 기능도 내장되어 있다(그림 11-2).

그림 11-2 포토스케이프

2. 픽픽

픽픽(PickPick, http://www.picpick.org.kr)은 다양한 캡처 기능과 눈금자, 각도기, 색상 추출 등의 기능을 제공하는 블로거, 웹 디자이너, 프로그래머 일반 사용자를 위한 종합 그래픽 작업 도구이다. 픽픽은 이미지 편집에 필요한 기본 기능들을 모두 포함하면서 다양한 캡처 기능과 그래픽 관련 부가 기능들을 제공하며 레지스트리 값을 작성하거나 시스템 폴더에 접근하지 않아 포터블 버전으로도 활용이 가능한 프로그램이다. 기본적인 전체화면 캡처 외에 활성화된 윈도우, 컨트롤, 영역 지정, 고정된 사각영역, 자유영역, 스크롤 캡처의 다양한 캡처 기능을 제공하며, 캡처한 이미지를 이미지 에디터를 통해 색반전, 그레이스케일, 모자이크 효과, 대비 및 밝기 조절, 색도 및 채도 조절, 상하 및 좌우 대칭 이동, 90° 회전, 프레임, 그림자 등의 기능을 이용하여 이미지 편집을 할 수 있다(그림 11-3).

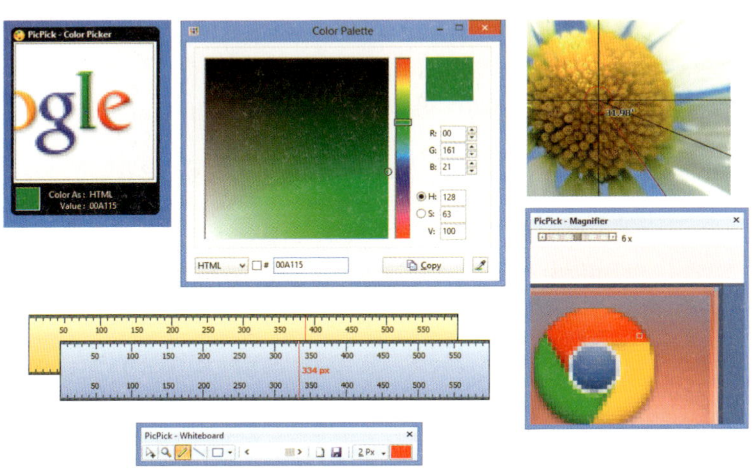

그림 11-3 픽픽

3. 네이버 포토뷰어

네이버 포토뷰어(Naver photoview, http://software.naver.com)는 누구나 무료로 이용할 수 있는 프로그램이다. 네이버 소프트웨어에서 네이버 포토뷰어를 검색한 후 설치하면 된다. 마우스 클릭 몇 번만으로 파일을 내려받을 수 있다. 참고로 네이버 포토뷰어를 설치하면 네이버 포토뷰어 편집기, 네이버 포토 동영상도 함께 설치되는데 이는 사진 및 동영상 편집을 하기 위해 필요하다. 아래쪽 목록에서는 동영상 만들기, 사진 편집, 사진 합치기 등의 기능을 이용할 수 있다.

사진 감상 모드에서는 목록 화면, 전체화면, 슬라이드 쇼, 보내기(네이버 카페, 블로그, 트위터, 페이스북 등으로 사진 전송) 등의 기능을 이용할 수 있다. 네이버 포토뷰어를 이용하면 N드라이브에 저장한 사진도 감상할 수 있다. 왼쪽 목록에 있는 N드라이브 메뉴에서 로그인 버튼을 누른 뒤 네이버 아이디로 로그인만 하면 된다. N드라이브를 이용하면 PC에 저장되지 않은 사진도 볼 수 있어 편리하다. N드라이브에 저장된 사진을 편집하거나 동영상으로 만들 수 있다(그림 11-4).

그림 11-4 네이버 포토뷰어

4. 네이버 포토에디터

네이버 포토에디터(http://s.lab.naver.com/pe/)는 포스트에 사용할 이미지를 간단하게 편집하고자 할 때 이용하는 프로그램이다.

많이 사용되는 포토샵 같은 툴을 이용하면 원하는 결과를 얻을 수 있겠지만, 단순한 수정이 필요할 때 포토샵을 이용하기에는 다소 번거로울 수 있다. 물론 대부분의 블로그에서는 포스트에 넣을 사진을 업로드하는 과정에서 이미지를 편집할 수 있는 기본적인 툴을 제공하고 있다. 이 외로 다양한 이미지 편집툴이 있지만 기본적으로 제공하는 기능 이상을 필요로 하는 경우라면, 국내에서 제공하는 서비스 중 가장 효율적으로 사용할 수 있는 에디터는 네이버랩의 포토에디터라 할 수 있다.

네이버 포토에디터는 사실 대부분의 블로그에서 지원하는 이미지 편집 툴과 상당히 유사하다. 다만 다른 점이 있다면 최대 2m×2m의 해상도를 가진 이미지의 편집을 지원하며 플리커에 이미 업로드되어 있는 사진을 가져와서 바로 편집이 가능하다. 또한 편집한 내용이나 새로운 이미지를 하나의 레이어에서 작업하는 것이 아닌 여러 레이어로 나눠 작업 가능하다. 물론 레이어 블렌딩 모드 설정이나 투명도 등 포토샵에서 가능한 기능들 역시 할 수 있다(그림 11-5).

그림 11-5 네이버 포토에디터

5. 포토퍼니아

포토퍼니아(photofunia, photofunia.com/)는 이미지를 원하는 템플릿을 이용하여 간단하게 합성사진을 만드는 앱이다(합성 사진은 2000년대 들어 사진 촬영이 필름카메라에서 디지털카메라로 급격하게 옮겨가고, 편집과 수정이 자유로운 프로그램들이 생겨나면서 누구나 앱을 통해 손쉽게 사진합성을 할 수 있다)(그림 11-6).

그림 11-6 포토퍼니아

6. 루나픽스

루나픽스(LoonaPix, https://play.google.com)는 사진에 다양한 효과를 추가할 수 있는 좋은 앱이다. 사진에 적용할 수 있는 멋진 프레임과 얼굴 효과의 컬렉션이 있으며, 별, 하트, 꽃, 방울 등을 포함한 다양한 템플릿에 맞게 모든 사진을 트리밍 할 수 있다(그림 11-7, 11-8).

그림 11-7 LoonaPix

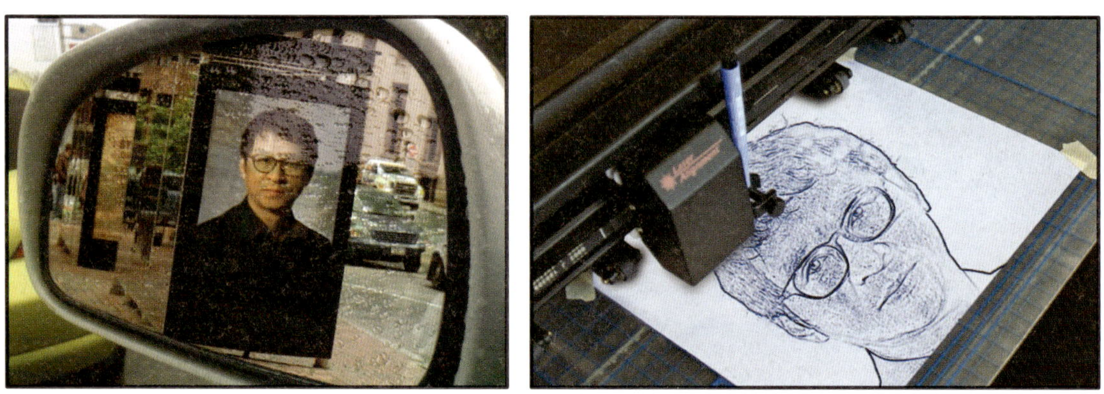

그림 11-8 LoonaPix를 이용한 필자의 합성 사진

7. 포토웍스

포토웍스(photoWorks, http://software.naver.com)는 개인 개발자 정효성씨가 만든 이미지 편집 프로그램으로, 2004년 이후 버전 업을 하고 있지 않지만 아직도 많은 사용자를 보유하고 있다. 특히 디지털카메라 사용자들에게 유용한 프로그램으로 잘 알려져 있다. 크기나 각도 조절과 같은 기본적인 기능 외에도 이미지를 선명하게 하거나 부드럽게 하여 품질을 향상시킬 수 있으며, 테두리를 넣거나 다른 이미지를 겹쳐서 넣고자 할 때도 편리하다(그림 11-9).

그림 11-9 포토웍스

포토웍스는 필수적인 편집 기능만 쏙쏙 갖추고 있고, 무엇보다 여러 장의 사진을 일괄적으로 편집하는 데 최적화된 것이 특징이다. 네이버 소프트웨어와 같은 공개 자료실을 통해 무료로 다운받아 사용할 수 있다(그림 11-10).

또한 포토웍스는 인터페이스가 상당히 독특하다. 일반적인 이미지 편집 프로그램은 파일 탐색기 또는 이미지 뷰어가 주 메뉴인 경우가 많지만, 포토웍스의 주 메뉴는 상단의 파일 목록, 하단의 기능 탭 모음으로 구성되어 있다. 파일 추가나 폴더 추가 또는 드래그 앤 드롭을 통해 일괄 편집을 원하는 사진들을 불러온다. 편집을 원하지 않는 사진까지 목록에 올라갔다면 우측 상단의 선택 제거 또는 전체 제거를 선택하거나 해당 목록을 마우스 오른쪽을 클릭해 제거 메뉴를 띄우면 된다.

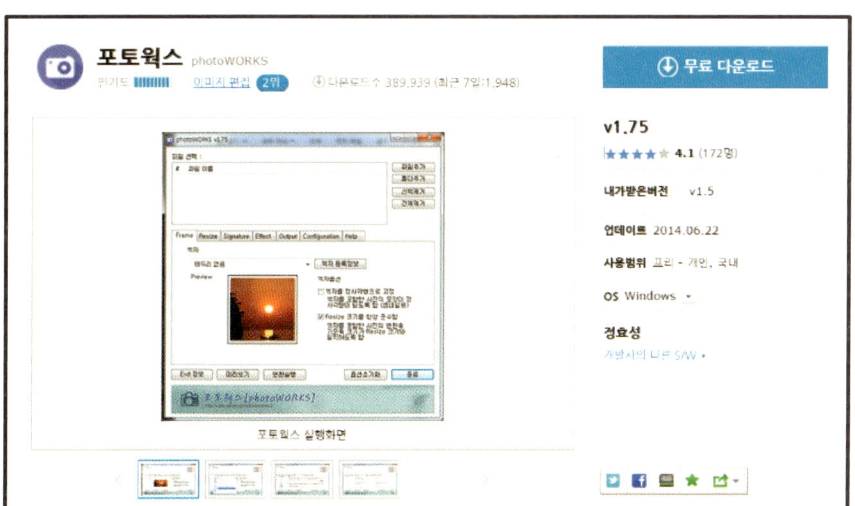

그림 11-10 포토웍스 다운로드

1) 프레임 메뉴를 통한 테두리(액자) 삽입 기능

하단의 편집 메뉴는 7개의 탭으로 이루어져 있다. 가장 앞에 위치한 탭은 Frame(프레임)이다. 이는 해당 사진에 테두리를 넣어 액자처럼 꾸미고자 할 때 이용한다. 프레임 메뉴를 통해 액자와 같은 테두리 효과를 손쉽게 넣을 수 있다(그림 11-11).

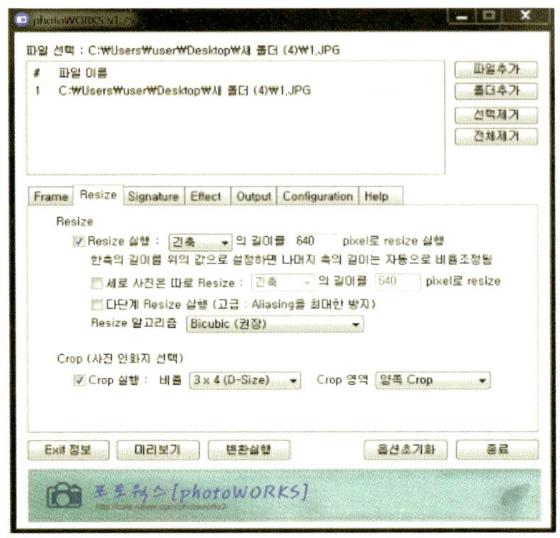

그림 11-11 프레임 메뉴를 통한 테두리(액자) 삽입 기능

2) 수십 수백 장의 사진 크기를 일괄 변환하는 리사이즈 기능

이름 그대로 사진의 크기를 변경하고자 할 때 이용한다. 일반적인 편집 프로그램에서 사진별로 구체적인 가로 및 세로의 해상도 또는 비율을 지정해 바꾸는 경우가 대부분이지만, 포토웍스의 리사이즈 메뉴는 선택한 사진의 한 축을 기준으로 정해 이를 몇 픽셀로 일괄 변환할지 선택하는 것이 기본이다. 선택한 사진들의 긴 축 또는 짧은 축 중 하나를 변수로 지정할 수 있으며, 픽셀 지정 항목에 사용자가 입력한 수치로 모든 사진의 한 축이 같은 길이로 변경된다(그림 11-12).

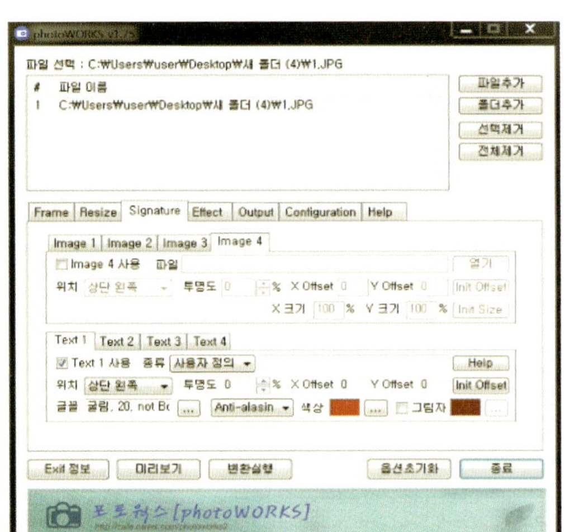

그림 11-12 사진 크기를 일괄 변환하는 리사이즈 기능

3) 워터마크를 최대 8개까지 동시 삽입하는 시그니처 기능

시그니처(Signature)는 선택한 사진에 워터마크를 넣고자 할 때 이용하는 메뉴다. 기존에 준비된 워터마크 이미지(회사 로고 등) 또는 사용자가 직접 텍스트를 입력해 워터마크로 쓸 수도 있다. 상단의 이미지(Image) 탭에서 워터마크용 이미지 파일을 불러오고, 하단의 텍스트(Text) 탭에서 텍스트 워터 마크를 입력한다. 시그니처 메뉴에서 이미지 4개, 텍스트 4개 등 8개의 워터마크를 한 사진에 삽입할 수 있다(그림 11-13).

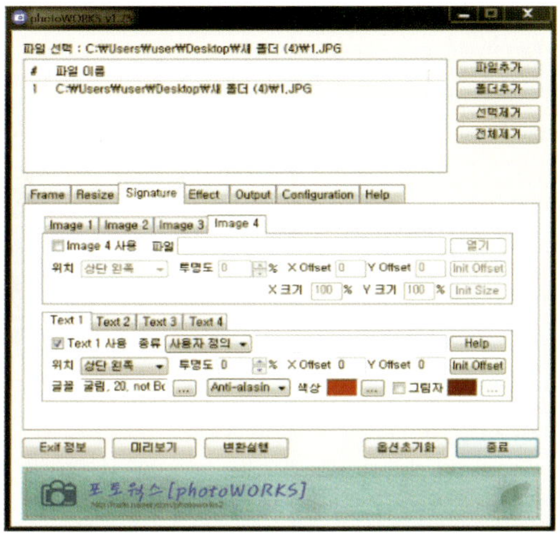

그림 11-13 워터마크를 최대 8개까지 동시 삽입하는 시그니처 기능

4) 흐릿한 사진도 선명하게 하는 이펙트 기능

네 번째 탭인 Effect(이펙트)는 사진에 여러 가지 효과를 넣는 메뉴다. 이를 이용해 화질을 개선하거나 개성 있는 표현을 가미할 수 있다. 특히 유용한 기능은 역시 블러(Blur)와 샤픈(Shapen) 효과다. 블러 효과는 사진 전반의 이미지를 부드럽게 하고, 샤픈 효과는 선명하게 바꾼다. 지나치게 고해상도 또는 저해상도 사진을 보기 좋게 바꾸고자 할 때 매우 유용하다. 각 효과는 적용 강도(Level)을 설정할 수 있다(그림 11-14).

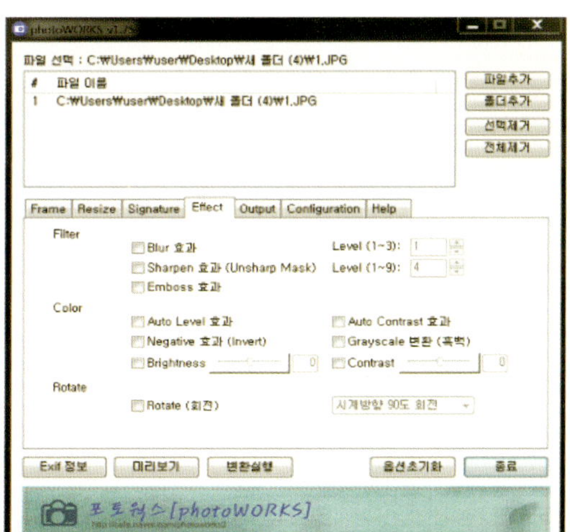

그림 11-14 흐릿한 사진도 선명하게 하는 이펙트 기능

5) 편집한 파일의 저장 방법을 세심하게 설정하는 Output 메뉴

아웃풋(Output)은 편집 방법을 일괄 지정한 사진들을 어떤 방식으로 저장할지를 설정한다. 초기값에서는 첫 번째 사진 파일이 위치한 작업 폴더 내에 output이라는 이름의 새 폴더를 만들어 편집이 끝난 파일들을 모두 저장하게 된다. 만약 이것이 마음에 들지 않는다면 특정 폴더를 지정하거나 해당 폴더의 이름을 바꾸는 것도 가능하다(그림 11-15).

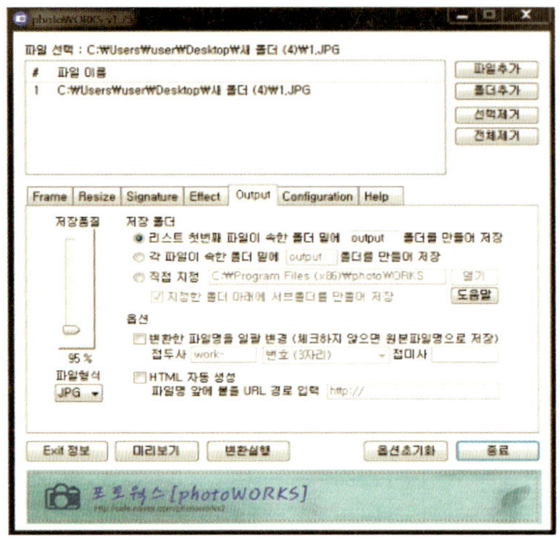

그림 11-15 편집한 파일의 저장 방법을 세심하게 설정하는 Output 메뉴

12

유튜브

YouTube

유튜브(YouTube)는 사용자가 영상 클립을 업로드하거나, 보거나, 공유할 수 있는 전 세계 최대 무료 동영상 공유 사이트이다. 2012년 7월 15일 발표하여 유튜브의 전설이 된 싸이의 강남 스타일의 영상이 대표적이다. 이처럼 유튜브는 어마어마한 종류의 영상이 컴퓨터 이용자들에게 공유되면서 인터넷문화의 중요한 부분으로 자리 잡고 있다. 필자 역시 유튜브에 약 5,000여 개 이상의 학습 관련 동영상을 업로드하여 내 채널 동영상 관리자 검색을 통해 유용하게 스마트 교수법에 적극적으로 활용하는 유저이다.

1. 유튜브 계정 가입

유튜브에 로그인을 하려면 구글 계정이 필요하다. 구글 계정을 사용하면 모든 구글 제품(예: Gmail, Google 그룹스, Picasa, 웹 기록, YouTube 및 기타 제품)에 액세스 할 수 있다. 이전에 위에 언급한 구글 제품 중 하나에라도 로그인한 적이 있다면 이미 구글 계정을 소유하고 있는 것이다. 로그인하려면 해당 제품에 입력한 이메일 주소를 입력하며, Gmail을 사용하는 경우 Gmail 사용자 이름을 입력하면 된다. 이때 구글 계정이 없다면 유튜브에 가입할 때 계정을 만들면 된다(그림 12-1~12-7).

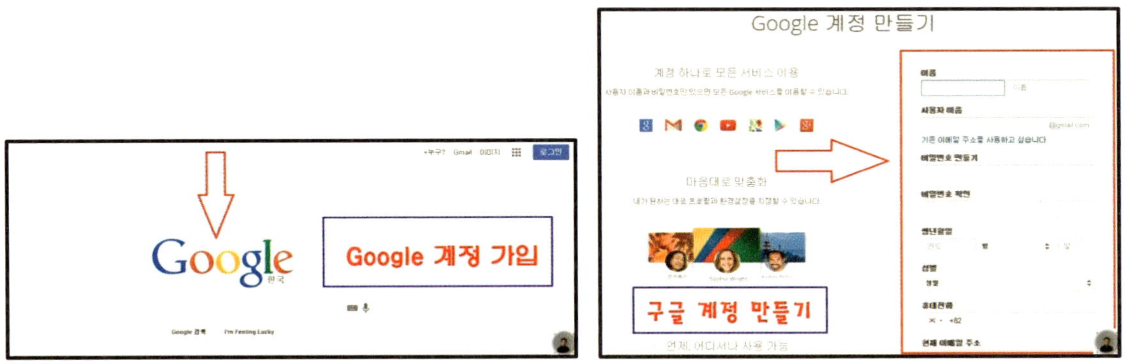

그림 12-1 구글 계정 가입

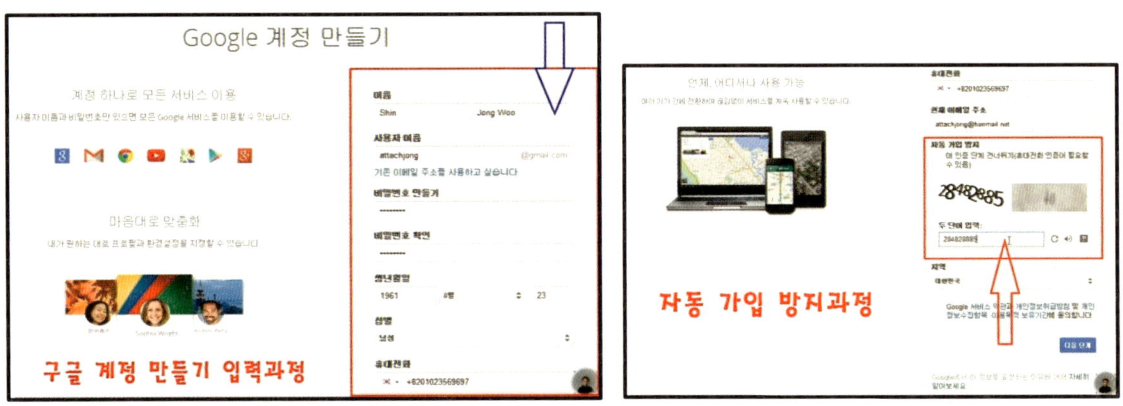

그림 12-2 구글 계정 입력

그림 12-3 전화번호 계정 확인

그림 12-4 인증코드 입력

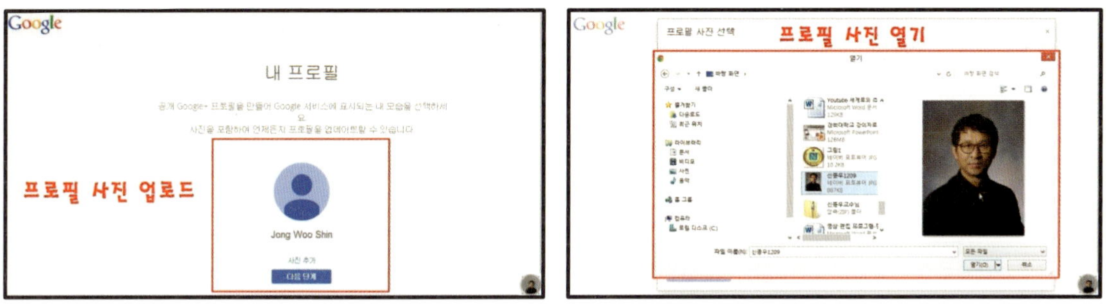

그림 12-5 프로필 사진 가져오기

그림 12-6 프로필 사진 업로드

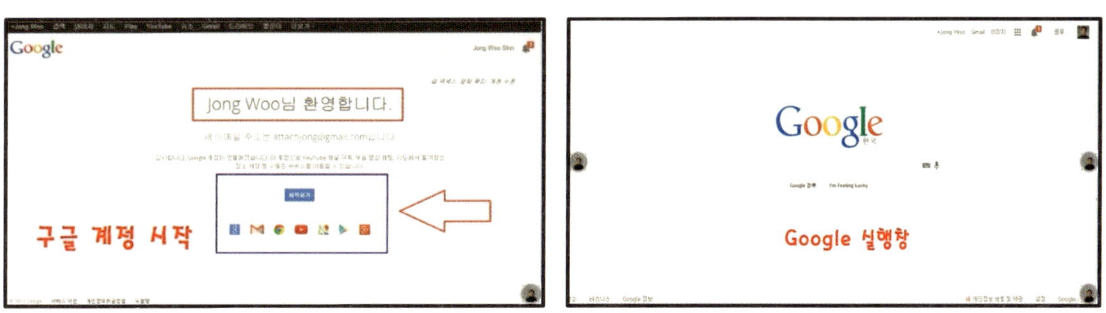

그림 12-7 구글 계정 로그인

2. 동영상 올리기

1) 업로드에 대해 자세히 알아보기

(1) 재생시간이 15분 이상인 동영상 업로드

기본적으로 동영상은 15분 길이까지 업로드할 수 있으며, 더 긴 동영상은 동영상 업로드 페이지에 방문(www.youtube.com/my_videos_upload)한 다음 페이지 하단에서 한도를 늘린 후 클릭하거나, https://www.youtube.com/verify를 방문하여 요청한다. 휴대폰을 사용하여 계정 확인 단계를 완료하는데, 다른 계정 확인 방법은 제공되고 있지 않다(그림 12-8~12-12).

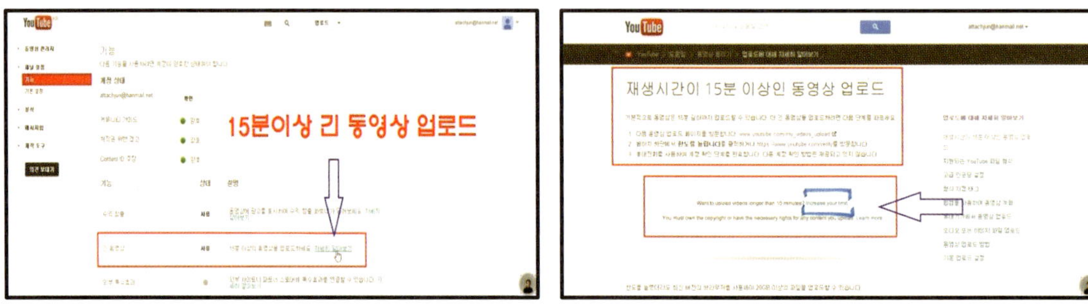

그림 12-8 15분 이상 긴 동영상 업로드 신청

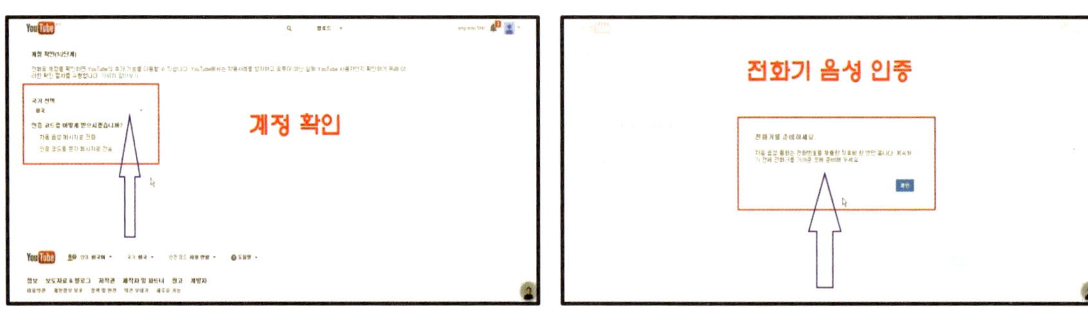

그림 12-9 계정 확인 과정

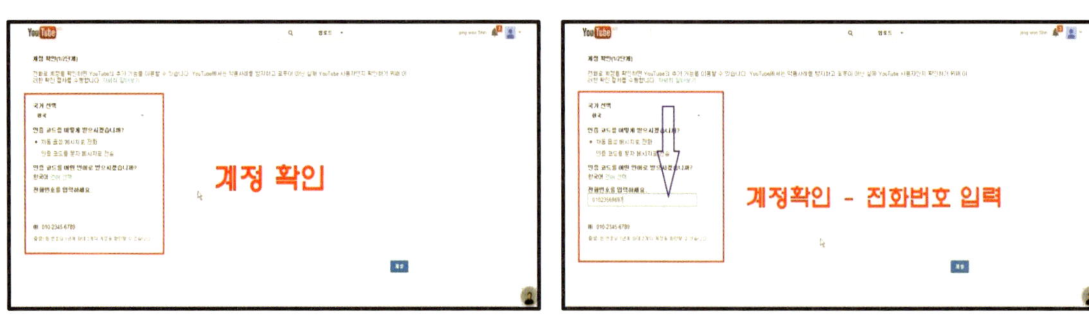

그림 12-10 전화번호 확인

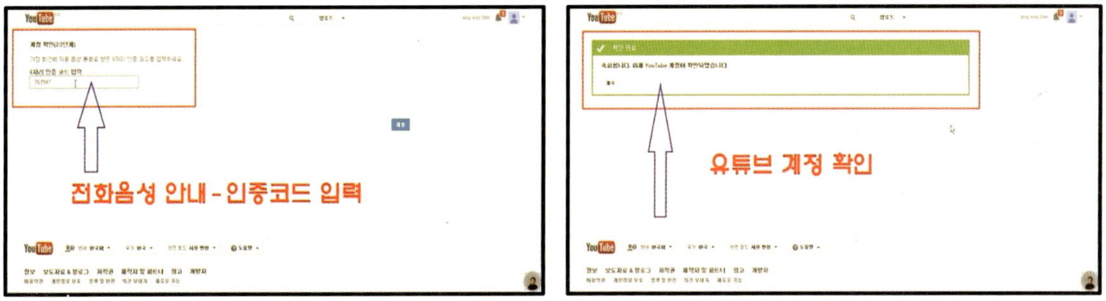

그림 12-11 인증코드 입력 후 계정 확인

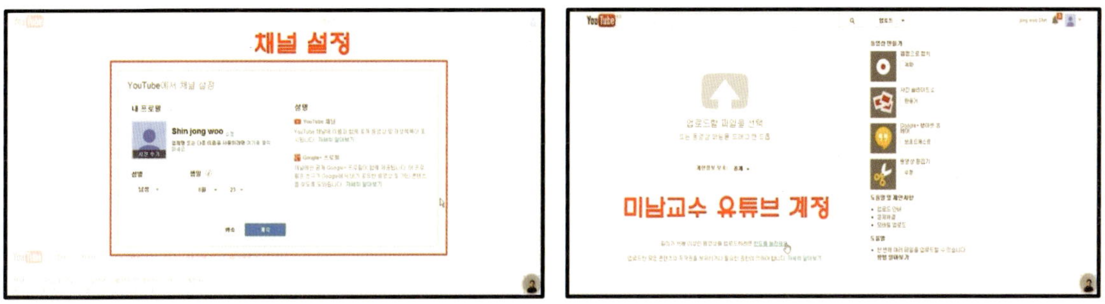

그림 12-12 유튜브 계정 로그인

(2) 웹캠을 사용하여 동영상 녹화

컴퓨터에 연결되거나 내장된 웹캠이 있으면 유튜브에서 웹캠 동영상을 녹화하여 바로 업로드할 수 있다. 동영상 녹화는 업로드 페이지에서 웹캠녹화 링크를 클릭하거나, http://www.youtube.com/my_webcam으로 이동하기만 하면 녹화를 시작할 수 있다. 유튜브가 웹캠 및 마이크에 액세스하도록 허용하라는 메시지가 표시되면 허용을 선택한다.

동영상 미리보기 및 게시에서 녹화한 후 재생 버튼을 클릭하면 동영상을 미리 볼 수 있고, 동영상이 마음에 들지 않으면 동영상 아래의 다시 시작 버튼을 클릭하기만 하면 된다. 동영상이 만족스럽게 녹화되면 업로드 버튼을 클릭하면 된다(그림 12-13~12-18).

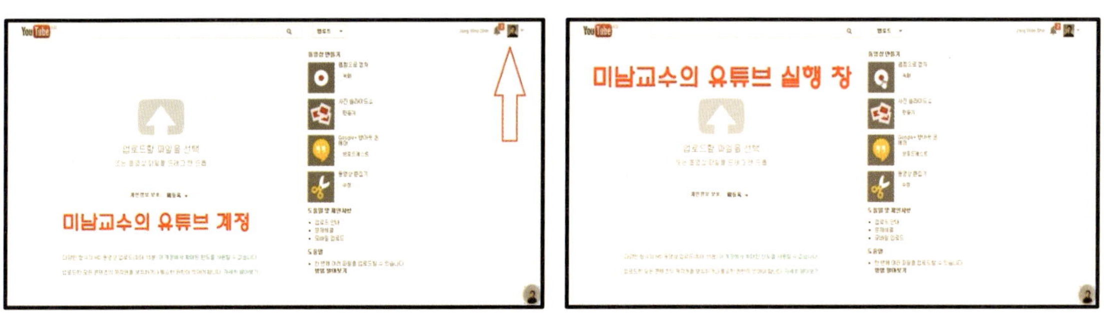

그림 12-13 유튜브 실행 창

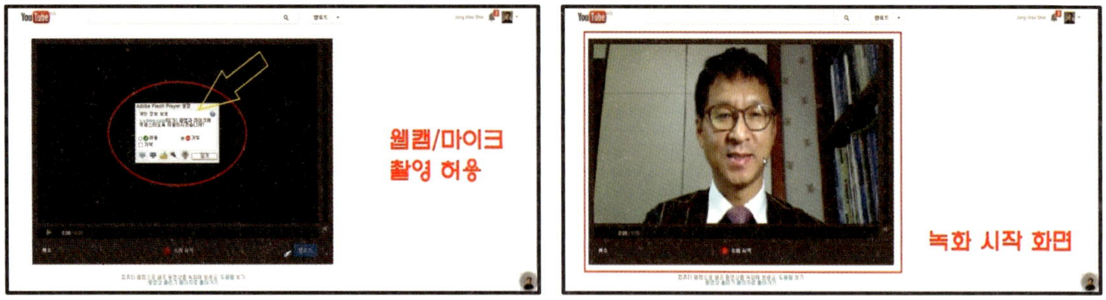

그림 12-14 웹캠으로 녹화 시작

그림 12-15 녹화 후 업로드

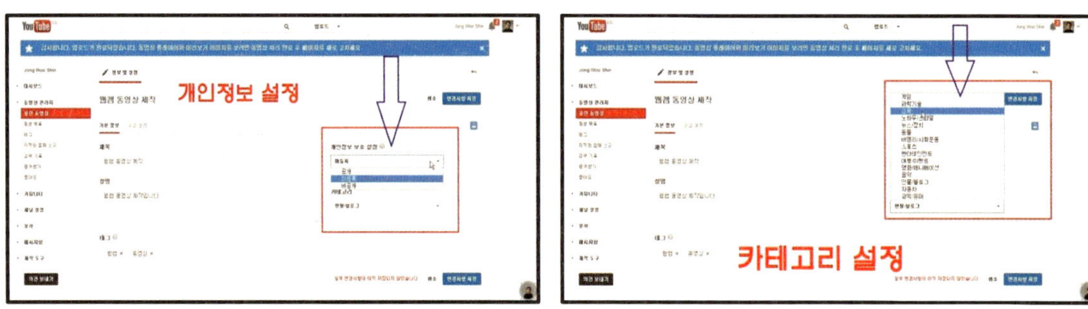

그림 12-16 업로드 후 개인정보 및 카테고리 설정

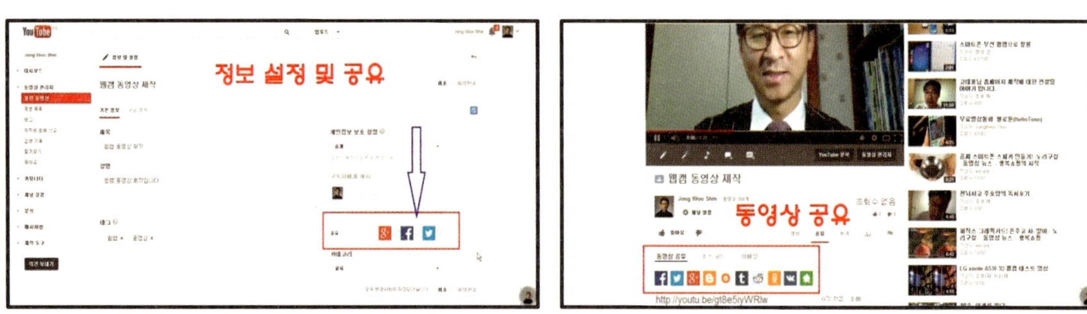

그림 12-17 동영상 공유

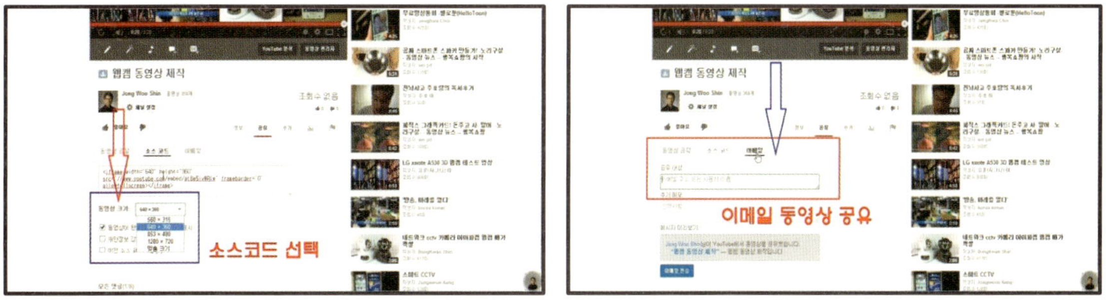

그림 12-18 소스코드나 이메일로 공유

(3) 휴대기기에서 동영상 업로드

휴대기기에서 녹화한 동영상을 업로드하고 싶은 경우에는 Android 또는 iOS 기기에서는 유튜브 앱이나 유튜브 캡처를 사용하면 되고, 기타 기기에서는 이메일이나 MMS를 사용하면 된다(그림 12-19~12-23).

그림 12-19 업로드 동영상 선택

그림 12-20 유튜브로 동영상 업로드

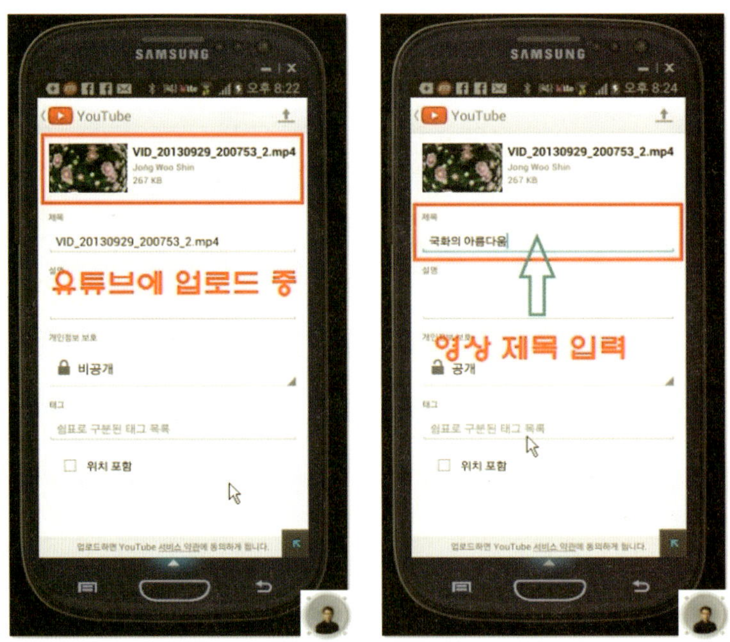

그림 12-21 업로드 후 제목 변경

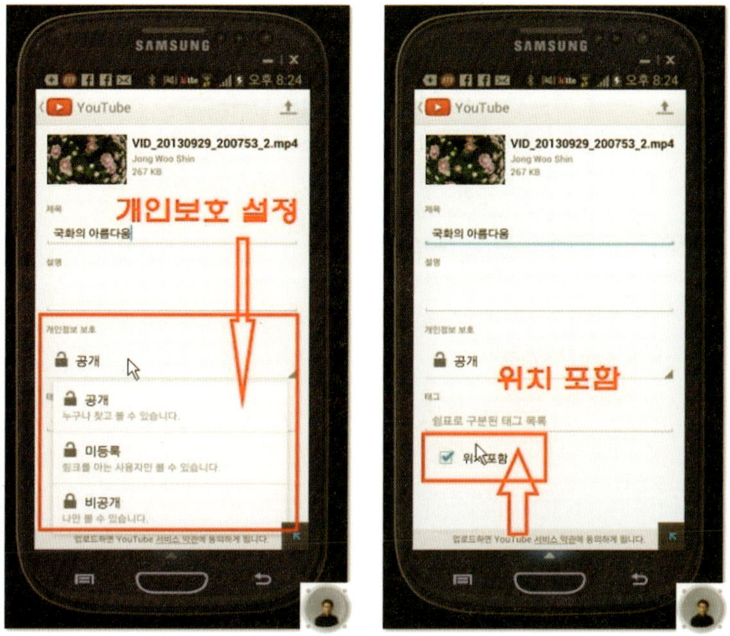

그림 12-22 개인 보호 설정 및 위치 포함

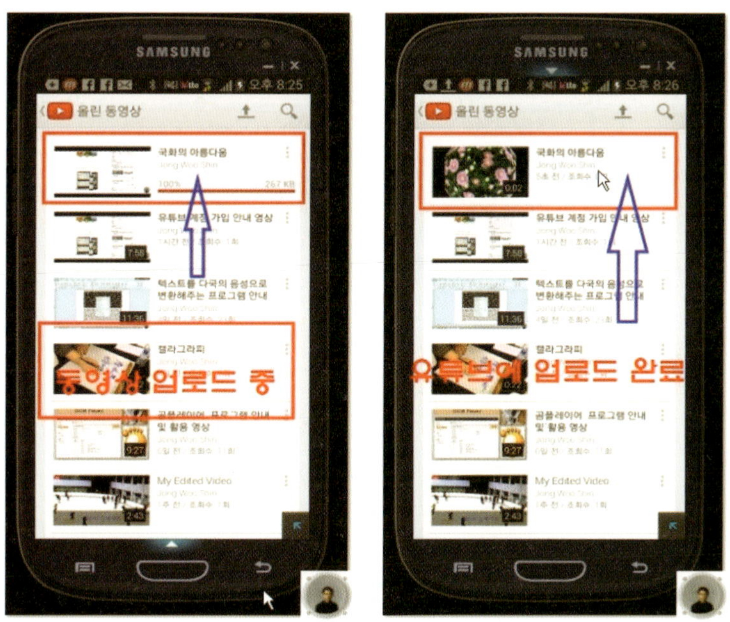

그림 12-23 유튜브에 동영상 업로드 완료

오디오 및 이미지 파일을 유튜브에서 실행되는 형식으로 변환하고자 할 경우 유튜브는 오디오만을 위한 파일(.MP3, .WAV 등)이나 이미지만을 위한 파일(.JPG, .PNG 등)을 호스팅할 수 없기 때문에 업로드하기 전에 오디오 및 이미지 파일을 유트뷰에서 실행되는 형식으로 결합해야 한다. 오디오 파일을 변환하고자 할 경우에는 업로드한 콘텐츠에 대한 저작권을 보유하고 있어야 하는데 윈도우즈 사용자의 경우 오디오 파일 변환 방법, Mac 사용자의 경우 오디오 파일 변환 방법으로 진행해야 한다(그림 12-24).

http://durl.me/6c93yx http://durl.me/6c95a6

그림 12-24 오디오나 이미지 파일 업로드

(4) 이미지 파일을 슬라이드 쇼로 변환

사진을 슬라이드 쇼로 손쉽게 변환하는 방법을 살펴보면, 첫 번째, 유튜브의 업로드 페이지로 이동한 다음 슬라이드 쇼 동영상 만들기를 클릭한다. 두 번째, 컴퓨터의 사진을 업로드하거나 Google+ 사진 앨범에 있는 사진을 선택하고 선택을 클릭한다. 세 번째, 사진을 드래그 앤 드롭하여 다시 정렬한 다음 완료되면 다음을 클릭한다. 네 번째, 오디오 아래의 라이브러리에서 오디오 트랙을 선택할 수 있고, 오디오 없음을 선택하여 슬라이드 쇼 재생 시 음악이 나오지 않게 할 수도 있으나 이 경우 컴퓨터의 오디오 파일을 업로드할 수 없다.

슬라이드 쇼 만들기를 마쳤으면 업로드를 클릭한다. 유튜브에 파일을 업로드하기 전에 Windows Live 무비 메이커 또는 iMovie 같은 프로그램을 사용하여 이미지에 오디오를 추가할 수 있다(그림 12-25).

http://durl.me/6c964n http://durl.me/6c96sf

그림 12-25 이미지 파일을 슬라이드 쇼로 변환

(5) 동영상 업로드 방법

유튜브에서 동영상 업로드를 시작할 경우에는 유튜브에 로그인한 다음 페이지 상단에서 업로드 버튼을 클릭한다. 컴퓨터에서 올릴 파일을 선택한 다음 웹캠으로 동영상을 녹화하거나 동영상 슬라이드 쇼를 만들 수 있다(그림 12-26).

http://durl.me/6c964n http://durl.me/6c98nr

그림 12-26 동영상 업로드

(6) 기본 업로드 설정

기본 업로드를 설정하기 위해서는 첫 번째, 페이지 오른쪽 상단에 있는 자신의 이름을 클릭한 후 설정을 클릭해 설정 페이지로 이동한다. 두 번째, 페이지 왼쪽의 설정 메뉴에서 기본 설정을 클릭한 다음 기본설정 메뉴를 사용하여 기본값을 설정한다. 기본설정을 할 수 있는 옵션으로 개인정보 보호 카테고리, 제목, 라이선스, 태그, 권장 수정 등이 있다.

세 번째, 저장을 클릭한 다음 동영상을 업로드하면 선택한 대로 사전에 설정된 기본설정 입력란이 표시되는데 업로드 후에도 설정을 변경할 수 있다. 이때 수익 창출 및 광고 형식의 기본값을 설정할 수 있다. 이전에 동영상을 유료로 전환했으나 기본 수익 창출을 선택하지 않아 이 설정이 해제되어 있다면 수익 창출 기본설정이 사용으로 설정된다. 수익 창출을 기본적으로 사용하지 않도록 기본설정 메뉴에서 '수익 창출' 옵션의 선택을 취소하고 저장을 클릭한다(그림 12-27~12-31).

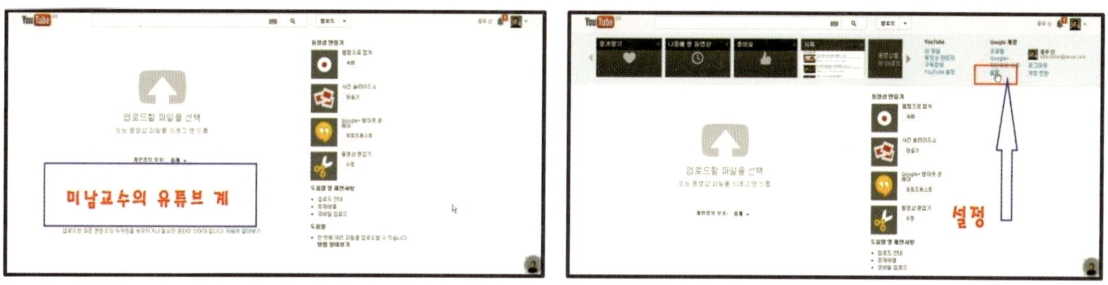

그림 12-27 계정 설정

그림 12-28 대시보드

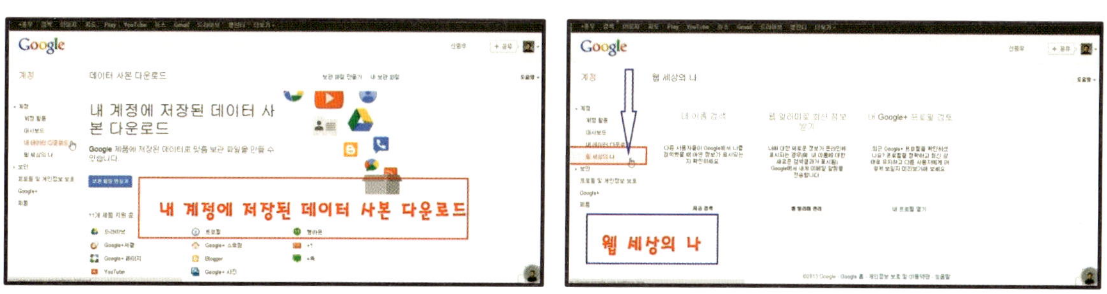

그림 12-29 내 데이터 다운로드 및 웹 세상의 나

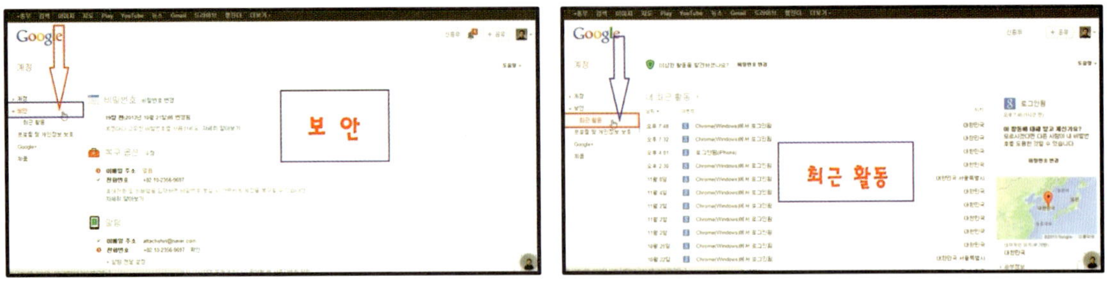

그림 12-30 보안 및 최근 활동

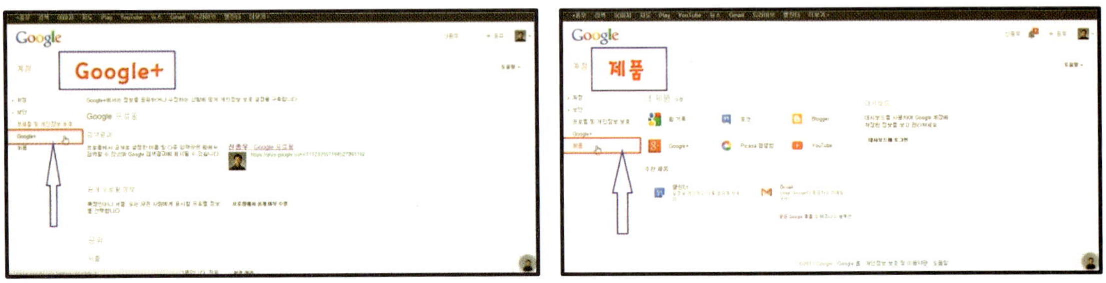

그림 12-31 구글 제품

(7) 동영상에 오디오 트랙 추가

AudioSwap 도구를 사용하면 라이선스가 부여된 음악 라이브러리에서 동영상에 음악을 추가할 수 있다(그림 12-32, 12-33).

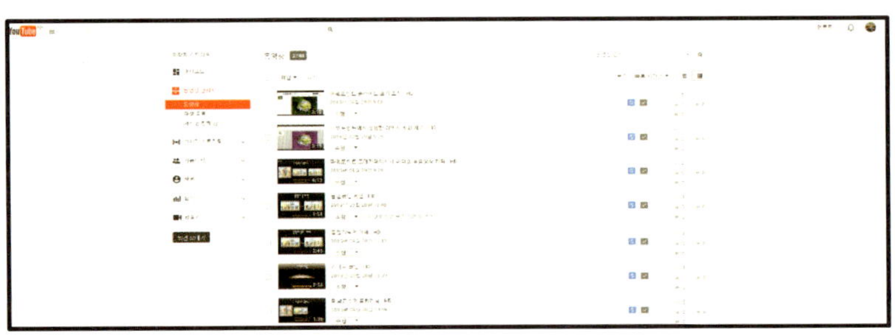

http://durl.me/6c93yx

그림 12-32 내 채널에서 만들기 선택

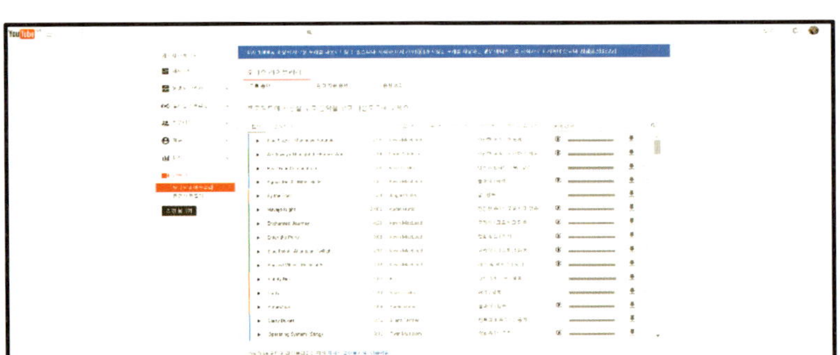

http://durl.me/6echdw

그림 12-33 오디오 라이브러리에서 음원 선택

3. 유튜브 동영상 다운로드

1) ClipConverter

유튜브나 비메오 동영상을 찾는 동시에 원하는 포멧으로 변환하여 다운로드 할 수 있는 있는 사이트이다(그림 12-34).

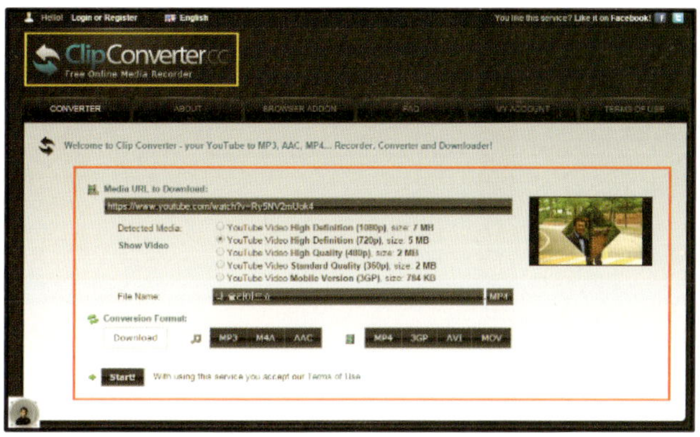

그림 12-34 ClipConverter

2) KeepVid

비메오나 유튜브 비디오 모두 다운로드가 가능한 사이트 중 하나로 화질별로 다운로드가 가능한 프로그램이다. 단, 자바 머신을 설치해야 정상적으로 다운이 가능하다(그림 12-35).

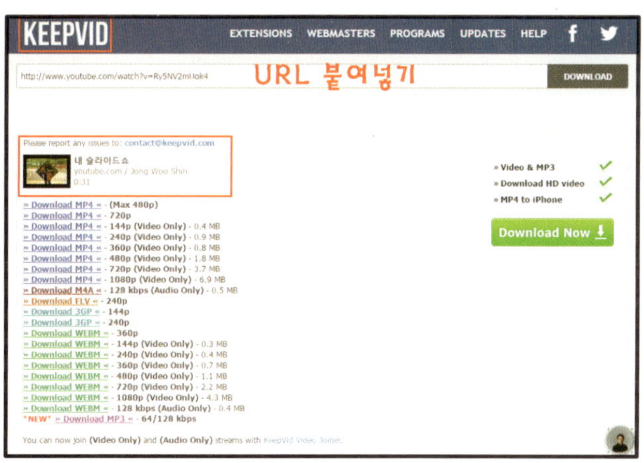

그림 12-35 KeepVid

3) Deturl.com

다운로드를 직접 제공하는 사이트가 아니며, 해당 사이트에 동영상 주소를 입력하면 해당 주소를 바로 다운로드가 가능한 타 사이트 링크를 제공한다. 검색한 후 원하는 사이트로 들어가면 다운로드 링크가 보여 다운로드를 쉽고 간단하게 할 수 있다(그림 12-35, 12-36).

그림 12-36 Deturl.com

4) 유튜브 영상 주소 앞에 “ss”만 붙여 다운로드

유튜브 영상 주소 앞에 “ss”만 붙이면 원하는 확장자로 다운로드 할 수 있는 사이트이다. 예를 들어 미남교수의 영상 주소(https://www.youtube.com/watch?v=Ry5NV2mUok4)에 “ss”자를 입력(https://www.ssyoutube.com/watch?v=Ry5NV2mUok4)하면 원하는 확장자로 다운로드 받을 수 있다(그림 12-37, 12-38).

그림 12-37 유튜브 영상 주소 앞에 “ss”만 붙여 다운로드

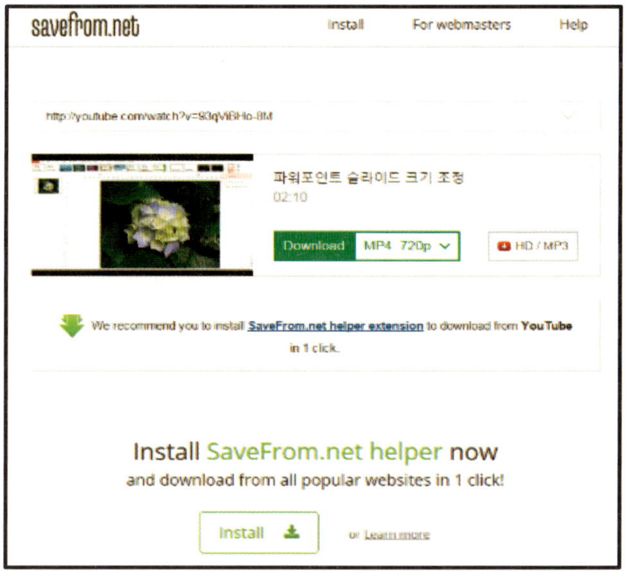

그림 12-38 www.savefrom.net

5) 페이스북 동영상 다운로드

구글 크롬 브라우저를 통해 페이스북에 접속하여 인터넷 주소를 http://www.facebook.com에서 http://m.facebook.com으로 바꾸면 모바일 환경의 페이스북이 컴퓨터에서 뜨는데 이때 원하는 동영상을 실행시키고 그 위 마우스 오른쪽을 클릭하여 다른 이름으로 동영상 저장하기를 누르면 된다(그림 12-39).

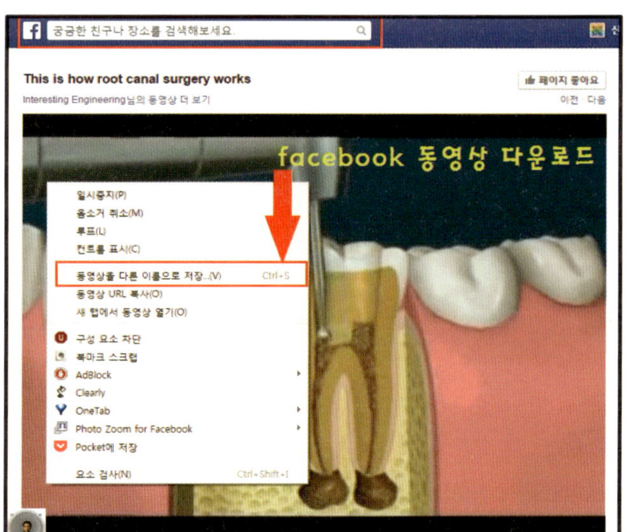

그림 12-39 페이스북 동영상 다운로드

12
11
10
2
8

13

MP3 활용

누구나 한 번은 컴퓨터를 다루면서 MP3란 말을 들어봤을 것이다. MP3는 txt, hwp와 같은 컴퓨터 파일 확장자 형태 중 하나이다. 또한 MP3는 MPEG-1 Audio Layer-3의 약자로, 압축 기술을 사용하여 CD 음반의 음질을 거의 유지하면서도 데이터를 1/10까지 줄일 수 있다. MP3 압축은 인간이 인지할 수 있는 청각의 한계를 역으로 이용한 인지 코딩 기술을 사용하며, 사람은 큰소리와 함께 나오는 작은 소리를 들을 수 없다. 예를 들어 조용한 실내에서는 시계 바늘이 움직이는 소리를 들을 수 있지만 TV를 동시에 볼 때에는 시계 바늘이 움직이는 소리를 들을 수 없듯이 인간이 듣지 못하는 음역 부분을 과감히 삭제하여 데이터 크기를 줄일 수 있는 것이 MP3의 압축 원리로 MP3가 일반 CD 음반의 음질을 거의 유지하면서도 압축률이 높은 것이 특징이다.

MP3란 음악 등 각종 오디오용 데이터를 저장한 컴퓨터 파일로, 'MPEG-1 Audio Layer-3'의 약자이다. 등장 시기는 1995년 영상압축 표준인 MPEG 기술 가운데 음성 부분이 따로 떨어지면서이다. 즉, MP3는 오디오데이터의 압축 기술로 MPEG-1과 MPEG-2의 기능 사양 중 일부이다.

1. 4k Video to MP3

비디오 파일에서 사운드만 추출해 MP3 파일로 자동 저장해 주는 프로그램으로 직관적인 인터페이스로 구성되어 있어서 손쉽게 사용 가능하다(그림 13-1).

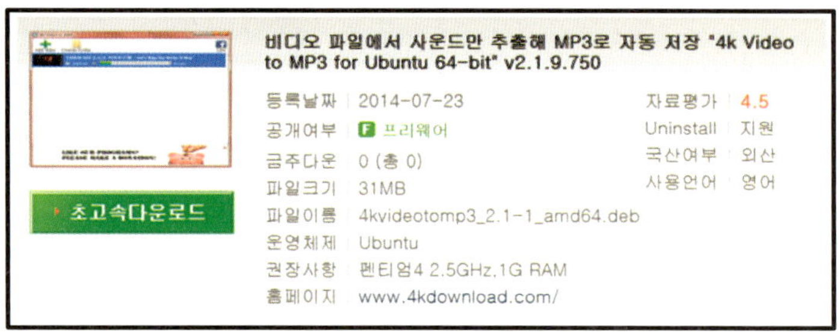

그림 13-1 4k Video to MP3

2. mp3merge

mp3merge는 MP3 파일 합치기 프로그램으로 프로그램 설치 없이 바로 실행시킬 수 있으며, 영문으로 되어 있지만 초보자도 손쉽게 MP3를 합칠 수 있도록 되어 있어 간편하게 사용할 수 있다(그림 13-2).

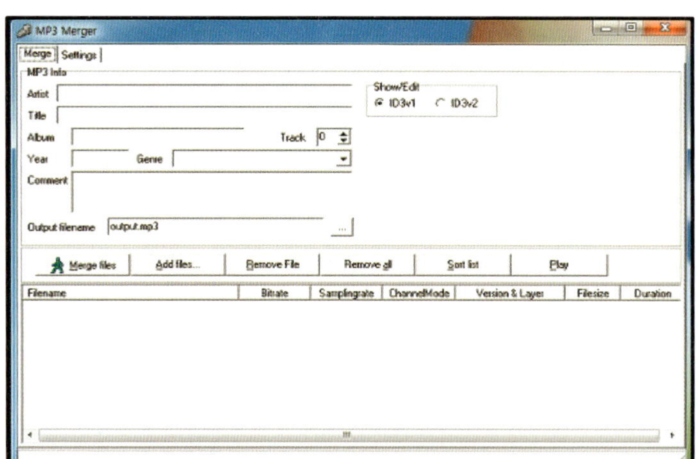

그림 13-2 mp3merge

3. MP3 Direct Cut

MP3를 듣다 보면 구간을 편집해서 다른 곳에 이용하고 싶을 때 사용하는 프로그램이다(그림 13-3).

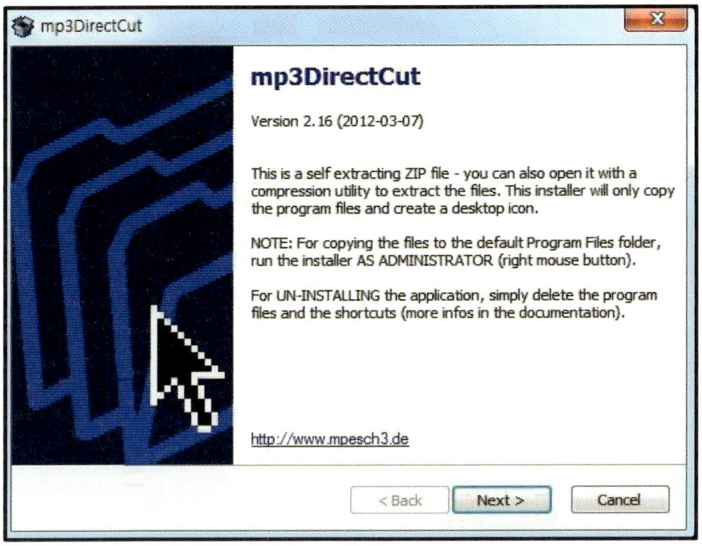

그림 13-3 MP3 Direct Cut

4. MP3Gain

MP3Gain은 서로 다른 볼륨을 가진 MP3 파일들을 분석하고 볼륨을 조정하거나 파일들을 전체적으로 몇 단계씩 볼륨을 줄이거나 높일 수 있으며, 음질에 변화는 주지 않으면서 다양한 파일을 일정한 데시벨로 맞출 수 있는 프로그램이다(그림 13-4).

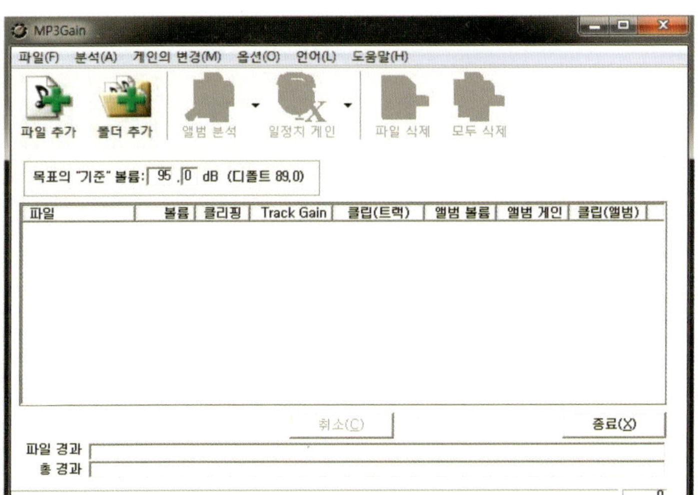

그림 13-4 MP3Gain

14

구글 크롬 확장 프로그램

Google Chrome

구글 크롬(Google Chrome)은 구글이 개발한 프리웨어 웹 브라우저로 검색엔진과 안드로이드 운영체제로 강력한 모바일 연동(Chrome, http://www.google.co.kr/chrome/browser/desktop/)이 된다. 안드로이드 스마트폰 사용자라면 하나씩 가지고 있을 G메일(구글의 이메일 서비스) 계정을 통해 PC용 크롬과 모바일용 크롬을 동기화할 수 있다. 모바일에서 추가한 북마크(즐겨찾기), 방문기록, 주소 자동완성 등이 연동된다. 구글 크롬은 간단하고 효율적인 사용자 인터페이스를 제공하며, 현존하는 다른 웹 브라우저들에 비해 나은 안정성과 속도, 테마 변경 및 보안성을 갖추고 있다.

Google

chrome web store

구글 크롬 확장 프로그램은 브라우저에 새로운 기능을 추가하고 인터넷 탐색 환경을 맞춤 설정할 수 있는 소규모 프로그램(https://chrome.google.com/webstore/category/apps)으로 사용자의 기능에 맞추어 유용하게 사용할 수 있다. 브라우저에서 작업을 수행하는 데 도움이 되는 웹 기반 도구와 생산성 향상 팁이 많으며, 적절한 크롬 확장 기능을 선택하면 작업 속도와 역량을 한층 더 강화할 수 있다. 애드온을 통해 윈도우용 크롬과 크롬북에 다양한 기능을 추가하면 구글 드라이브에 신속하게 저장하고 기사를 클립하거나 모든 소셜 미디어 공유를 간편하게 확인할 수 있다.

1. Adblock Plus

애드블록 플러스(Adblock Plus)는 파이어폭스, 크롬, 선더버드 그리고 몇몇 다른 애플리케이션의 광고 차단을 주 목적으로 하는 확장 프로그램이다. 이것은 웹사이트의 특정 개체가 화면에 표시되거나 다운로드되는 것을 막는 기능이다. 구글 크롬용 무료 광고 차단 도구라고 할 수 있으며, 유튜브 비디오 광고, 페이스북 광고, 배너 이상의 것들을 차단해 주는 유용한 확장 프로그램이다(그림 14-1).

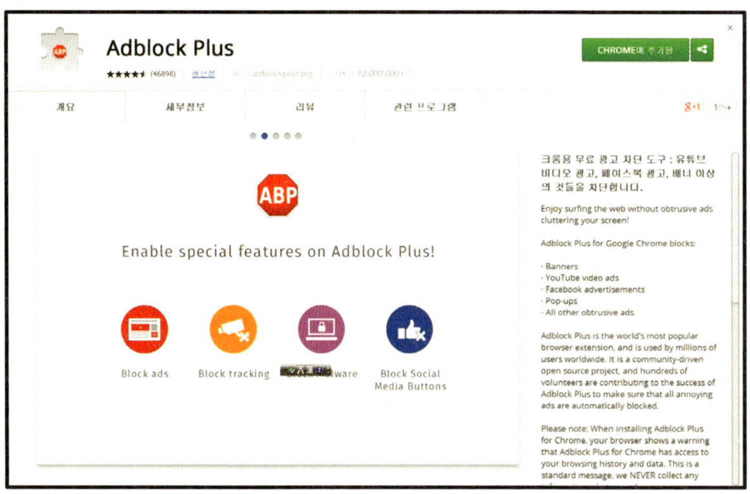

그림 14-1 Adblock Plus 활용

2. IE Tab Multi(Enhance)

크롬을 사용할 때 익스플로러의 필요성을 느낄 때가 종종 있는데 그럴 때를 위한 확장 프로그램으로 설치 후 버튼을 눌러주면 탭이 익스플로러 탭으로 변환된다. 보통 P2P나 전자결제용으로 많이 사용되고 있다(그림 14-2).

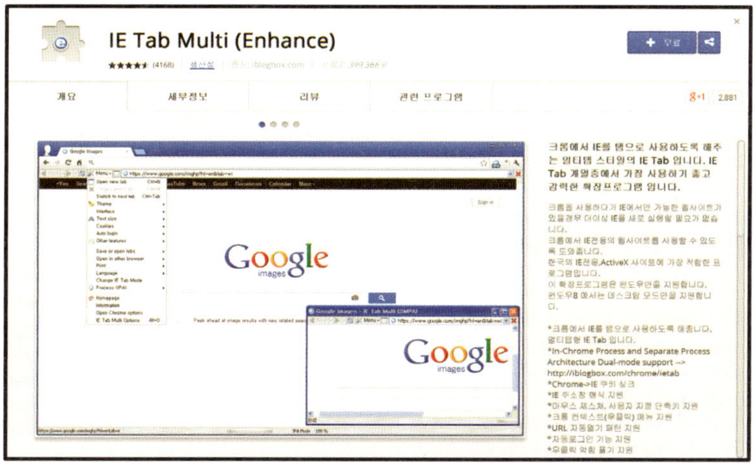

그림 14-2 IE Tab Multi 활용

3. Pig Toolbox

편의기능을 원하는 사람들에게 유용한 확장 프로그램이다. 마우스 제스처, 마우스 휠 제스처, Rocker 제스처, 수퍼 드래그, 수퍼 원클릭, 사용자 지정 우클릭 메뉴, 사용자 지정 단축키, 로그인 폼 자동 채우기, 웹페이지 스크린샷, 강력한 우클릭 막힘 풀기, 구글 메일 확인 기능 등을 제공하고 있다(그림 14-3).

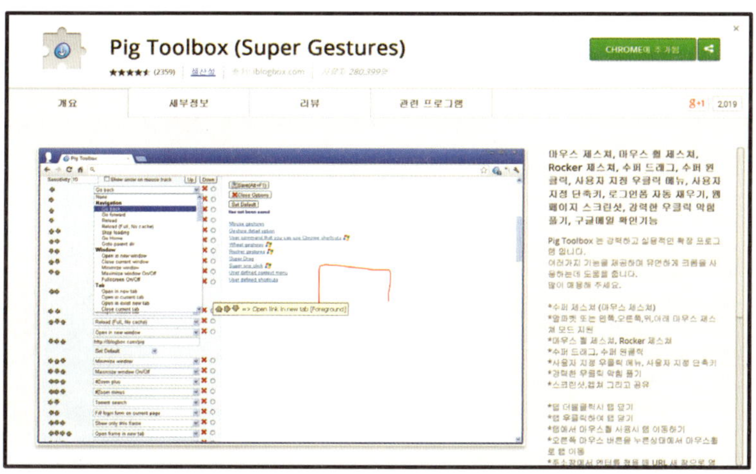

그림 14-3 Pig Toolbox 활용

4. Google Calendar

구글 캘린더(Google Calendar) 확장 기능은 여러 가지 작업을 간소화한다. 별도의 브라우저 탭에서 캘린더를 실행해야 할 필요가 없다. 간편하게 새 이벤트를 만들거나 예정된 스케줄을 확인할 수 있으므로 중요한 회의를 놓칠 일이 없다. 또한 웹 페이지에 표시되는 날짜를 캘린더 항목으로 추가할 수 있다. 예를 들어 참석하고자 하는 이벤트의 웹사이트를 보면서 텍스트를 긁어 선택하고 마우스 오른쪽 버튼을 클릭하면 구글 캘린더에 바로 추가할 수 있는 팝업이 표시된다. 매우 편리하며, 꼼꼼하게 계획하는 습관과 거리가 먼 사람이라도 사용해볼 만한 확장 기능이다(그림 14-4).

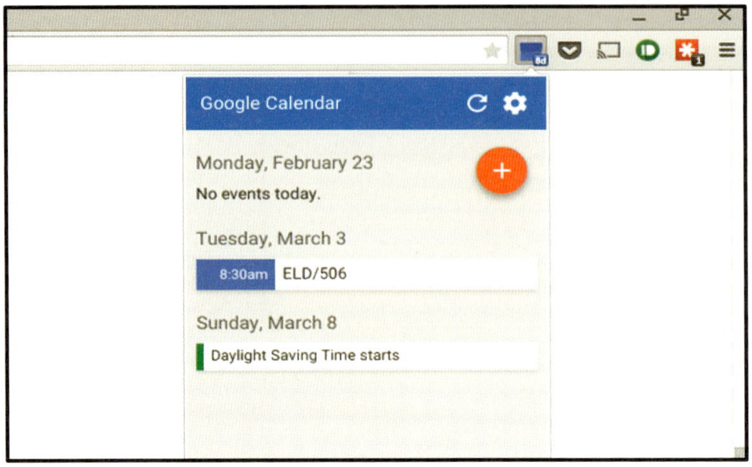

그림 14-4 Google Calendar 활용

5. Save to Google Drive

로컬 하드 드라이브에 이미지를 저장한 다음 다시 구글 드라이브에 업로드하는 번거로움은 이제 잊어도 좋을 듯싶다. 구글 드라이브에 저장하기의 크롬 확장 기능을 사용하면 클릭 한 번으로 해결된다. 웹 페이지 전체를 클리핑해서 PNG나 HTML 파일로 저장할 수 있다. 마우스 오른쪽 버튼을 누르면 바로 구글 드라이브에 저장할 준비가 된다. 이미지를 저장할 드라이브 폴더도 설정할 수 있는 매우 유용한 기능이다(그림 14-5).

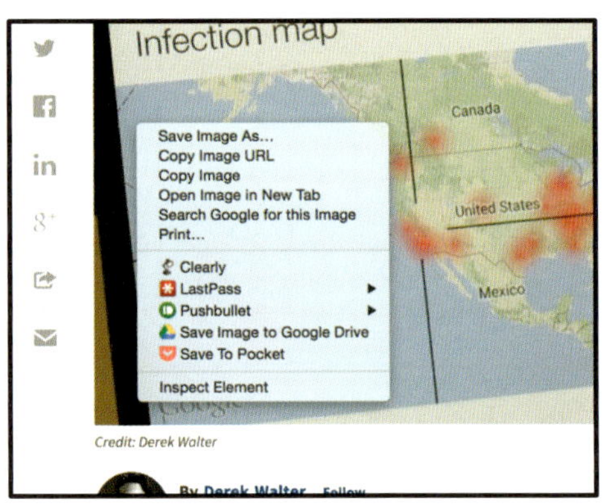

그림 14-5 Save to Google Drive 활용

6. Snagit

스내그잇(Snagit) 크롬 확장 기능을 사용하면 스크린샷이나 짧은 동영상에 해설을 붙여 신속하게 구

글 드라이브에 저장할 수 있다. 동료나 고객을 위한 설명서 또는 동영상에 해설을 붙이는 경우가 많다면 이 확장 기능의 뛰어난 스크린캐스팅이 상당히 도움된다. 클립한 내용을 바로 드라이브에 저장해주므로 폴더를 뒤적거리며 다운로드한 파일을 찾아 공유할 필요가 없다. 특히 크롬북과 잘 어울리는 강력한 도구이다(그림 14-6).

그림 14-6 Snagit 활용

7. Clearly

현재 웹에서 가장 짜증스러운 점 중 하나는 바로 너저분함이다. 화면 양쪽을 채우는 열과 번쩍거리는 광고, 온갖 제안 등, 특히 뭔가에 집중하려고 할 때는 말할 수 없이 성가시다. 에버노트의 클리얼리(Clearly)는 주변 모든 콘텐츠를 없애서 읽기 원하는 항목에만 집중할 수 있게 해준다. 리더빌리티(Readability)와 같이 동일한 기능을 하는 다른 확장 기능도 있지만 클리얼리는 에버노트에 쉽게 저장할 수 있도록 기사를 표시하고 강조하는 기능도 추가해준다. 크롬에도 자체 읽기 모드가 생겼지만, 에버노트 고급 사용자라면 오랜 전통을 자랑하는 클리얼리는 필수 도구이다(그림 14-7).

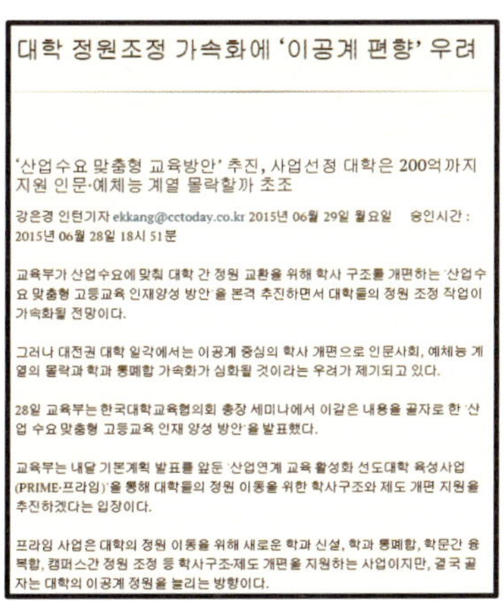

대학 정원조정 가속화에 '이공계 편향' 우려

'산업수요 맞춤형 교육방안' 추진, 사업선정 대학은 200억까지 지원 인문·예체능 계열 몰락할까 초조

강은경 인턴기자 ekkang@cctoday.co.kr 2015년 06월 29일 월요일 승인시간 : 2015년 06월 28일 18시 51분

교육부가 산업수요에 맞춰 대학 간 정원 교환을 위해 학사 구조를 개편하는 '산업수요 맞춤형 고등교육 인재양성 방안'을 본격 추진하면서 대학들의 정원 조정 작업이 가속화될 전망이다.

그러나 대전권 대학 일각에서는 이공계 중심의 학사 개편으로 인문사회, 예체능 계열의 몰락과 학과 통폐합 가속화가 심화될 것이라는 우려가 제기되고 있다.

28일 교육부는 한국대학교육협의회 총장 세미나에서 이같은 내용을 골자로 한 '산업 수요맞춤형 고등교육 인재 양성 방안'을 발표했다.

교육부는 내달 기본계획 발표를 앞둔 '산업연계 교육 활성화 선도대학 육성사업(PRIME·프라임)'을 통해 대학들의 정원 이동을 위한 학사구조와 제도 개편 지원을 추진하겠다는 입장이다.

프라임 사업은 대학의 정원 이동을 위해 새로운 학과 신설, 학과 통폐합, 학문간 융복합, 캠퍼스간 정원 조정 등 학사구조·제도 개편을 지원하는 사업이지만, 결국 골자는 대학의 이공계 정원을 늘리는 방향이다.

그림 14-7 Clearly 활용

8. Todoist

투두이스트(Todoist)는 현재 나와 있는 최고의 크로스 플랫폼 작업 관리자 가운데 하나이다. 투두이스트 크롬 확장 기능을 사용하면 작업을 추가하고, 다른 사람에게 작업을 할당하며, 지금 해야 할 일을 확인할 수 있다. 무료 버전을 사용할 경우 개별 할 일 목록으로도 유용하지만 강력한 장점(작업을 분류하고 다른 사람에게 할당하는 기능 등)의 상당수는 유료 버전에서만 이용할 수 있다. 투두이스트는 유료로 쓸 만한 가치가 있는 도구다. 투두이스트 iOS 및 안드로이드 앱과 동기화되는 작업 목록이 브라우저 도구 모음에 표시되는 기능은 매우 유용하다(그림 14-8).

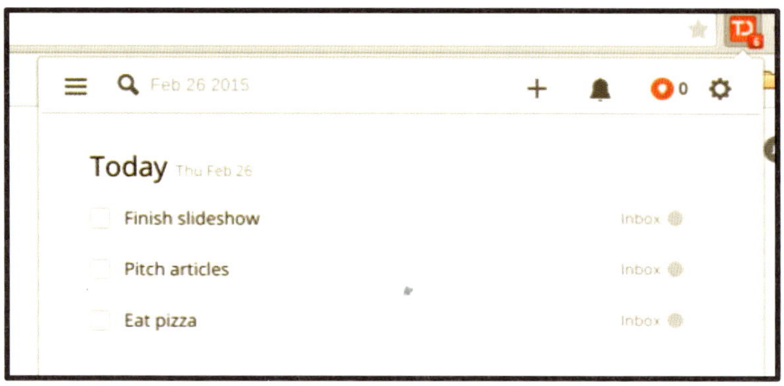

그림 14-8 Todoist 활용

9. Google Cast

구글의 크롬캐스트는 엔터테인먼트만을 위한 것이 아니다. 동료나 고객들 앞에서 슬라이드 쇼를 발표하거나 비디오를 상영하는 경우 다른 장치에 화면을 캐스팅하는 가장 쉬운 방법이기도 하다. 구글 캐스트(Google Cast) 확장 기능을 설치하면 동일한 무선 네트워크에서 연결된 크롬캐스트를 신속하게 찾아준다. 따라서 선을 연결하느라 고생할 필요 없이 동료들에게 멋지게 화면을 캐스팅할 수 있다(그림 14-9).

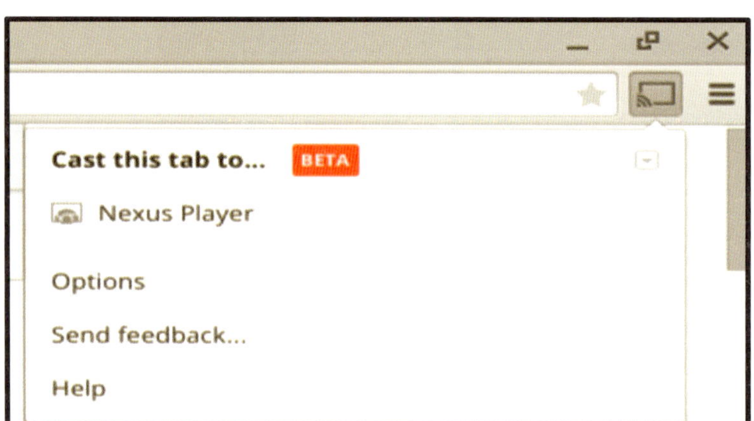

그림 14-9 Google Cast 활용

10. ShortenMe

소셜 미디어에서 링크 공유하기는 이제 인터넷 생활의 일부분이다. 쇼튼미(ShortenMe)는 구글의 goo.glservice에서 생성하는 트윗 친화적인 링크를 신속하게 제공한다. 또한 링크의 모든 통계를 추적하므로 트위터, 페이스북 또는 다른 소셜 네트워크에서 해당 링크를 공유한 이후의 여러 수치를 알아볼 수 있다. 링크를 큐알 코드로 변환하는 기능도 있다. 사람들에게 뭔가를 보여줄 때 여러 단계를 생략할 수 있게 해주는 완벽한 도구이다(그림 14-10).

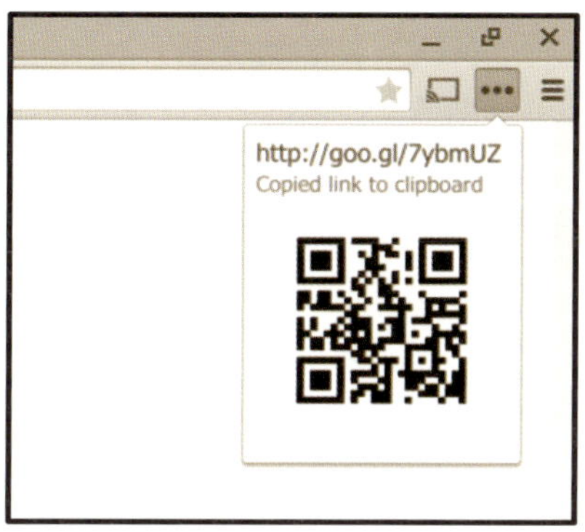

그림 14-10 ShortenMe 활용

11. Pocket

원래는 단순한 '나중에 읽기' 서비스였지만(나중에 읽기 기능 측면에서도 상당히 뛰어났음) 그 이상으로 발전한 도구이다. 지금은 업무 또는 학업을 위한 연구 기사를 저장하고 공유할 수 있는 디지털 폴더 역할을 한다. 포켓 유료 서비스에 가입하면 부가적인 검색 기능, 기업 조직을 위한 기능, 모든 클립 자료에 대한 영구적인 보관 기능을 이용할 수 있다. 무료 버전만 사용하더라도 포켓 크롬 확장 기능은 브라우저에 설치해볼 만한 훌륭한 도구이다(그림 14-11).

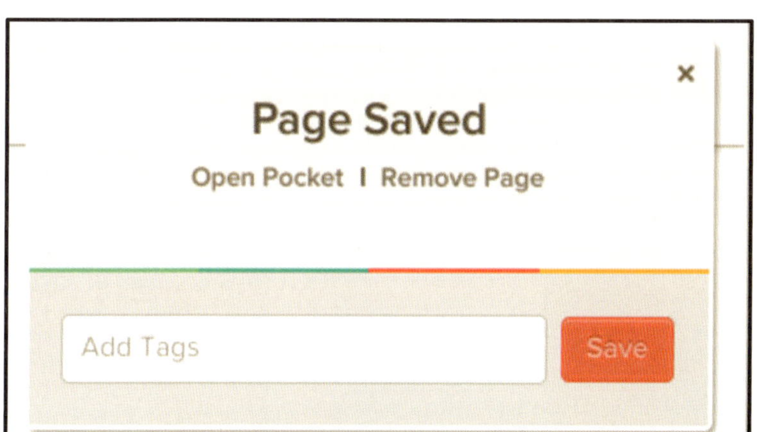

그림 14-11 Pocket 활용

12. Lightshot

Lightshot을 설치하고 자판의 prt 키를 누르면 모니터 화면이 어두워진다. 이후 캡처하고자 하는 곳을 마우스로 드래그하면 캡처가 완료된다. 캡처하고자 하는 영역을 바로 수정할 수 있고, 캡처한 화면을 파일로 저장할지, 복사할지, 편집할지를 정할 수 있다. Light shot은 간편하면서도 강력하다. 이미지를 캡처한 다음 prntscr.com으로 업로드 시키는 기능도 있어 다른 사람에게 이미지를 저장해서 보내지 않고 URL 방식으로 보낼 수 있다(그림 14-12).

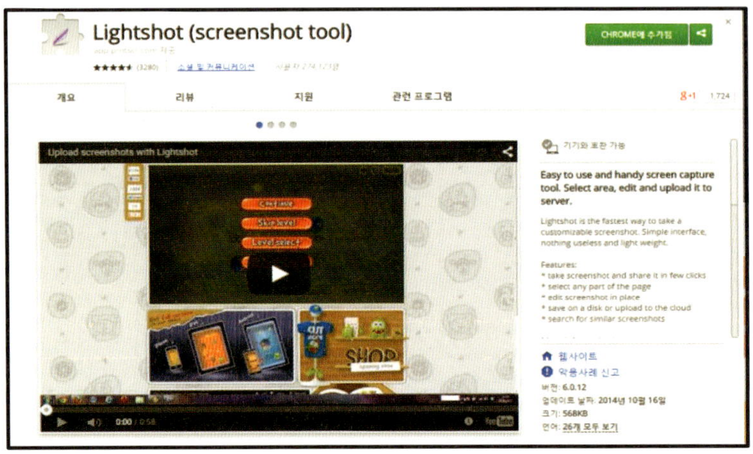

그림 14-12 Lightshot 활용

13. One Tab

One Tab은 웹 서핑 중 브라우저의 탭을 여러 개 열어놓고 작업을 진행할 경우 메모리 부족으로 컴퓨터가 느려지고 탭을 닫으면 중요한 창이 꺼질 수 있어 하나하나 확인해야 하는 경우에 유용하게 이용할 수 있는 프로그램(http://www.one-tab.com)이다(그림 14-13).

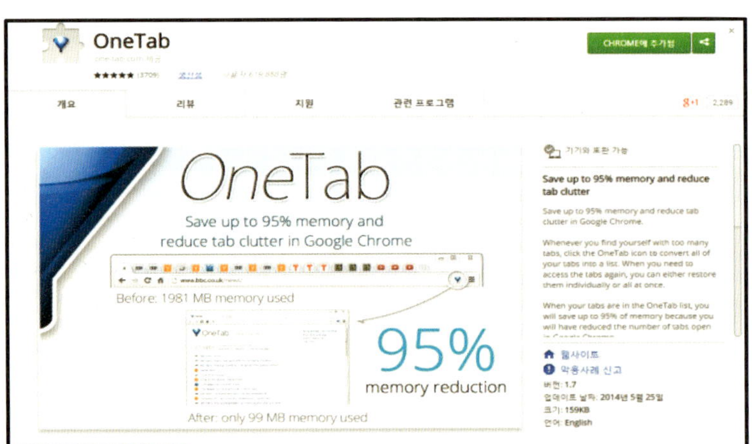

그림 14-13 One Tab 활용

14. Turn Off the Lights

유튜브, Vimeo 마니아들이 좋아할 만한 크롬 확장 프로그램이다. Turn Off the Lights를 설치하고 유튜브 영상을 보게 되면 페이지의 배경을 어둡게 만들어 영화관에 있는 것 같은 느낌으로 영상을 감상할 수 있다. 한 번의 클릭으로 배경을 어둡게 만들어 영상에 집중할 수 있게 해 주며, 다시 페이지를 클릭하면 쉽게 원 상태로 돌아온다(영상을 플레이하면 자동으로 불을 끄도록 설정할 수 있다)(그림 14-14).

그림 14-14 Turn Off the Lights 활용

15. Spell Checker for Chrome

한국어를 포함한 12가지 언어의 맞춤법 검사를 지원하는 프로그램이다(그림 14-15).

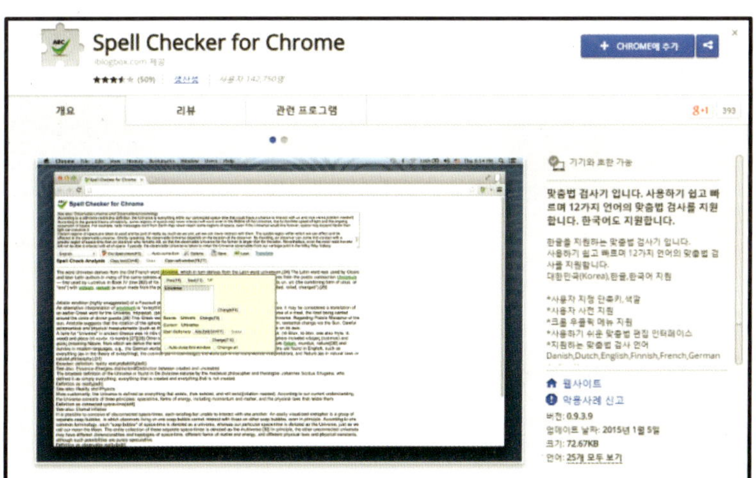

그림 14-15 Spell Checker for Chrome 활용

16. Photo zoom for Facebook

페이스북에 있는 사진을 클릭하지 않고도 큰 이미지로 볼 수 있는 확장 프로그램이다(그림 14-16).

그림 14-16 Photo zoom for Facebook 활용

17. Evernote Web Clipper

웹 페이지의 문서를 저장해서 에버노트로 보낼 수 있는 프로그램으로 클리어리, 스키치의 기능을 흡수해 버린 강력한 도구이다(그림 14-17).

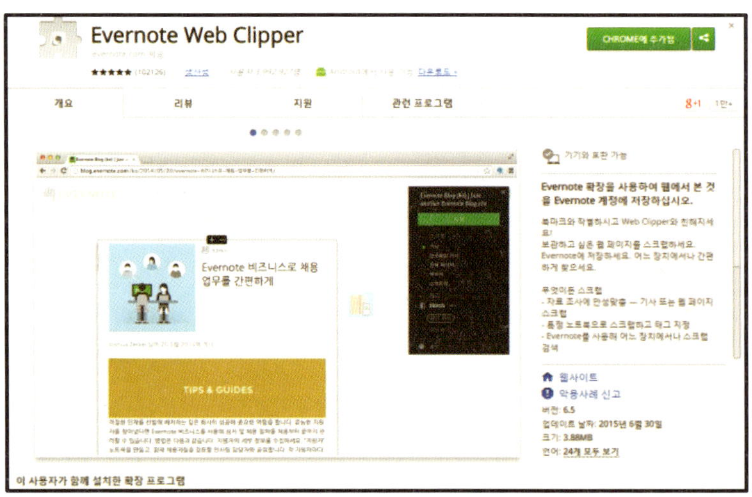

그림 14-17 Evernote Web Clipper 활용

18. Strict Workflow

SNS의 유혹을 뿌리치기 어렵다면 업무 시간 동안 자신이 추가해 놓은 페이스북, 유튜브와 같은 웹사이트를 차단해 놓을 수 있다(그림 14-18).

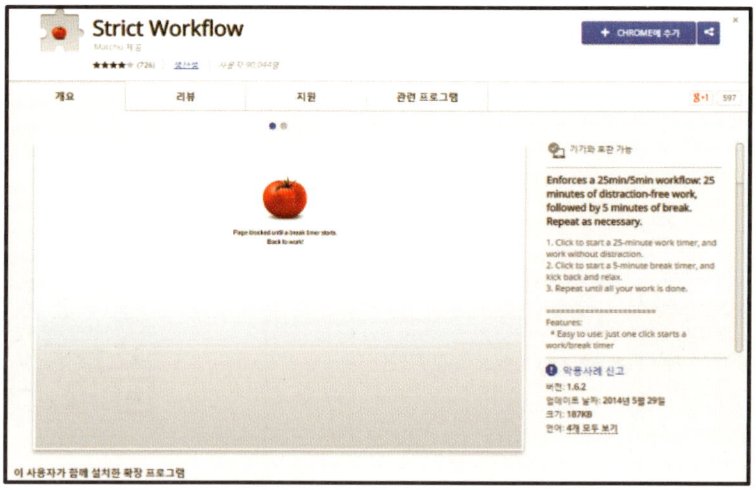

그림 14-18 Strict Workflow 활용

19. Listen on Repeat YouTube Video Repeater

유튜브를 통해 최신 음악이나 영상을 듣는 사람들에게 유튜브 영상을 무한 반복 재생해 주는 프로그램이다. 유튜브 음악이나 비디오 영상물의 가장 많이 보는 순위도 제공해 주니 해외 사람들이 어떤 음악이나 영상을 보았는지 알 수 있다(그림 14-19).

그림 14-19 Listen on Repeat YouTube Video Repeater

20. uBlock

광고형 플래시나 팝업을 제거해 주는 깔끔하면서 가벼운 확장 프로그램이다. 이와 유사한 Adblock이라는 프로그램도 있지만, 고질적인 CPU, RAM 과다 사용 등으로 오히려 메모리 누수를 야기할 수 있는 단점이 있다. uBlock은 이러한 문제점들을 파악하여 보다 효율적으로 광고를 차단하는 확장형 프로그램이다(그림 14-20).

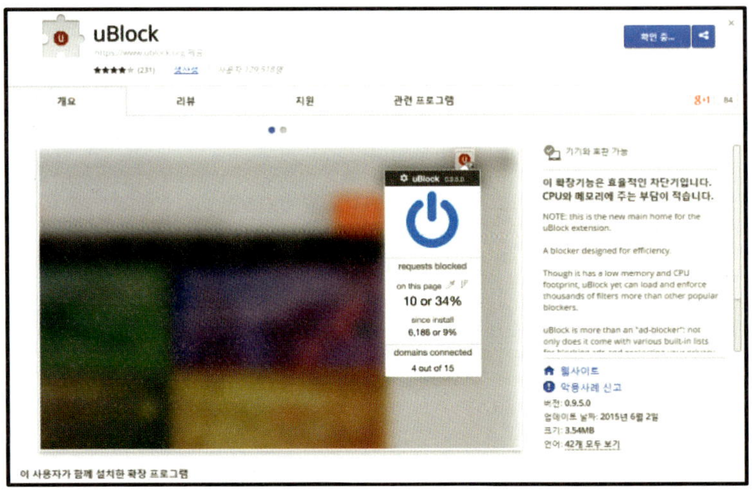

그림 14-20 uBlock 활용

12
11
10
2
8

15

S3:ePubMaker로 eBook 저작

FDESK

S3:ePubMaker는 W3C(WorldWide Web Consortium)의 HTML5와 IDPF(International Digital Publishing Forum)의 ePub3.0 표준을 준용하는 eBook을 제작하고 출판할 수 있는 프로그램(http://titanbooks.co.kr)이다.

1. 개요

S3:ePubMaker는 PDF, MS-Office, 한글 등의 다양한 문서 파일을 가지고 몇 번의 클릭만으로 eBook을 쉽게 제작할 수 있는 프로그램이다. 뿐만 아니라 S3:ePubMaker는 웹 국제표준과 전자책 국제표준 등 글로벌 규격에 맞는 구조와 형식을 갖추었으며, PC는 물론 iOS, Android, Windows 기반의 다양한 스마트 디바이스에서 동시에 활용할 수 있는 OSMU(One Source Multi Use)형 eBook을 제작할 수 있는 프로그램이다. 이 제품을 개발한 에프데스크는 교육과학기술부로부터 e-교과서 표준 저작 도구 공급 업체로 선정되었고, 미래창조과학부로부터 ActiveX 대체기술 개발 사업자로도 선정되는 등 국내 최고 기술력을 자랑하고 있으며, 스마트 e-러닝 산업의 발전에 크게 기여하고 있다.

2. 주요 특징

S3:ePubMaker 프로그램의 주요 특징을 살펴보면 다음과 같다.
첫째, ePub3.0 형식의 eBook 저작 및 출판
둘째, PDF, MS-Office, HWP 문서를 HTML5 문서로 자동 변환
셋째, 원본 문서 내 이미지와 텍스트를 개체화하는 기술을 적용하여 원본 문서 편집 가능
넷째, 이미지, 동영상, MP3 등의 멀티미디어 콘텐츠 삽입 가능
다섯째, 하이퍼링크 및 기타 인터랙티브 기능을 가진 HTML5 개체 삽입 가능
여섯째, 모든 종류의 OS 및 디바이스에서 사용 가능한 웹 뷰어 및 앱 뷰어 제공

3. 기능

S3:ePubMaker을 이용해 쉽고 간단하게 eBook을 제작할 수 있는 기능을 살펴보면 다음과 같다.
첫째, 한 번의 제작으로 PC용, 모바일용 eBook 동시 출판 가능
둘째, MS Office 프로그램과 동일한 사용자 편의 UI
셋째, 사진/동영상/음원 등의 다양한 멀티미디어 자료 삽입 가능
넷째, 판서/검색/SNS 연동 등의 사용자 중심의 뷰어 기능들 제공(그림 15-1)

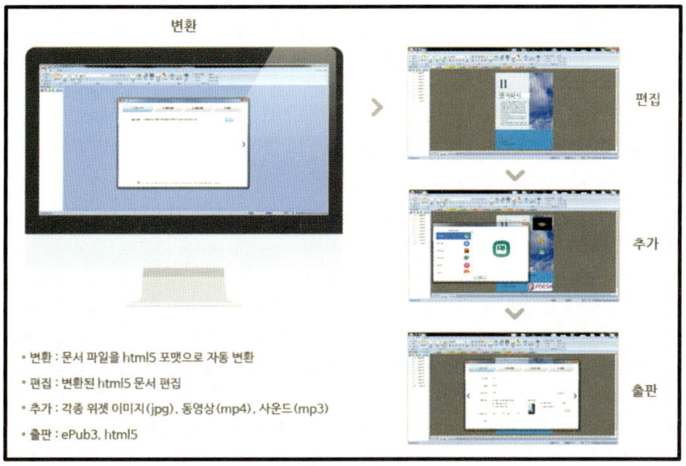

그림 15-1 S3:ePubMaker 기능

1) 활용

S3:ePubMaker에서 eBook 제작을 쉽게 하기 위하여 프로젝트마법사를 실행할 수 있다(그림 15-2). 프로젝트마법사는 사용자가 손쉽게 저작 모드로 접근할 수 있도록 도와주며, 사용자는 필요에 따라 프로젝트마법사를 사용하지 않을 수 있다. S3:ePubMaker는 기본적으로 이미 작성되어 있는 여러 가지 문서 파일을 불러오거나 빈 페이지를 추가하여 디자인, 텍스트 편집 및 멀티미디어 자료 삽입을 통해 eBook을 제작할 수 있다.

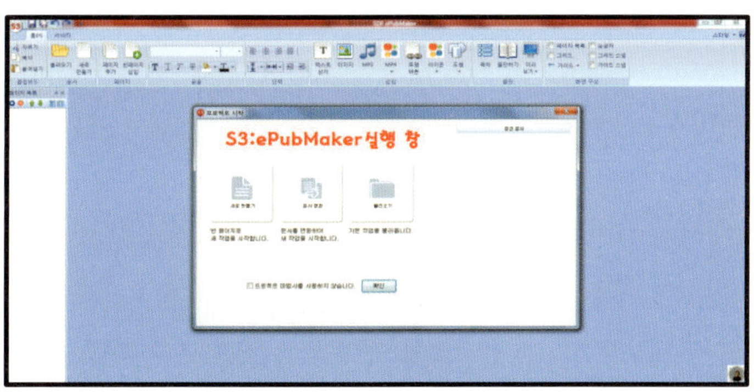

그림 15-2 S3:ePubMaker 홈 메뉴

(1) 프로젝트 시작

[새로 만들기]는 빈 페이지에서 처음부터 새 작업을 시작할 때, [문서 변환]은 기존에 작성된 PDF, MS-Office 문서 등을 불러와 변환한 뒤에 추가로 작업할 때, [불러오기]는 작업 중인 작업 상태 저장 파일(확장자 OOO.sem)이나 출판 완료된 eBook(확장자 OOO.epub)을 불러와서 작업을 이어 나가거나 수정할 때 사용한다. epub 파일을 불러올 경우 S3:ePubMaker에서 생성된 파일에 한해 완전한 상태로 불러올 수 있으며, 다른 프로그램에서 만들어진 epub 파일을 불러올 경우 완전한 상태로 재현되지 않을 수 있다. [최근 문서]는 최근에 작업했던 순서대로 프로젝트 목록을 보여준다. 리스트를 더블클릭 하면 선택

된 프로젝트를 불러올 수 있다. [체크 박스]는 프로젝트마법사를 사용하지 않을 때 선택한다. 다시 사용할 경우 [메뉴]에서 [프로젝트마법사]를 실행한 뒤 체크 박스의 체크 상태를 해제하면 된다(그림 15-3).

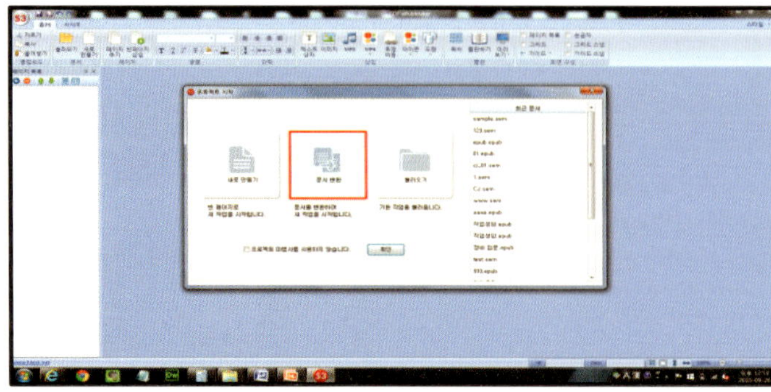

그림 15-3 프로젝트 시작

(2) 문서 변환

① 파일 선택

변환할 문서를 선택한다. 선택할 수 있는 문서는 PDF, HWP, MS-Office(Word, Excel, PowerPoint) 등이다. 제작 시 유의 사항은 다음과 같다.

첫째, 변환할 문서가 한글(HWP) 파일이거나 한글 파일을 PDF로 변환한 파일일 경우 원본 문서와 다르게 변환될 수 있음에 유의한다(그림 15-4).

둘째, PDF, HWP, MS-Office(Word, Excel, PowerPoint) 등 문서 파일명은 여러 환경에서의 호환성을 고려하여 가급적 영문으로 변경하여 사용할 것을 권장한다. 특히 파일명에 특수 문자, 띄어쓰기가 포함되지 않도록 주의한다.

셋째, 변환할 문서가 PDF 파일로서 재단선(동보선)이 포함된 상태로 편집되어 있는 경우와 단면형이 아닌 양면형으로 편집되어 있는 경우에는 재단선을 없애고 단면형으로 수정된 파일을 사용해야 한다.

넷째, 파일의 해상도가 과도하게 큰 PDF, 인쇄용 고품질의 PDF는 PDF 최적화 작업 후 사용해야 한다.

다섯째, 용량이 크고, 과도하게 고품질인 PDF를 변환하게 되면 변환 작업할 때와 출판된 후 eBook의 실행 속도가 느려지는 원인이 되므로 유의한다.

그림 15-4 파일 선택

② 변환 설정

변환할 문서 파일을 선택한 후 변환 범위 및 변환 방식, 품질, 페이지 번호 등의 변환 옵션을 설정한다(그림 15-5).

[변환 범위]는 변환을 위해 불러오는 문서의 전체 페이지를 변환할지, 일부분을 변환할지 결정한다. [전체] 옵션을 선택하는 경우 변환 대상 문서의 모든 페이지를 변환하게 되며, [부분] 옵션을 선택하는 경우 입력한 값에 해당하는 페이지만 변환한다.

[문서 변환 방식]은 문서 내 텍스트 및 이미지 등의 개체에 대해 어떤 부분까지 개체로 변환할지 결정하는데 이는 사용자가 문서를 변환한 이후 이미지와 텍스트에 대해 어느 정도 편집을 할 것인지에 따라 달리 설정하면 된다.

[이미지 + 텍스트 모두 편집] 옵션은 이미지와 텍스트 모두를 개체화하여 변환하는데 이때 이미지 개체는 원본 문서 자체에서 배경 이미지로 처리되어 있는 부분을 제외하고, 모두 편집 가능한 상태로 변환된다. 따라서 변환 이후에도 페이지 내의 모든 텍스트와 이미지에 대해 편집할 수 있다. 개체 수에 따라 추가적인 병합 작업이 필요할 수도 있으나 eBook의 레이아웃을 재편집할 수 있으므로 사용자의 편집 자유도가 가장 높은 옵션이라고 할 수 있다.

[텍스트만 편집]은 텍스트만 개체화하고 이미지에 대해서는 개체화하지 않으며 페이지 내에 모든 이미지 개체를 하나의 이미지로 병합하여 변환하는 방식인데 변환된 이후에는 텍스트에 대해서만 추가 편집할 수 있다.

[편집 안 함]은 이미지뿐만 아니라 텍스트까지 문서 전체를 이미지로 변환하는데 이 경우 한 페이지가 하나의 이미지로 변환되므로 변환 이후 편집은 할 수 없게 된다.

[개체 수 제한]은 변환 이후 한 페이지 내에서 편집 대상이 되는 텍스트 및 이미지 개체의 최대 개수를 정한다. 여기서 설정한 개체 수를 초과하는 페이지는 편집이 불가능하며, 추가 병합 과정을 거쳐야 한다.

[텍스트 추출 방식] 옵션에서 [문자 단위]를 선택한 경우에는 변환할 페이지 내의 텍스트 개체에 대해 한 글자씩 텍스트 정보(폰트, 크기, 위치 등)를 추출한 후 변환되고, [줄 단위(편집용)] 옵션을 선택한 경우에는 변환할 페이지 내의 텍스트 개체에 대해 한 줄 단위로 텍스트 정보(폰트, 크기, 위치 등)를 추출한 후 변환하게 된다.

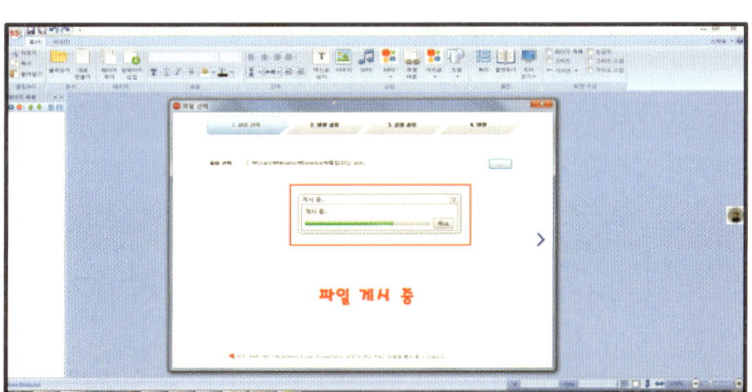

그림 15-5 파일 게시 중

[품질] 옵션은 변환 대상 페이지에 포함된 이미지 개체에 대해 또는 변환 옵션에 의해 이미지로 병합 처리가 되는 개체의 이미지 해상도와 퀄리티를 결정한다. 이 설정값을 높게 하면 변환 후 eBook의 해상도는 좋아지나 용량은 커지므로 eBook이 로드될 때 속도가 느려질 수 있다. 해상도(기본: 144DPI), 배경 이미지 품질(JPG, PNG), 썸네일 이미지 크기(책 내부에서 보이는 썸네일 이미지의 크기를 설정), XHTML 파일에 BOM 포함(UTF-8), 공백 자동 인식, 글자 간격에 따른 태그 분리, 숫자 및 기호 처리 방법 등을 추가로 설정할 수 있다(그림 15-6).

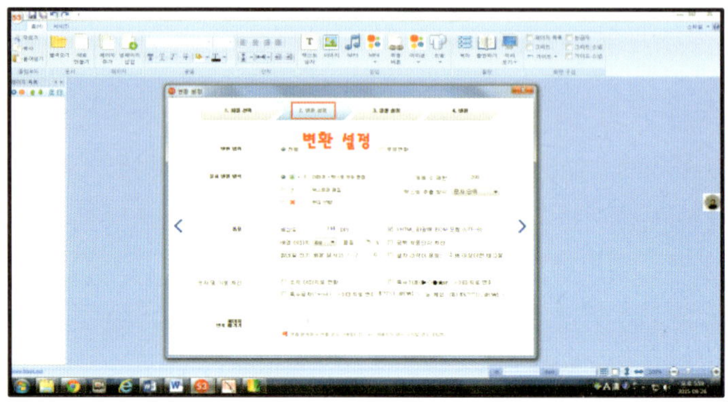

그림 15-6 파일 변환

③ 글꼴 설정

글꼴 설정은 원본 문서에 쓰인 여러 가지 인쇄용 글꼴(폰트)을 웹용 글꼴로 교체 적용하는 단계이다. epub 형식의 eBook은 페이지가 HTML 형식으로 코딩되기 때문에 이 프로그램에서 제공하는 웹용 글꼴을 적용하거나 새로운 웹용 글꼴을 추가 등록하여 적용할 수 있다. 글꼴 설정은 [문서 변환 방식] 옵션을 [편집 안 함]으로 선택한 경우에는 설정하지 않는다. 글꼴 설정에 따라 원본 문서에 사용된 글꼴과 동일하게 나오지 않을 수 있음에 유의해야 한다(그림 15-7~15-9).

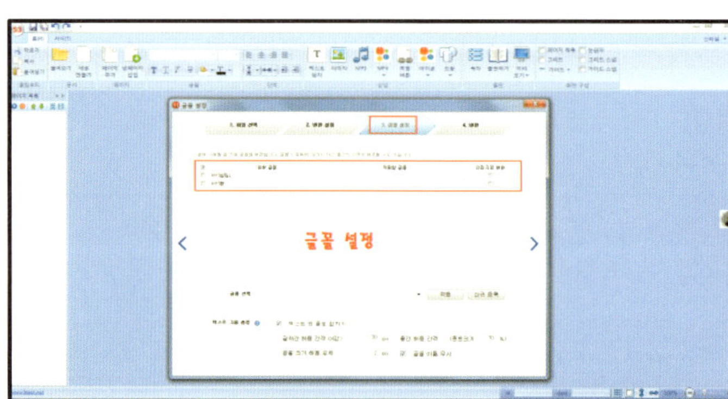

그림 15-7 글꼴 설정

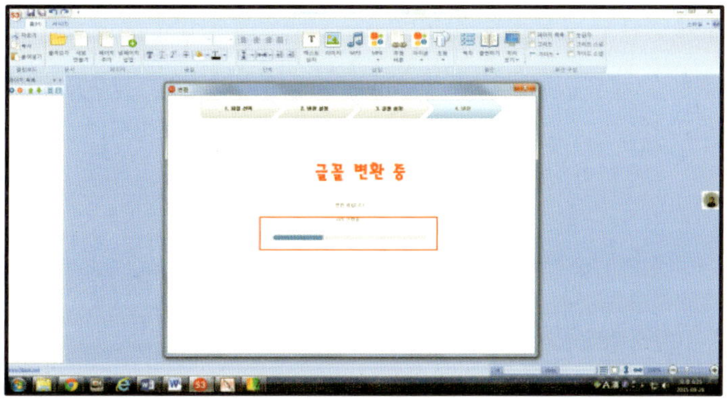

그림 15-8 글꼴 변환 중

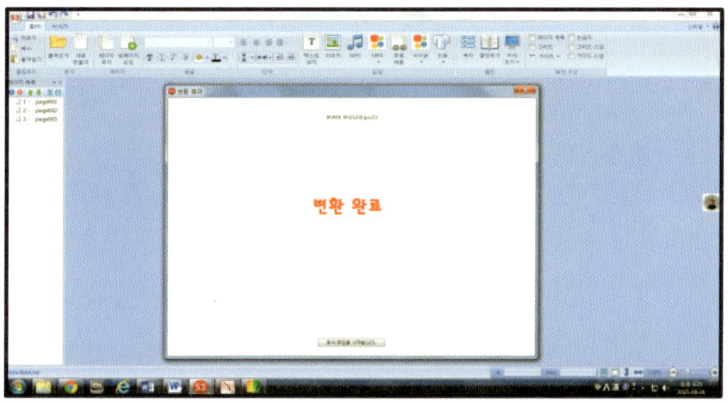

그림 15-9 글꼴 변환 완료

(3) 멀티미디어 콘텐츠 등 컴포넌트 삽입하기

사용자는 페이지 내에 있는 텍스트와 이미지에 대한 편집 외에 여러 가지 멀티미디어 파일과 컴포넌트를 추가로 삽입할 수 있다. 컴포넌트는 페이지 내 영역에 자유롭게 배치할 수 있으며, 필요에 따라 아이콘을 삽입하여 아이콘 클릭(또는 터치) 시의 동작(액션)을 지정할 수 있다.

① 이미지 삽입

JPG, PNG 형식의 이미지를 페이지에 삽입할 수 있다. [메뉴] > [삽입] 도구 모음에서 [이미지]를 선택한 다음 Windows 탐색기 창이 활성화되면 삽입할 이미지 파일을 선택한 후 [확인]을 클릭한다. [편집 영역] 페이지 좌측 상단에 삽입된 이미지가 위치하는데, 이미지를 선택, 이동, 크기 조절 조작을 통하여 배치한다(그림 15-10~15-12).

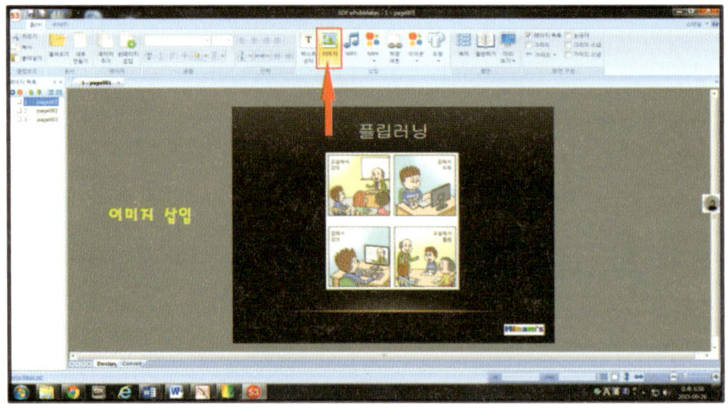

그림 15-10 이미지 편집

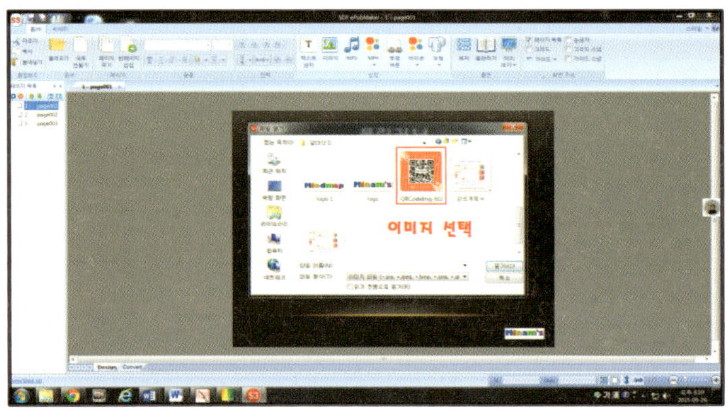

그림 15-11 이미지 선택

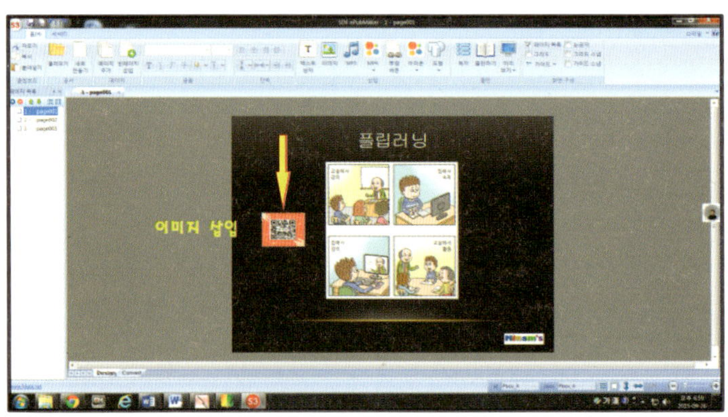

그림 15-12 이미지 배치

② 음원 삽입

MP3 음원을 페이지 내 삽입할 수 있다. 기본 MP3 플레이어가 제공된다(그림 15-13~15-15).

[메뉴] > [삽입] 도구 모음에서 [MP3]를 선택한 다음 Windows 탐색기 창이 활성화되면 음원 파일을 선택한 후 [확인]을 클릭한다. [편집 영역] 페이지 좌측 상단에 MP3 플레이어가 위치하는데, 이 플레이어를 이동하여 원하는 위치에 배치한다.

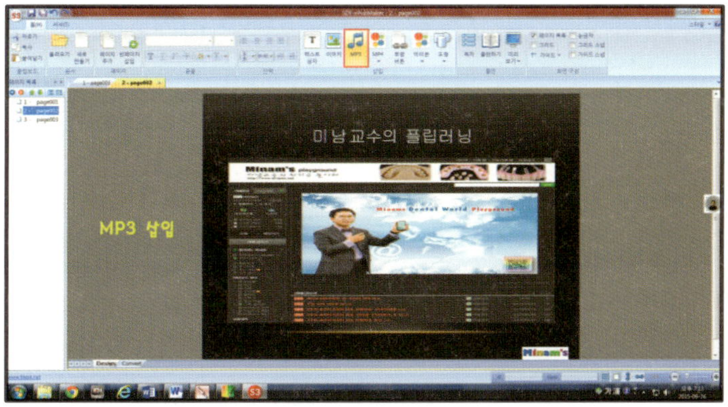

그림 15-13 MP3 삽입

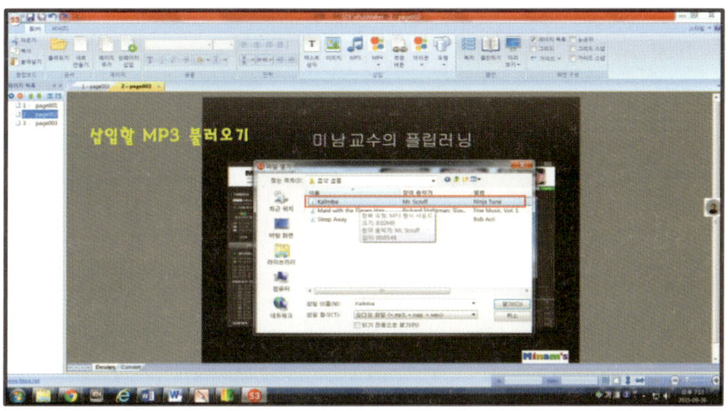

그림 15-14 MP3 파일 선택

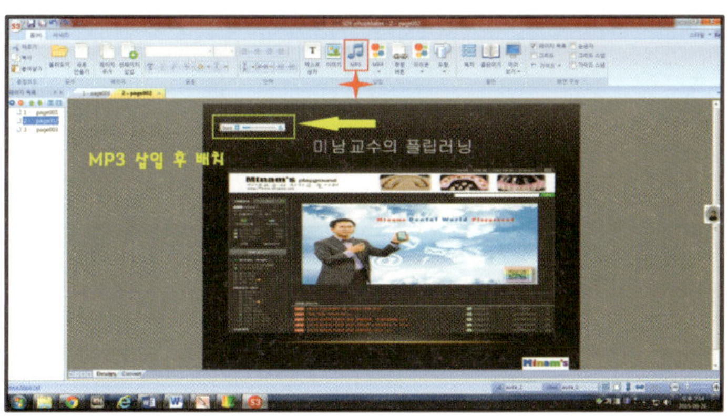

그림 15-15 불러온 MP3 파일 배치

③ MP4(동영상) 삽입

MP4 동영상을 페이지 내에 삽입할 수 있다(그림 15-16~15-19).

ePub3.0 규격의 eBook에서 사용 가능한 MP4 동영상은 다음과 같이 특정 코덱으로 인코딩된 파일이어야 한다(비디오 코덱: H.264, 오디오 코덱: ACC).

동영상 삽입 방법은 [파일], [URL] 두 가지이다. [파일] 옵션을 선택하면 내 컴퓨터에 있는 파일을

eBook 안에 직접 포함하게 되고, [URL] 옵션을 선택하면 eBook 안에 포함되지 않고 링크를 통해 불러오게 된다. 이때 [URL] 링크로 동영상을 삽입할 경우 해당 URL에 동영상 파일이 존재해야 한다. 유튜브, Viemo 등 동영상 무료 스트리밍 사이트에 올려와 있는 동영상을 링크할 경우에는 유튜브 사이트에 있는 동영상 주소만 링크 가능하다.

[메뉴] > [삽입] 도구 모음에서 [MP4]를 선택한 다음 Windows 탐색기 창이 활성화되면 동영상 파일을 선택한 후 [확인]을 클릭한다. [편집 영역] 페이지 좌측 상단에 동영상 표시 박스가 위치하는데, 이 박스를 이동, 크기 조절 등의 조작을 통해 배치한다.

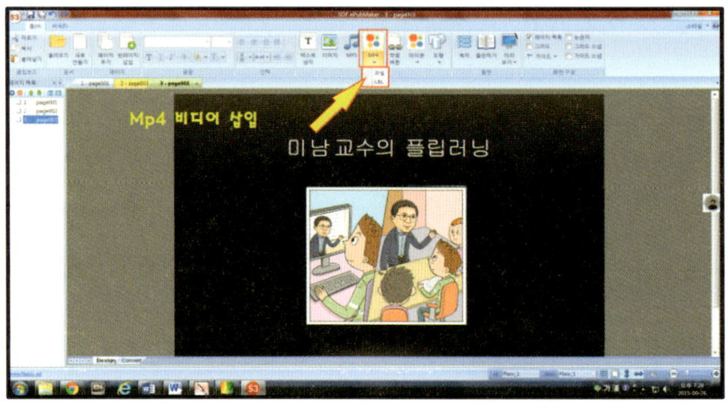

그림 15-16 MP4 비디오 삽입

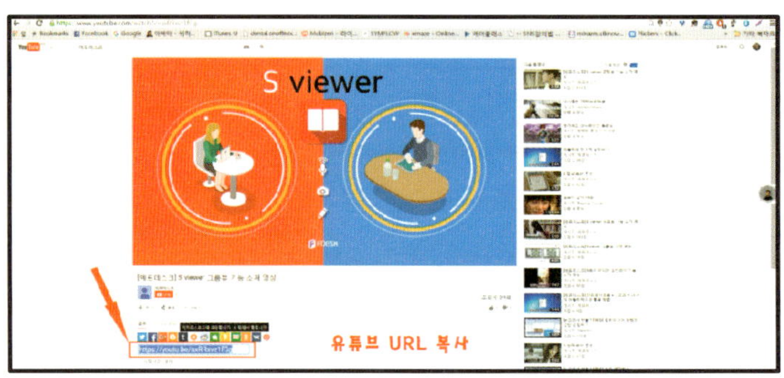

그림 15-17 유튜브 URL 복사

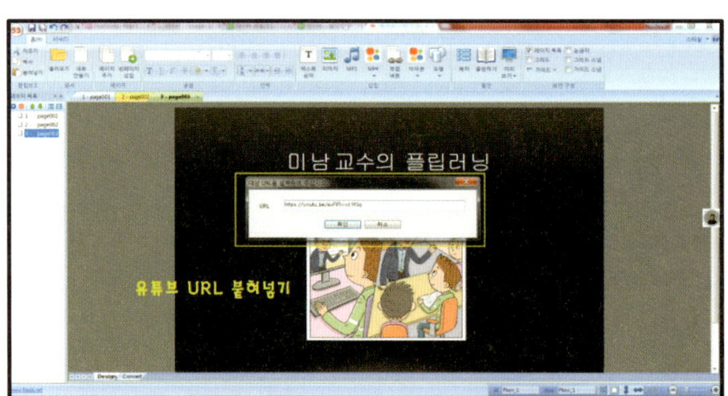

그림 15-18 유튜브 URL 붙여넣기

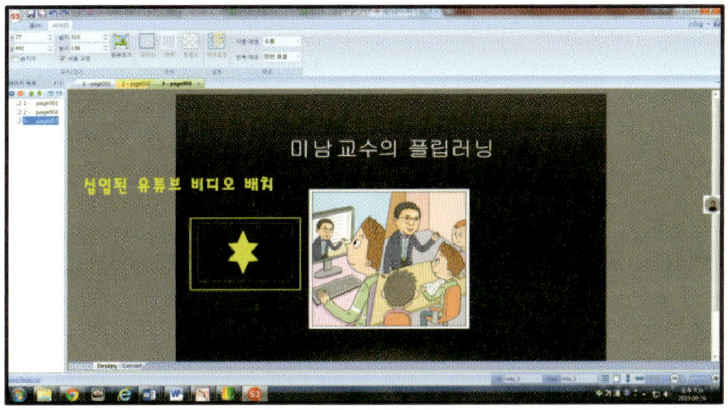

그림 15-19 삽입된 유튜브 비디오 배치

④ 투명 버튼 삽입

투명 버튼을 이용하여 웹페이지 링크, 보이기/숨기기 토글, 팝업 콘텐츠 등의 액션을 활용할 수 있다(그림 15-20~15-22).

[메뉴] > [삽입] 도구 모음에서 [투명 버튼]을 선택하면 [편집 영역] 페이지 좌측 상단에 투명 버튼이 위치하는데, 이 버튼을 이동, 크기 조절, 투명도 조절 등의 조작을 통하여 배치한다.

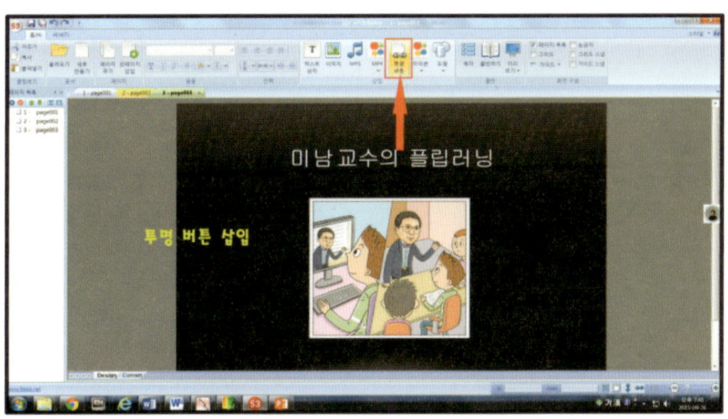

그림 15-20 투명 버튼 삽입

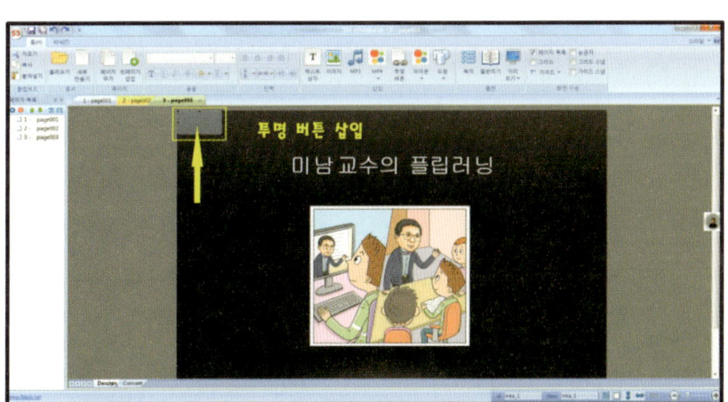

그림 15-21 삽입된 투명 버튼

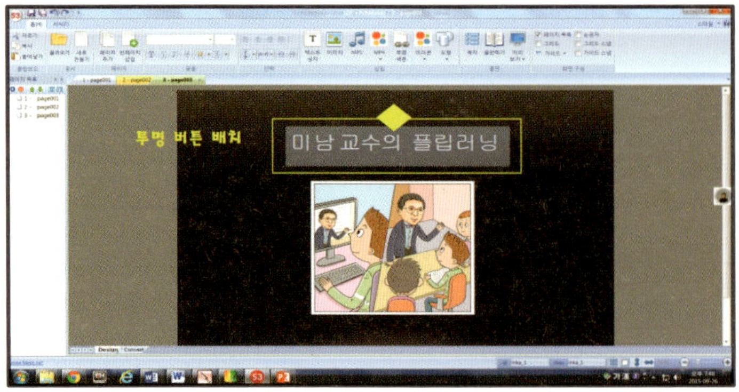

그림 15-22 삽입된 투명 버튼 배치

⑤ 아이콘 삽입

[메뉴] > [삽입] 컴포넌트의 [아이콘 팝업] 버튼을 선택하여 아이콘을 생성할 수 있다(그림 15-23~15-25). 이 프로그램에서 제공하는 기본 아이콘을 사용할 수 있으며, 사용자 컴퓨터에 있는 이미지 파일을 추가하여 사용할 수도 있다. 이렇게 삽입된 아이콘에 추가적인 [액션]을 적용할 수 있는데, [액션]이 적용된 아이콘은 사용자가 클릭하거나 터치할 때 지정된 동작을 하게 된다.

[메뉴] > [삽입] 도구 모음에서 [아이콘]을 선택하고 [아이콘 리스트] 창이 활성화되면 삽입할 아이콘을 선택한다.

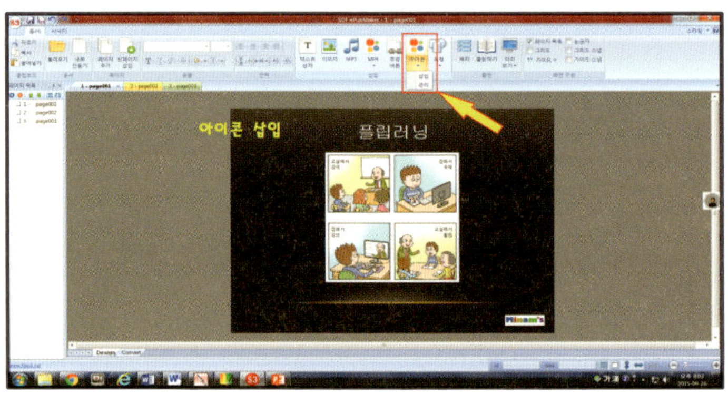

그림 15-23 아이콘 삽입

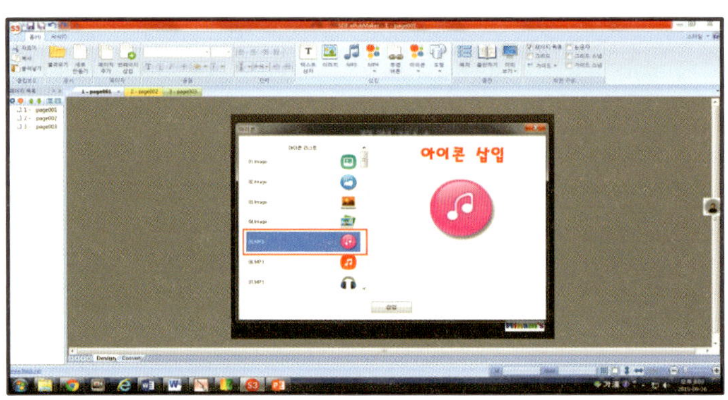

그림 15-24 아이콘 선택 후 삽입

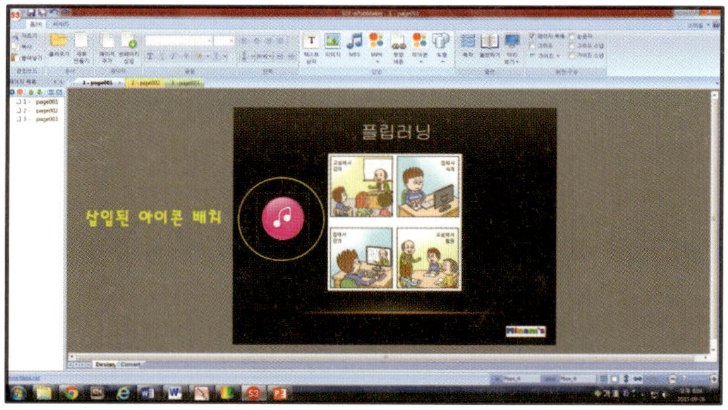

그림 15-25 삽입된 아이콘 배치

(4) 출판마법사

[메뉴] > [출판하기] 버튼을 클릭하면 출판마법사를 실행할 수 있다. 사용자는 [출판마법사]를 통해 몇 가지 설정을 거친 뒤 eBook을 출판할 수 있다(그림 15-26~15-29).

[출판하기]를 하면 ePub3.0 파일이 생성된다. 또한 필요에 따라 출판 옵션을 선택하면 Web(HTML5)용과 로컬용(exe)도 동시에 생성할 수 있다. 출판 전 [미리보기]를 통해 제작 결과물을 확인해 볼 수 있다.

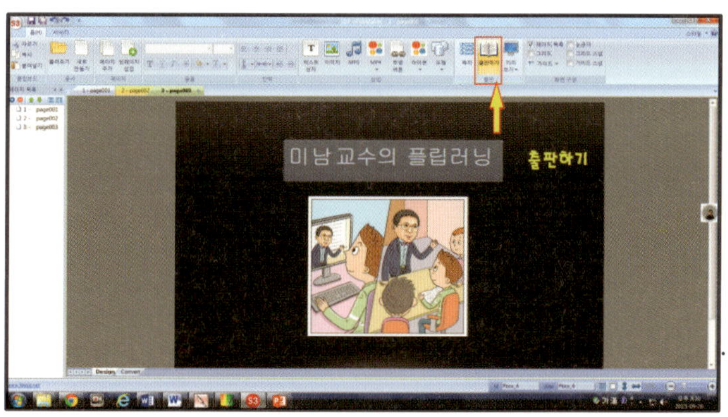

그림 15-26 출판하기

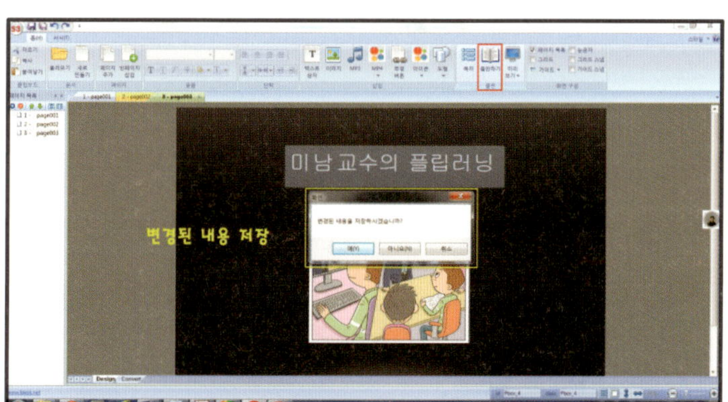

그림 15-27 변경된 내용 저장

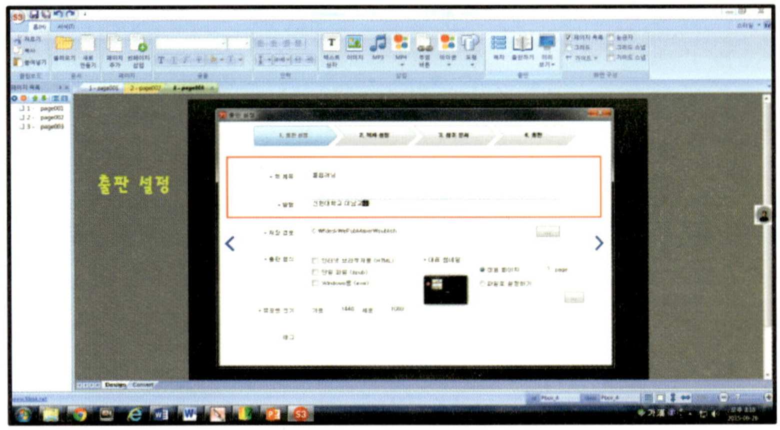

그림 15-28 출판 설정

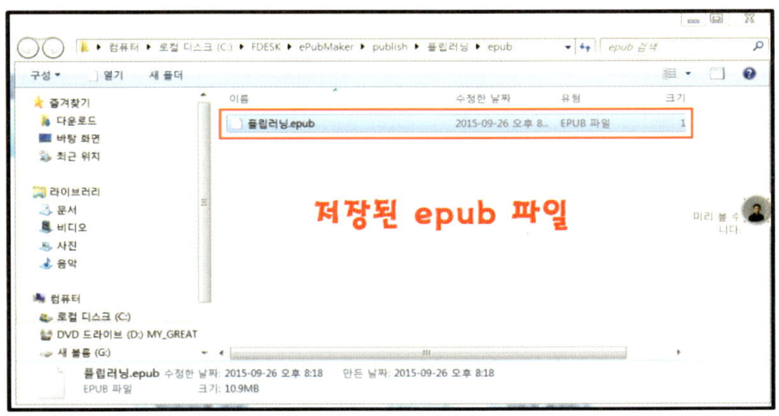

그림 15-29 저장된 epub 파일

(5) 업로드 하기

홈페이지에 접속(http://titanbooks.co.kr)한 후 로그인한 다음 생성된 epub 파일을 순서에 따라 업로드 한다(그림 15-30~15-36).

업로드 방법은 홈페이지 우측 상단의 [내 서재] 메뉴 > [내 서재] 화면에서 좌측 상단의 [책 올리기] 메뉴를 클릭한 다음 업로드 화면에서 책 제목 등의 필수 내용들을 입력하고, epub 파일을 찾아 등록한다.

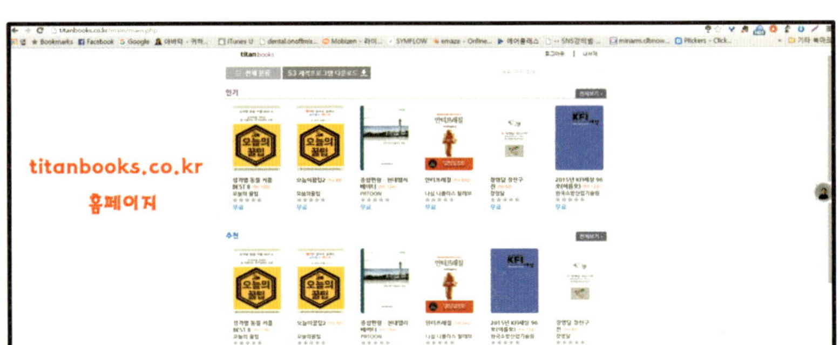

그림 15-30 홈페이지 접속

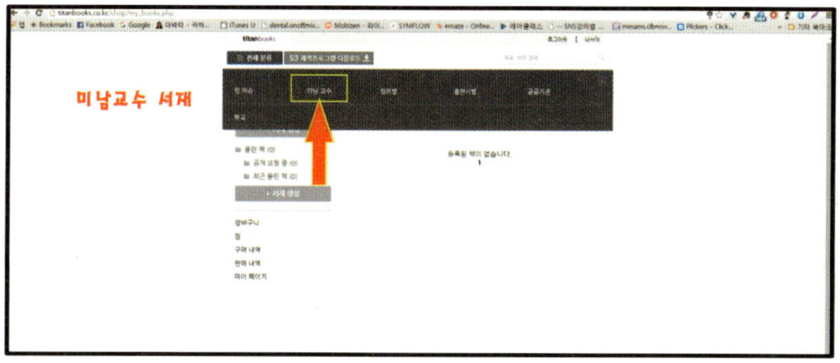

그림 15-31 미남교수 서재 선택

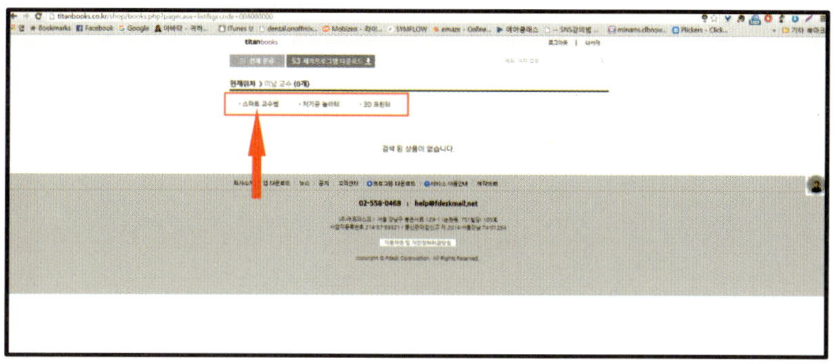

그림 15-32 카테고리 선택

그림 15-33 내 서재에 책 올리기

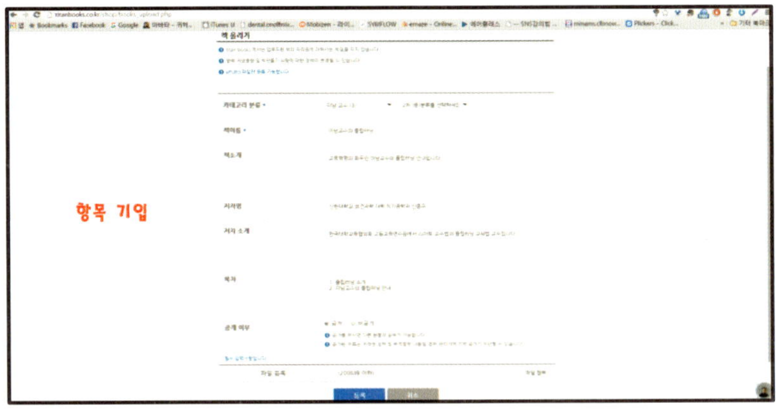

그림 15-34 항목 기입

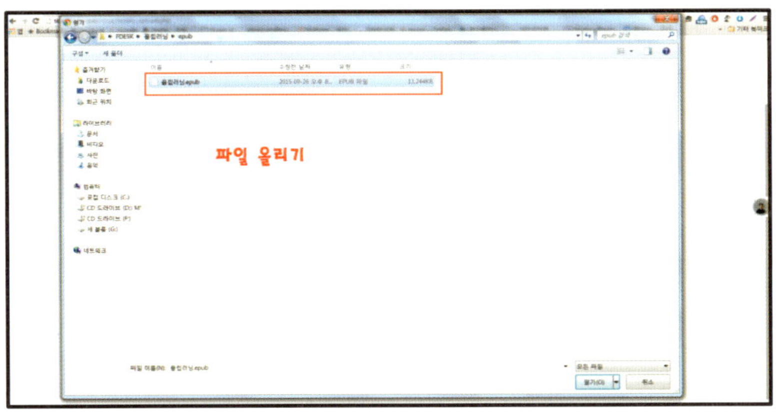

그림 15-35 파일 올리기

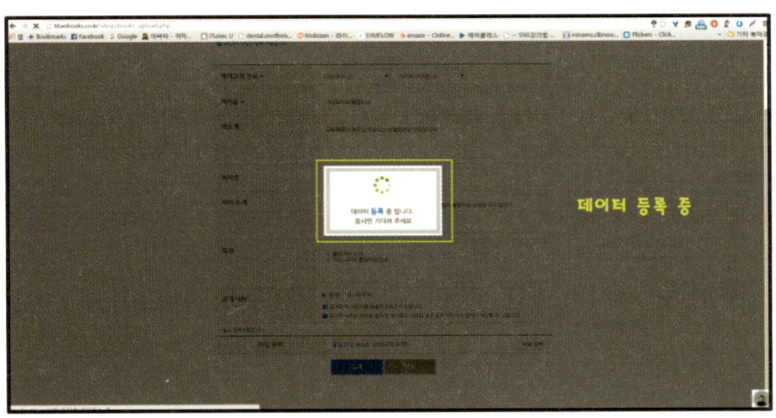

그림 15-36 데이터 등록 중

(6) PC에서 eBook 확인하기

titanbooks 메인 페이지(http://titanbooks.co.kr/main/main.php)에서 [전체 분류]를 클릭한 후 해당 카테고리를 선택한 다음 등록된 eBook을 확인한다(그림 15-37~15-40).

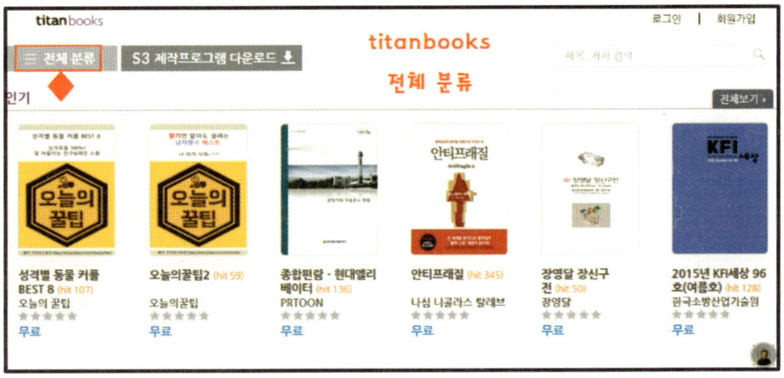

그림 15-37 titanbooks 메인 페이지

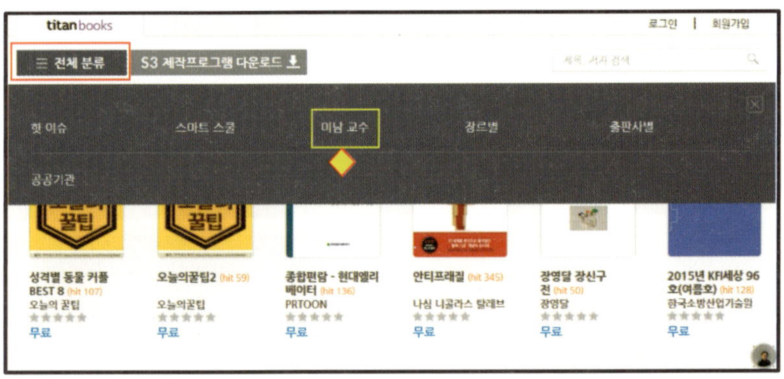

그림 15-38 전체 분류에서 해당 카테고리 선택

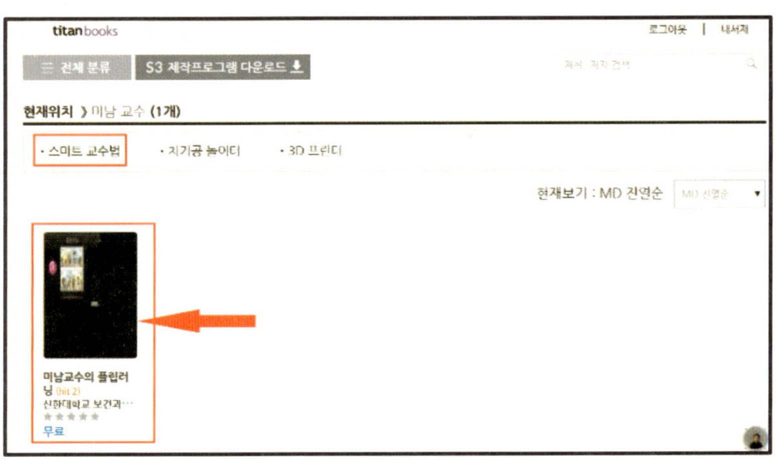

그림 15-39 해당 카테고리 선택

그림 15-40 내 서재에 등록된 〈미남교수의 플립러닝〉

(7) 모바일에서 eBook 확인하기

스마트 기기에서 모바일로 titanbooks에 접속(www.titanbooks.co.kr)하여 전체 분류를 선택한 후 해당 카테고리를 선택한 다음 업로드된 eBook을 선택한다(그림 15-41~15-43).

그림 15-41 모바일로 titanbooks 접속

그림 15-42 전체 분류에서 카테고리 선택

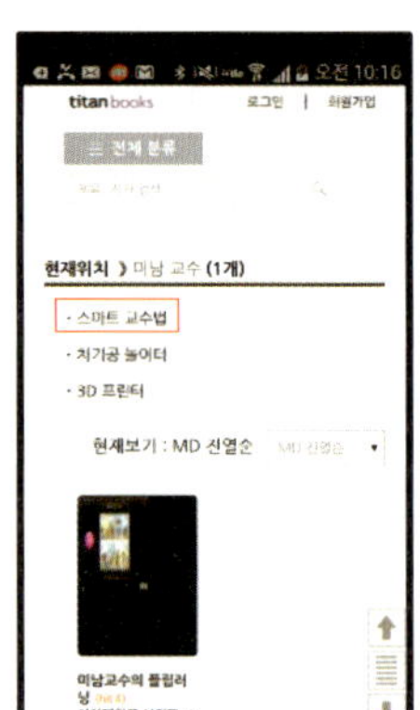

그림 15-43 업로드된 eBook 선택

선택된 책을 터치하여 eBook을 오픈한 다음 S3 뷰어 선택지 중 [앱 뷰어 보기]를 터치한다(그림 15-44).

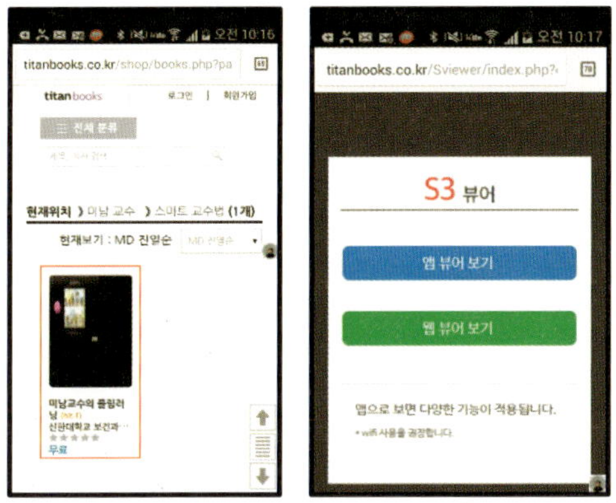

그림 15-44 선택한 eBook 오픈 후 앱 뷰어 보기 터치

앱 설치 화면으로 이동되면 앱 다운 및 설치한 다음 titanbooks로 돌아가서 eBook을 다시 터치한다(그림 15-45).

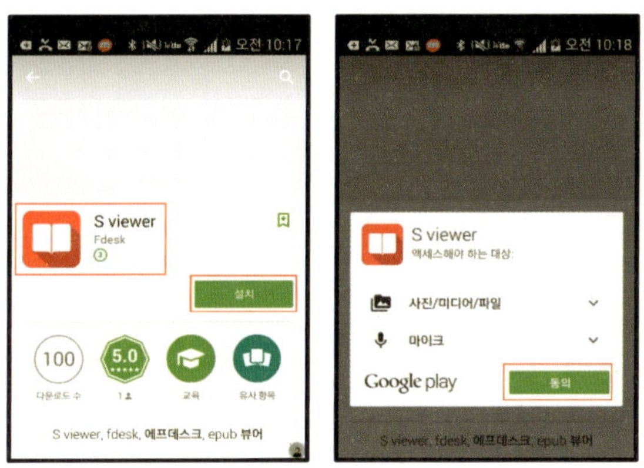

그림 15-45 S viewer 설치

해당 알림창이 뜨면 [열기]를 터치한 다음 오픈된 eBook을 열람한다(그림 15-46).

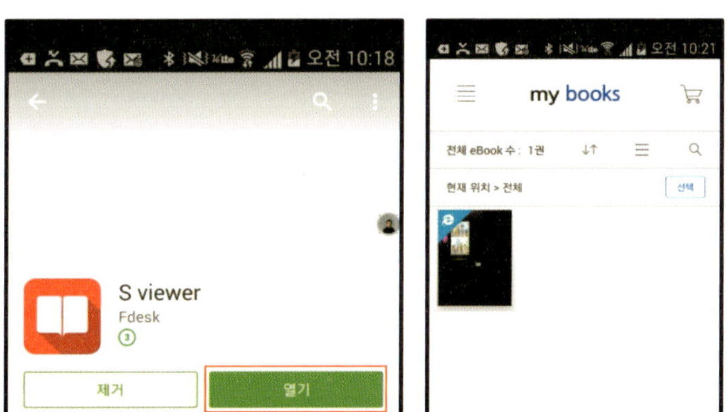

그림 15-46 오픈된 eBook 열람

(8) 공유하기

화면 상단의 우측 공유 메뉴에서 '도서 URL 공유하기'를 선택한 다음 카카오톡(또는 다른 SNS)에서 공유하기를 원하는 사람을 선택한 후 전송하여 확인한다(그림 15-47, 15-48).

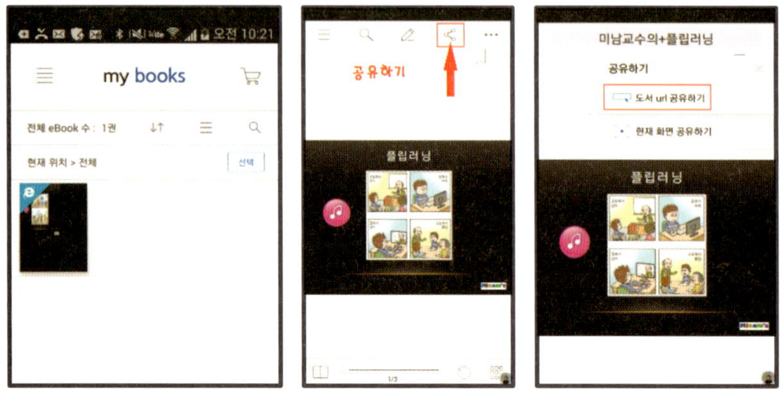

그림 15-47 공유하기 선택

그림 15-48 선택한 카카오톡으로 URL 공유

12
11
10
2
8
7

16

PDF 파일 편집

PDF는 국제 표준 문서 포맷이다. 어떤 운영체제에서 어떠한 뷰어로 보든지 상관없이 내용과 형식이 똑같은 문서를 볼 수 있는 것이 가장 큰 특징이다. 여기에 암호를 적용하면 외부인이 문서 내용을 마음대로 볼 수 없거나, 볼 수는 있지만 임의로 수정할 수 없게 만들 수 있다. 각종 미디어 파일을 삽입하거나 반응형 디자인(예: 설문지처럼 숫자를 클릭할 수 있는 형태)도 가능하다. 이러한 장점으로 인해 업무 시 유용하게 활용할 수 있다.

1. PDF 파일을 워드 파일로 변환하기

마이크로소프트가 출시한 오피스 'MS 오피스 2013'은 PDF와 연계해 사용할 수 있는 대표적인 소프트웨어이다. MS 워드 2013은 PDF 파일을 그대로 워드 파일로 변환할 수 있는 기능이 숨어 있다. 사용 방법도 아주 간단하다. PDF 파일을 마우스 오른쪽 버튼으로 누른 뒤, 연결 프로그램에서 'Word(데스크톱)'이라는 항목을 선택하기만 하면 된다. 마우스 오른쪽 버튼 클릭-연결 프로그램-Word를 선택하면 PDF 파일을 손쉽게 워드 파일로 변환할 수 있다. 그림 파일은 삽입된 객체(그림)로 인식되며, 문자는 거의 그대로 텍스트로 변환된다. 쉽게 말해 PDF 파일의 각 페이지가 MS 워드의 페이지로 옮겨진다는 의미다. 사내 또는 개인적으로 MS 오피스 2013을 구매해 사용하는 사람이라면 별도의 소프트웨어 없이도 PDF 파일을 수정할 수 있는 셈이다. 다만, 그래픽이 많은 PDF 파일의 경우 깨지는 일이 간혹 생길 수 있으며, 대화형 기능을 적용한 문서 역시 올바르게 변환되지 않는다. 표는 객체로, 문자는 수정할 수 있는 텍스트로 변환된다. 참고로 이 기능은 오피스 2013 및 오피스 365에서 사용할 수 있다(그림 16-1).

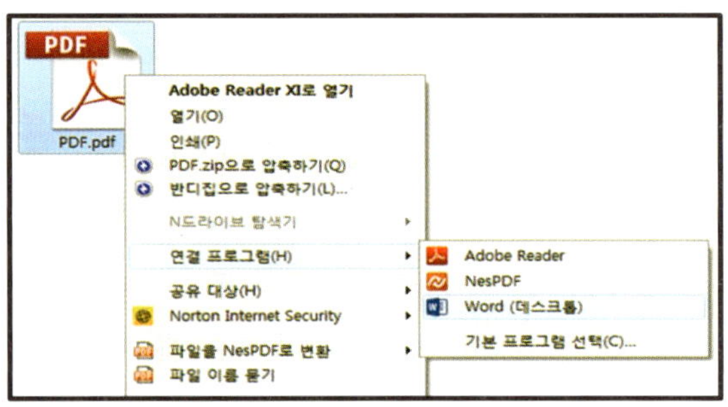

그림 16-1 PDF 파일을 워드 파일로 변환

2. PDF 파일에서 텍스트만 추출하기

많은 사용자가 PDF 파일에서 텍스트만 복사해 다른 문서에 붙여 넣으려다가 좌절을 맛본 적이 있을 것이다. 대표적인 무료 PDF 뷰어, 어도비 리더의 경우 PDF 파일에서 텍스트만 추출하는 기능을 갖추고 있다. 하지만 이 기능으로 텍스트를 추출하면 띄어쓰기가 완전히 어긋나는 경우가 발생해 직접 옮겨 쓰는 것보다 번거로울 때가 있다(그림 16-2).

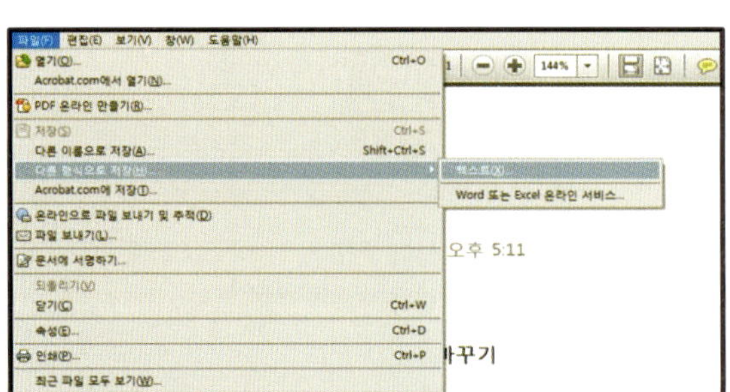

그림 16-2 어도비 리더의 텍스트 변환 기능

3. MS 원노트

현재 윈도우7과 윈도우8에서 사용할 수 있는 MS 원노트는 일반 사용자 또는 교육기관에 한해 무료로 쓸 수 있으며, 기업 사용자의 경우 별도로 구매해야 한다(MS 오피스 패키지에 포함되어 있다). MS 원노트에는 OCR(광학 문자 판독) 기능이 있다. 이 기능을 활용하면 이미지 파일에 들어있는 텍스트를 그대로 출력할 수 있다. 다만, 이 기능을 활용하기 위해서는 PDF 파일을 이미지 파일 형태로 바꾸어야 한다(PDF 파일에서도 텍스트를 추출할 수 있지만, 이 경우 오류가 자주 발생한다). PDF 파일을 이미지 파일로 바꾸는 소프트웨어는 많다(그림 16-3).

그림 16-3 원노트

4. Free PDF to JPG Converter

'Free PDF to JPG Converter'로 이름처럼 무료로 사용할 수 있으며, 사용 방법 역시 간단하다. 이 소프트웨어를 실행하고, PDF 파일을 불러와 변환 버튼을 누르기만 하면 된다.

이미지 파일에서 텍스트를 더 정확하게 추출하고 싶다면 오른쪽 아래에 있는 품질(Quality) 항목을 100%까지 올리고, 해상도(Resolution) 항목을 높이면 된다. 페이지 수가 많은 PDF 파일에서 특정 부분만 이미지로 추출하려면 바로 위에 있는 페이지 범위(Page Range) 항목에서 시작 페이지 번호와 끝 페이지 번호를 입력하면 된다. 이미지 파일로 변환했으면 해당 파일을 원노트에 붙여 넣어보자. 원노트 페이지 위에 해당 파일을 마우스로 끌어다 놓아도 되고, 이미지 파일 자체를 복사(Ctrl+V)한 뒤 페이지에 붙여 넣어도(Ctrl+V) 된다. 페이지에 삽입된 그림을 마우스 오른쪽 버튼을 누르고 '그림에서 텍스트 복사'를 선택하면 아주 쉽게 텍스트만 추출할 수 있다.

이렇게 추출한 텍스트를 메모장 또는 원노트 새 페이지에 붙여 넣으면 거의 완벽하게 텍스트가 복사된다. 만약 그림이 거의 없는 텍스트 위주의 파일이라면 결과가 더 정확하다. OCR 기능을 활용해 이미지 파일에서 텍스트만 추출할 수 있다(그림 16-4).

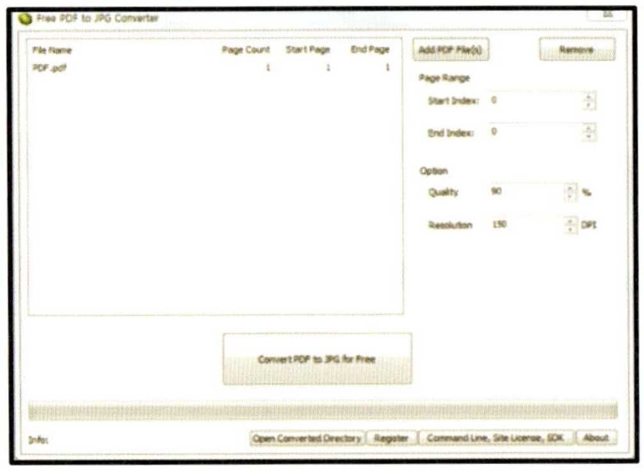

그림 16-4 Free PDF to JPG Converter

5. NesPDF

NesPDF는 다수의 PDF 파일을 한 번에 변환할 때 사용자가 무료로 쓸 수 있는 소프트웨어이지만, PDF 파일 작성, 포맷 변환, 텍스트 추출 등 고급 유료 소프트웨어가 지원하는 기능 대부분을 갖추고 있다. 기업 사용자라면 회사에서 구비한 MS 오피스를, 일반 사용자라면 NesPDF를 사용하면 된다(물론 NesPDF 역시 기업에서 구매하여 사용할 수 있다).

NesPDF는 크게 PDF 파일 작성 및 수정할 수 있는 NesPDF, 여러 개의 파일 포맷을 한 번에 변환하는 NesPDF 컨버터(Converter), 서로 다른 파일을 모아서 PDF 파일로 병합하는 NesPDF 드라이버(Driver) 등으로 구성되어 있다. 이 소프트웨어 하나만 있으면 앞에서 소개한 두 가지 기능을 모두 해결할 수 있다(그림 16-5).

그림 16-5 NesPDF 파일

NesPDF 컨버터를 실행하고, 변환할 PDF 파일을 불러온 뒤, 아래 항목에서 변환할 형식을 선택하기만 하면 모든 작업이 끝난다. PDF를 JPG 등의 이미지로 바꾸고 싶다면 '이미지'를, 워드나 엑셀 등의 문서로 바꾸고 싶다면 각각 'Word'와 'Excel'을 선택하면 된다. 워드의 경우 변환 결과물이 아주 정확하고 양호하다. 엑셀은 원본과 비교해 약간 질이 떨어지지만 충분히 쓸 수 있을만한 수준이다. 텍스트 파일로 변환하는 기능 역시 우수하다.

변환 설정에서 유니코드를 사용하는 텍스트 파일로 설정해 저장하면 띄어쓰기는 물론, 거의 모든 텍스트가 완벽하게 바뀐다. 다만, 이는 완벽하게 문자로만 이루어진 PDF 파일의 경우이며, 그림이나 사진이 섞여 있다면 중간 중간에 오류가 발생할 수도 있다. NesPDF 컨버터의 가장 큰 특징은 여러 개의 PDF 파일을 한 번에 변환할 수 있다는 점이다. 다수의 파일을 불러온 뒤 변환 버튼을 누르기만 하면 지정한 형식으로 한 번에 바뀐다. 다만, 각 파일을 개별적인 포맷으로 변환할 수는 없고, 한 번에 한 종류의 변환 포맷만 선택할 수 있다(그림 16-6).

그림 16-6 NesPDF 컨버터

6. Smallpdf

Smallpdf(http://smallpdf.com/kr)는 PPT PDF 변환, PDF 압축, JPG PDF 변환, PDF JPG 변환, PDF 오피스로 변환, 오피스 PDF로 변환, PDF 합치기, PDF 분할, PDF 잠금 해제를 할 수 있는 무료 프로그램이다. 특히 PDF에 광고 워터 마크가 없으며, 업로드 또는 파일 크기에 대한 제한이 없어 폭넓게 이용할 수 있다(그림 16-7).

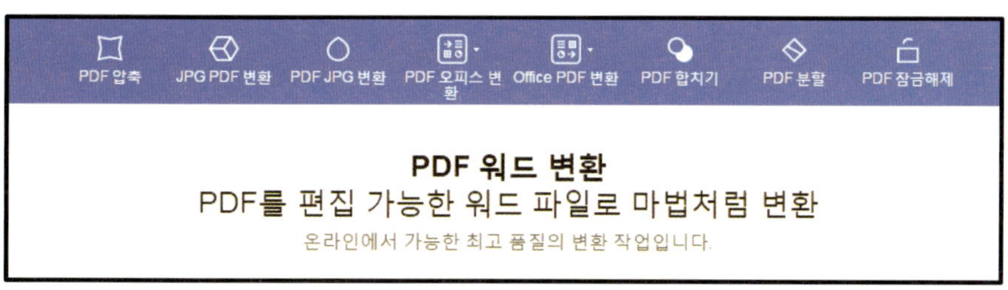

그림 16-7 Smallpdf

7. NPDF

NPDF는 집, 회사 등에서 자유롭게 사용 가능한 무료 프리웨어 프로그램으로 윈도우 모든 프린터, 인쇄 내용을 PDF로 변환, 오피스, 익스플로러, 파이어폭스, 크롬 등의 브라우저, 윈도우의 각종 인쇄 내용을 그대로 PDF로 저장할 수 있다(그림 16-8).

NPDF 기능으로 PDF 파일 합치기, PDF 페이지 추출하기, PDF 페이지 회전하기, PDF 파일에 암호

걸기, PDF 파일을 이미지(png, jpg, bmp, tiff)로 변환, 이미지(png, jpg, bmp, tiff 등) 파일을 PDF로 만들기, PDF 파일 안의 페이지를 각각 분리하여 저장, PDF 페이지에 이미지 워터마크 넣기, PDF 페이지에 글자 워터마크 넣기, PDF 파일 복구(XREF 테이블, Stream), PDF 파일을 SWF(플래시) 파일로 변환, PDF 파일에서 이미지 추출, PDF 파일에서 텍스트 추출, PDF 첫 페이지에 표지커버 넣기 등을 할 수 있다.

그 외 NPDF 플러그인 기능으로 PDF 및 tiff 첫 페이지에 표지 넣기, PDF 저장 없이 바로 보기, Google Docs 문서 업로드, hylafax 보내기, 프린트를 이미지(jpg, png, tiff …)로 변환, myfax 무료 팩스 보내기, FTP 전송, 메일(MAPI) 보내기, SMTP 메일 보내기, 트위터 파일 업로드 등의 기능과 NPDF는 윈도우XP, 비스타, 윈도우7(윈도우32비트) 등을 지원하고 있다.

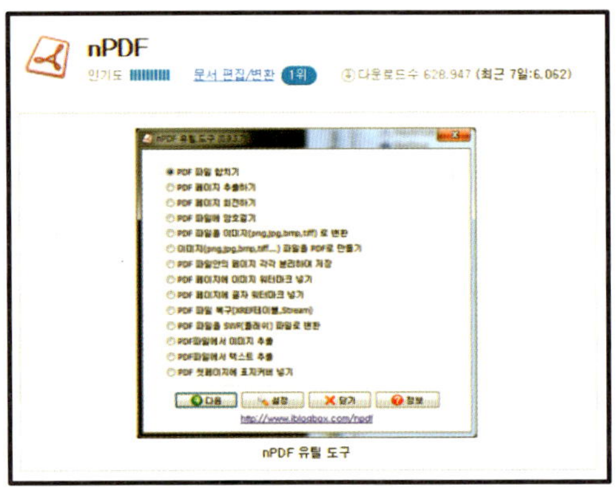

그림 16-8 NPDF

17

캡처 프로그램

캡처 프로그램은 말 그대로 PC의 화면을 그대로 찍어 JPEG나 PNG와 같은 이미지 파일로 저장하는 프로그램을 뜻한다. 인터넷 서핑을 하다 보면 꼭 간직하고 싶은 장면이 종종 등장하기 마련이다. 이때는 해당 페이지의 글을 마우스로 드래그하여 복사/붙여넣기를 하거나 이미지 파일을 따로 저장해 보관하곤 한다. 하지만 이렇게 하면 원본의 온전한 모습을 그대로 옮기기 어렵고, 이런 복사 기능 자체를 금지해 놓은 사이트도 있다. 이때 유용한 것이 바로 이미지 캡처 프로그램이다.

1. 네이버 캡처

네이버 캡처는 내 컴퓨터의 모든 화면을 저장하고 다양하게 편집할 수 있는 화면캡처 프로그램(http://software.naver.com/software)이다(그림 17-1).

주요 기능으로 첫째, 스마트 캡처 제공이다. 원하는 영역을 드래그하여 캡처하거나 이미지 또는 오브젝트를 자동 인식하여 마우스 클릭으로 화면을 쉽게 캡처할 수 있다. 둘째, 캡처 옵션이다. 스크롤이 긴 Excel 파일, 바탕화면의 아이콘, 전체화면 등을 간편하게 캡처할 수 있도록 다양한 캡처 옵션을 지원해 준다. 셋째, 캡처한 이미지 공유 기능이다. 캡처한 이미지를 공유하고 싶을 때 네이버 메일, 블로그, 미투데이, 지식인 질문을 통해 공유가 가능하다.

넷째, 다양한 저장 기능 제공이다. 캡처한 이미지가 PC에 자동 저장되도록 환경설정에서 선택이 가능하며, 네이버 로그인 시 N드라이브에서도 간편히 저장 가능하다. 다섯째, 편집 기능이다. 캡처한 이미지의 중요한 부분을 강조하거나, 간단한 설명 문구를 넣고 밑줄을 긋고 싶을 때 사용할 수 있는 기본 편집 기능으로 간편한 편집 작업이 가능하다. 여섯째, 단축키 기능이다. 자주 사용하는 캡처 메뉴에서 원하는 단축키로 설정하면 간편하게 네이버 캡처를 이용할 수 있다. 일곱째, 포토뷰어 편집기 제공이다. 네이버 포토뷰어 편집기로 세밀하고 강력한 편집 작업이 가능하다.

그림 17-1 네이버 캡처

2. 칼무리

칼무리는 키보드의 Print Screen 키를 이용하여 손쉽게 화면을 파일로 저장해 주는 캡처 프로그램(http://software.naver.com/software)이다(그림 17-2).

칼무리의 가장 큰 특징이라면 간결함이다. 프로그램의 실행 창은 선택 메뉴 2개와 버튼 1개로 구성되어 있으며, 프로그램의 설치 과정 없이 단 1개의 실행 파일 만으로 구성되어 있다. 실행 파일의 용량도 500KB 남짓에 불과하다. 작고 간결한 인터페이스에 비해 기능은 충실하다. 전체화면, 활성 중 화면, 영역 화면, 컨트롤 영역 캡처 등의 기본적인 캡처 기능을 지원하는 것 외에도 웹 페이지 캡처나 특정 색상을 추출해 이미지 편집 프로그램 등에서 활용할 수 있도록 하는 기능도 갖추었다. 단축키나 클립보드 복사 기능과 같은 부가 기능도 빠짐없이 들어가 있다.

그림 17-2 칼무리

3. 알캡처

알캡처는(ALCapture)는 모니터에 보이는 이미지를 여러 가지 옵션을 통해 캡처 및 편집이 가능하며, 편집한 이미지를 업로드할 수 있는 캡처 프로그램(http://software.naver.com/software)이다(그림 17-3).

주요 기능으로 첫째, 다양한 캡처 옵션이다. 사각형/자유형 캡처, 단위 영역 캡처, 창 캡처, 전체 캡처, 스크롤 캡처 등 여서 가지의 캡처 옵션을 지원한다. 직접 지정 캡처(사각형)는 캡처를 원하는 영역에 직접 마우스를 끌어서 지정된 영역을 캡처하며, 직접 지정 캡처(자유형)는 마우스로 클릭-이동-클릭-이동을 반복해가며 그림을 그리는 대로 캡처하는 기능이다. 창 캡처는 Windows상에 열려 있는 창 단위로 캡처가 가능하며, 마우스를 옮기면 자동으로 창이 선택된다. 단위 영역 캡처는 창 캡처보다 자세하게 캡처가 가능하며, 마우스를 옮기면 캡처될 영역이 자동으로 표시된다. 전체 캡처는 모니터에 보이는 전체화면을 캡처한다.

둘째, 그리기 기능이다. 펜과 지우개 등 도형 툴을 사용하여 글씨를 쓰거나 도형을 사용하여 강조할 수 있다. 셋째, 캡처 실행 단축키 기능이다. 툴 팁이나 마우스가 오버되었을 때 등 순간포착이 필요한 순간에 단축키를 사용하여 간편한 캡처가 가능하다. 넷째, 편집 툴 지정이다. 캡처한 이미지를 저장하지 않고도 그림판 및 환경설정에서 지정해둔 이미지 편집 툴(포토샵 등)로 이동시킬 수 있다.

다섯째, 캡처 이미지 SNS 업로드이다. 알캡처로 캡처한 이미지를 SNS로 바로 업로드할 수 있다. 여섯째, 꾸미기이다. 알씨 꾸미기와 연동하여 자르기, 회전, 색 조절, 글자 쓰기, 말풍선, 액자, 제목 제거 및 각종 효과로 이미지를 자유롭게 편집할 수 있다.

그림 17-3 알캡처

4. 안카메라

안카메라(Ancamera)는 간편하게 사용자가 원하는 화면을 저장할 수 있는 직관적인 화면 캡처 프로그램(http://software.naver.com/software)이다(그림 17-4).

주요 기능으로 첫째, PC 화면 캡처 기능 업그레이드이다. 직접 지정 버튼으로 이용 가능한 드래그로 원하는 영역 캡처 기능과 영역 선택 버튼으로 이용 가능한 단위별 캡처 기능이 추가되어 편리하다. 둘째, 동영상 및 애니메이션 화면 실시간 캡처가 가능하다. 타 제품에서는 제공되지 않는 직접 지정 캡처 시 움직이는 동영상도 실시간으로 보여주며, 원하는 이미지가 나올 때까지 대기 후 캡처가 가능하다. 셋째, 안캠코더와 연동 기능 추가이다. PC 화면을 동영상으로 녹화할 수 있는 프로그램인 안캠코더를 보다 쉽게 실행할 수 있도록 녹화하기 버튼을 추가하여 안캠코더 실행을 도와준다.

그림 17-4 안카메라

5. 올캡

올캡(AllCap)은 원하는 캡처 영역 지정, 여러 저장 파일 포맷지원, 단축키 설정변경, 캡처 후 메모 편집, 웹페이지 이미지 저장, 동영상 Animated Gif 저장이 가능한 프로그램(http://software.naver.com/software)이다(그림 17-5).

주요 기능으로 쉽고 간단한 무설치 스크린샷 유틸리티 기능이 있으며, 캡처 영역 지정, 4종류의 저장 파일 포맷 지원(BMP, JPG, PNG, GIF), 단축키 설정 변경 가능, 캡처 시 셔터음 지원, 저장 폴더 변경, 저장 시 이미지 사이즈 변경 지원, 캡처 후 간단한 메모 편집 지원, 웹페이지 저장, Animated Gif 저장 등을 할 수 있다.

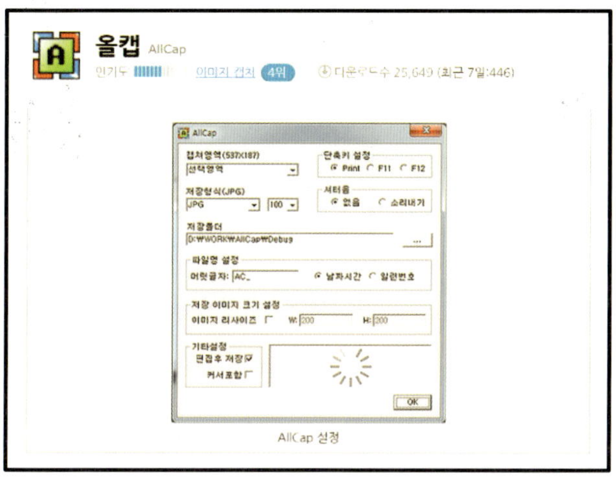

그림 17-5 올캡

6. 꿀캠

꿀캠(HONEYCAM)은 컴퓨터 화면을 사각형 창틀로 애니메이션 GIF 포맷으로 녹화하고, 편집할 수 있는 프로그램(http://software.naver.com/software)이다(그림 17-6).

주요 기능으로는 복잡한 작업 없이 원클릭으로 Animation GIF 파일을 만들 수 있고, 다른 프로그램 대비 고화질 GIF을 제작하실 수 있으며, 만들어진 GIF 파일의 크기가 매우 작아서 보다 자유롭게 인터넷상에서 이용할 수 있다. 또한 구글의 최신 이미지 포맷인 WebP 포맷을 지원하고 있다.

이 밖에 꿀캠의 장점은 녹화하는 프레임 크기를 자유롭게 조절할 수 있다는 점이다. 화면에 나타난 창 크기를 자유롭게 조절하는 것처럼 녹화하는 프레임의 크기도 마우스를 이용해 조절할 수 있다. 이렇게 녹화할 범위를 지정하고 우측 상단에 있는 녹화 시작 버튼을 누르면 화면을 녹화할 수 있다. 참고로 무료로 사용할 수 있는 평가판에서는 녹화할 수 있는 시간이 10초로 제한되며, 좌측 상단에 꿀캠이라는 워터마크가 작게 삽입된다.

녹화할 수 있는 시간은 최대 10초이다. 녹화 시 부가적인 설정도 할 수 있다. 좌측 상단에 있는 압정 모양 항목을 활성화하면 녹화 시 꿀캠 창이 항상 위에 고정되며, 바로 옆에 있는 마우스 모양 항목을 활성화하면 화면에 마우스 커서 표시 여부를 지정할 수 있다. 옆에 있는 프레임 항목에서는 초당 몇 장면을 녹화할지 지정할 수 있다. 초당 녹화 장면 수가 많아질수록 파일 용량도 커진다.

움직임이 아주 부드러운 움짤이 아니라면 5fps 정도로도 충분하니 필요에 따라 조절하면 된다. 녹화를 마치면 화질과 파일 형식을 설정해 움짤을 저장할 수 있다. 화질 설정 항목에 있는 파란색 막대를 움직이면 화질을 조절할 수 있으며, 저장 포맷은 GIF, WebP, WebM 등을 선택할 수 있다.

그림 17-6 꿀캠

7. 반디 카메라

반디 카메라(Bandicamera)는 컴퓨터 화면을 원하는 사각형 창틀을 이용해서 쉽고 빠르게 저장할 수 있는 화면 캡처 프로그램(http://software.naver.com/software)이다(그림 17-7).

주요 기능으로 첫째, 사각형 창틀 캡처이다. 사각형 창틀로 캡처할 영역을 지정한 후 바로 캡처할 수 있다. 둘째, 저장 포맷 자동 선택 기능이다. 캡처 대상에 따라 PNG와 JPG 파일 중 최적의 화질과 용량을 얻을 수 있는 포맷을 자동으로 찾아준다. 셋째, 클립보드로 복사하기이다. 캡처 대상을 클립보드에 복사한 후 파워포인트나 아래아 한글, 그림판 등에 바로 붙여넣기를 할 수 있다.

넷째, 이미지 편집 프로그램 연동이다. 캡처 대상을 그림판이나 포토샵과 같은 이미지 편집 프로그램에서 바로 편집할 수 있도록 하는 프로그램 연동 기능을 제공한다. 다섯째, 영역 캡처 기능이다. 마우스와 돋보기 기능을 이용해 사용자가 캡처할 영역을 직접 지정해서 캡처할 수 있다. 여섯째, 연속 캡처 기능이다. 사각형 창틀에 있는 화면을 5초 단위로 연속해서 캡처할 수 있으며, 연속 캡처 시간은 초단위로 지정해서 사용할 수 있다.

일곱째, 웹페이지 캡처 기능이다. 인터넷 웹페이지를 이동하면서 스크롤이 긴 웹페이지도 통째로 캡처할 수 있다. 여덟째, 캡처 후 바로 인쇄가 가능하다. 사각형 창틀에 있는 화면을 화면 캡처와 동시에 프린터로 바로 인쇄할 수 있다. 아홉째, 캡처대상 자동 찾기 기능이다. 캡처할 대상의 크기를 자동으로 찾아주는 캡처대상 자동 찾기 기능을 이용할 수 있다. 열 번째, 마우스 커서 캡처 및 3초 후 캡처이다. 마우스 커서를 함께 캡처하거나 3초 후 캡처하기 기능 등으로 원하는 장면을 제대로 캡처할 수 있다.

그림 17-7 반디 카메라

8. 라이트 샷

라이트 샷(LightShot)은 사용자가 원하는 화면을 원하는 해상도를 통해 캡처하고 편집할 수 있는 프로그램(http://software.naver.com/software)이다(그림 17-8).

주요 기능으로 첫째, 선택한 영역의 빠른 캡처 화면이다. 데스크톱에 대한 영역을 선택하여 해당 영역의 스크린샷을 캡처할 수 있다. 둘째, 비슷한 이미지 검색이다. 웹에서 찾고자 하는 이미지에 대한 비슷한 이미지를 찾아준다.

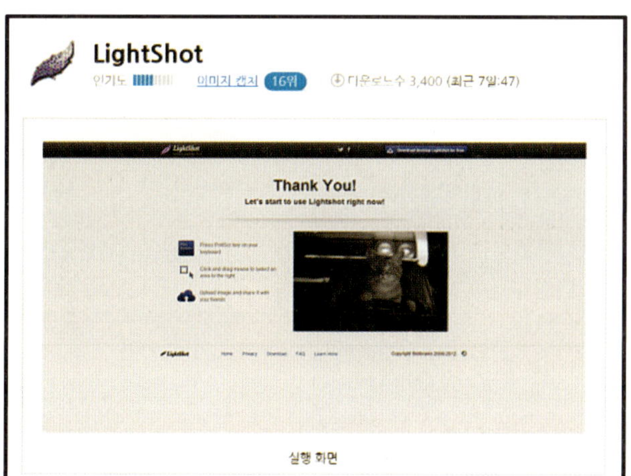

그림 17-8 라이트 샷

12
11
10
2
8
7

18

구글링으로 정보 검색을 스마트하게

정보의 바다라고 불리는 인터넷을 이용하면 수많은 정보에 자유롭게 접근할 수 있다. 인터넷에 많은 정보가 있어 내가 원하는 내용을 찾기 힘들 경우에는 간단한 구글링(Googling → 구글로 검색하기)을 활용한다면 훨씬 효율적으로 정보를 검색할 수 있다.

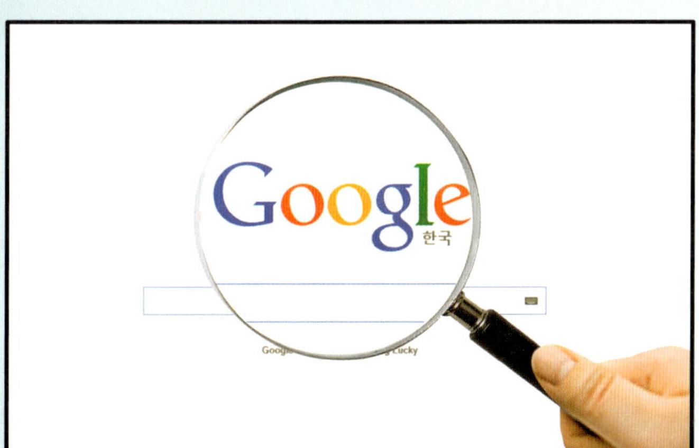

1. 구글링

구글링(Googling → 구글로 검색하기)이란 전 세계적으로 유명한 포털 사이트인 구글(Google)에 'ing'를 붙여 만든 단어로, 구글로 정보를 검색한다는 뜻을 가지고 있다. 영어권에서도 구글이라는 말을 이 같은 뜻의 동사로 사용한다. 정확하고 뛰어난 검색력으로 인해 구글링한다는 말이 일반명사화 되어 사용되고 있다. 이름 하나로도 학교와 집 주소, 심지어 전화번호까지 알아낼 수 있기 때문이다. 방대한 정보를 저장하는 메타데이터를 구글의 검색로봇이 자료를 수집한다. 구글은 다양한 부가 검색 기능과 검색 결과의 질 면에서 다른 어떤 사이트보다 좋은 평가를 받고 있으며 이는 구글의 경쟁력이다. 하지만 동시에 이러한 강력한 검색 결과가 개인정보 노출이라는 부작용을 낳고 있기도 하다.

2. 구글링 활용법

구글링 활용법의 핵심은 찾고자 하는 단어를 정확히 검색창에 써 넣고 검색을 진행하는 데 있다. 검색하고자 하는 정확한 단어를 선정하였는데 원하는 결과를 도출하지 못하였다면 검색도구 옵션 버튼을 이용해 좀 더 검색 범위를 좁혀나가도록 할 수 있다(그림 18-1). 구글링 활용법에서 중요한 부분인 검색도구 버튼 옵션을 통해 좀 더 세분화해서 검색을 시작할 수 있다. 검색 결과가 외국 사이트들과 뒤죽박죽으로 검색되었다면 '모든 언어'를 클릭해서 '한국어 웹으로만 이루어진 결과로 표시해주세요'라고 수정할 수 있으며, '모든 날짜'를 클릭해 특정 날짜에 해당하는 검색 결과를 도출해낼 수 있다. '모든 결과' 버튼을 이용해 완전 일치해야만 구글 검색 결과에 나오게 할 수 있으며, 지역 버튼을 이용해 특정 지역에 한정해서 검색 결과를 제한할 수 있다. 이렇게 구글 검색 방법을 통해서도 너무 많은 결과들이 도출되어 원하는 정보를 찾기 힘들 때는 연산자나 기호들을 이용해 좀 더 세분화된 구글링을 시작하면 된다.

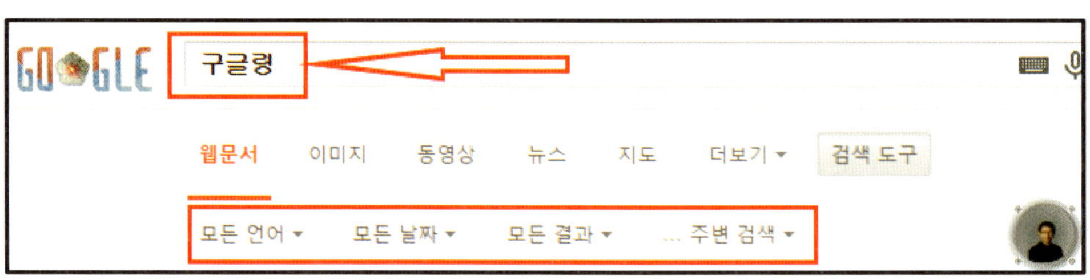

그림 18-1 구글링 세부 메뉴 선택

3. 구글링 검색 팁

1) 구글 검색 팁 기호 연산자

구글링 검색 시 검색 기호 연산자를 포함한다고 하여 반드시 검색 결과가 향상되는 것은 아니지만 어느 정도 검색 범위를 좁힐 수 있고, 원하는 정보를 찾아내는 데 도움을 주기에 알아두면 좀 더 편리

한 구글 검색을 할 수 있다. 구글링에서 두 단어 이상이 함께 들어간 글을 찾고자 할 때에는 & 기호를 활용한다. and 개념의 위 연산자는 검색 결과를 좁혀주는 데 필수적이며, 이와 비슷한 개념으로 | 기호 연산자가 있다. 이것은 or의 개념으로 두 단어 사이에 사용했을 경우 둘 중 하나의 단어만 들어가도 검색 결과를 표시하라는 연산자이다. - 기호 연산자는 - 바로 뒤에 이어지는 단어가 들어간 웹페이지를 검색 결과에서 제외하라는 의미이며, " " 기호는 정확히 일치하는 게시물을 검색하라는 의미이다. * 기호 연산자는 정확히 알 수 없는 단어에 * 표시로 대체하여 특정 단어가 있는 것처럼 검색하는 기호이다(표 18-1).

표 18-1 구글 검색 팁 기호 연산자

기호 연산자	검색 방법	검색 결과
&	구글 & 네이버	구글과 네이버 두 단어 함께 검색
|	구글 | 네이버	구글과 네이버 중 한 단어로 검색
–	구글 - 네이버	구글 검색 중에서 네이버 검색 제외
" "	"구글링"	정확히 일치한 문장 검색
*	구글링 * 법	특정 단어 검색

2) 구글 검색 방법 고급 연산자

검색 고급 연산자는 검색에 추가하여 결과를 좁히는 데 사용할 수 있는 단어로 원하는 결과를 찾기 위해 유용하게 쓰이는 연산자이다(표 18-2). 구글링 구글 검색 팁으로 이용되는 고급 연산자들 중 많이 쓰이는 것이 'site:'이다. 특정 단어를 검색하였는데 그 검색 결과가 광범위할 경우 특정 사이트를 'site:' 뒤에 써 넣어 특정 도메인에서의 검색 결과만을 표시하게 하는 것이다. 'link:'는 특정페이지로 연결되는 페이지를 찾는 연산자이며, 'related:' 연산자는 related: 뒤에 이어지는 사이트와 유사한 사이트를 찾는 방법이다. 'info:'를 통해 웹주소 관련 유사한 페이지, 페이지에 저장된 버전, 사이트로 연결되는 페이지 등 웹주소 관련 정보를 알 수 있으며, 'chche:'를 통해 구글이 마지막으로 사이트를 방문하여 웹 페이지 내용을 긁어 갔을 때 당시의 페이지 모습을 표시하여 준다. 특히 'chche:' 캐시 저장의 경우 커뮤니티 웹 페이지에서 삭제된 글까지도 해당 글의 주소를 안다면 'chche:'를 통해 표시할 수 있어 많이 활용되고 있다.

표 18-2 구글링 구글 검색 방법 – 고급 연산자

고급 연산자	검색 방법	검색 결과
site:	네이버 site:smart teaching	검색 결과 중 특정 사이트만 검색
link:	link:minmas.com	특정 페이지로 검색
related:	Related:naver.com	이미 알고 있는 URL 검색
Info:	Info:google.com	웹주소 관련정보 표시
chche:	chche:naver.com	마지막 방문 표시

3) 검색어가 모두 포함된 문서 보기: 큰 따옴표 ["검색어"]

2개 이상의 단어를 검색할 경우 검색어 양 끝에 큰 따옴표 [“ ”]를 입력하면 입력한 문구가 정확히 포함되어 있는 문서를 검색한다. 스마트 교수법을 검색하면 스마트와 교수법이 함께 포함된 문서가 나오지만, “스마트 교수법”을 검색하면 내가 입력한 문구, 스마트 교수법이 그대로 들어가 있는 문서가 검색된다(그림 18-2).

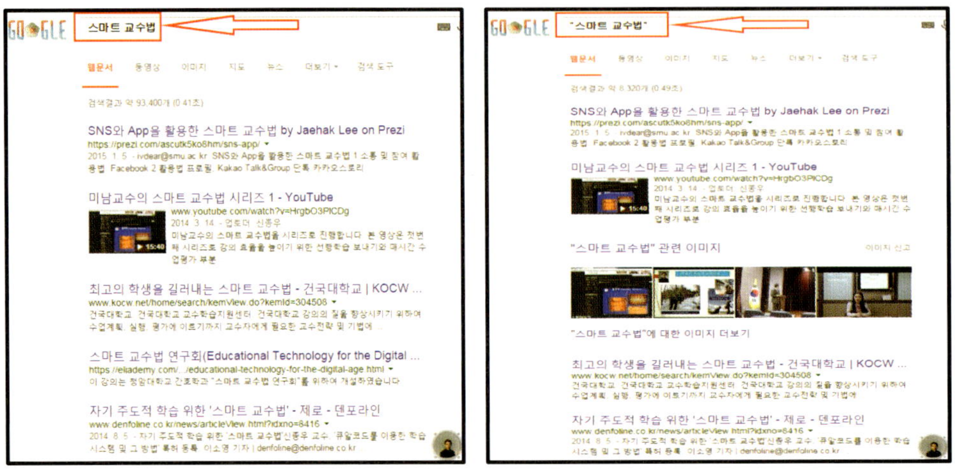

그림 18-2 큰 따옴표 ["검색어"]

4) 특정 검색어 제외하기: 하이픈/마이너스 기호 [검색어-제외할 단어]

하이픈/마이너스(-) 기호는 특정 단어를 검색에서 제외시킨다. 검색하고자 하는 단어가 2개 이상의 뜻을 가지고 있을 경우 유용하다. 예를 들어 cad/cam의 뜻을 알고 싶어서 cad/cam을 검색하면 cad/cam, dental cad/cam 등 다른 뜻을 가진 용어가 함께 검색이 된다. 이럴 때는 cad/cam -dental이라고 검색해 cad/cam에 대한 검색결과 중 dental이라는 단어가 포함된 문서를 제외할 수 있다. 단, 검색어와 하이픈/마이너스 기호 사이에는 한 칸의 공백이 필요하다(그림 18-3).

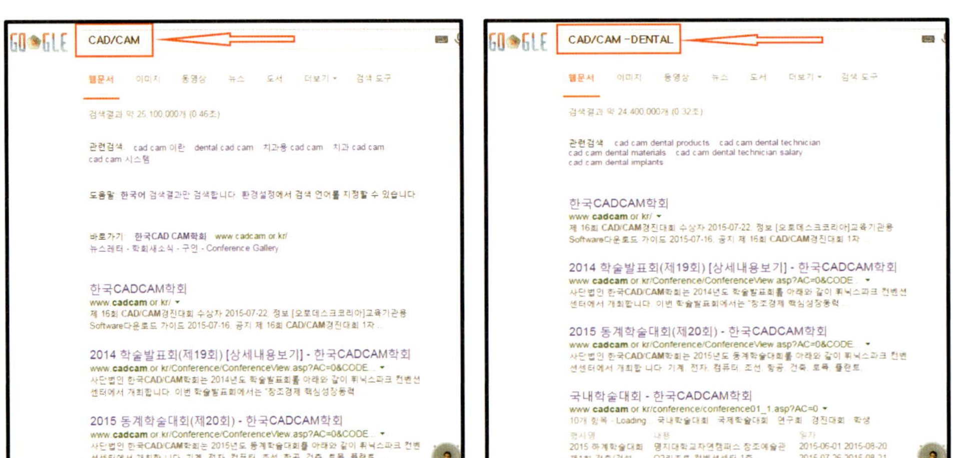

그림 18-3 하이픈/마이너스 기호 [검색어-제외할 단어]

5) 검색어 일부가 기억나지 않을 때: [*]

문장이나 노래 가사의 일부가 생각나지 않아 답답할 때, 기억나지 않는 부분에 [*]를 입력하면 빈 자리를 채운 결과를 볼 수 있다. 조용필의 킬리만자로의 표범의 가사가 '킬리만자로의 표범'인지, '킬리만자로의 범'인지 헷갈린다면 [킬리만자로의 ***범]이라고 검색해 맞는 가사를 찾을 수 있다(그림 18-4).

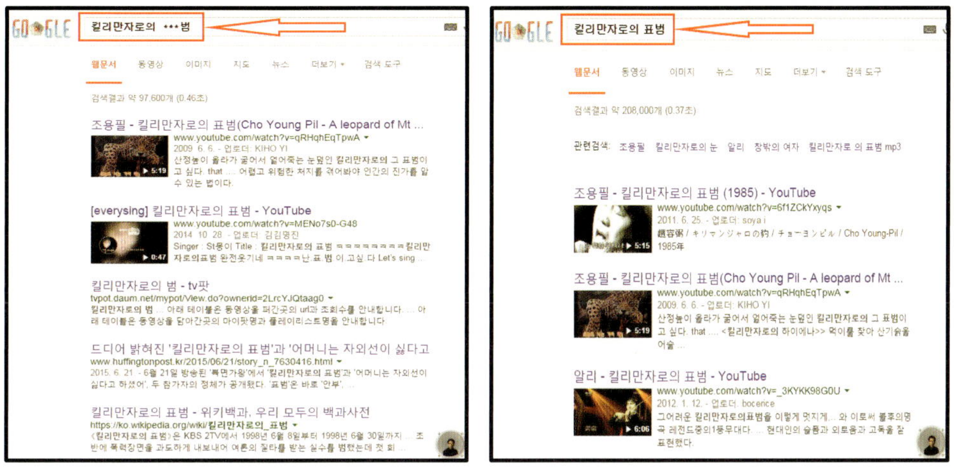

그림 18-4 검색어 일부가 기억나지 않을 때: [*]

6) 특정 페이지 내에서 검색하고 싶을 때: [site:홈페이지 주소 검색어]

구글에서 검색어를 입력하면 다양한 사이트의 문서를 보게 되는데, 때로는 특정 페이지 내에서만 검색하고 싶을 경우 'site:홈페이지 주소 검색어'를 입력하면 훨씬 편리하다. 네이버 홈페이지 내에서 플립러닝에 대한 문서를 검색하고자 하는 경우 'site:nave.com 플립러닝'을 입력하면 간단하다(그림 18-5).

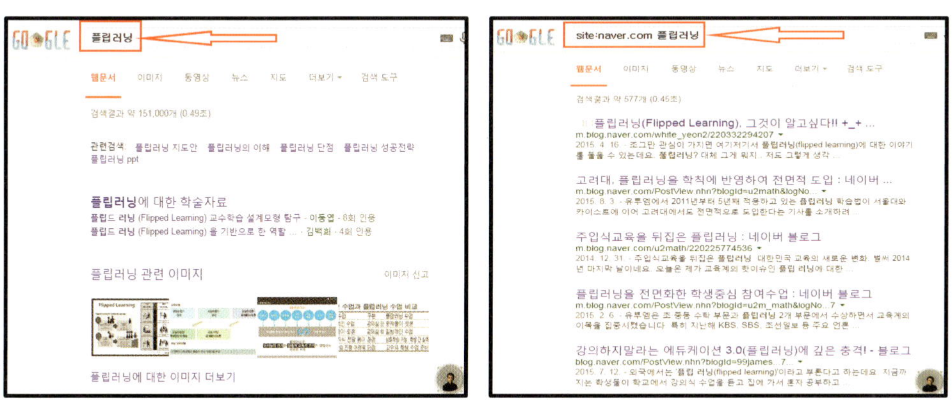

그림 18-5 site:홈페이지 주소 검색어

7) 특정 형식의 파일을 찾을 때: [검색어 filetype:파일 형식)

검색어가 들어간 특정 파일을 찾아야 한다면 검색어 뒤에 filetype:파일 형식을 입력해준다. 국내 dental cad/cam에 대한 PDF 파일을 찾고 싶다면 검색어는 [국내 dental cad/cam:pdf]가 되며, 국내 dental cad/cam에 대한 다양한 PDF 문서를 확인할 수 있다(그림 18-6).

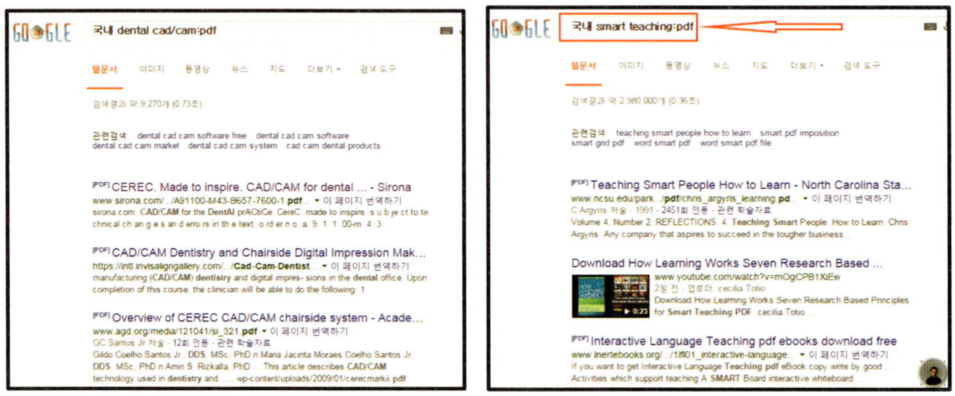

그림 18-6 [검색어 filetype:파일 형식]

19

구글 알리미로 정보 수집을 스마트하게

구글 알리미는 사용자의 검색어와 일치하는 새로운 결과(예: 웹페이지, 신문 기사, 블로그)를 찾은 경우에 전송되는 이메일로서 구글 알리미를 사용하여 웹에서 항목을 모니터링 할 수 있다. 구글 알리미는 구글에서 사용자 관심 주제에 대한 새로운 검색결과를 찾는 대로 언제든지 실시간으로 이메일 알림이 사용자에게 업데이트된 정보를 받고, 웹에 나에 대한 콘텐츠가 게시되면 알림을 받으며, 뉴스 기사를 계속해서 확인할 수 있는 스마트한 정보 수집 안내자이다.

1. 구글 알리미 작동 방식

구글 알리미를 사용하여 본인 회사 또는 제품에 대해 언급된 내용 찾기, 최신 뉴스 기사 모니터링, 경쟁 업체 또는 업계 최신 정보 파악, 연예인이나 스포츠 팀에 대한 새로운 소식 검색, 본인에 대해 언급된 내용 찾기 등을 수행할 수 있다.

원하는 검색어를 입력하면 구글 알리미는 사용자가 입력한 검색어와 일치하는 새로운 결과가 있는지 정기적으로 확인하면서 새로운 결과가 나오면 이메일로 전송한다. 이 외에도 구글 알리미에는 소식을 맞춤 설정하는 데 유용한 옵션에서 종류, 빈도 및 이메일 입력란에 대한 여러 가지 설정이 있다(그림 19-1).

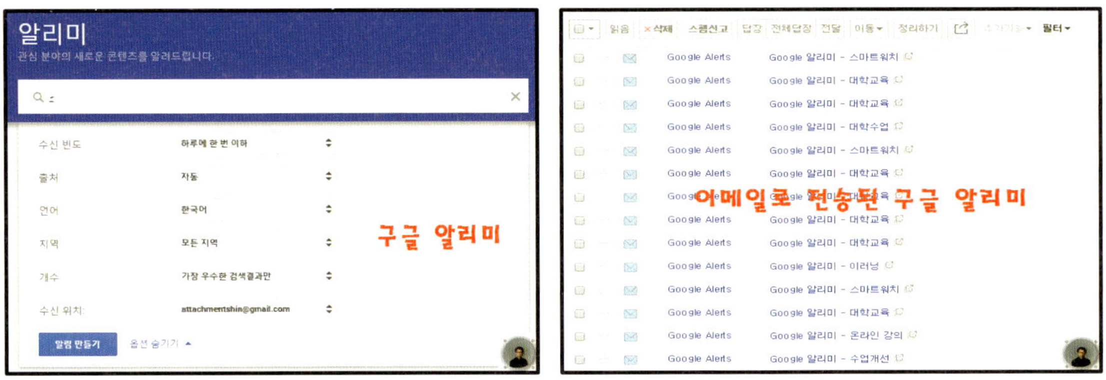

그림 19-1 구글 알리미 실행 창 및 이메일로 전송

2. 알림 만들기

구글 알리미 사이트(https://www.google.co.kr/alerts)에서 알림 만들기 입력란에 이메일로 알림을 받고 싶은 키워드를 입력한다(그림 19-2). 옵션 표시를 클릭하여 알림을 받으려는 빈도, 검색결과 유형 등을 선택한 다음 알림 만들기를 클릭한다.

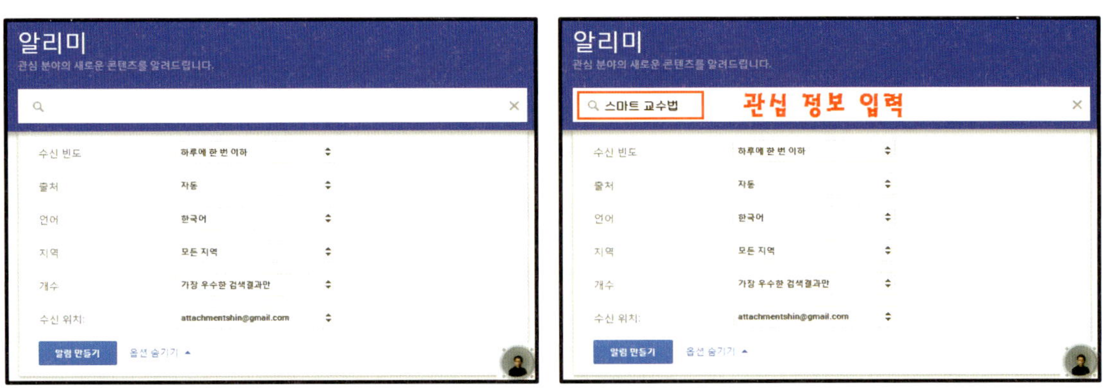

그림 19-2 관심 정보 입력

1) 수신 빈도 선택

구글 알리미에서 알림을 받는 빈도를 선택할 수 있다. 기본값은 하루에 한 번이며, 구글 알리미가 하루에 한 번 새 결과를 확인하여 새로운 결과가 검색되면 이메일을 전송한다. 즉, 이메일을 받는 횟수가 하루에 한 번을 초과하지 않는다. 이메일을 더 자주 받으려면 이 설정을 수시로 변경할 수 있다. 이메일을 받는 횟수를 줄이려면 이 설정을 일주일에 한 번으로 변경할 수 있다(그림 19-3).

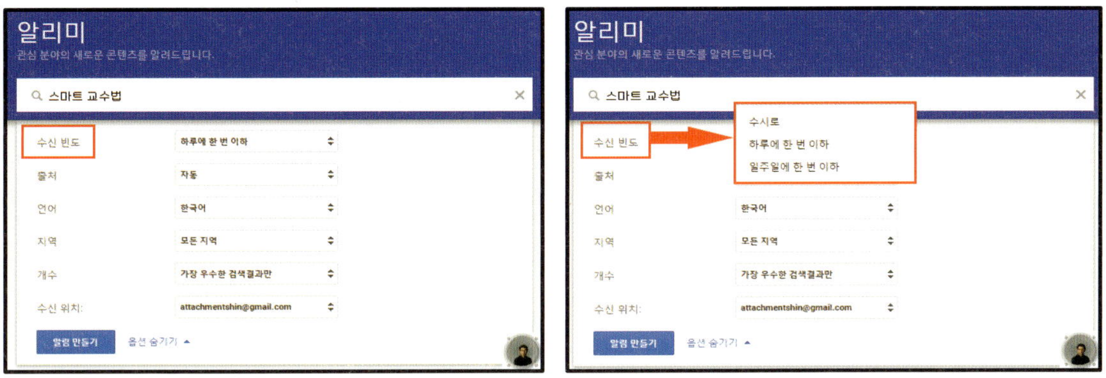

그림 19-3 수신 빈도 선택

2) 출처 선택

기본 알림 유형은 전체이다. 전체 유형의 알림에는 구글 웹 검색, 구글 블로그 검색 및 구글 뉴스의 결과가 포함되는데 한 가지 유형의 결과에만 관심이 있는 경우 알림 종류를 하나만 선택할 수 있다(그림 19-4).

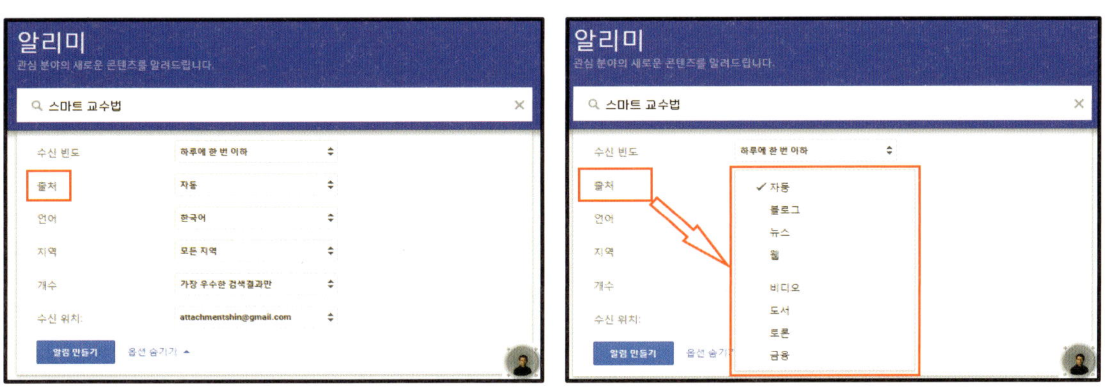

그림 19-4 출처 선택

3) 언어 선택

선택한 언어로 된 검색결과에 대한 알림을 받는다(그림 19-5).

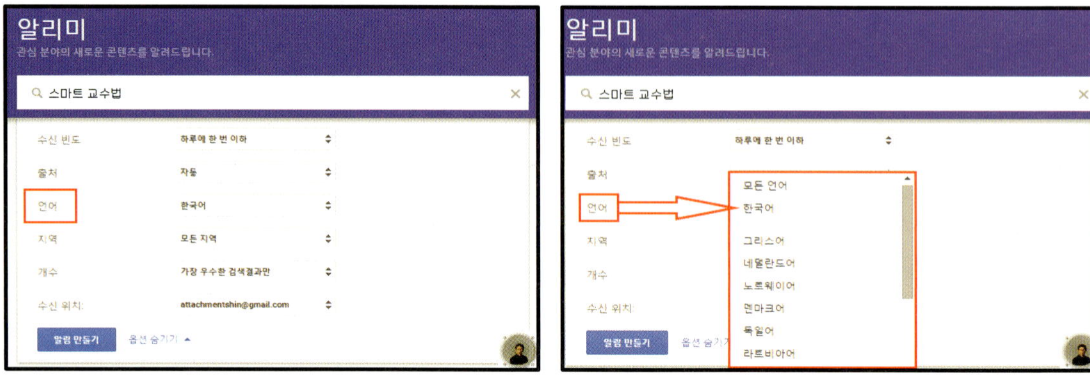

그림 19-5 언어 선택

4) 지역 선택

선택한 국가 또는 지역에서 전송한 알림을 받는다(그림 19-6).

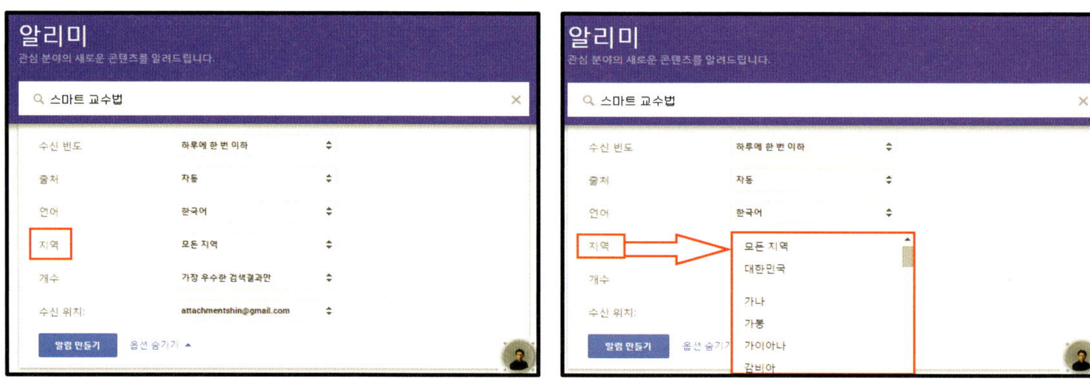

그림 19-6 지역 선택

5) 개수 설정

개수 설정을 통해 각 알림에 몇 개의 결과를 표시할 것인지 결정한다. 기본설정인 가장 우수한 검색결과만을 설정하면 구글 알리미가 결과를 필터링하여 검색어와 관련이 있고 높은 품질을 갖춘 결과를 제공한다. 전체 검색결과를 선택하면 품질이 떨어지거나 관련성이 적은 결과를 삭제하는 필터링 작업을 수행하지 않기 때문에 검색어와 관련해 구글 알리미가 찾은 모든 결과를 볼 수 있다(그림 19-7).

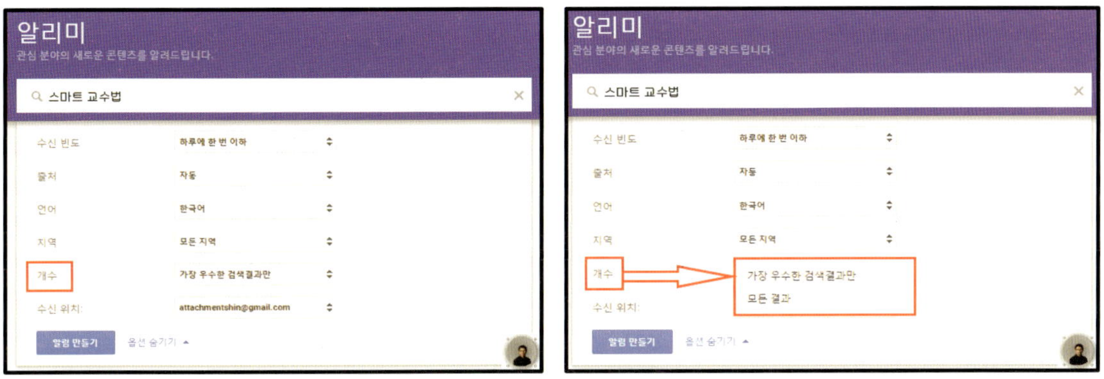

그림 19-7 개수 선택

6) 수신 위치 선택

알림을 설정하면 구글에서 키워드에 관련된 새로운 검색결과를 찾을 때마다 이메일이 전송된다(그림 19-8). 구글 알리미 페이지에서 추천 주제 옆의 +를 클릭하여 알림을 만들 수 있다.

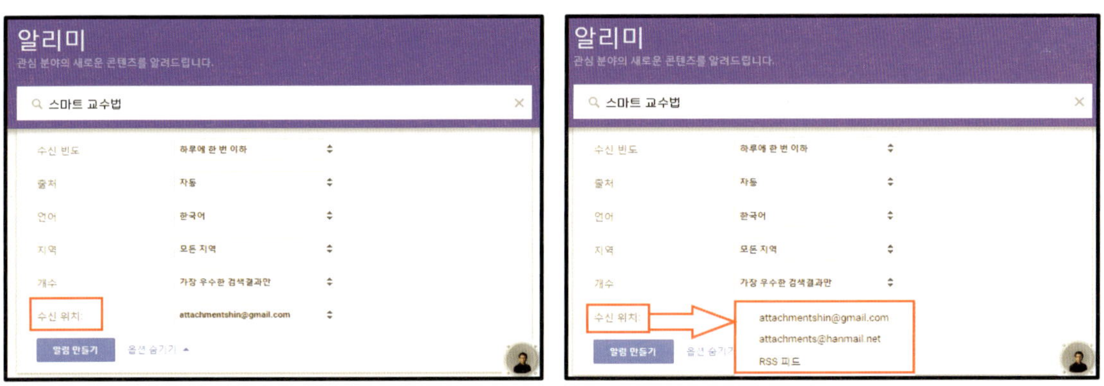

그림 19-8 수신 위치 선택

3. 알림 수정

구글 알리미를 방문하면 내 알림 아래에 기존 알림이 나열되는데 이때 수정하려는 알림 오른쪽에 있는 수정을 클릭한다. 알림을 수정한 후 알림 업데이트를 클릭해 준다(그림 19-9).

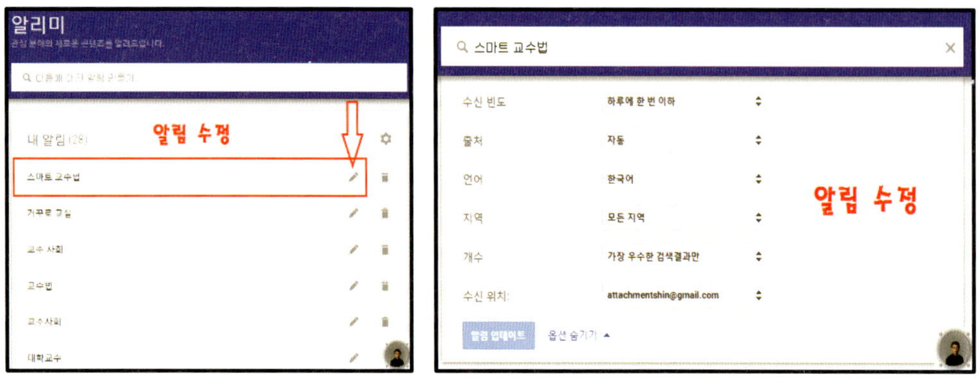

그림 19-9 알림 수정

4. 전송 시간 변경 또는 요약 만들기

구글 알리미를 방문하여 내 알림 섹션에서 설정을 클릭하고 변경하려는 설정 옆의 체크박스를 선택한 다음 저장을 클릭해 준다(그림 19-10).

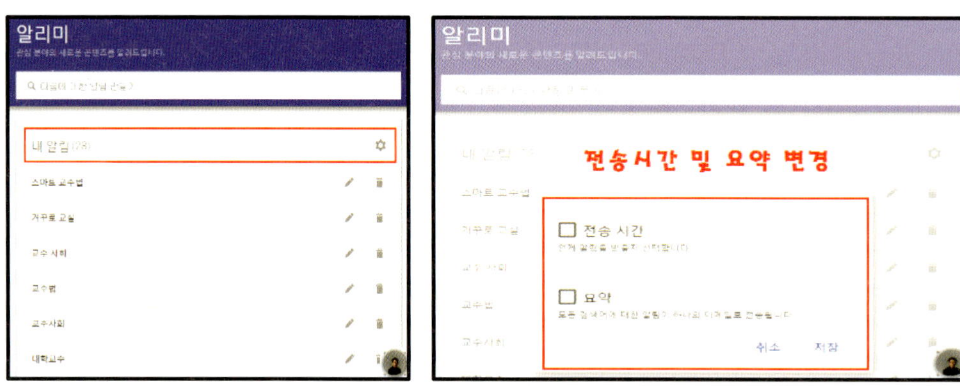

그림 19-10 전송 시간 변경 또는 요약 만들기

5. 구글 알리미 이용법

기본사항으로 구글 알리미 홈페이지를 방문하여 다음을 순서대로 수행한다. 첫 번째, 일반 구글 검색을 수행할 때처럼 검색어를 입력한다. 두 번째, 알리미를 전송할 이메일 주소를 입력한다. 세 번째, 구글 계정에 로그인하지 않고 알리미를 만들 경우 스팸 방지를 위해 확인 메일이 발송되는데 이때 이메일 받은 편지함으로 이동하여 확인 메일을 연다. 확인 링크를 클릭하여 알리미를 확인하며, 확인 메일을 찾

을 수 없는 경우 스팸 폴더를 확인하면 된다.

구글 알리미가 활성화되었으면 사용자의 검색어와 일치하는 새로운 결과가 나오면 이메일이 전송되는데 모든 이메일에는 알리미를 삭제할 수 있는 링크가 포함되어 있으므로 언제든지 취소할 수 있다(그림 19-11).

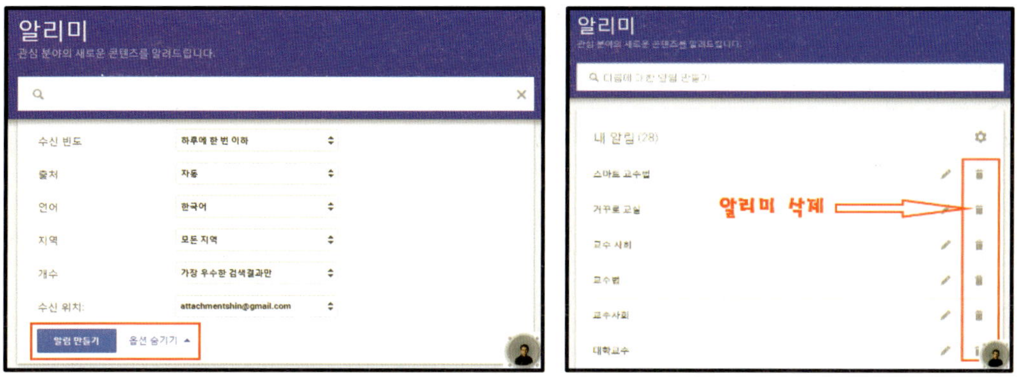

그림 19-11 알림 만들기와 삭제

6. 알리미 관리 페이지

구글 계정이 있는 사용자는 '알리미 관리' 페이지에서 알림을 보고, 만들고, 수정하며 삭제할 수 있다. 모든 이메일 주소에 대해 구글 계정을 생성할 수 있으며, 기존 구글 계정에 다른 이메일 주소를 추가하여 여러 이메일 주소의 알림을 관리할 수 있다. 구글 계정에 이메일 주소를 추가하려면 구글 계정 페이지를 방문하고 이메일 주소 섹션을 사용한다.

7. 알림 만들기 팁

첫째, 가능한 한 검색어를 정확하게 입력한다. 검색어가 정확할수록 관련성이 더 높은 알림을 받아볼 수 있다. 둘째, 여러 단어로 된 문구를 통째로 검색하려면 검색어 양쪽에 인용부호를 사용한다(예: "화이트 크리스마스"). 셋째, 제외하려는 단어 앞에 마이너스(-) 기호를 사용한다(예: 파리-텍사스). 넷째, 검색을 특정 사이트로 제한하려면 'site:연산자'를 사용한다(예: 의회 site:nytimes.com).

12
11
10
2
3
8
7

20

네이버 오피스

Naver Office

네이버 오피스(Naver Office)는 인터넷만 연결되어 있다면 언제 어디서나 빠르게 워드나 프레젠테이션, 스프레드시트, 폼을 작성할 수 있는 웹 기반의 오피스 서비스이다. 별도의 프로그램 설치 없이 이용할 수 있으며, 작성하지 못한 리포트를 도서관 컴퓨터에서 작성하려고 보니 문서 작성 프로그램이 없어 당황하지 말고 이때 네이버 오피스를 사용하면 된다. 네이버 오피스는 인터넷만 연결되어 있으면 웹 브라우저에서 바로 문서를 작성할 수 있으며, 다양한 템플릿으로 문서를 쉽게 작성할 수 있다.

1. 네이버 오피스 소개

네이버 오피스는 많은 사람들이 사용하는 문서 형태인 워드, 한글, PPT, 엑셀 등의 파일을 읽거나 편집할 수 있으며, 새로 편집한 문서도 다른 형태로 저장할 수 있다. 타사의 문서 편집 프로그램을 통해서도 문서를 읽거나 편집할 수 있으며, 작성한 문서는 N드라이브에 안전하게 보관된다.

공들여 작업한 문서를 저장한 USB를 잃어버렸거나 내게 메일쓰기를 잊은 경우에도 네이버 오피스에서 작성한 문서는 자동으로 N드라이브에 저장되어 잃어버릴 염려가 없다. USB 용량 걱정, 내 컴퓨터 바이러스 걱정 없이 안전하게 저장할 수 있어 편리하며, 문서 작성 시 일정 주기마다 임시 저장하기 때문에 브라우저가 갑자기 꺼져도 안심할 수 있는 편리한 오피스이다(그림 20-1).

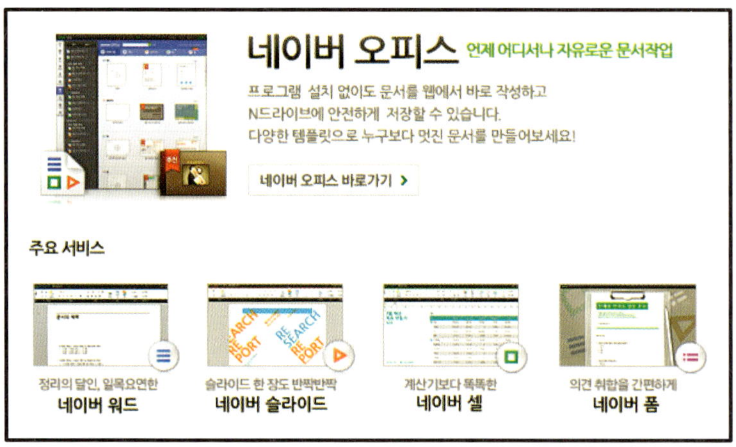

그림 20-1 네이버 오피스

1) 네이버 워드

네이버 워드는 텍스트 위주의 보고서, 기획서 등을 작성하는 데 유용한 프로그램으로 고유 형식인 ndoc로 파일을 생성하고 N드라이브에 저장할 수 있으며, 일반 프로그램으로 작성한 파일도 편집할 수 있다. 네이버 워드에서는 MS Word 97~2003(doc), MS Word 2007 이상(docx), 한글과컴퓨터 한글 97 이상(hwp), 텍스트 파일(txt)을 불러와 편집할 수 있으며, 최대 30MB의 문서를 가져올 수 있다(그림 20-2).

그림 20-2 네이버 워드

2) 네이버 슬라이드

네이버 슬라이드는 텍스트와 이미지 위주의 발표자료, 기획서 등을 작성하는 데 유용한 프로그램으로 고유 형식인 nppt로 파일을 생성하고 N드라이브에 저장할 수 있다.

네이버 슬라이드에서는 일반 프로그램으로 작성한 파일도 편집할 수 있고, MS PowerPoint 97~2003(ppt), MS PowerPoint 2007(pptx) 이상을 불러와 편집할 수 있으며, 최대 30MB의 문서를 가져올 수 있다(그림 20-3).

그림 20-3 네이버 슬라이드

3) 네이버 셀

네이버 셀은 데이터를 정리하거나 수식을 이용하여 문서를 관리해야 할 때 유용한 프로그램으로 고유 형식인 nxls로 파일을 생성하고 N드라이브에 저장할 수 있다.

네이버 셀에서는 일반 프로그램으로 작성한 파일, MS Excel 97~2003(xls), MS Excel 2007(xlsx)이상, 최대 30MB의 문서를 불러와 편집할 수 있다(그림 20-4).

그림 20-4 네이버 셀

4) 네이버 폼

네이버 폼은 친구들의 의견을 모으거나 여러 가지 데이터를 취합하여 문서를 관리해야 할 때 유용한 프로그램으로 고유 형식인 nfrm으로 파일을 생성하고 N드라이브에 저장할 수 있다. 작성한 폼은 URL 공유나 메일/블로그 보내기 기능을 사용하여 친구들과 공유할 수 있고, 응답 결과는 차트 형식과 스프레드시트 형식으로 간편하게 볼 수 있다. 응답 결과는 네이버 셀 nxls로 내보내기 하여 자유롭게 편집할 수 있다(그림 20-5).

그림 20-5 네이버 폼

2. 네이버 오피스 활용하기

1) 오피스에서 문서 작성하기

오피스 홈 좌측 상단의 열기 버튼을 클릭하면 내 N드라이브나 내 컴퓨터에 저장되어 있는 기존 문서를 직접 찾을 수 있다(그림 20-6).

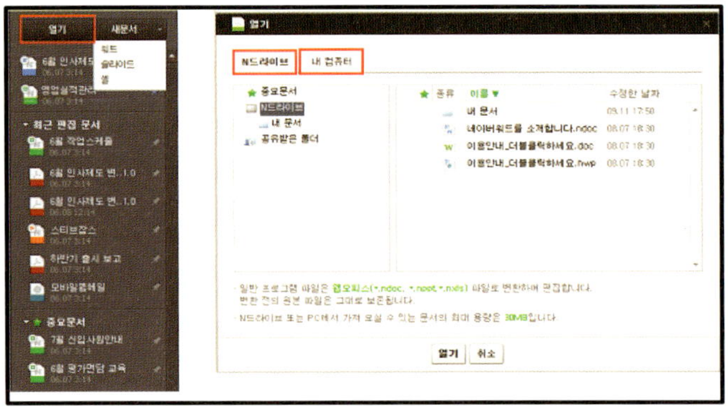

그림 20-6 네이버 오피스 문서 작성(1)

새 문서를 빠르게 작업하고 싶은 경우는 좌측 메뉴의 새 문서 버튼이나 템플릿 영역 상단의 새 문서 템플릿을 클릭한다. 워드/슬라이드/셀 문서 중 원하는 문서 형식을 선택하면 새 창이나 새 탭에서 오피스를 실행할 수 있다(그림 20-7).

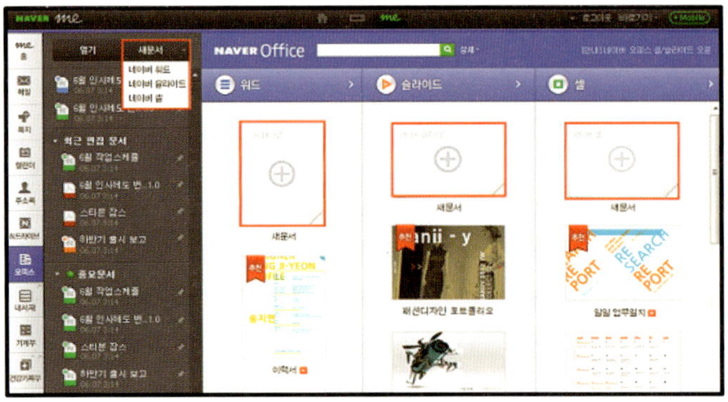

그림 20-7 네이버 오피스 문서 작성(2)

2) 문서 관리하기

오피스 홈의 좌측 목록에서 최근 내가 편집했던 문서나 중요 표시한 문서를 빠르게 찾을 수 있다. 친구들이 공유한 문서들이 편집되거나 중요 표시되는 경우에도 [공유받은 문서] 메뉴에서 확인할 수 있다. 자주 찾는 문서가 있다면 문서명 옆의 Pin을 클릭하면, Pin을 클릭한 문서는 항상 목록의 최상단에 위치하여 더 빠르게 찾아볼 수 있다(그림 20-8).

그림 20-8 네이버 오피스 문서 관리

3) 템플릿 문서 만들기

(1) 오피스 홈

네이버 오피스에서는 다양한 목적에 맞는 수려한 템플릿을 제공하고 있다. 원하는 문서 양식이 있을 때 템플릿을 사용하면 더 빠르고 멋지게 문서를 작성할 수 있다. 템플릿 위에 마우스를 올리면 나오는 돋보기를 클릭하여 템플릿 페이지들을 더 크게 볼 수 있고, 사용하기 버튼을 클릭하여 바로 해당 템플릿으로 문서를 작성할 수 있다.

상단 네이버 워드/네이버 슬라이드/네이버 셀을 클릭하면 카테고리별로 템플릿을 모아 볼 수 있다(그림 20-9).

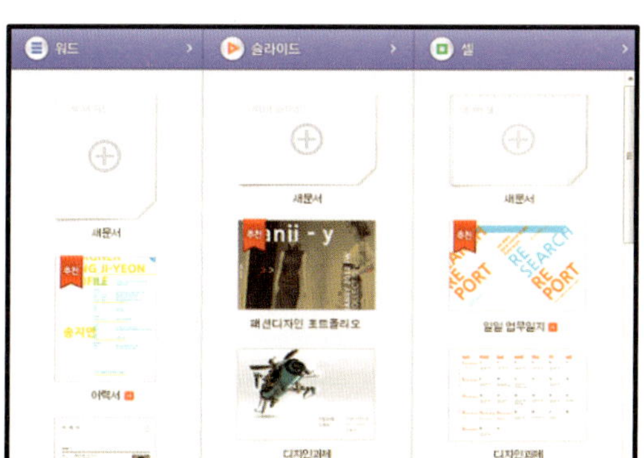

그림 20-9 네이버 오피스 문서 만들기 작성

(2) 워드/슬라이드/셀

파일 메뉴의 템플릿 문서를 클릭하면 우측 이미지와 같이 카테고리별 템플릿을 미리 보고, 돋보기 기능을 통해 큰 이미지로 미리 볼 수 있다(그림 20-10).

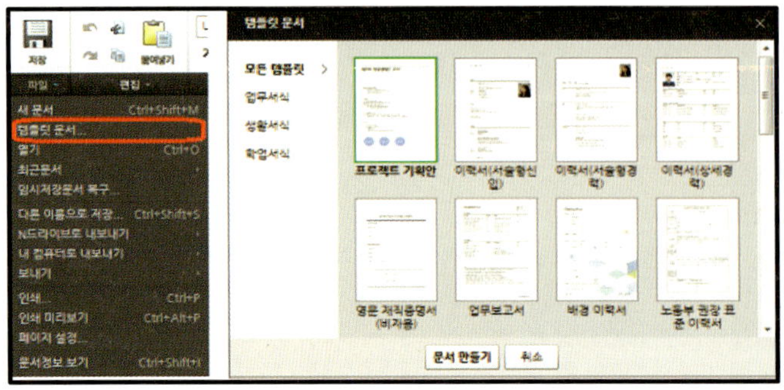

그림 20-10 네이버 오피스 템플릿 문서 작성

3. 네이버 워드

1) 네이버 워드 ndoc 파일

네이버 워드로 작성한 문서는 N드라이브에 저장되며, 네이버 워드의 기능을 가장 효과적으로 담을 수 있는 고유 형식인 ndoc 포맷을 이용하고 있다. N드라이브에 저장된 ndoc 파일은 다른 파일과 마찬가지로 위치 이동, 삭제 및 이름을 바꿀 수 있다. N드라이브 파일 목록에서 ndoc 파일을 선택하면 네이버 워드로 내용을 편집하거나 문서뷰어로 내용을 브라우저에서 미리 볼 수 있다(그림 20-11).

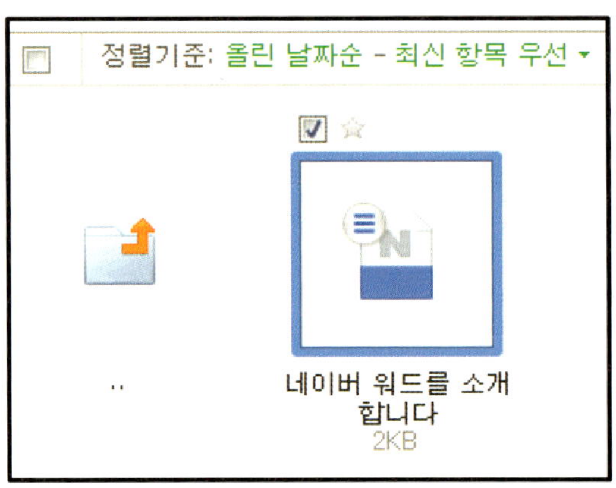

그림 20-11 네이버 워드 작성

네이버 워드를 실행하면 그림 20-12와 같은 화면을 볼 수 있다. 각 부분의 기능을 살펴보면 다음과 같다. 첫 번째, 문서의 제목을 보여주며, 임시 저장된 문서 내역 또는 문서 저장과 관련된 메시지를 확인할 수 있다. 두 번째, [보기]를 클릭하면 임시 저장 문서의 목록을 볼 수 있다. 세 번째, 현재 로그인한 계정의 별명도 볼 수 있으며 네이버에서 로그아웃을 할 수 있다(그림 20-12).

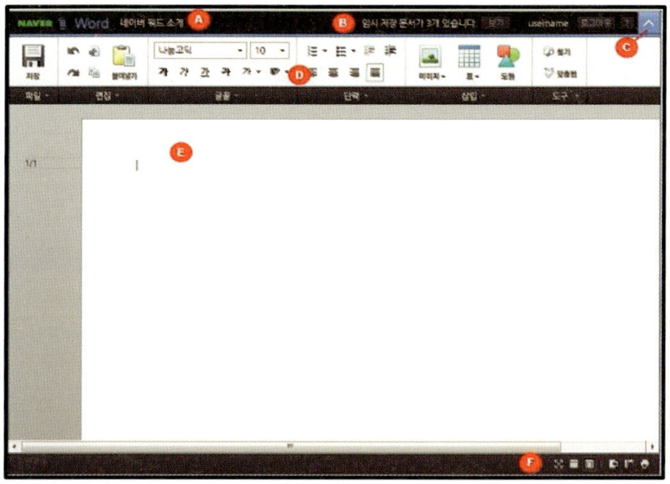

그림 20-12 네이버 워드 전체 기능 둘러보기

2) 워드에서 지원하는 파일 종류와 크기

네이버 워드에서 지원하는 파일 형식은 MS Word 97~2003(doc), MS Word 2007 이상(docx), 한글과컴퓨터 한글 97 이상(hwp), 텍스트 파일(txt), 네이버 워드 고유포맷(ndoc)이며, 최대 30MB의 문서를 가져올 수 있다.

3) 워드에서 지원하지 않는 작업

네이버 워드에서 지원하지 않는 작업에는 다음과 같은 것들이 있다. 첫 번째, 페이지를 구분한 상태에서 편집을 지원하지 않으며 인쇄 미리보기를 통해서 정확하게 확인할 수 있다. 페이지 보기 좌측의 페이지 표시는 대략적인 것으로 인쇄 시의 페이지와 다를 수 있다. 두 번째, 차트, SmartArt, WordArt와 같이 특정 프로그램에서 제공하는 객체를 삽입할 수 없다. 특정 프로그램에서 해당 객체를 이미지로 바꾸거나 캡처하여 이미지로 삽입하는 것을 권장한다. 세 번째, 목차, 인용 및 참고 문헌, 색인 등의 참조 목록을 지원하지 않는다.

4. 네이버 슬라이드

1) 네이버 슬라이드 nppt 파일

네이버 슬라이드로 작성한 문서는 N드라이브에 저장되며, 네이버 슬라이드의 기능을 가장 효과적으로 담을 수 있는 고유 형식인 nppt 포맷을 이용하고 있다. N드라이브에 저장된 nppt 파일은 다른 파일과 마찬가지로 위치 이동, 삭제 및 이름을 바꿀 수 있다. N드라이브 파일 목록에서 nppt 파일을 선택하면 네이버 슬라이드로 내용을 편집하거나 문서뷰어로 내용을 브라우저에서 미리 볼 수 있다(그림 20-13).

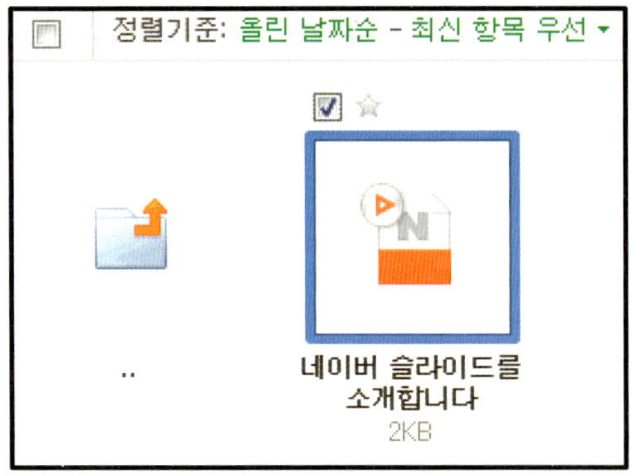

그림 20-13 네이버 슬라이드 작성

2) 슬라이드 전체 기능

네이버 슬라이드를 실행하면 그림 20-14와 같은 화면을 볼 수 있다. 각 부분의 기능을 살펴보면, 첫 번째, 네이버 슬라이드 로고와 문서의 제목을 보여주며, 여기를 클릭하여 Ⓓ 부분의 버튼 및 메뉴 영역 전체를 접거나 펼 수 있다. 두 번째, 빠른 실행 버튼과 메뉴 모음이 위치하며, 슬라이드 단위의 편집을 위한 버튼이 있다. 세 번째, 각 슬라이드에 대한 썸네일 영역으로 선택된 슬라이드를 편집하는 영역이다. 네 번째, 슬라이드 쇼와 각종 보기 설정 버튼이며, 확대/축소 기능을 위한 영역이다(그림 20-14).

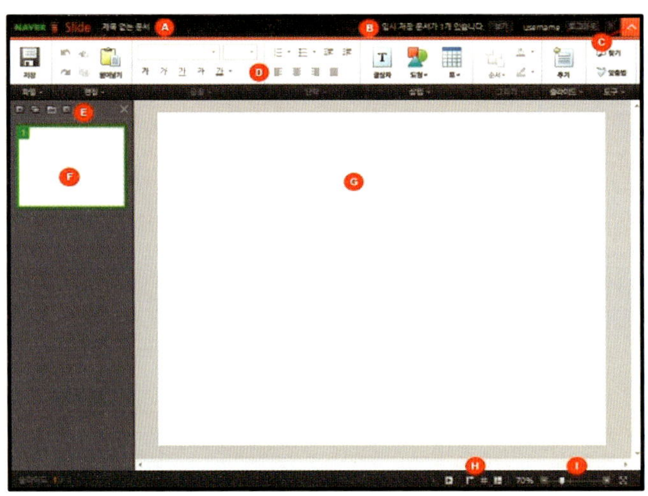

그림 20-14 네이버 슬라이드 전체 기능 둘러보기

5. 네이버 셀

1) 네이버 셀 nxls 파일

네이버 셀로 작성한 문서는 N드라이브에 저장되며, 네이버 셀의 기능을 가장 효과적으로 담을 수 있는 고유 형식인 nxls 포맷을 이용하고 있다. N드라이브에 저장된 nxls 파일은 다른 파일과 마찬가지로 위치 이동, 삭제 및 이름을 바꿀 수 있다.

N드라이브 파일 목록에서 nxls 파일을 선택하면 네이버 셀로 내용을 편집하거나 문서뷰어로 내용을 브라우저에서 미리 볼 수 있다(그림 20-15).

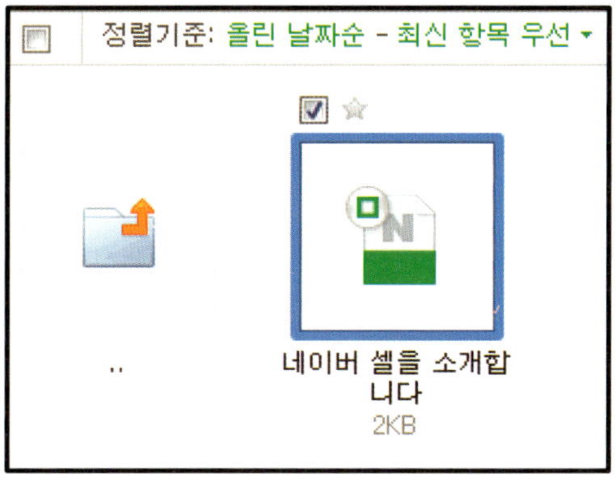

그림 20-15 네이버 셀 작성

2) 셀 전체 기능

네이버 셀을 실행하면 그림 20-16과 같은 화면을 볼 수 있다.

(1) 각 부분의 기능

첫 번째, 네이버 셀 로고와 문서의 제목을 보여주며, 임시 저장된 문서 내역 또는 문서 저장과 관련된 메시지를 확인할 수 있다. 두 번째, [보기]를 클릭하면 임시 저장 문서의 목록을 볼 수 있고, 현재 로그인한 계정의 별명도 볼 수 있으며, 네이버에서 로그아웃 할 수 있다. 세 번째, 버튼을 클릭하여 Ⓓ 부분의 버튼 및 메뉴 영역 전체를 접거나 펼 수 있다. 네 번째, 빠른 실행 버튼과 메뉴 모음이 위치하는 데, 셀 주소나 영역을 입력하는 곳과 수식을 입력하는 곳, 버튼을 클릭하여 수식 입력 줄을 여러 줄로 확장할 수 있다. 다섯 번째, 행 머리글과 열 머리글 영역으로 클릭하여 행/열 단위로 데이터를 선택할 수 있다. 여섯 번째, 현재 시트의 내용이 들어있는 셀 영역으로 시트를 편집하는 영역이다(그림 20-16).

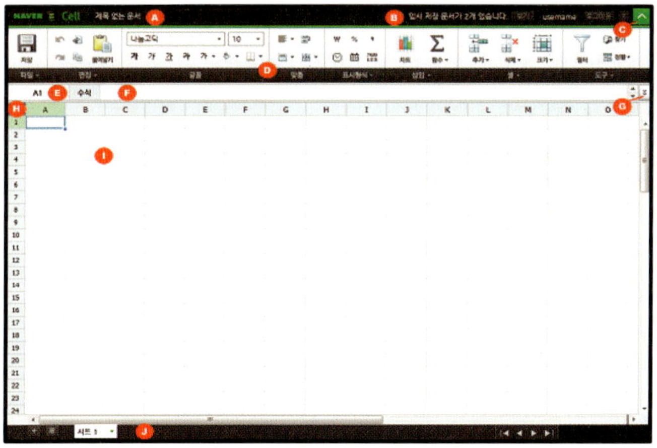

그림 20-16 네이버 셀 전체 기능 둘러보기

(2) 셀에서 지원하는 파일의 종류와 크기

네이버 셀에서 지원하는 파일 형식은 MS Excel 97~2003(xls), MS Excel 2007 이상(xlsx), 네이버 셀 고유포맷(nxls)이며, 최대 30MB의 문서를 가져올 수 있다.

(3) 셀에서 지원하지 않는 작업

네이버 셀에서 지원하지 않는 작업에 다음과 같은 것들이 있다. 첫 번째, 도형 및 클립아트를 지원하지 않으나 필요한 경우에는 외부 도구를 사용해 작성한 다음 이미지화하여 삽입할 수 있다. 두 번째, 테두리의 두께나 색상, 선 스타일을 설정할 수 없으나 항상 1px 두께의 검은색 실선으로 표현된다. 세 번째, 글꼴, 글꼴 크기, 글꼴 색상 등을 적용하는 최소 단위는 셀이기 때문에 셀의 일부 텍스트만 선택해 글꼴 크기를 바꾸거나 글꼴 색상을 바꿀 수 없다. 네 번째, 네이버 셀은 피벗 테이블을 지원하지 않는다.

6. 네이버 폼

1) 네이버 폼

네이버 폼(nfrm)으로 작성한 문서는 N드라이브에 저장되며, 네이버 폼의 기능을 가장 효과적으로 담을 수 있는 고유 형식인 nfrm 포맷을 이용하고 있다. N드라이브에 저장된 nfrm 파일은 다른 파일과 마찬가지로 위치를 이동, 삭제 및 이름을 바꿀 수 있다.

N드라이브 파일 목록에서 nfrm 파일을 선택하면 네이버 폼으로 내용을 편집하거나 응답 데이터를 확인하고 응답 데이터의 요약보기를 할 수 있다(그림 20-17).

그림 20-17 네이버 폼 작성

2) 폼 전체 기능 둘러보기

네이버 폼의 새 문서를 만들면 그림 20-18과 같은 화면을 볼 수 있다. 첫 번째, 네이버 폼 로고와 문서 제목을 보여주며, 현재 로그인한 계정의 별명을 보여준다. 두 번째, 계정 별명 왼쪽에는 임시 저장된 문서의 내역을 보여주며, 계정 별명 오른쪽의 '로그아웃'을 통해 네이버에서 로그아웃 할 수 있다. 세 번째, 빠른 실행 버튼과 메뉴 표시 영역이며, 서브메뉴 버튼 영역이다. 네 번째, 서브메뉴가 있는 항목은 그룹명 왼쪽에 역삼각형 모양이 표시되며, 폼 제목, 설명, 응답 기간을 입력하는 영역이다. 다섯 번째,

확인 버튼을 누르면 입력한 내용이 저장되며, 항목을 입력하는 영역이다. 주관식 단답형, 주관식 서술형, 단일 선택형, 복수 선택형, 목록 선택형, 선호도형, 표형 항목을 입력할 수 있으며, 항목을 편집 모드로 바꾸는 버튼이다. 여섯 번째, 항목을 복제하는 버튼으로 현재 항목 아래쪽에 현재 항목이 복제되어 삽입된다. 일곱 번째, 항목을 삭제하는 버튼으로 위쪽, 아래쪽 버튼을 통해 항목을 위, 아래로 이동할 수 있다(그림 20-18).

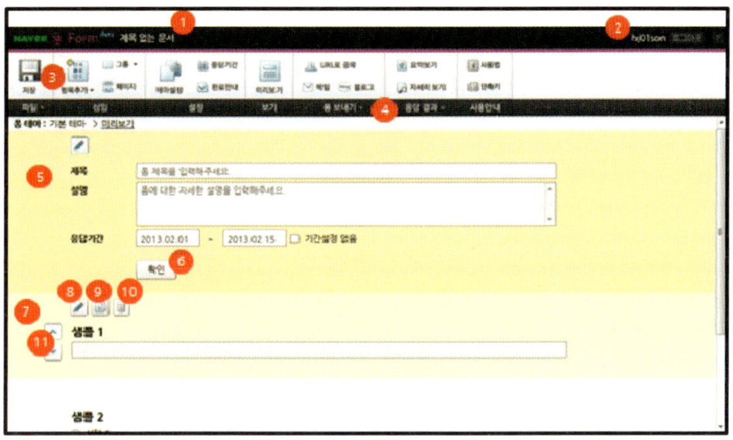

그림 20-18 네이버 폼 전체 기능 둘러보기

3) 폼 구성 화면 소개

(1) 항목 편집 화면

처음 새 문서를 만들면 항목 편집 화면이 표시되는데 이 화면에서 폼 제목 및 응답 기간을 설정하고, 다양한 형태의 항목(질문)을 추가할 수 있다(그림 20-19).

그림 20-19 네이버 폼 구성 화면

(2) 미리보기

메뉴의 미리보기 버튼을 누르면 폼을 공개했을 때 다른 사용자가 보게 될 페이지를 표시한다(그림 20-20).

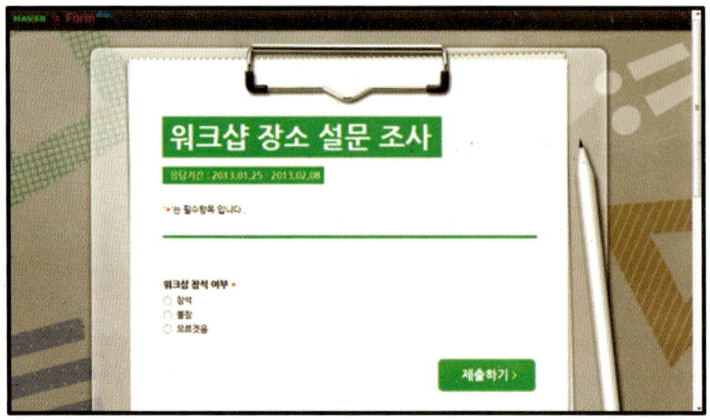

그림 20-20 네이버 폼 미리보기

(3) 요약보기

응답 데이터의 요약 정보를 보여주는 화면으로 항목 형태에 따라 막대형 차트, 원형 차트 등으로 요약 정보를 시각화해 보여준다. 설문에 응답하는 사용자에게도 요약보기 페이지를 볼 수 있도록 설정할 수 있다(그림 20-21).

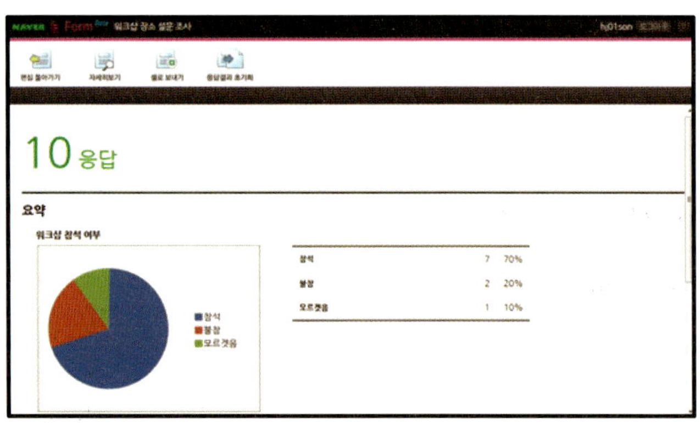

그림 20-21 네이버 폼 요약보기

(4) 자세히 보기

응답 데이터를 스프레드시트의 그리드 형태로 표시하며, 응답별 시각과 항목에 대한 응답 데이터를 확인할 수 있다(그림 20-22).

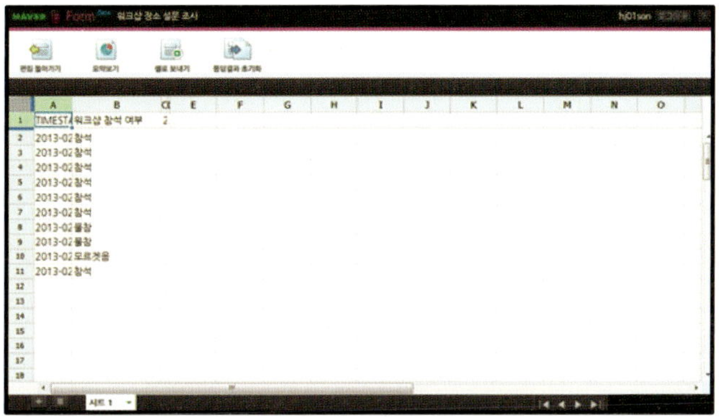

그림 20-22 네이버 폼 응답 데이터

7. 네이버 오피스의 편리성

네이버 오피스는 누구나 무료로 사용할 수 있다. 무료라고 해서 기능도 없고 텍스트 입력만 하는 메모장 수준일 거라 생각하면 오산이다. 네이버 오피스는 MS 오피스 못지않은 기능을 제공하며, 클라우드 방식이다. 클라우드 방식의 장점은 프로그램을 내려받아 설치할 필요 없이 서버에서 바로 프로그램을 실행하고 사용자는 그 화면만 보면 된다. 그래서 화면에 보이는 것처럼 웹 브라우저에서 바로 문서 작성이 가능하다.

N드라이브에 저장하면 다른 사람과 공유하기도 편하고, 언제 어디에서나 바로 문서를 사용할 수 있다는 장점도 있으며, 분실이나 PC가 고장 나서 유실될 일도 없다. 돈 주고 사려면 수십만 원이나 하는 고가의 오피스 프로그램을 무료로 쓸 수 있다는 점도 좋으며, 기능도 상용 프로그램 못지않다는 것이다. 이러한 무료 오피스 프로그램에는 구글에서 만든 구글 독스라는 것도 있지만 아무래도 한국에서 만들어진 네이버 오피스가 사용하기에 조금 더 편리한 점이 있다고 할 수 있다(그림 20-23).

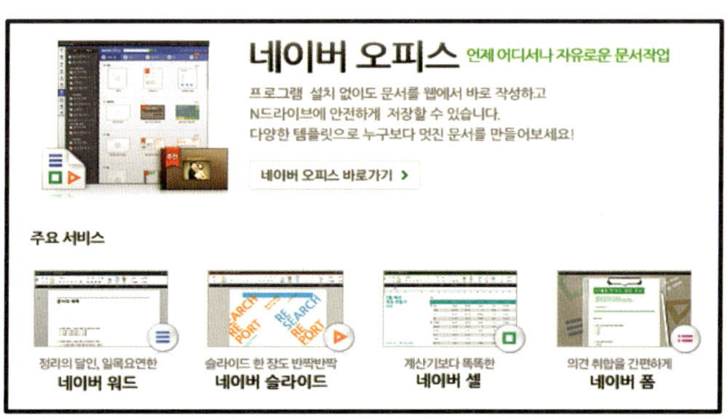

그림 20-23 네이버 오피스

21

오픈오피스

OpenOffice

오픈오피스(OpenOffice)는 어디에서든지, 어느 목적이든지 자유롭게 사용할 수 있는 고급 오피스 스위트로 현재 오픈오피스는 3.2 버전이 최신 버전이다. 이전 버전의 오픈오피스를 사용하고 있다면 오픈오피스의 버전을 업그레이드하고, 오픈오피스 위키에서 새로운 기능 목록을 확인하면 된다. 개인적인 용도뿐만 아니라 회사에서도 사용이 가능하며 라이선스 걱정 없이 사용할 수 있는 프로그램이다.

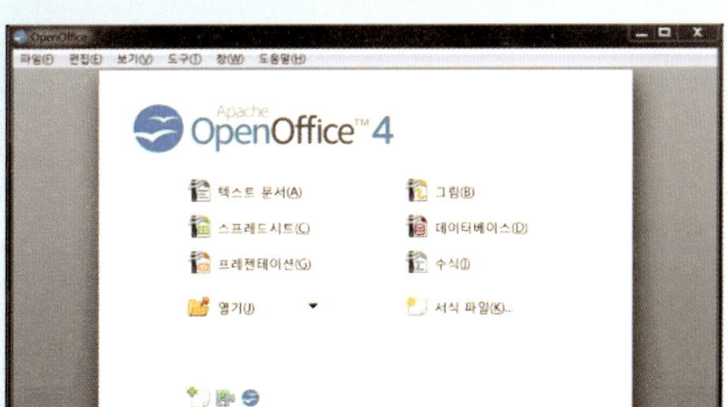

1. 오픈오피스의 특징

첫째, 사용권 비용이 없다. 오픈오피스는 무료로 사용하고 배포할 수 있으며, 다른 오피스 스위트에서는 추가 비용을 부담해야 하는 많은 기능(PDF 내보내기 등)을 무료로 사용할 수 있지만 이러한 기능들은 앞으로도 전부 무료로 제공될 예정이다.

둘째, 오픈 소스이다. 오픈오피스의 오픈 소스 사용권에 따라 이를 벗어나지 않는 범위 안에서 한 프로그램의 배포, 복제, 수정 등을 자유롭게 할 수 있다.

셋째, 크로스 플랫폼이다. 오픈오피스 3은 여러 하드웨어 아키텍처에서 동작하며, MS 윈도, 맥 OS X, 리눅스, 솔라리스 등 다양한 운영체제에서 사용할 수 있다.

넷째, 언어 지원 확장이 광범위하다. 40개 이상의 언어로 오픈오피스를 사용할 수 있는데 그중 70 개 이상의 언어와 방언에 대해 맞춤법 검사, 붙임표 연결, 분류 사전 등을 제공하고 있다. 또한 힌디어, 히브리어, 아랍어 등 복합문자언어(complex text layout; CTL)와 우측 쓰기(right to left; RTL) 언어들을 지원하고 있다.

다섯째, 일관된 사용자 인터페이스이다. 오픈오피스의 모든 내부 프로그램들은 룩앤필(Look and feel)이라는 비슷한 사용자 인터페이스를 가지고 있어 각 프로그램을 쉽게 사용할 수 있다.

여섯째, 통합 시스템이다. 오픈오피스의 내부 프로그램들은 서로 통합하여 사용할 수 있다. 오픈오피스의 모든 내부 프로그램들은 일반적인 철자검사기나 다른 도구들을 공유하며, 이들은 오픈오피스 스위트 전체에 걸쳐 한결같이 사용할 수 있다. 예를 들어 그리기 도구는 라이터, 캘크에서도 사용할 수 있으며, 임프레스와 드로우에서는 더 강력한 기능을 제공하고 있다. 어떤 프로그램이 어떤 파일 포맷을 사용하는지 신경 쓸 필요가 없다. 예를 들어 라이터에서 드로우 파일을 열 수 있다.

일곱째, 독립 설정(Granularity) 시스템이다. 일반적으로 옵션을 변경하면 모든 내부 프로그램에 영향을 미친다. 하지만 특정 프로그램이나 문서에만 해당하도록 옵션을 설정할 수 있다.

여덟째, 파일 호환성이 광범위하다. 기본 포맷인 오픈도큐먼트 외에 PDF나 Flash 파일로 내보내기를 할 수 있다. 그리고 MS 오피스를 비롯한 HTML, XML, 워드퍼펙트, 로터스 1-2-3 포맷 등 수많은 파일 포맷을 읽고 쓸 수 있다. 특히 오픈오피스 3에서는 플러그인을 이용해 PDF를 가져와서 일부 수정할 수 있다.

아홉째, 특정 회사에 종속적이지 않다. 오픈오피스 3는 OASIS(Organization for the Advancement of Structured Information Standards)에서 개발한 XML(eXtensible Markup Language) 파일 포맷인 오픈도큐먼트를 사용하고 있다. 오픈오피스의 장점이 포맷은 압축을 풀어 일반 문서 편집기로 손쉽게 읽을 수 있으며, 프레임워크가 공개되어 있다.

열 번째, 직접 참여 가능하다. 기능 개선, 프로그램 수정, 발표 날짜 등을 공동체를 통해 건의할 수 있다. 공동체에 가입하여 사용하는 제품 제작에 직접 참여하면 오픈오피스의 목표, 역사, 저작권, 그 외 기관 정보 등 오픈오피스에 대한 더 자세한 내용은 오픈오피스 웹사이트에서 볼 수 있다(그림 21-1).

그림 21-1 오픈오피스

2. 오픈오피스의 활용

오픈오피스는 대표적인 무료 사무용 소프트웨어이다. 워드 프로세서, 스프레드시트 등 다양한 종류의 소프트웨어로 구성되어 있다. 특히 두 소프트웨어 모두 MS 오피스의 파일 형식(doc, xls, ppt 등)과 호환되며, PDF 파일로 출력하는 기능을 갖추었기 때문에 범용성이 높다. 예를 들어 과제나 발표 자료를 흔하지 않은 형식으로 제출했다면 이를 받아보는 사람은 파일을 열기 위해 전용 뷰어를 설치하지 않아도 된다.

1) 라이터

라이터(Writer, 워드 프로세서)는 편지, 책자, 보고서, 뉴스레터, 광고 전단 등 여러 가지의 문서를 만드는 데 사용되는 고급 문서 편집기이다. 오픈오피스의 다른 프로그램에서 만든 각종 그림이나 개체를 라이터 문서에 포함해 문서를 작성할 수 있다. 라이터는 HTML, XHTML, XML, PDF(Portable Document Format), 여러 버전의 MS 워드 파일 등으로 내보내기 할 수 있는 기능을 가지고 있으며, 이메일 클라이언트와의 연동도 가능하다(그림 21-2).

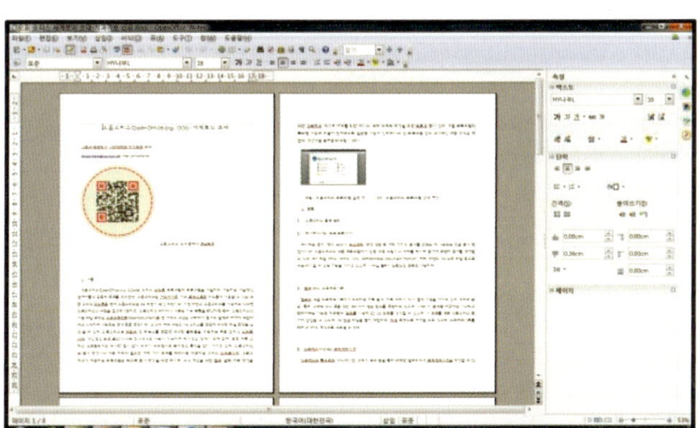

그림 21-2 오픈오피스 라이터

2) 캘크

캘크(Calc, 스프레드시트)는 고급 스프레드시트에서 요구하는 자료 분석, 차트 그리기, 의사 결정 기능을 가지고 있다. 또한 금융, 통계, 수학적 수식 등을 위한 300개가 넘는 함수를 포함하고 있으며, "what if" 분석을 제공하는 시나리오 관리자라는 기능도 제공된다. 캘크를 이용해 2D, 3D 도표를 생성할 수 있고, 이 도표를 모든 오픈오피스 문서에 삽입할 수 있으며, MS 엑셀 파일을 열어 작업하고, 엑셀 포맷으로 저장할 수 있으며, 스프레드시트를 PDF와 HTML 형식으로 내보낼 수 있다(그림 21-3).

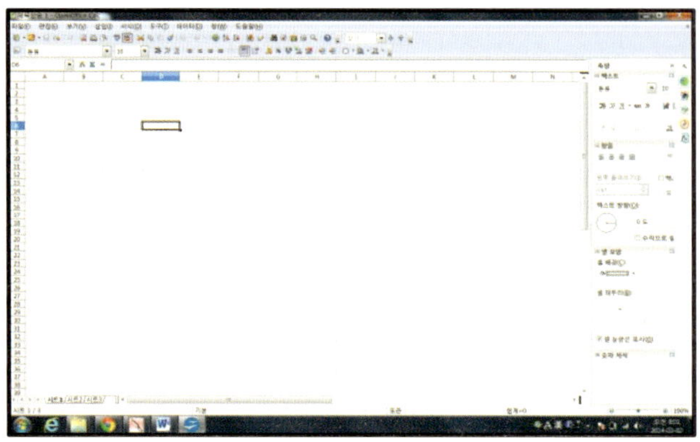

그림 21-3 오픈오피스 캘크

3) 임프레스

임프레스(Impress, 프레젠테이션)는 특수효과, 애니메이션, 그리기 도구 등을 통해 화려한 멀티미디어 프레젠테이션을 작성할 수 있는 프로그램이다. 오픈오피스 드로우와 매스의 컴포넌트를 이용한 고급 그래픽 기능들을 사용할 수 있으며, 폰트워크의 문자 특수 효과를 이용하거나 음향, 비디오 클립을 첨부해 화려한 슬라이드 쇼를 구현할 수 있다. 임프레스는 MS 파워포인트 파일을 열어 작업하고, 파워포인트 포맷으로 저장할 수 있으며, 플래시 포맷(SWF)을 비롯한 수많은 그래픽 포맷으로 작업물을 저장할 수 있다(그림 21-4).

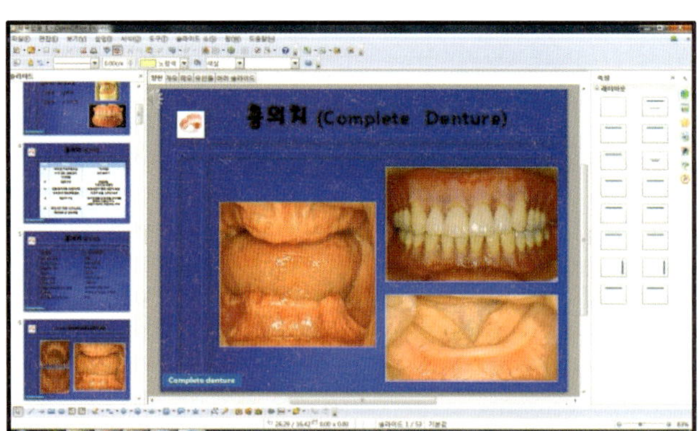

그림 21-4 오픈오피스 임프레스

4) 드로우

드로우(Draw, 벡터 그래픽스)는 벡터 그리기 프로그램으로 간단한 다이어그램에서부터 순서 흐름도, 3D 아트워크 등 모든 것을 그릴 수 있다. 스마트 커넥터 기능은 자신만의 연결지점을 정의할 수 있다. 이러한 드로우를 이용해 만든 개체는 오픈오피스의 다른 프로그램에서도 사용할 수 있으며, 클립아트나 갤러리에 등록할 수 있다. 드로우는 다양한 포맷의 그래픽들을 가져올 수 있으며, PNG, HTML, PDF, Flash를 비롯해 20가지가 넘는 포맷으로 저장할 수 있다(그림 21-5).

그림 21-5 오픈오피스 드로우

5) 베이스

베이스(Base, 데이터베이스)는 일별 데이터베이스 작업을 위한 단순한 인터페이스를 가진 프로그램이다. 다른 유명한 데이터베이스 관리 프로그램들처럼 연결된 데이터베이스를 관리하고, 양식, 보고서, 질의, 테이블, 보기, 관계 등을 생성하거나 편집할 수 있으며, 베이스는 많은 기능을 제공하고 있다. 예를 들어 다이어그램 보기에서 관계들을 분석하거나 편집할 수 있다. 기본 연관 데이터베이스 엔진으로 HSQLDB를 통합하고 있으며, dBASE, Microsoft Access, MySQL, Oracle, 그리고 ODBC 호환 데이터베이스나 JDBC 호환 데이터베이스를 사용할 수 있다. 또한 ANI-92 SQL의 서브 셋을 지원하고 있다(그림 21-6).

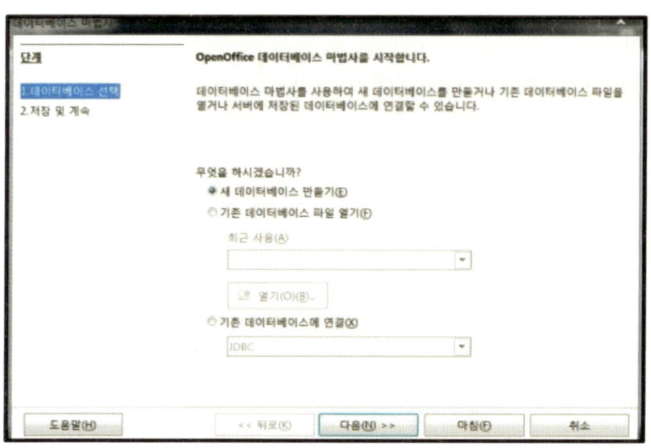

그림 21-6 오픈오피스 베이스

6) 매스

매스(Math, 수식 편집기)는 오픈오피스의 수식 편집기 프로그램이다. 여러 가지 기호나 문자가 들어가 있어 표준 글꼴셋으로는 만들 수 없는 복잡한 수식을 만들 수 있다. 이는 주로 라이터나 임프레스 파일과 같은 문서에 수식을 삽입할 때 많이 쓰이지만, 독립적인 프로그램으로 사용할 수도 있다. 매스에서 만든 수식은 표준 수학 마크업 언어(MathML)로 저장할 수 있어 웹페이지나 오픈오피스 문서가 아닌 다른 문서에서도 사용할 수 있다(그림 21-7).

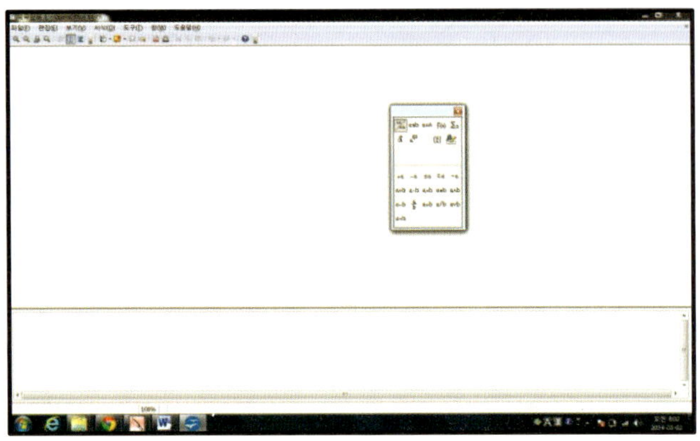

그림 21-7 오픈오피스 매스

22

스피치메이커

Speechmaker

스피치메이커(Speechmaker)는 파워포인트 슬라이드 문서에 직접 TTS(Text TO Speech) 음성합성을 부가시켜 결과물을 무인으로 설명하게 만드는 음성합성 프로그램으로, Microsoft office PowerPoint 2007 이상을 사용하여 작성한 슬라이드 문서에 텍스트를 입력하면 정교한 언어처리기술로 사람의 말과 거의 유사한 자연어에 가까운 음성이 부가된 파워포인트 결과물을 제공해 준다.

1. 스피치메이커 설치

스피치메이커 프로그램을 설치하면 파워포인트 화면 상단 메뉴에 스피치메이커 아이콘을 추가로 설치한다. 이 아이콘을 마우스로 클릭하면 음성편집과 음성합성이라는 아이콘이 화면 좌측 상단에 표시된다. 계속해서 슬라이드 하단 노트란에 슬라이드의 내용을 설명할 텍스트를 입력한 뒤 음성편집 아이콘을 누르면 화면 우측에 박스 메뉴가 새로 표시되는데, 박스 메뉴 중에서 미리듣기를 클릭하면 텍스트로 입력된 내용을 음성합성으로 전환하여 들을 수 있다(그림 22-1).

입력한 텍스트가 띄어쓰기와 듣기에 거부감이 없는 부드러운 운율로 정확히 쓰였는지 미리듣기를 통하여 들어볼 수 있다. 그런 다음 부자연스러운 부분에 대한 교정을 거쳐서 음성합성 표시에서 현재 슬라이드 또는 전체 슬라이드 중 해당 칸에 체크 후 음성합성의 스피커 아이콘을 마우스로 클릭하면 파워포인트 문서에 음성이 저장된다. 음성 합성된 파워포인트 문서는 슬라이드 쇼를 실행하게 되면 기존에 파워포인트 문서를 보면서 사람이 직접 설명하던 것과는 달리 슬라이드에 맞추어 음성도 동시에 들리게 된다. 제공되는 음성으로는 패키지의 종류에 따라서 한국어, 영어(일본어, 중국어는 옵션) 등의 다국어를 지원하고, 남성, 여성, 아동 등의 음성이 있으며, 용도에 따라서 음성을 빠르게 또는 느리게, 음성의 톤을 높게 낮게 등 사용자가 필요에 따라 임의로 조정할 수 있다.

그림 22-1 프로그램 설치

2. 프로그램 기능 및 활용

스피치메이커 프로그램을 이용하여 파워포인트로 작성한 슬라이드에 음성을 삽입하여 설명자 필요없이 자연스러운 무인 프레젠테이션을 가능하게 하기 위해서는 프로그램에서 제공하는 각종 기능을 충분히 숙지하여 활용하여야만 제공한 음성을 자연어에 가까운 음성으로 자료를 설명하는 것이 가능하다. 기본적으로는 띄어쓰기 등 표준어 문법에 준하여 텍스트를 작성한다면 사람이 말하는 것과 구별하지 못할 정도의 네이티브 수준의 음성을 제공한다.

1) 파워포인트 2007에서 음성 저장 공간 확장(필수)

파워포인트 2007에서 스피치메이커 프로그램을 원활하게 사용하기 위해서는 음성 저장 공간을 사전에 확보하여야만 텍스트로 음성화하여 저장한 내용을 청취할 수 있다. 수정 및 저장하지 않을 시 저장한 음성은 들리지 않을 수 있다(그림 22-2).

화면 메뉴에서 office 단추를 마우스로 클릭한다. 보이는 화면 하단에서 파워포인트 옵션을 마우스로 클릭한 다음 좌측에 있는 고급을 선택하고, 마우스로 우측 스크롤바를 아래로 끌어 내린다.

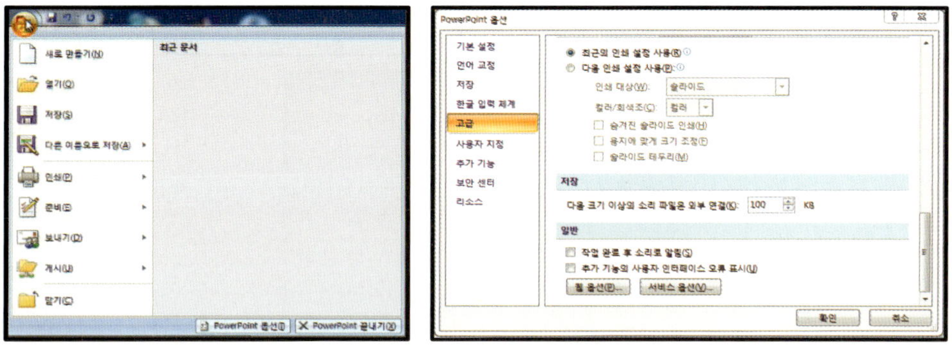

그림 22-2 음성 저장 공간 확인

화면 내용 중 저장에 기본값 "100" KB으로 표시되어 있는 숫자 크기를 확장값 "50000" KB로 수정한 다음 확인키를 눌러 종료한다(그림 22-3).

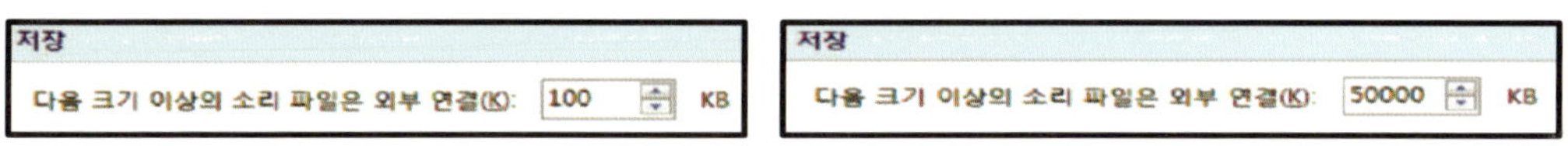

그림 22-3 숫자 크기를 확장값 "50000" KB로 수정

2) 프로그램 메인 화면 설명

윈도우 시작화면에서 모든 프로그램을 선택한 뒤 Microsoft Office 디렉터리 내에 있는 Microsoft PowerPoint 2010을 선택한 경우 파워포인트 슬라이드 작성용 최초 화면이다. 스피치메이커 프로그램을 정상적으로 설치 완료하였다면 화면 상단 우측에 스피치메이커 아이콘이 표시된다(그림 22-4).

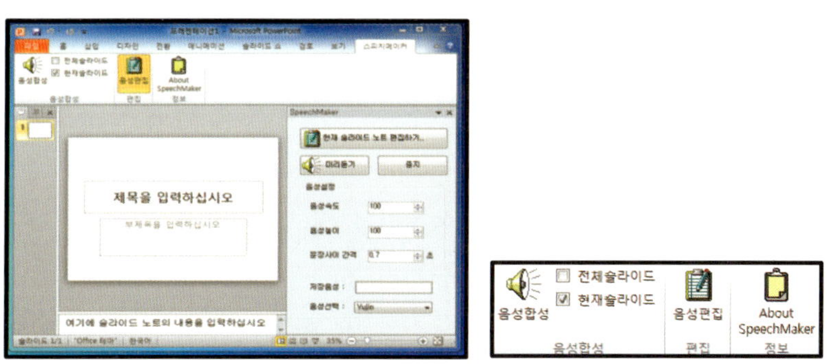

그림 22-4 메인 화면

스피치메이커 아이콘을 마우스로 클릭하면 화면 좌측에 표시되는데 이때 나타난 화면에서 음성편집 을 마우스로 클릭하면 화면이 화면 우측에 새로 표시된다. 기본적으로는 메인 화면의 슬라이드 상태에서 슬라이드에 저장할 음성을 하단 노트란에 작성하고, 작성한 음성의 미리듣기/음성의 속도조절/음성의 높낮이 조정/끝나는 문장(.)과 다음 시작 문장 사이의 간격 조절/슬라이드에 적용할 음성 선택을 통하여 마지막으로 화면 좌측 상단에 있는 음성합성 화면에서 마우스로 음성합성 버튼을 클릭하면 음성이 슬라이드에 저장된다(그림 22-5).

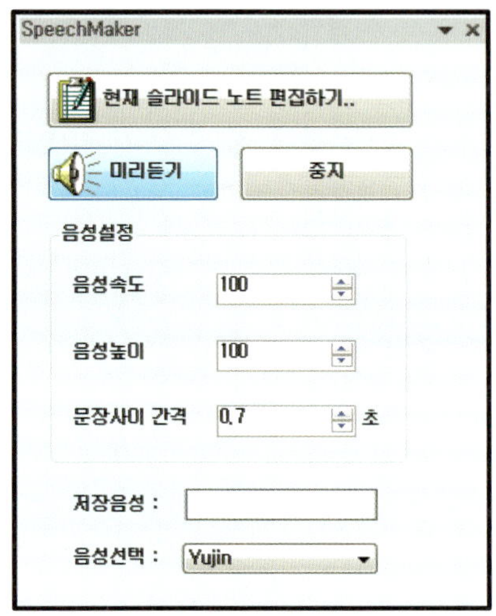

그림 22-5 음성 편집

3) 프로그램 부속 화면 설명

음성합성 선택창은 슬라이드 하단 노트란에 작성되어 있는 텍스트를 음성으로 변환·저장하는 기능이다.

(1) 전체 슬라이드

슬라이드 하단 노트란에 쓰인 텍스트의 내용을 순차적으로 한꺼번에 저장하는 기능이다(그림 22-6).

최초저장의 경우에 슬라이드가 여러 장인 경우 각각의 슬라이드 노트에 텍스트를 입력하고 전체 슬라이드를 선택한다면 화면 좌측에 보이는 음성 선택란에 표시된 음성으로 전체 슬라이드에 적용·저장하게 된다.

수정 후 재저장인 경우에는 슬라이드에 음성이 저장되어 있는 경우 화면 좌측 저장 음성 표시란에 현재 슬라이드에 저장되어 있는 음성을 알려주고, 저장 음성은 슬라이드에 중심을 이루고 있는 음성을 말한다. 저장된 음성은 바꾸지 않고 내용만 수정·변경하고 싶다면 슬라이드 노트에 쓰인 내용을 수정한 뒤 전체 슬라이드 선택 후 음성합성 아이콘을 클릭하는 것만으로 가능하다. 기존 슬라이드에 채택된 음성을 변경하고 싶다면 음성 선택창에서 변경하고 싶은 음성을 선택한 후 현재 슬라이드에 체크한 뒤 음성합성을 하여야만 음성이 바뀌게 된다. 즉, 전체 슬라이드 음성합성을 하게 되면 기본적으로는 저장되어 있는 음성은 동일한 음성으로 재저장되고, 신규로 슬라이드를 생성하여 음성을 작성한 경우에 전체 슬라이드를 선택한 후 음성합성을 하게 되면 음성 선택창에 표시된 음성으로 신규 저장된다.

그림 22-6 전체 슬라이드

(2) 현재 슬라이드

슬라이드 하단 노트란에 쓰인 텍스트 내용을 현재 슬라이드에 음성을 포함시켜 저장하는 기능이다(그림 22-7).

그림 22-7 현재 슬라이드

(3) 음성편집

음성편집 선택창은 슬라이드에 음성을 합성하기 위한 버튼이다. 마우스로 음성편집창을 클릭함으로써 편집에 필요한 세부화면이 표시된다(그림 22-8).

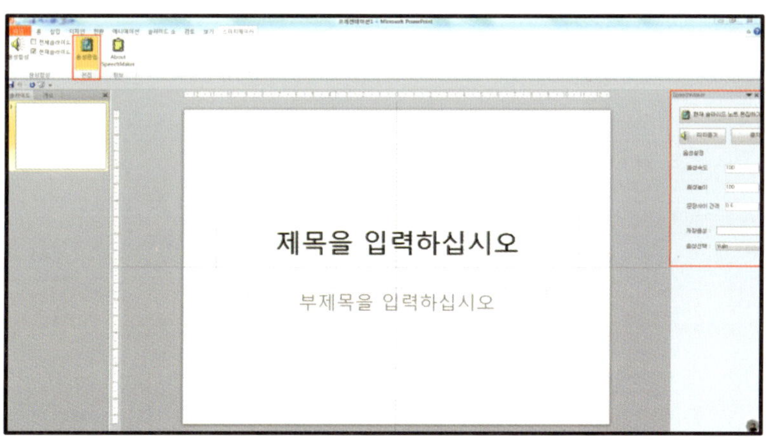

그림 22-8 음성편집

(4) 도움말

스피치메이커 프로그램의 버전 정보를 표시한다(그림 22-9).

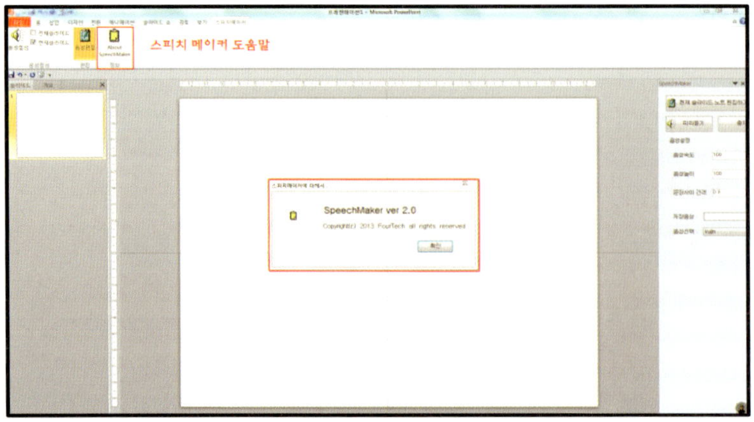

그림 22-9 도움말

4) 메인 슬라이드 편집창

(1) 현재 슬라이드 노트

현재 슬라이드 노트에 쓴 텍스트 내용으로 청취할 수 있는 음성보다 작성자가 의도대로 더 세밀하게 음성을 조정하고자 할 경우에 사용한다. 한 슬라이드에 여러 음성을 적용할 수도 있으며 20여 항목 가까이 제공하는 상세 기능을 마우스로 간단히 조작·사용하여 아나운서 수준의 음성을 사용자가 임의대로 구사할 수 있다.

(2) 미리듣기

슬라이드 하단 노트란에 쓰인 텍스트의 내용을 음성선택에서 선택된 음성으로 미리듣기를 통해 들을 수 있다. 미리듣기 기능은 슬라이드를 설명하는 음성을 최종 저장하기 전에 설명할 내용으로 쓰인 텍스트가 맞춤법이 틀렸는지, 띄어쓰기가 제대로 되었는지, 문맥상 듣기에 이상한 점이 없는지를 미리 들어보는 기능이다. 여기서 미리듣기는 중간부터 선택적으로 들을 수는 없으며, 슬라이드 노트의 처음 텍스트부터 읽기 시작한다. 중간부터 청취하고 싶을 경우에는 현재 슬라이드 노트 편집하기에서 가능하다.

(3) 중지

슬라이드 하단 노트란에 쓰인 내용을 음성으로 전환하여 미리듣기로 듣고 있는 도중에 중단하는 기능으로 중지 버튼을 클릭하면 음성 청취를 중단할 수 있다.

(4) 음성 속도 조정

음성의 속도를 조정한다. 기본값은 "100"이고, 범위는 50~200까지 조정 가능하며, 숫자가 낮을수록 느리게, 높을수록 빠르게 청취할 수 있다.

(5) 음성 높이 조정

음성의 높이를 조정한다. 기본값은 "100"이고, 범위는 80~120까지 조정 가능하며, 숫자가 낮을수록 저음으로, 높을수록 고음 영역으로 청취할 수 있다.

(6) 문장 사이의 간격 조정

문장 사이의 간격을 조정한다. 기본값은 "0.7"이고, 범위는 0.1~10초까지 조정 가능하며, 숫자 입력을 통해 문장이 끝나는 부분(.)과 다음 시작하는 문장의 간격을 임의로 조정할 수 있다.

(7) 저장된 음성 표시

슬라이드에 저장되어 있는 음성을 표시한다. 슬라이드에 저장된 음성이 있는 경우에는 해당음성 화자가 표시되고, 없을 경우에는 빈 여백으로 표시된다. 슬라이드별로 저장되어 있는 음성이 어떤 음성인지를 미리 알려주는 기능으로 슬라이드를 설명할 음성 텍스트 내용을 신규로 작성하거나 수정하여 저장 시에 다음과 같이 표시처리 된다(그림 22-10).

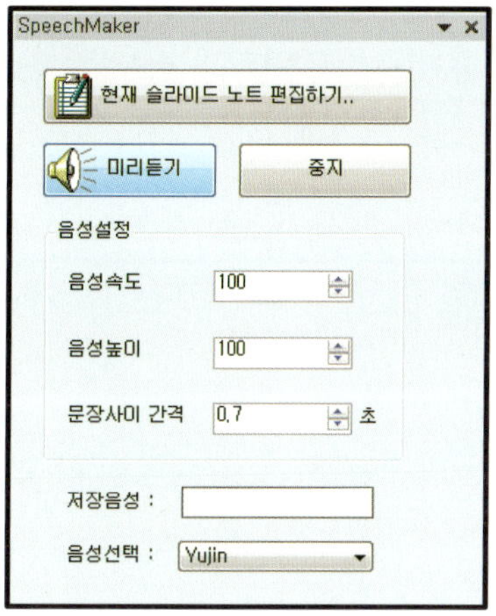

그림 22-10 현재 슬라이드 노트

(8) 전체 슬라이드를 선택하여 음성합성을 할 경우

저장 음성란에 공백으로 표시된 경우에는 음성선택창에 표시된 음성으로 저장하고, 저장 음성란에 음성이 표시된 경우에는 저장 음성란에 음성이 표시된 음성으로 저장한다(그림 22-11).

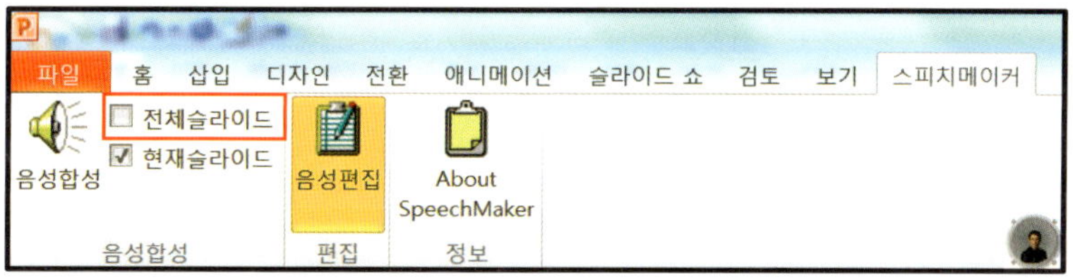

그림 22-11 전체 슬라이드 음성합성

(9) 현재 슬라이드를 선택하여 음성합성을 할 경우

저장 음성란에 공백으로 표시된 경우에는 음성선택창에 표시된 음성으로 저장하고, 저장 음성란에 음성이 표시된 경우에는 음성선택창에 표시된 음성으로 저장한다(그림 22-12).

스피치메이커 프로그램을 구매하면 프로그램과 함께 제공되어 사용 가능하게 된 음성엔진 전체를 표시해 준다. 마우스로 음성선택을 통하여 해당 슬라이드에 지정한 음성으로 저장하기 위해 선택하는 기능이다. 음성선택창에 표시된 음성은 미리듣기를 통하여 음성을 청취할 수 있고, 음성합성을 통하여 슬라이드에 음성을 합성할 수 있다. 다만, 음성선택창에 표시된 음성은 현재 슬라이드에 사용되는 바탕음성이며, 슬라이드 내에 대화형으로 여러 음성을 삽입하고자 할 때에는 현재 슬라이드 노트 편집하기를 선택하여 단어 또는 문장별로 음성을 선택적으로 적용·청취할 수 있다. 신규로 전체 저장을 선택할 경우 음성선택창에 표시된 음성으로 전 슬라이드에 적용·저장된다.

음성합성을 실행하면 현재 슬라이드 바탕화면 좌측 상단에 표시된 스피커 모양의 아이콘이 생긴다. 이 아이콘이 표시되면 음성합성이 정상적으로 슬라이드 내에 저장되었다고 알려주는 기능이다. 저장된 음성은 스피커 아이콘을 마우스로 클릭하여 음성을 청취할 수도 있다.

그림 22-12 현재 슬라이드 음성합성

5) 프로그램 세부화면 활용

(1) 세부화면-텍스트 편집창 화면

슬라이드 노트 텍스트 편집창 화면이다. 현재 슬라이드 노트 편집하기를 마우스로 클릭하면 현재 보이는 화면이 나타난다. 이때 슬라이드 하단 노트란에 있는 텍스트가 텍스트 편집창으로 복사되어 세부 편집을 할 수 있는 화면이다(그림 22-13).

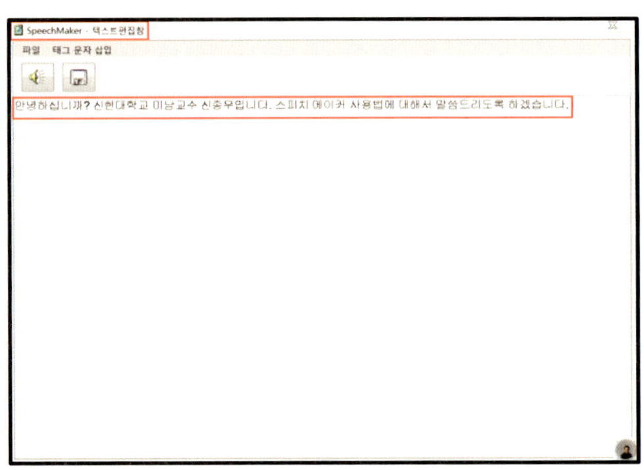

그림 22-13 텍스트 편집창 화면

(2) 음성 미리듣기

스피커 아이콘을 누르면 현재 창의 텍스트 내용을 청취할 수 있다(그림 22-14). 화면에 보이는 텍스트 중 원하는 위치에 마우스로 지정한 뒤 스피커 아이콘을 클릭하면 마우스로 클릭한 지점에서부터 텍스트가 끝나는 지점까지 선택한 음성으로 청취할 수 있다. 또 마우스로 원하는 구간만큼 드래그한 뒤 선택구간만 청취할 수도 있다. 특별히 지정하지 않으면 처음부터 읽는다.

그림 22-14 음성 미리듣기

(3) 현재 창 텍스트 내용 슬라이드 노트란에 저장하기

디스켓 모양의 아이콘을 누르면 현재 창에서 재편집한 텍스트 내용을 슬라이드 하단 노트란에 복사 저장하는 기능이다(그림 22-15). 슬라이드 노트란의 텍스트를 불러와 원본 내용에서 변경·수정하였을 경우 필히 노트란에 복사하여야만 수정된 텍스트를 적용한 음성합성 저장이 가능하다.

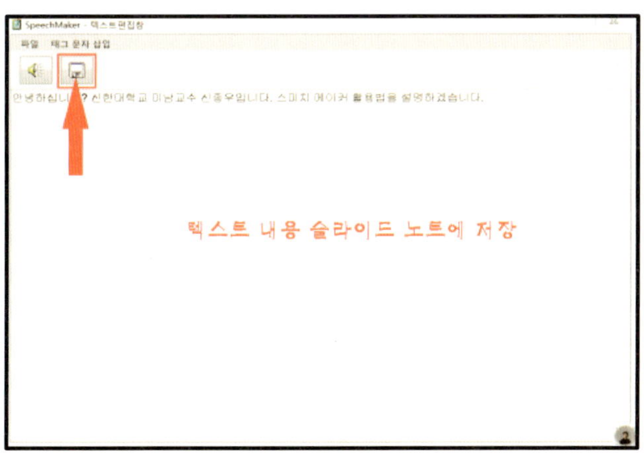

그림 22-15 텍스트 내용 슬라이드 노트란에 저장

(4) 파일 기능

미리듣기 기능은 텍스트 편집창의 텍스트 내용을 미리듣기 하며, 미리듣기 중지는 현재 청취하고 있는 음성을 중단시킨다. 모든 편집 취소는 슬라이드 노트란에서 불러온 상태 이후에 편집한 모든 내용을 무효화하고 원상태로 되돌리는 기능이다(그림 22-16).

취소키를 누르면 다음과 같은 화면이 나타난다. "예"키를 누르면 텍스트 편집창에서 수정·편집한 내용을 슬라이드 노트란에서 불러온 상태로 원 위치된다. "아니오"키를 선택 시 현재까지 수정한 상태 그대로 유지된다. 저장 후 닫기는 현재까지 텍스트 편집창에서 수정한 내용을 슬라이드 하단 노트란에 복사·저장하고 텍스트 편집창을 닫는다.

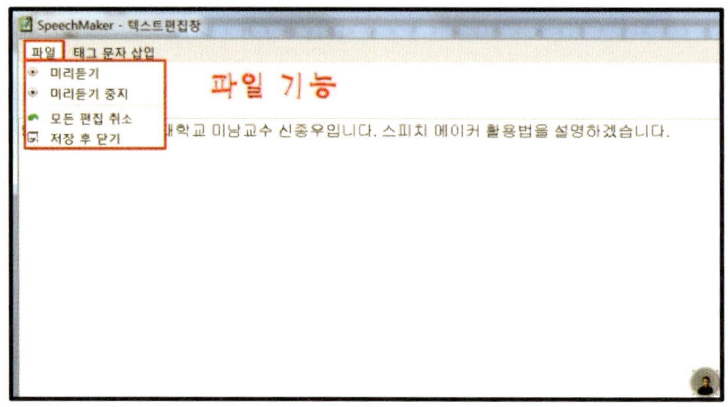

그림 22-16 파일 기능

(5) 태그문자 삽입 기능

태그문자 삽입 기능은 스피치메이커 버전 2.0에서 구현하는 가장 자랑할 만한 기능으로 슬라이드를 설명하고자 할 때 작성하는 음성합성음이 단조롭고 딱딱함을 지양하고 숫자, 철자, 단어에서부터 문장에 이르기까지 속도, 볼륨, 음 높이, 강조 표현 등 세밀하고도 다양한 기능을 간단하게 사용하여 쉽게 제작할 수 있다(그림 22-17).

사용자가 표현하고 싶어 하는 최고 수준의 기능을 부여함으로써 작성자가 자연어 음성에 준하는 청취 음성을 만들 수 있어 만족감을 높일 수 있으며, 청취자 또한 어색한 합성음으로 인식하지 않을 만큼 구현이 가능하다.

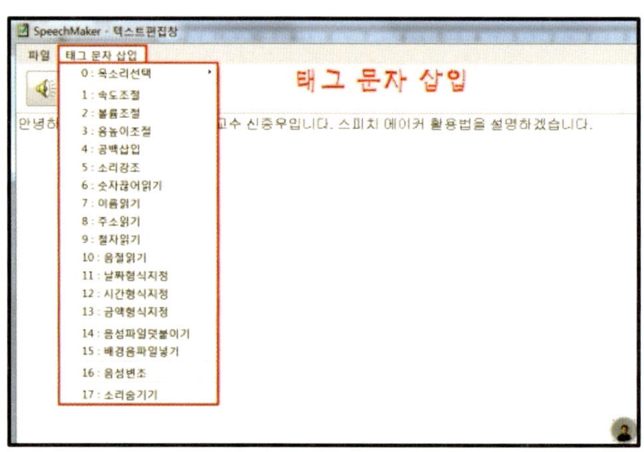

그림 22-17 태그문자 삽입 세부항목 표시 화면

태그문자 삽입 시 고려사항은 다음과 같다. 태그문자 삽입화면에서 0~17번 항목 중 4, 14, 15번 항목을 제외하고 전부 표시된 텍스트 내용 중 단어나 문장에 대하여 변경·수정을 행할 경우 아래처럼 마우스로 드래그한 뒤 태그문자삽입 아이콘을 누른 뒤 해당 항목을 클릭하여 기능을 부여하는 형태로 하여야 한다(그림 22-18).

마우스로 텍스트를 드래그하여 변경을 행하면 지정한 텍스트에 대해 좌우로 태그가 자동적으로 발생하여 붙여지게 된다. 이 부분은 사용자 편의를 위해서 프로그램에서 임의로 붙여주는 기능이므로 사용자가 태그의 내용을 임의로 변경하거나, 삭제할 경우 음성이 들리지 않을 수 있으니 각별한 주의가 필요하다. 하나의 문장에 대하여 여러 항목의 중복적인 태그를 적용할 경우에도 음성이 지원되지 않을 수 있으니 꼭 필요한 항목에만 적용하면 된다.

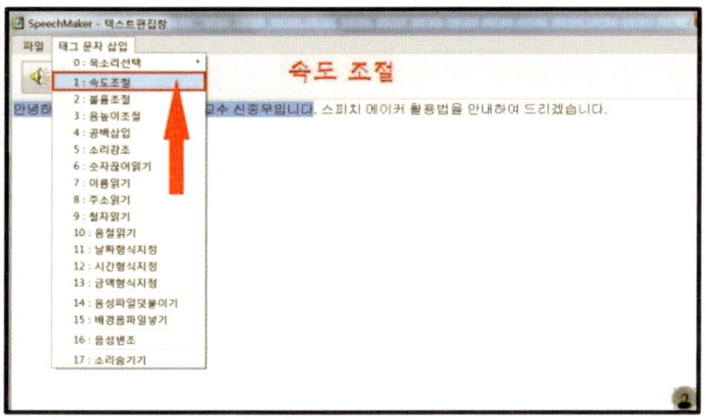

그림 22-18 마우스로 텍스트를 지정한 표시 화면

구간을 지정하지 않으면 에러 메시지가 표시되니 반드시 구간을 먼저 선택해야 한다(그림 22-19).

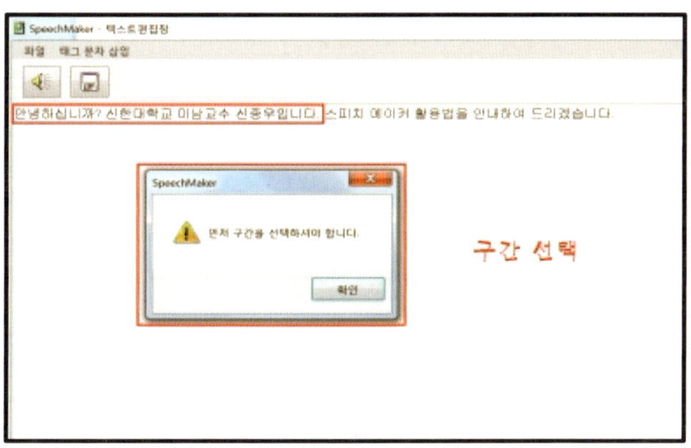

그림 22-19 구간 선택

목소리 선택은 프로그램 구입 시 포함된 음성 수에 따라 목소리 선택 시 우측에 편집할 수 있는 음성이 표시된다(그림 22-20). 이 기능은 지정한 텍스트 구간에 대하여 적용할 음성을 선택하여 프로그램 구입 시에 포함된 모든 목소리가 나타나며, 텍스트 구간 지정 후 태그문자삽입 > 목소리 선택 > Yujin(적용할 목소리) 형태로 진행한다.

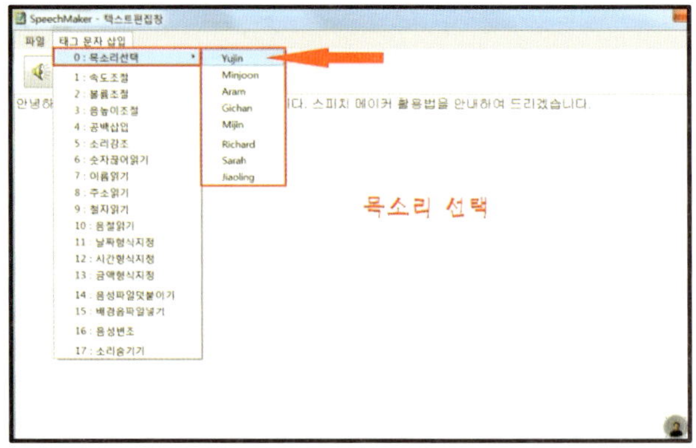

그림 22-20 목소리 선택

속도 조절은 표시화면에서 지정된 구간의 속도를 조절(지정범위: 느리게 50~200 빠르게[기본값 100])하며, 볼륨 조절도 표시화면에서 지정된 구간의 볼륨을 조절(지정범위: 작게 0~200 크게[기본값 100])한다(그림 22-21).

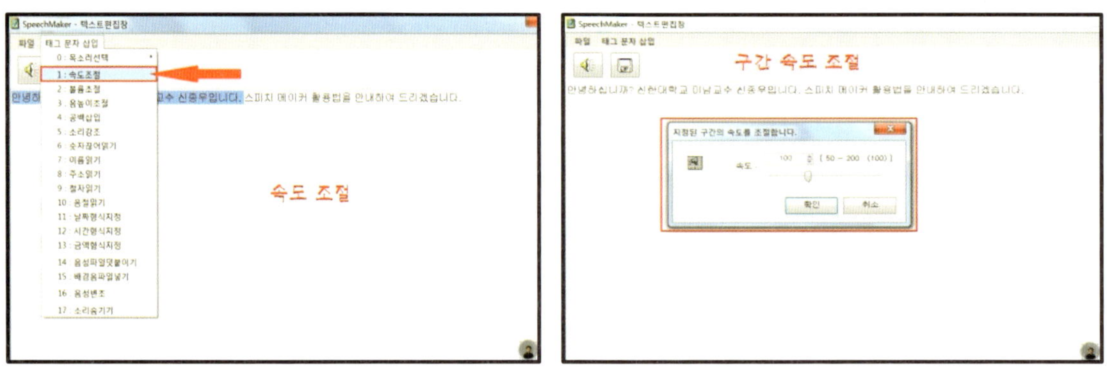

그림 22-21 구간 속도 조절

음높이 조절은 표시화면에서 지정된 구간의 음높이를 조절(지정범위: 낮게 80~120 빠르게[기본값 100])한다(그림 22-22).

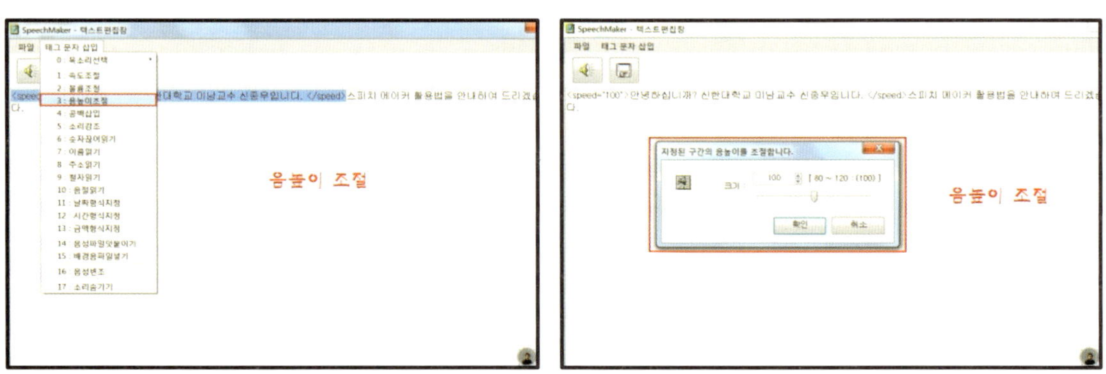

그림 22-22 음높이 조절

공백 삽입은 표시화면에서 입력된 길이만큼 공백을 삽입(지정범위: 최소 0~10,000msec[1000msec=1초])하며, 소리 강조는 표시화면에서 지정된 강조 정도를 조절(지정범위: strong/moderate)한다(그림 22-23).

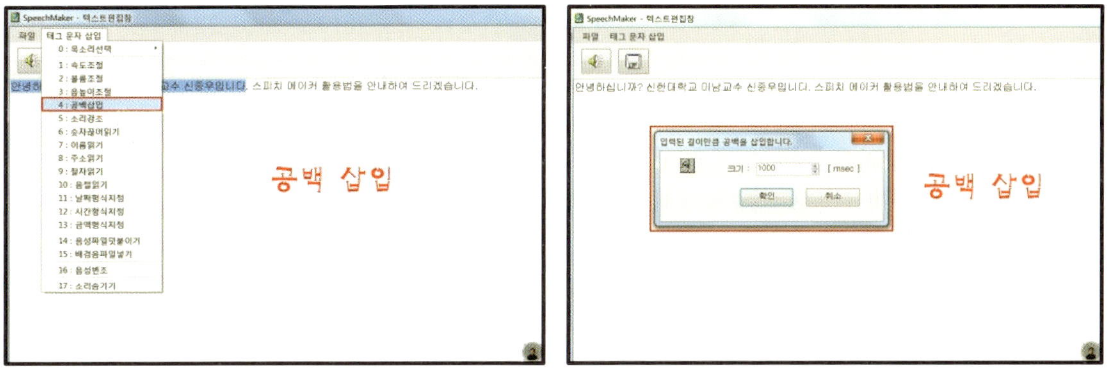

그림 22-23 공백 삽입

숫자 끊어 읽기는 표시화면에서 지정한 숫자만큼 자릿수를 끊어서 읽어주며, 이름 읽기는 이름을 읽거나 호명할 때 사용한다(그림 22-24, 22-25). 예를 들어 이름을 마우스로 드래그하여 지정하면 좌우에 태그로 채워진다. 태그는 입력할 수도 있으나 사용자 편의를 위하여 임의로 채워 주는 기능이다. 태그를 직접 입력하거나 변경 시에는 음성이 들리지 않을 수도 있으므로 주의를가 필요하다.

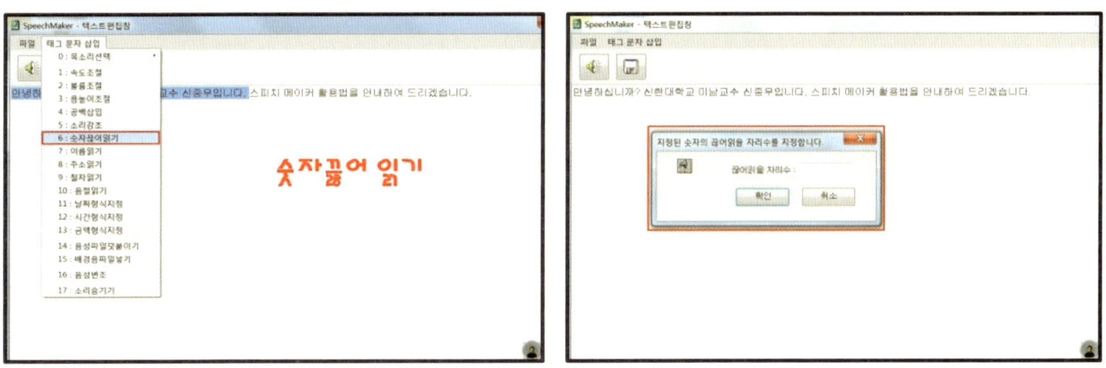

그림 22-24 숫자 끊어 읽기

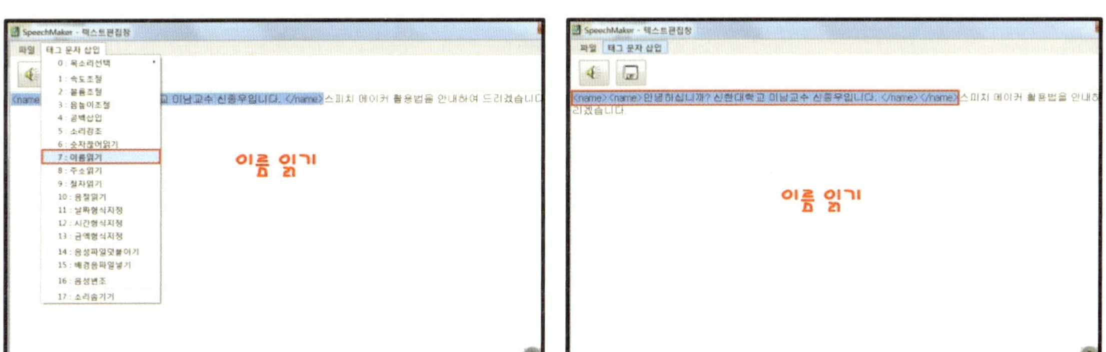

그림 22-25 이름 읽기

주소 읽기는 주소를 읽을 때 사용하는데 주소, 동 호수를 읽을 때 약간 쉬었다 읽어주며(〈adds/〉현대아파트 8동 1205호〈adder/〉), 철자 읽기는 영문 철자 하나씩 읽을 때 사용(〈alpha〉ABCDEFG〈/alpha〉)한다(그림 22-26, 22-27).

그림 22-26 주소 읽기

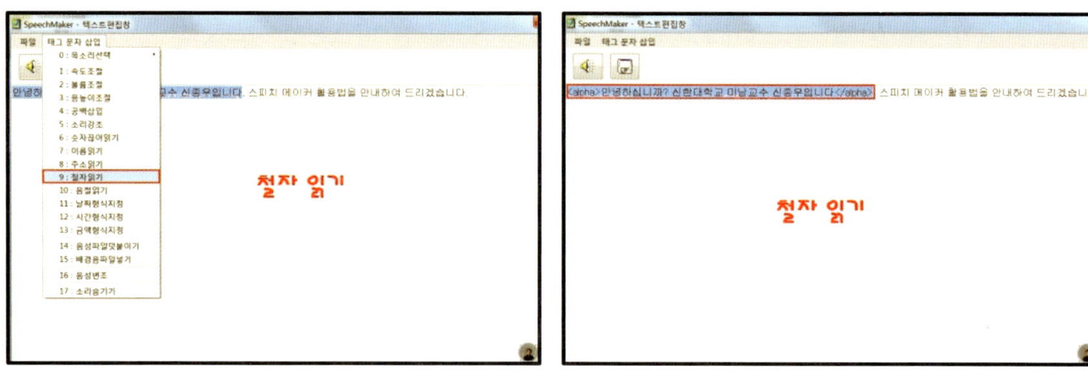

그림 22-27 철자 읽기

음절 읽기는 한 음절씩 읽기(〈syll〉안녕하십니까? 신한대학교 미남교수 신종우입니다〈/syll〉)이며, 날짜 형식 지정은 날짜 읽기의 형식을 지정(〈date〉130209〈/date〉)한다(그림 22-28, 22-29).

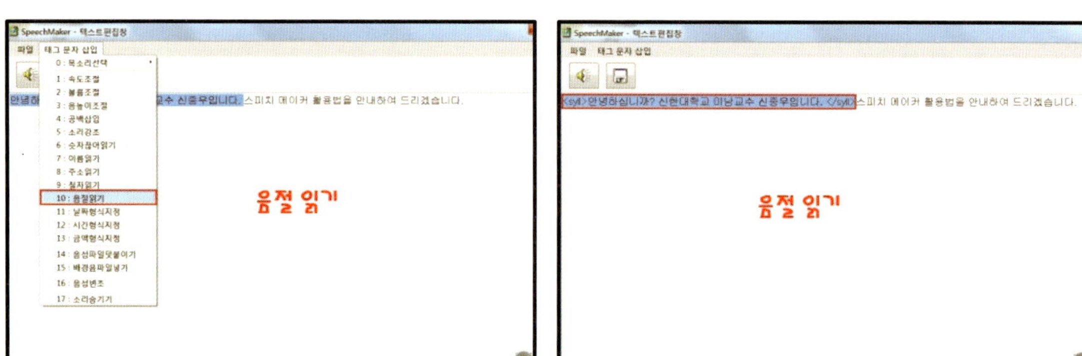

그림 22-28 음절 읽기

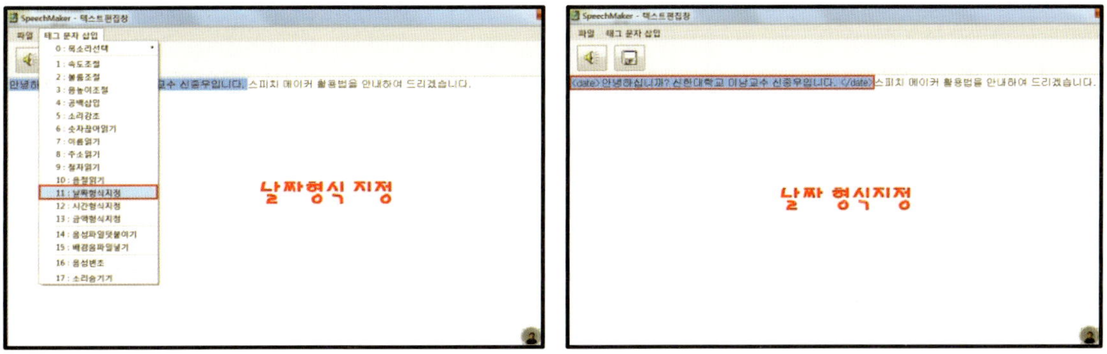

그림 22-29 날짜 형식 지정

시간 형식 지정은 표시화면에서 시간 읽기 방식을 지정하며, 금액 형식 지정은 표시화면에서 지정된 구간의 금액 형식을 지정한다. 숫자 콤마(,) 구간을 지정 숫자만큼 쉬어서 읽는다(그림 22-30).

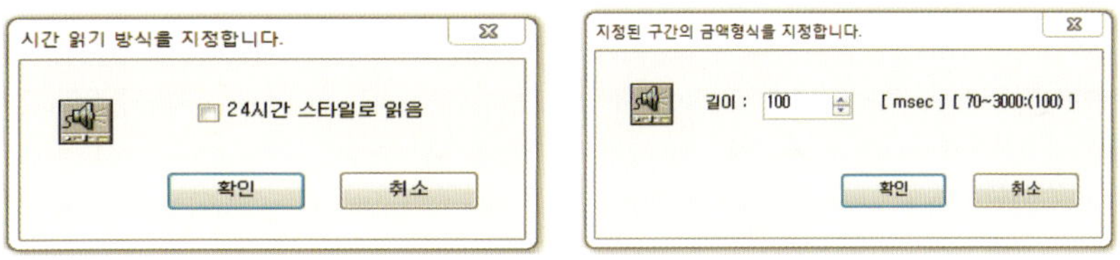

그림 22-30 시간 형식 지정과 금액 형식 지정

음성파일 덧붙이기는 Wave 파일을 지정하며, 추가로 녹음한 육성 Wave 파일이나, 기타 Wave 형식의 파일을 들려줄 수 있는 기능이다. 배경음악 파일 넣기는 배경음을 삽입할 수 있는 기능으로 음성 출력과 함께 배경음을 사용할 경우에 원하는 배경음 파일을 지정한다(그림 22-31).

그림 22-31 음성 파일 덧붙이기와 배경음 삽입

음성변조는 현재 채택한 음성을 변조 처리하여 사용한다. 종류에는 졸라맨, 프로토스, 로봇, 외국인, 메아리, 동굴, M2F 형태의 7종류의 변조음을 제공하고 있다(그림 22-32). 소리 숨기기는 텍스트로 작성한 내용 중 청취하지 않고 건너뛰고 싶을 때 해당 구간을 마우스로 드래그하면 지정한 구간만큼 음성으로 출력하지 않는다.

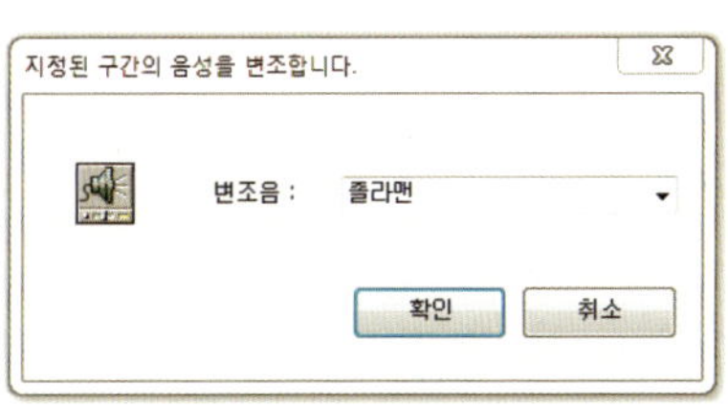

그림 22-32 음성변조

23

워터마크

Watermark

워터마크(Watermark)는 젖어있는 종이에 우선 인쇄를 하고 이를 말린 뒤 그 위에 다른 그림을 인쇄하면, 젖었을 때 인쇄한 부분이 평소에는 보이지 않다가 불빛을 비출 때만 나타난다. 이를 통해 비밀문서를 만들거나 지폐의 진위 여부를 판별할 수 있는 기능으로 유래되었으나, 오늘날 사진이나 그림 등에 반투명하게 삽입되어 타인의 무단 도용을 막고, 자신의 지적재산권을 지키는 용도로 쓰이고 있다.

1. 워터마크

블로그를 운영하거나 SNS를 이용하는 사람이라면 한 번쯤은 자신이 찍은 사진이나 손으로 그린 그림을 올려 다른 사람이 볼 수 있게 해보았을 것이다. 그런데 내가 공들여 만든 작품을 다른 사람이 마치 자기가 만든 것처럼 다른 곳에 게시한다면 여러 가지 불편한 일이 생길 수도 있다. 워터마크는 이런 일을 막는 가장 쉬운 방법으로 사진이나 그림, 원고 등에 작성자 또는 저작권을 표시하는 가장 기본적인 방법이다. 즉, 그림이나 문자를 디지털 데이터에 삽입하면 원본 출처 및 정보를 추적할 수 있으며, 삽입된 워터마크는 재생이 어려운 형태로 보관되어 지적재산권을 보장받을 수 있다.

2. 워터마크 활용

워터마크는 기본적으로 원본 사진이나 영상, 원고 등을 보는 데 방해가 되지 않도록 한다. 워터마크가 지나치게 크고 색이 짙으면 자신의 것이라는 것을 알리기는 좋겠지만, 미관을 해치는 일이 될 수도 있다. 이런 이유에서 워터마크는 반투명하게, 그리고 배경이 투명한 이미지를 사용하는 것이 원칙이다.

1) 이미지에 워터마크 삽입

네이버 포토뷰어에 있는 포토뷰어 편집기를 통해서도 워터마크를 삽입할 수 있다. 서명 기능을 통해 텍스트 입력은 물론, 이미지 형태의 워터마크를 쉽게 삽입할 수 있도록 제공한다. 사용 방법은 간단하다. 네이버 포토뷰에서 사진편집 메뉴를 선택하고, 이후 나타나는 창에서 꾸미기 탭을 선택한 뒤 서명 목록을 열면 된다. 기본 서명은 텍스트를 직접 입력하는 방식이며, 내 서명은 기존에 만들어 놓은 워터마크 이미지를 삽입하는 방식이다.

PC에 설치된 서체도 그대로 가져와 사용할 수 있다. 글씨 크기와 색상, 배경색 등을 선택하고 원하는 위치에 놓으면 모든 작업이 끝난다. 참고로 네이버 블로그에서도 이와 비슷한 방법으로 워터마크 삽입 기능을 사용할 수 있다. 블로그 게시물을 작성할 때 사진첨부 창에서 편집하기 > 서명 항목을 선택하면 이와 유사한 인터페이스가 나타난다(그림 23-1).

그림 23-1 네이버 포토뷰어에 워터마크 삽입

2) Microsoft Word에 워터마크 삽입

Microsoft Word에서 제공하는 즉시 사용 가능한 워터마크 갤러리를 사용할 수도 있고, 회사 로고 등의 사용자 지정 워터마크를 직접 만들 수도 있다. 그리고 초안, 대외비 등의 텍스트 워터마크를 문서에 추가할 수 있다. 워터마크를 입력하기 위해서는 페이지 디자인 > 워터마크 > 리본 메뉴를 클릭한다. 워터마크 리본 메뉴를 클릭하면 기본적으로 제공하는 마크리스트가 나오는데 그중 하나를 클릭하면 화면에 바로 표시된다.

기본적으로 제공하는 워터마크는 몇 개 되지 않기 때문에 사용자가 넣고 싶을 경우에 직접 제작한 워터마크를 입력하기 위해 사용자 지정 워터마크 메뉴를 클릭하여 삽입하면 된다(그림 23-2).

그림 23-2 Microsoft Word에 워터마크 삽입

3) 한글 2010에 워터마크 삽입

한글 2010에 워터마크로 이미지를 삽입할 경우에는 모양 – 테두리/배경을 통해 삽입하고, 쪽 테두리 배경 창 – 배경 – 그림 – 그림 파일 – 채우기 유형(바둑판식으로) – 그림 효과(없음) – 워터마크 효과(체크)로 진행한다.

워터마크 효과를 주는 이유는 한글 문서 바탕에 너무 진한 로고가 들어가기 때문에 이 부분에 문서를 작성할 경우 로고와 텍스트(글자)가 겹쳐서 보이지 않기 때문에 로고는 워터마크 효과를 주어서 연하게 나타나게 해야 한다. 또 하나의 방법은 투명도로 조절하는 방법이 있는데 워터마크 효과를 주지 않고 투명도를 약 70% 정도로 하면 적당한 색감의 로고가 삽입된다(그림 23-3).

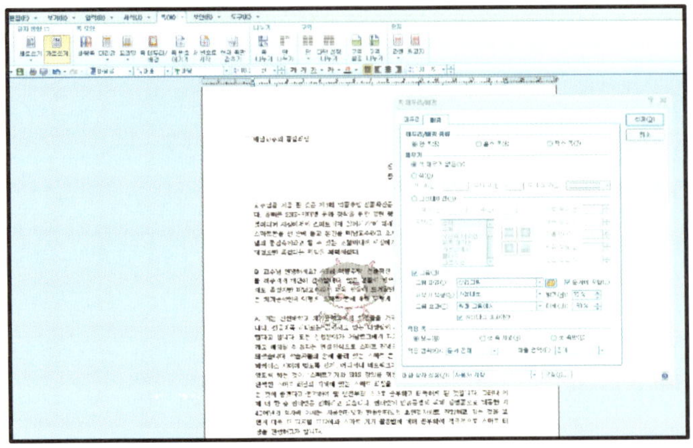

그림 23-3 한글 2010에 워터마크 삽입

4) 동영상에 워터마크 삽입

캠노리는 국내 동영상 녹화 및 다운로드 프로그램으로 인터넷 동영상을 간편하게 PC로 녹화할 수 있고, 유튜브 같은 사이트에서 동영상 다운로드도 가능하며, 강력한 화면 캡처 기능도 지원한다. 캠노리는 사용자 워터마크 설정을 지원하는데 사용자 설정에 따라 이미지 및 텍스트를 선택하여 등록할 수 있다. 워터마크 설정은 캠노리 환경설정에서 설정할 수 있다(그림 23-4, 23-5).

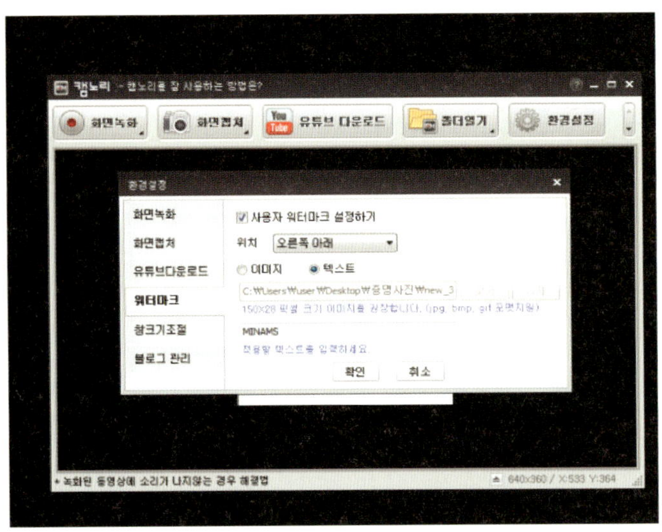

그림 23-4 캠노리 동영상 제작에 워터마크 삽입

그림 23-5 이미지 워터마크가 삽입된 동영상

3. 디지털 워터마크

디지털 워터마크는 디지털 콘텐츠에 사용자만이 알 수 있는 아이디나 정보 등의 부호를 삽입하거나, 영상·음성 등의 신호에 특정한 코드나 유형 등을 삽입하는 기술을 말한다. 이 역시 불법복제를 방지하고, 데이터 소유자의 저작권과 소유권을 효율적으로 보호하기 위한 기술이다.

디지털 워터마크는 사용자가 이미지를 보거나 소프트웨어를 사용하는 데는 지장을 주지 않으면서 원본의 출처나 복제 경로를 찾아내는 데는 아주 효과적이어서 근래에 많이 이용하고 있다(그림 23-6).

그림 23-6 디지털 워터마크

24

삭제 파일 복구 프로그램

PC를 사용하다 보면 문서나 영상 등 파일을 삭제하는 경우가 있는데, 간혹 파일을 삭제 후 삭제하지 말았어야 하는 경우가 있을 수 있다. 이러한 경우에 삭제된 파일을 복구시켜주는 프로그램을 사용하면 된다.

1. Recuva

Recuva는 손상, 포맷, 파일 삭제, 휴지통 비움, 바이러스 등의 원인으로 인해 파티션의 파일이 삭제된 경우 간편하게 복구해 주는 소프트웨어(http://www.piriform.com/recuva)이다(그림 24-1).

주요 기능을 살펴보면, 첫째, 데이터 복구 기능이다. 컴퓨터, USB 메모리, 디카 메모리, iPod 등에서 실수로 파일을 삭제한 경우, 디스크 포맷이나 소프트웨어 충돌로 인한 데이터 손실, Microsoft Outlook Express, Mozilla Thunderbird 또는 Windows Live Mail 등의 메일을 삭제한 경우, iPod이나 MP플레이어의 음악을 삭제한 경우, 중요한 문서 파일을 삭제하거나 저장하지 않은 경우 임시 파일로 파일을 생성한다. 둘째, 간편 복구 기능으로 간편하게 중요 파일을 복구할 때 복구마법사를 사용해 준다. 셋째, 정밀 검색 기능으로 정밀한 검색을 원할 경우 Deep Scan 기능을 사용해 준다(많은 시간이 필요). 넷째, 영구 삭제 기능으로 중요 파일을 영구 삭제하기 위한 기능을 제공해 준다.

그림 24-1 Recuva

2. Kies

Kies는 USB 케이블 연결(일부 기기에서는 무선랜 Kies 연결이 가능)을 통해 컴퓨터와 삼성의 휴대폰 및 태블릿 PC 기기 간의 통신에 쓰는 프리웨어 응용 소프트웨어(http://local.sec.samsung.com/comLocal/support/down/kies_main.do?kind=upgrade)이다(그림 24-2).

주요 기능을 살펴보면 데이터 백업, Windows 및 Mac PC와 삼성 모바일 기기 간의 데이터 전송, 오디오, 비디오, 사진 등 멀티미디어 관리, 부가 및 특별 방치 기능 구매 및 취득, 장치 펌웨어 및 운영체제(OS버전) 업그레이드를 할 수 있다.

그림 24-2 Kies

3. 마이스마트매니저

마이스마트매니저(mySMARTmanager)는 카카오톡 앱 사용 중 방 나가기 또는 대화삭제로 사라진 대화내용을 복구할 수 있는 프로그램(http://www.mysmartmanager.com/MSM/main.php)이다(그림 24-3).

주요 기능을 살펴보면, 첫째, 카카오톡 복구기능이다. 실수 또는 필요 없는 내용이라고 생각해서 카카오톡의 대화내용을 삭제하거나 대화방을 나왔을 때 카카오톡 대화내용을 복구할 수 있다. 둘째, 카카오톡 대화내용 백업기능이다. 휴대폰을 교체하거나 휴대폰 초기화를 하기 위해 카카오톡 앱을 지워야 할 때 미리 카카오톡 대화내용을 백업해 놓고 이후 필요할 때 확인할 수 있으며, 백업한 내용은 컴퓨터는 물론 스마트폰에서도 확인할 수 있다. 셋째, 잠긴 카카오톡 앱 내용 확인 기능이다. 실수로 카카오톡에 걸어놓은 비밀번호가 기억나지 않아서 대화내용을 볼 수 없을 때 스마트폰 내 카카오톡 내용을 마이스마트매니저 프로그램상 화면에서 볼 수 있다. 넷째, 탈옥, 루팅이 필요 없는 안전한 실행이다. 탈옥이나 루팅이 필요하지 않으며, 보안 앱, 은행 앱 등에 영향을 끼치지 않는 안전한 프로그램이다.

그림 24-3 마이스마트매니저

4. Recover My Files

저장장치의 고장 문제가 아닌 기타 데이터 손상 문제 발생 시 데이터 복구를 해주는 프로그램(http://www.recovermyfiles.com)이다(그림 24-4).

주요 기능을 살펴보면 첫째, 복구 기능이다. 데이터의 파일 손상으로 사용할 수 없는 파일의 복구가 가능하고, 다양한 확장자 파일과 폴더 형식의 데이터도 복구가 가능하다. 둘째, 복구 가능 범위이다. 하드디스크, USB 이동식디스크, SD Card 등 다양한 저장장치의 데이터 손상 시 복구할 수 있다. 셋째, 복구 파일 종류이다. 워드프로세서는 Microsoft Word, Excel, Powerpoint, 한글, 훈민정음 등, 이미지 파일은 JPG, JPEG, RAW, TIFF 등, 그래픽문서는 Adobe Photoshop, Illust, 페인트샵, 3D Max, MAYA 등, 설계문서는 AUTOCAD, ArchiCAD, OrCAD, MDT 등, 이메일은 Outlook Express, Microsoft Outlook Express 등, 회계 자료는 더존, 얼마에요, 경영명인 등, 서버, 데이터베이스 등, 비밀번호 및 암호 복구 등을 복구할 수 있다. 넷째, 복구 가능 여부로 미리보기 기능을 이용해 네이터 복구 여부를 파악할 수 있다.

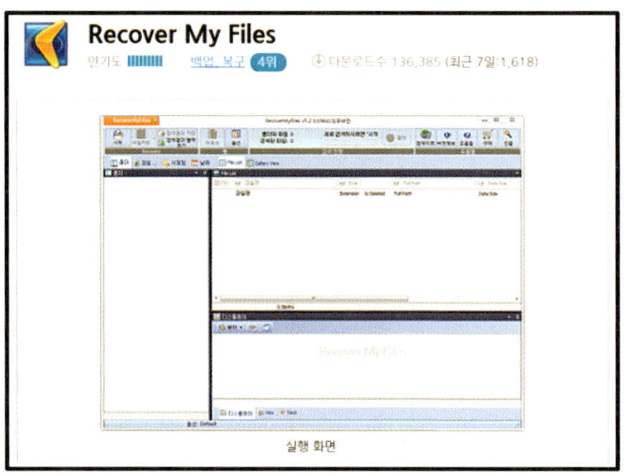

그림 24-4 Recover My Files

5. R-STUDIO

R-STUDIO는 파티션이 손상, 포맷, 파일 삭제, 휴지통 비움, 바이러스 등의 원인으로 인해 파일이 삭제된 경우 간편하게 복구해 주는 소프트웨어(http://www.r-tt.com)이다(그림 24-5).

주요 기능을 살펴보면 첫째, 복구 유형이다. 휴지통을 사용하지 않고 삭제 또는 휴지통을 비우는 경우, 바이러스 공격 또는 전원 공급 문제로 인해 삭제한 경우, 파일이 있는 파티션을 포맷한 경우(다른 파일 시스템으로 포맷한 경우도 포함), 하드 디스크의 파티션 구조가 변경, 손상된 경우 디스크를 스캔하여 이전 파티션을 찾은 후에 그 파티션에서 파일 복구를 시도하여 불량 섹터를 가진 하드 디스크에서 전체 또는 부분을 우선 복사한 후 그 이미지 파일을 처리, 하드 디스크에서 새 불량 섹터가 지속적으로 나타나고 남아 있는 정보를 즉시 저장해야 하는 경우에 특히 유용하다. 운영 체제에서 RAID를 인식하지 못하는 경우 구성요소에서 가상 RAID를 생성할 수 있다. 둘째, 다양한 복구매체이다. HD, CD, DVD, 플로피 디스크, 컴팩트 플래시 카드, USB 드라이브, ZIP 드라이브, 메모리 스틱 및 기타 이동식 매체를 포함하여 알 수 없는 파일 시스템을 가진 장치에서의 파일 복구가 가능하다. 셋째, 다양한 파일시스템을 지원한다(FAT12, FAT16, FAT32, exFAT, NTFS, NTFS5, ReFS, HFS/HFS+, UFS1/UFS2, Ext2/Ext3/Ext4 FS). 넷째, 미리보기 지원이다. 뷰어를 통해 그래픽 파일, 비디오 파일, 오디오 파일, MS Office 파일, Outlook 전자 우편 메시지 등을 포함하여 가장 일반적인 파일 유형의 미리보기를 지원하고 있다.

그림 24-5 R-STUDIO

12
11
10
2
8

25

스마트한 스마트폰 앱

요즈음 일상에서 스마트폰이 미치는 영향을 꼽으라면, 아마 생활필수품이라는 답변이 나오지 않을까 싶다. 그 일례로 버스나 지하철에서 사람들이 일제히 묵념 자세를 취하는 다소 우스운 광경을 연출하며, 스마트폰에만 열중하는 모습을 흔하게 볼 수 있기 때문이다. 그렇다면 사람들은 그렇게 열광해 마지않는 스마트폰을 제대로 사용하고 있는 것일까? 늘어가는 정보의 홍수 속에서 나에게 필요한 제대로 된 정보를 선택하고 있는지, 단순히 스마트폰을 오락이나 게임용이 아닌 실생활에 유용한 정보를 고르고 사용하고 있는지 되묻지 않을 수 없다. 하루에도 수없이 생겨나는 앱 중에서 유용하고 필요한 앱만 골라내는 능력이 요구되는 시점이다.

1. 리멤버

리멤버(Remember)는 스마트폰으로 명함을 찍기만 하면 입력이 가능한 앱으로 명함 관리에 아주 편리한 앱 서비스이다. 명함을 촬영해서 등록해 놓으면 정보를 100% 수기로 입력해서 정리해 주는 명함관리비서 콘셉트의 서비스이다. 현재 구글 플레이와 애플 앱 스토어에서 내려받아 사용할 수 있다(그림 25-1).

리멤버는 클라우드 서버, 수기 입력을 기반으로 스마트폰 환경에서 명함을 쉽게 정리할 수 있는 서비스이다. 주요 특징을 살펴보면, 첫째, 명함 정보 수기 입력이다. 스마트폰 카메라로 10분에 명함을 100장 가까이 등록할 수 있으며, 등록한 사진을 바탕으로 사람이 직접 정확하게 명함의 정보를 입력해 준다. 둘째, 대량 명함 입력 대행으로 쌓여 있는 명함이 많아 촬영하기 힘든 경우 명함을 직접 수거해서 입력을 대행해 준다.

셋째, 회원 간 실시간 정보 업데이트로 리멤버 회원의 직장, 연락처 정보가 변경되었을 때 자동으로 업데이트하고 알려준다. 넷째, 명함첩 분류이다. 필요에 따라 그룹을 생성해서 등록된 명함들을 분류할 수 있다. 다섯째, 명함 정보 활용 및 연계이다. 전화 걸기, 이메일 보내기, 지도보기가 가능하며, 명함 이미지/정보를 휴대폰 주소록에 저장하거나 타인에게 전달할 수 있으며, 구글 주소록, Outlook과 연계되며 액셀 파일로 내보내 항시 백업해둘 수 있다. 저장된 모든 명함 정보를 클라우드에 안전하게 저장하여 휴대폰 교체 시에도 계정을 유지할 수 있다.

서비스 활용 형태로는 안드로이드의 구글 플레이, iOS의 애플 앱스토어에서 '리멤버' 애플리케이션을 설치한 후에 실행하면 누구나 무료로 쉽게 명함을 관리할 수 있다.

그림 25-1 리멤버

2. 애니두

애니두(Any.DO)는 정신없이 바쁜 일상을 보내는 사람을 위한 할 일 관리 앱이다. 할 일을 시간과 종류에 따라 입력해 두면 일정 사이에 빈 시간을 찾아 "지금 이 일을 처리해보지 않겠느냐"고 알려주는 기능이다. 일정 입력을 하지 않으면 "잠시 짬을 내 일정을 입력하라"고 친절한 안내까지 해주는 스마트한 앱이다(그림 25-2).

그림 25-2 애니두

3. 네이버 지도

초행길을 나설 때 과거에는 종이 지도를 펼쳤다면 이제는 스마트폰을 꺼낸다. 스마트폰 지도앱 하나면 길 찾기는 물론이요, 음식점, 약국 등 각종 주변 정보까지 검색이 가능하니 전국 방방곡곡을 돌아다닌다 해도 걱정 없다. 네이버가 만든 네이버 지도는 국내 모든 지도 앱 중 가장 많은 위치 정보를 가지고 있어 주소를 모르더라도 상호명이나 전화번호만으로도 위치를 찾아갈 수 있다. 버스, 지하철 같은 대중교통과 자동차 길 안내는 기본이고, 자전거가 다닐 수 있는 길과 사람이 다닐 수 있는 길도 따로 안내해주는 길 안내 서비스 앱이다(그림 25-3).

그림 25-3 네이버 지도

4. 구글 번역기

구글 번역기는 스마트폰의 구글 번역기만 있으면 외국여행도 마음대로 할 수 있도록 음성과 문자로 외국어를 번역해 주는 앱이다. 영어를 전혀 못하는 한국인이 미국 레스토랑에서 음식을 주문한다고 가정하면, 이 앱을 켜서 화면 가운데 있는 마이크 버튼을 누르고 한국어로 음식을 말하면 곧바로 영어 문장이 화면에 뜬다. 이때 이 화면을 식당 종업원에게 보여주고 문장 위에 있는 스피커 모양 아이콘을 누르면 실제 음성으로 이야기해 준다. 이처럼 구글 번역기의 앱은 세계 최고 수준의 번역 정확도를 자랑하며, 전 세계 거의 대부분의 언어인 80가지의 언어를 번역해 주는 앱이다(그림 25-4).

그림 25-4 구글 번역기

5. Send Anywhere

Send Anywhere(https://send-anywhere.com)는 두 기기 간 가장 빠르고 효율적인 네트워크 전송 경로를 찾아 안전하게 직접전송을 할 수 있는 새로운 개념의 서비스 프로그램이다(그림 25-5).

Send Anywhere의 특징을 살펴보면 첫째, 내 안드로이드 폰에서 다른 친구 폰으로, 태블릿에서 컴퓨터로 기기 제한 없이 자유롭게 파일을 주고받을 수 있다. 둘째, 사진과 문서, 공유하고 싶은 동영상과 음악, 재미있는 앱까지 어떤 파일이든 가능하다.

셋째, 별도의 회원가입이나 로그인 없이 6자리의 원타임 key만으로 파일 주고받기가 가능하다. 넷째, 친구에게 원타임 key를 알려줄 때도 메시지와 이메일, 각종 채팅 앱을 통해서 간편하게 알려줄 수 있다. 다섯째, 매번 이메일 주소를 물어볼 필요 없이 6자리의 원타임 key만 알려주면 된다.

일곱째, 원래 사진 그대로의 화질로 빠르고 쉽게 전송해 준다. 여덟째, 전송하는 파일의 종류나 용량에 제한이 없다. 아홉째, Android, iOS, win phone, PC browser 등 모든 주요 플랫폼을 지원하기 때문에 PC와 스마트폰 사이의 파일 전송도 편하게 할 수 있다. 열 번째, Share for 24hr을 누르고 파일을 업로드하는 경우 24시간 동안 유효한 키가 발급되며, 한 번에 여러 사람이 파일을 전송받을 수 있다.

그림 25-5 Send Anywhere

파일을 보낼 때에는 보낼 파일을 선택하고 '보내기'를 클릭한 다음 6자리의 원타임 key를 받을 사람/기기에 전달하면 된다. 받을 때에는 전송받을 기기에서 받은 6자리의 원타임 key를 Receive 칸에 입력하고 파일을 받으면 된다(그림 25-6).

그림 25-6 Send Anywhere의 파일 전송하기

26

유용한 프로그램

PC에는 뛰어나지만 잘 알려지지 않은 무료 프로그램들이 종종 있다. 새 PC를 구입하면 당연히 설치하는 것으로 간주되는 무료 보안 도구와 필수 프로그램들 외에도 유명하지 않지만 어느 소프트웨어 못지않게 훌륭한 프로그램들이 무수히 많아 유용하게 사용할 수 있다.

1. 줌잇

줌잇(zoomit)은 파워포인트나 키노트, 프레지 등을 이용해서 프레젠테이션 발표를 하거나 강의, 세미나 등을 하게 될 경우 유용한 프로그램(https://technet.microsoft.com/en-us/sysinternals/bb897434.aspx)이다(그림 26-1).

주요 기능으로 돋보기 프로그램으로써 특정 부분을 확대, 마우스마킹, 텍스트 입력 등의 기능이 있어 프레젠테이션 도구로 많이 사용하고 있는 무료 유틸리티이다. Zoomit을 줌과 줌 없이 드로잉할 수 있으며, 다른 단축키를 지정할 수 있다. 사용자가 드로잉 펜의 색상과 크기를 정의할 수 있으며, 탭 멀티 타이머 창에서 활성 상태로 유지하고 Zoomit을 트레이 아이콘을 클릭하여 타이머 창으로 복귀할 수 있는 휴식 시간 타이머 기능이 포함되어 있다.

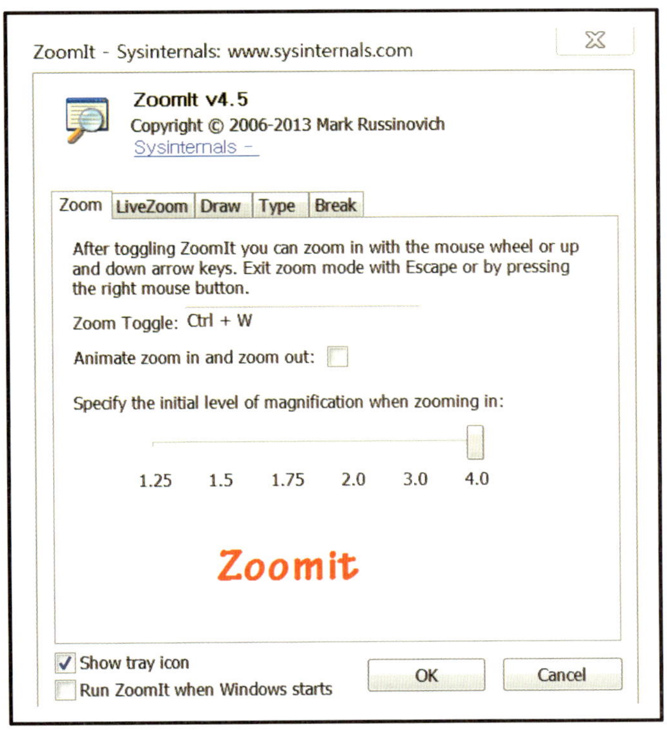

그림 26-1 줌잇

2. 아이스 브레이킹

아이스 브레이킹(ice breaking)은 원활한 수업 진행을 통해 토의 전이나 중간에 팀 효과를 창출하는 것으로 동기부여를 시키거나, 긴장을 완화시키고, 창의적 사고를 촉진시키는 등을 목적으로 하는 일련의 활동을 말한다. 유튜브 등에 업로드되어 있는 다양한 동기 유발 영상들이 미남교수의 스마트 교수법 카페(http://cafe.naver.com/smartteaching)에 링크되어 있어 수업에 아이스 브레이킹으로 이용할 수 있다(그림 26-2).

그림 26-2 아이스 브레이킹 모음 영상

3. 모그파일

모그파일(http://morguefile.com/)은 회원가입이 필요 없고, 무엇보다 카테고리별로 비교적 고화질의 배포 가능한 수많은 무료 사진들을 제공하고 있다(그림 26-3).

그림 26-3 모그파일

4. 플리커

플리커(flickr)는 무료 저장 공간이 1TB로 원본 사진을 저장할 수 있는 프로그램(https://www.flickr.com/)이다(그림 26-4).

그림 26-4 플리커

5. Exif Eraser

셀카시대라는 요즘 인터넷에 올라오는 사진들은 대부분 디지털카메라로 찍은 사진들이다. 아무래도 디지털 사진은 그 사진 속에 다양한 정보가 들어 있다. 가령 촬영 날짜를 비롯하여, 촬영카메라 기종, 렌즈, 조리개, 셔터스피드, 감도 등은 물론 스마트폰 사진들은 GPS 기능까지 있어 촬영 장소까지 확인할 수 있다. 하지만 가끔 내가 찍은 사진들의 메타정보를 남에게 공개하기 싫은 사진들이 있는 경우에 Exif Eraser로 정보를 지울 수 있다(그림 26-5).

그림 26-5 Exif Eraser

6. 아이콘 무료 사이트

디자인 작업을 하다 보면 아이콘이나 픽토그램 작업, 다양한 콘셉트의 이미지들이 필요하다. 늘 새로운 것을 찾기 위해 직접 작업하는 것도 필요하지만 작업 속도를 높이기 위해서는 참고 사이트가 필요하다. 발표를 위한 PPT 작업이 필요한데, 이때 텍스트 위주보다 약간의 이미지를 이용한 레이아웃 작업은 발표 자료에 좀 더 집중할 수 있어 간단한 픽토그램의 활용법을 알고 있으면 유용하다.

1) The Noun Project

홈페이지(https://thenounproject.com)에서 'Free Membership'으로 가입하여 다양한 아이콘을 PPT에 이용할 수 있다(그림 26-6).

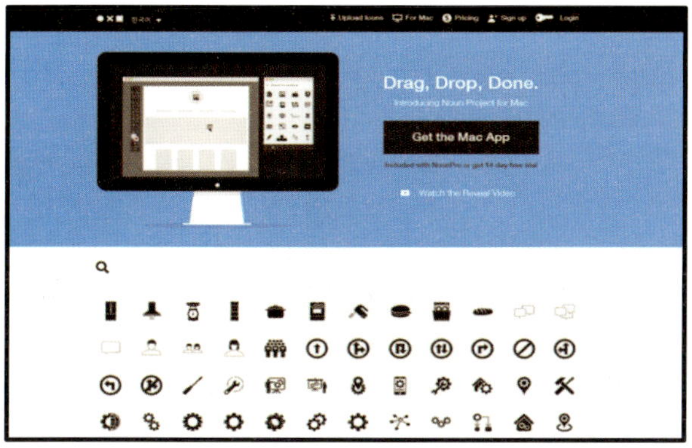

그림 26-6 The Noun Project

2) Flaticon

회원가입 없이 다운로드 가능하며, PNG/SVG/EPS/BASE 64/PSD 파일로 다운이 가능하다(그림 26-7).

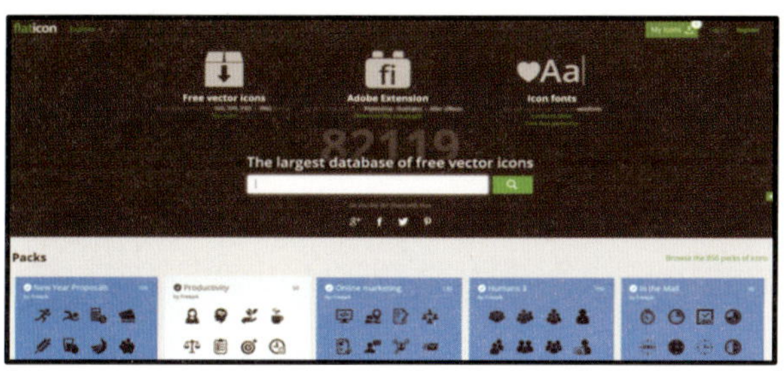

그림 26-7 Flaticon

3) Iconfinder

Iconfinder 홈페이지(https://www.iconfinder.com)에서 무료로 다운로드하면 PPT에 폭넓게 이용할 수 있다(그림 26-8).

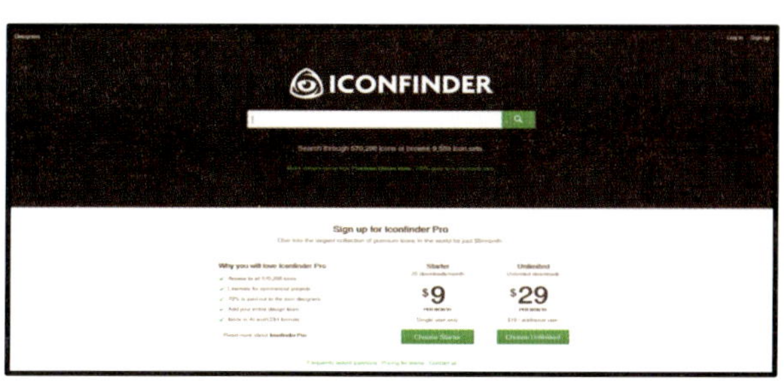

그림 26-8 Iconfinder

7. Pixlr

포토샵 대신 인터넷 실행 창에서 무료로 사진 보정을 할 수 있는 프로그램(https://pixlr.com)이다(그림 26-9).

그림 26-9 Pixlr

8. 사진 합성 프로그램

디지털 카메라와 스마트폰으로 실시간으로 사진을 찍을 수 있다. 이러한 다양한 사진을 그래픽 툴이나 포토샵 없이 인터넷 웹사이트에 접속하여 간편하게 합성할 수 있는 프로그램이다.

1) 포토 퍼니아

포토 퍼니아(http://photofunia.com)는 다양한 그림(449개)에 원하는 자신의 사진들을 합성하여 웹상의 사이트(PC, 스마트폰 등)에서 재미있는 사진을 만들 수 있는 사이트이다(그림 26-10).

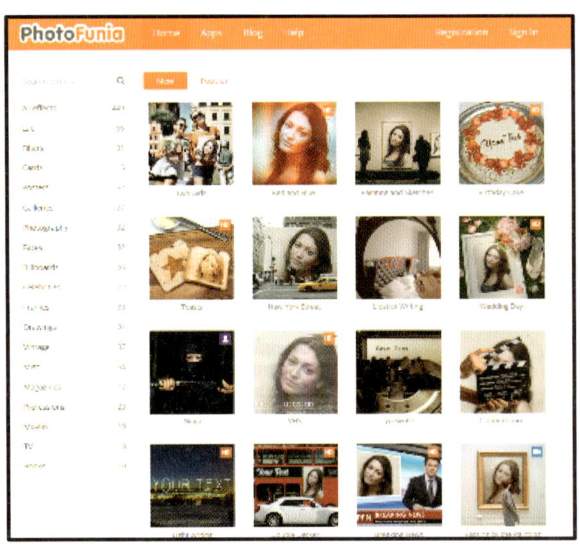

그림 26-10 포토 퍼니아

기능을 살펴보면 원하는 효과를 선택하여 적용하고자 하는 Choose photo를 클릭하면 사진을 업로드하기 위해 팝업창이 열린다. 이때 Upload를 클릭하여 원하는 사진을 불러와서 채널이나 타이틀, 헤드라인 등에 텍스를 입력한다(그림 26-11, 26-12).

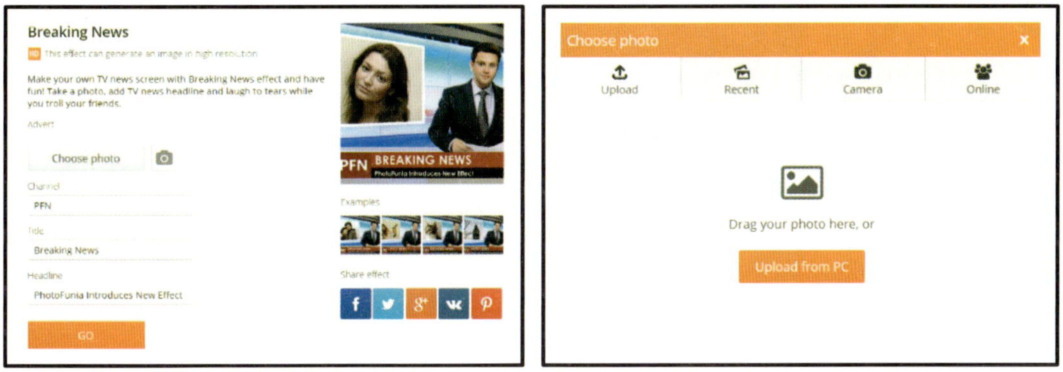

그림 26-11 원하는 효과 선택 후 사진 업로드

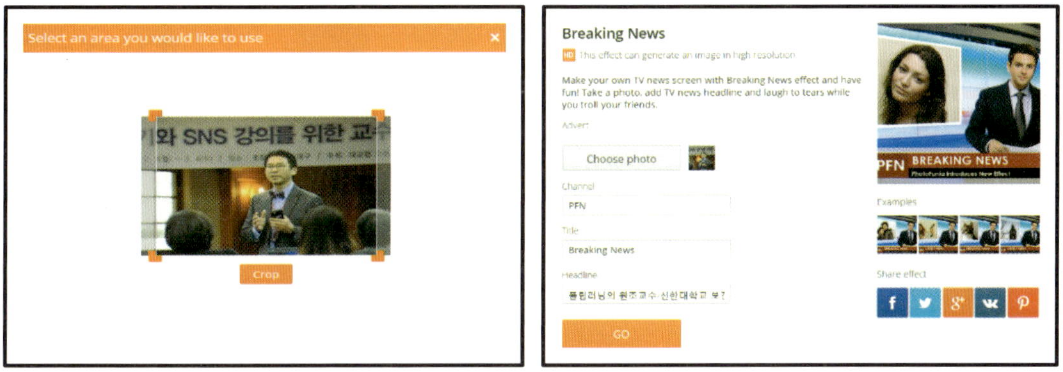

그림 26-12 사진 업로드 후 텍스트 입력

또한 텍스트를 입력한 다음 Go 버튼을 클릭하면 합성을 시작하면서 결과를 보여준다. 결과를 확인한 다음 다운로드(화질: large, regular, small)나 오더(postercard, print, other) 또는 SNS상(facebook, twiter 등)에 공유할 수 있다(그림 26-13, 26-14).

그림 26-13 사진 합성 후 결과물 다운로드 및 공유

그림 26-14 포토퍼니아를 이용한 필자의 합성 사진

2) Fun Photo Box

총 60여 개의 효과 중에서 원하는 사진으로 다양하게 합성해 주는 프로그램(http://funphotobox.com)이다(그림 26-15, 26-16).

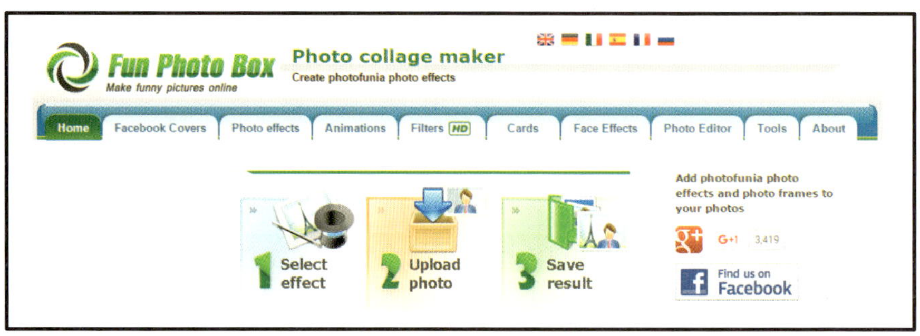

그림 26-15 Fun Photo Box

그림 26-16 Fun Photo Box를 이용한 필자의 합성 사진

3) Photo505

Photo505는 116개의 효과로 합성 서비스를 제공해 주는 프로그램(http://photo505.com/이다(그림 26-17, 26-18).

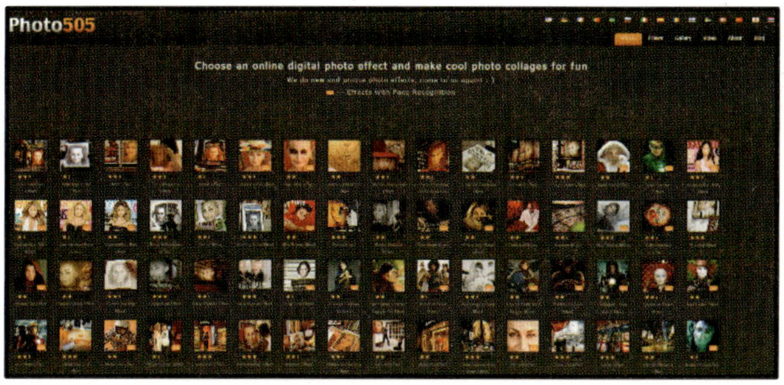

그림 26-17 Photo505

그림 26-18 Photo505를 이용한 필자의 합성 사진

4) Lunapix

Lunapix는 약 50여 개의 효과로 포토프레임 만들기에 유용한 프로그램(http://www.loonapix.com)이다(그림 26-19, 26-20).

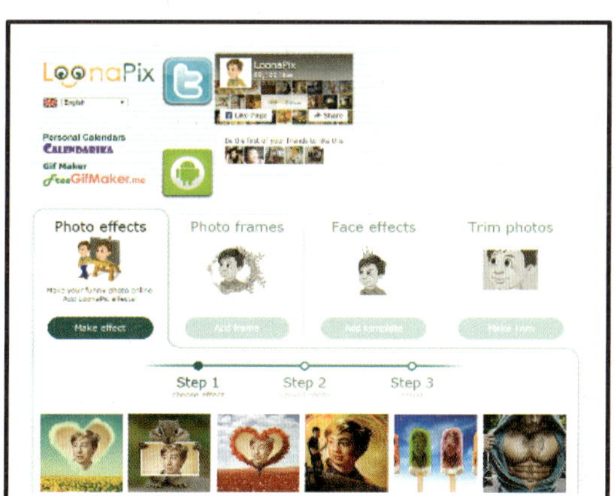

그림 26-19 Lunapix

그림 26-20 Lunapix를 이용한 필자의 합성 사진

5) Funny Photos

75개의 템플릿에 독특한 얼굴 인식 기술을 활용해 자연스럽게 합성할 수 있는 프로그램(http://pho.to)이다(그림 26-21, 26-22).

그림 26-21 Funny Photos

그림 26-22 Funny Photos를 이용한 필자의 합성 사진

9. 밀크콘

밀크콘은 바탕화면의 아이콘을 폴더별로 구성하여 효율적인 작업공간을 제공하는 프로그램(http://www.milkcon.co.kr)이다(그림 26-23).

그림 26-23 밀크콘

10. 긴 URL을 짧게 줄여주는 프로그램

긴 링크를 그대로 복사해서 전달할 경우에 주소가 너무 길기도 하고, 지저분해 보이기도 하며, 받는 사람 입장에서는 스팸으로 착각할 수 있다. 이러한 경우에 네이버에서 서비스하는 me2.do와 구글에서 서비스하는 goo.gl을 통해서 URL을 짧게 줄일 수 있다.

1) me2.do

me2.do는 긴 URL을 짧게 줄여 주면서 큐알 코드로 생성해 주는 프로그램(http://me2.do)이다(그림 26-24).

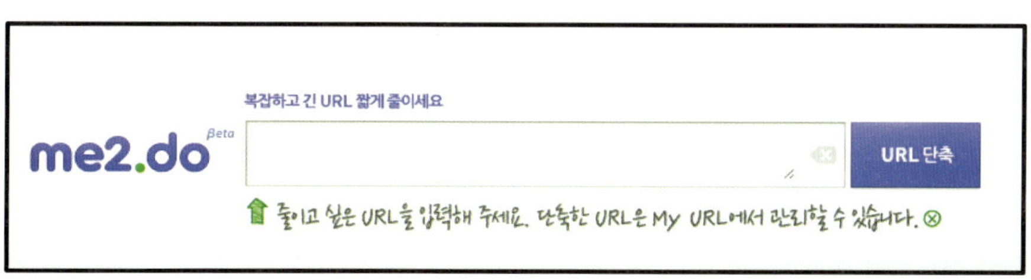

그림 26-24 me2.do

2) Goo.gl

구글에서 서비스하는 Goo.gl을 통해서 URL을 짧게 줄일 수 있는 프로그램(https://goo.gl)이다(그림 26-25).

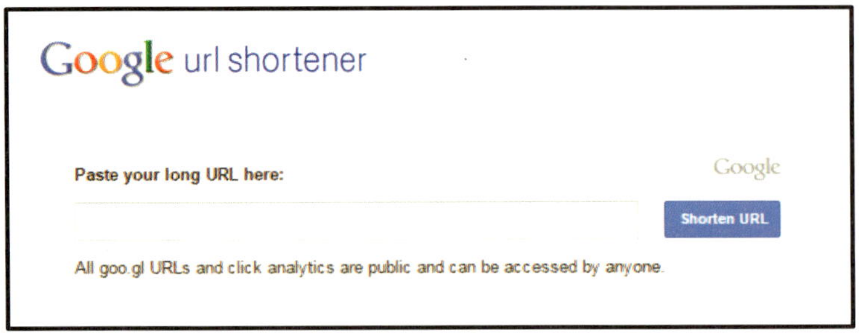

그림 26-25 Goo.gl

11. Color Logo Maker

Color Logo Maker는 손쉽게 컬러풀한 로고 이미지를 제작할 수 있는 프로그램(http://software.naver.com/software)이다(그림 26-26, 26-27). 생성 후 JEPG나 PNG로 저장한다.

그림 26-26 Color Logo Maker

그림 26-27 Color Logo Maker로 생성한 필자의 로고

12. 눈탱 리모트 레이저

눈탱 리모트 레이저는 효과적인 프레젠테이션 환경을 만들 수 있는 솔루션으로 프레젠테이션 할 때 사용하는 프로그램이다(그림 26-28). 스마트폰에서 파워포인트 프레젠테이션 제어와 레이저 포인트까지 제공하고 있다.

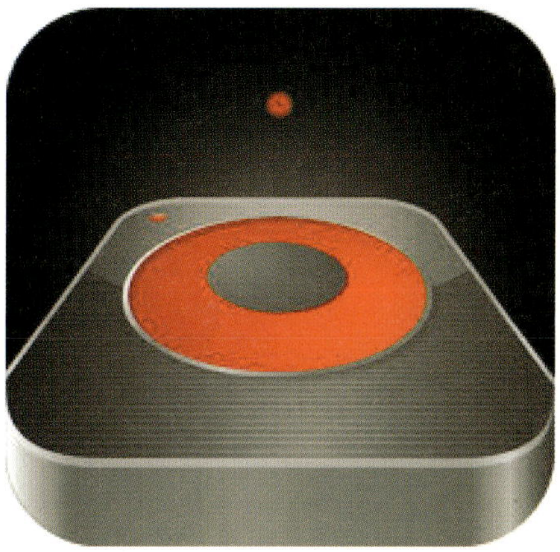

그림 26-28 눈탱 리모트 레이저

13. 에브리온 TV

종합편성 채널, 스포츠 채널, 경제전문 채널, 영화 채널 등 총 250여 개의 채널을 무료로 시청할 수 있는 프로그램(http://www.everyon.tv/service)이다(그림 26-29).

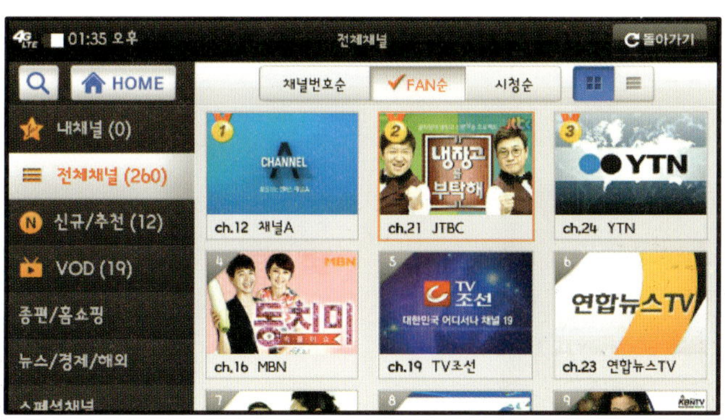

그림 26-29 에브리온 TV

14. infogr.am

인포그래픽(Information과 Graphic의 합성어)은 텍스트, 데이터, 통계 등의 복잡한 정보를 수집, 분석, 가공하여 스토리텔링과 디자인을 통해 정보를 전달하는 시각적 표현으로, 해외는 물론 우리나라에서도 IT, 마케팅, 영업, PR, 광고, 리서치, 빅데이터, 교육 등에서 다양하게 활용되고 있는 프로그램(https://infogr.am/app/#/library)이다(그림 26-30).

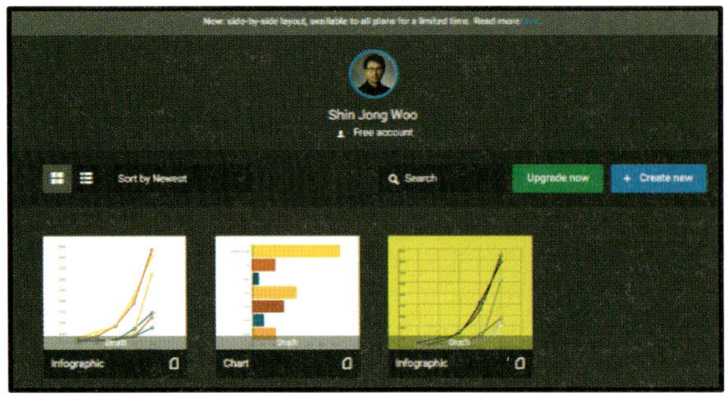

그림 26-30 infogr.am

15. 테더링(핫스팟)으로 Wi-Fi를 자유롭게 쓰는 법

휴대폰를 모뎀으로 이용해 노트북, 태블릿 PC, 스마트폰 등의 다른 기기와 연결하여 인터넷 사용이 가능하도록 하는 것을 테더링(Tethering)이라고 한다. 테더링은 스마트폰만 가능한 것으로 인식되어 있지만 스마트폰뿐만 아니라 대부분의 휴대폰에서 이용 가능한 기능이다. 현재 iOS 운영체제를 사용하는 애플 아이폰과 안드로이드 OS를 사용하는 삼성, LG, 팬택, HTC 등의 안드로이드폰 모두 테더링 사용이 가능하다(아이폰4 iOS 4.25 이상, 안드로이드 2.2 프로요 이상의 OS에서만 지원)(그림 26-31).

테더링은 이 기능을 지원하는 휴대폰를 사용한다면 장소에 구애받지 않고 언제, 어디서나 외부기기를 인터넷에 연결시켜 줄 수 있다는 장점을 갖고 있다. 즉, 휴대폰이 휴대용 무선공유기 역할로 휴대폰 통신망을 이용하는 것이기 때문에 일반 초고속 인터넷에 비해 속도는 확실히 느리다. 그리고 무제한 요금제를 사용하지 않는 이상 과도하게 사용할 경우 요금 폭탄을 맞을 수 있기 때문에 실시간으로 사용량을 확인하는 것이 중요하다.

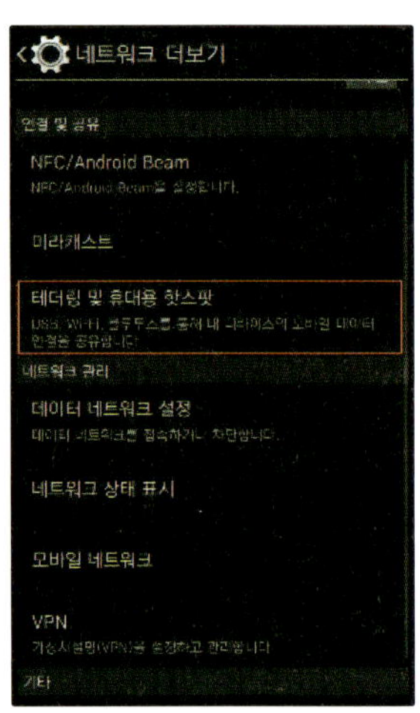

그림 26-31 테더링

1) USB를 이용한 테더링

USB 케이블이 있을 때 사용할 수 있는 간단한 테더링 방식으로 USB 테더링이 있다. 휴대폰과 PC를 USB 케이블로 연결한 다음에 USB 테더링 선택을 하면 연결한 PC에서 휴대폰을 통해 인터넷에 간편하게 접속할 수 있게 된다. USB 테더링 방식은 케이블을 이용하기 때문에 무선 방식에 비해 속도가 빠르다는 장점이 있다(그림 26-32).

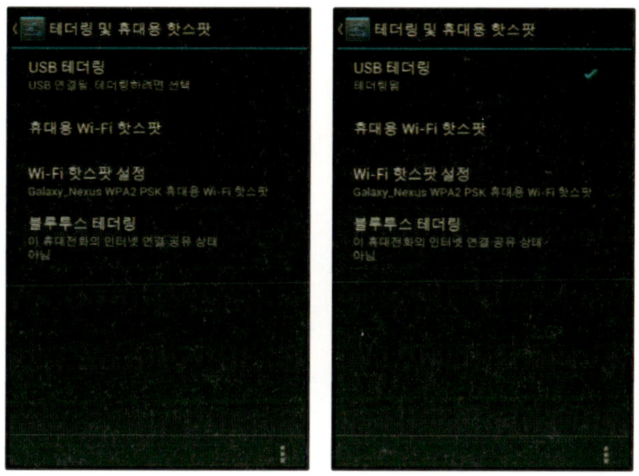

그림 26-32 USB를 이용한 테더링

2) 와이파이와 블루투스를 이용한 테더링

USB를 이용한 테더링 방식은 비교적 속도가 빠르다는 장점이 있지만, USB 케이블과 연결한 기기만 인터넷 연결이 가능하다는 게 단점이다. 하지만 와이파이(Wi-Fi), 블루투스 등과 같은 무선 방식을 이용한 테더링은 USB 케이블 방식에 비해 속도는 느리지만 동시에 여러 기기를 사용할 수 있다는 점과 별도의 케이블이 필요 없다는 점에서 휴대성이 좋아 널리 사용되고 있는 방식이다(그림 26-33). 설정을 통해 네트워크 SSID와 보안을 위한 비밀번호 설정을 할 수 있으며, 와이파이 테더링 활성화를 해두면 스마트폰이나 노트북 같은 기기에서 바로 연결하여 인터넷을 사용할 수 있다.

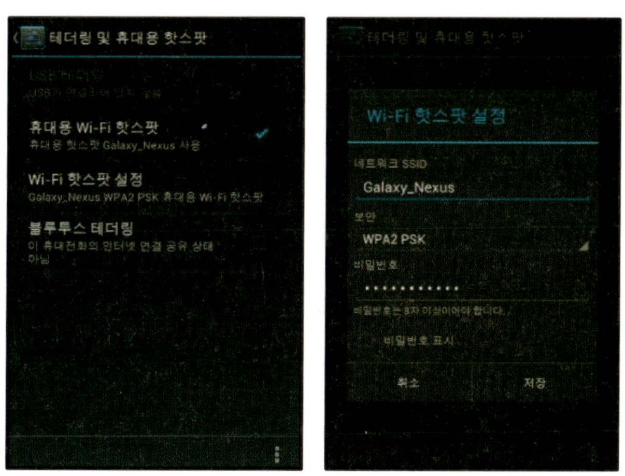

그림 26-33 와이파이와 블루투스를 이용한 테더링

16. 백색소음

백색소음(화이트노이즈)은 모든 주파수 성분을 포함한 소음으로, 핑크노이즈와 함께 대표적인 소음이다. 백색소음이라는 이름의 유래는 태양광선으로 대표되는 백색광이 빛의 분야에서 에너지 분포를 나타내고 있는데, 백색소음은 귀에 쉽게 익숙해지기 때문에 작업에 방해되는 일이 거의 없으며, 오히려 거슬리는 소음을 덮어주는 작용을 한다. 백색소음에는 진공청소기나 사무실의 공기정화장치, 파도소리, 빗소리, 폭포소리 등이 포함되어 있다. 백색소음은 심신이 안정될 때 나오는 알파파를 유도하고 산만할 때 나오는 베타파를 감소시키는 역할로 유용한 프로그램이다.

1) Wheresound

웨어사운드(Wheresound)는 백색소음과 같이 카페소리와 함께 집중력을 높일 수 있는 필수 앱이다(그림 26-34). 웨어사운드는 홍대, 강남, 가로수길의 3개의 카페소리를 담고 있어 인터넷 접속 없이 사용 가능한 프로그램(http://www.wheresound.com)이다.

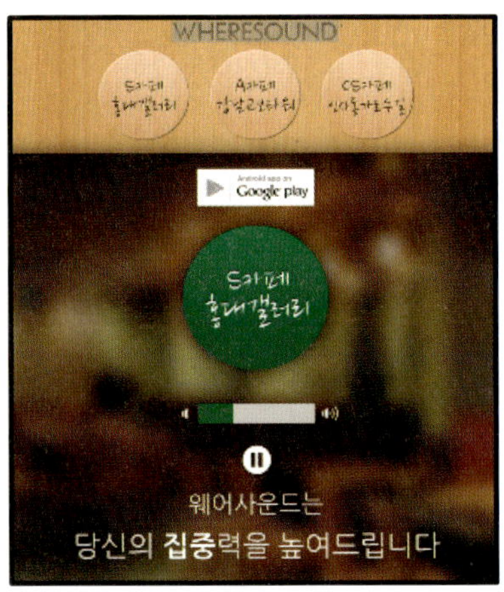

WHERESOUND

그림 26-34 웨어사운드

2) KMY 미디어

빗소리, 물소리 등 다양한 자연의 소리를 들을 수 있으며, 집중이 필요한 공부뿐만 아니라 명상, 휴식을 취할 때 들어도 좋은 프로그램(http://www.youtube.com/user/KMYMedia)이다(그림 26-35).

KMYMedia

그림 26-35 KMY 미디어

3) Rainy Mood

비오는 소리를 실감나게 들을 수 있는 프로그램(http://www.rainymood.com)이다(그림 26-36).

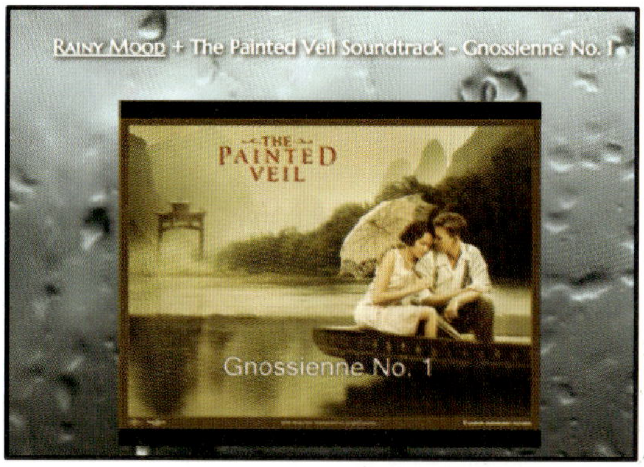

그림 26-36 Rainy Mood

4) Rainy Cafe

카페 소음과 빗소리를 동시에 듣고 싶을 때 유용한 프로그램(http://rainycafe.com)이다(그림 26-37).

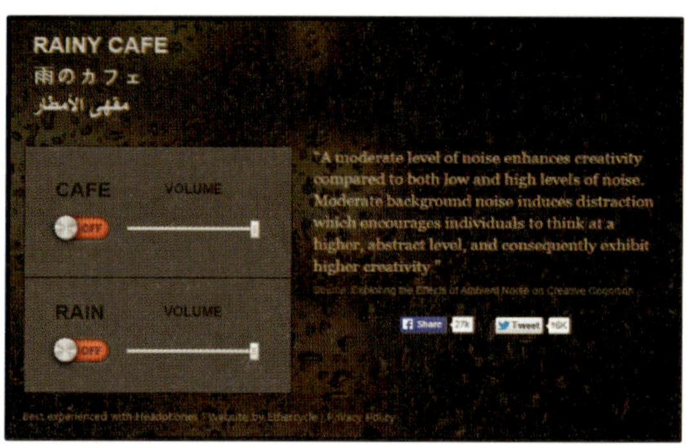

그림 26-37 Rainy Cafe

5) Coffitivity

외국 사람들의 대화가 들리는 카페소음 프로그램(http://coffitivity.com)이다(그림 26-38).

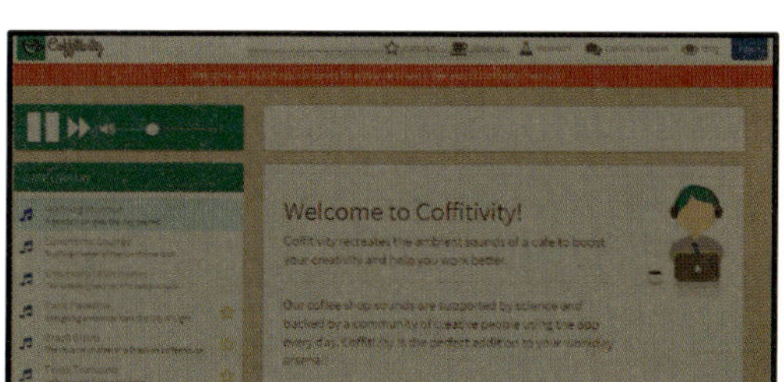

그림 26-38 Coffitivity

6) Relax and Sleep

안정과 숙면을 취할 수 있도록 다양한 소리를 섞어서 들을 수 있는 프로그램(https://play.google.com/store/apps/details?id=com.mizusoft.relaxandsleep)이다(그림 26-39).

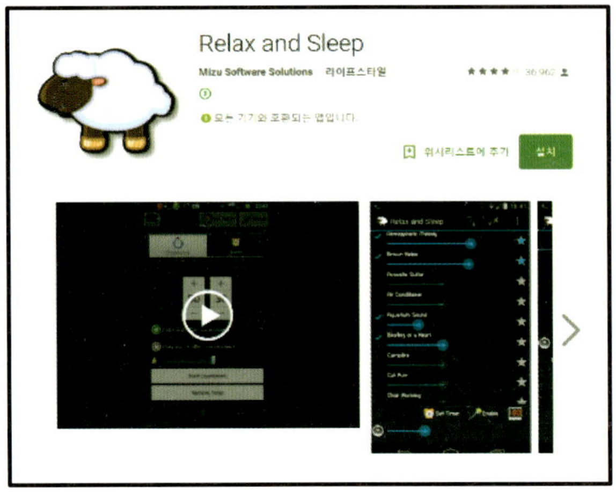

Relax and Sleep

그림 26-39 Relax and Sleep

7) 사운드 슬립 음악치료

사운드 슬립 음악치료는 다양한 소리가 섞여 잔잔한 음악과 함께 재생되는데 공부할 때보다 공부한 후 잠시 휴식을 취할 때 좋은 프로그램(https://play.google.com/store/apps/details?id=imoblife.mtsoundsleep)이다(그림 26-40).

그림 26-40 사운드 슬립

8) White Noise Lite

다양한 소음들을 들을 수 있는 프로그램(https://play.google.com/store/apps/details?id=com.tmsoft.whitenoise.lite)이다(그림 26-41).

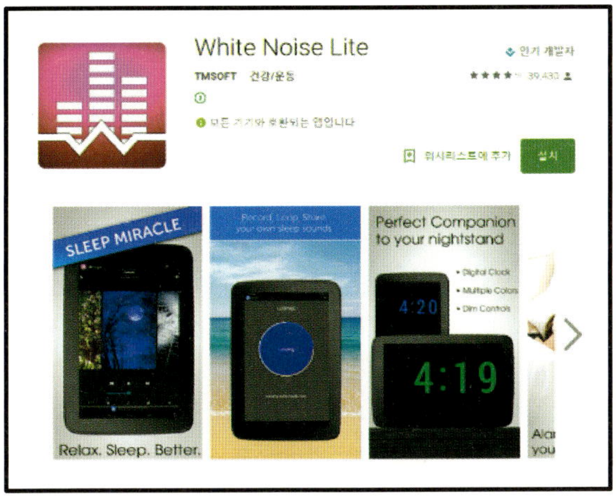

그림 26-41 White Noise Lite

17. 개인 정보 보호 프로그램

1) 비밀 폴더

비밀폴더(SecretFolder)는 사용에 아무런 제한 없이 개인 폴더를 숨겨주는 프로그램(http://software.naver.com/software)이다(그림 26-42).

주요 기능을 살펴보면 첫째, 암호를 지정하여 폴더 관리. 둘째, 폴더를 숨기고 접근 차단. 셋째, 안전 모드로 접근 시에도 폴더를 숨기고 접근차단 등을 할 수 있다.

그림 26-42 비밀 폴더

2) 이지크립트

이지크립트(EasyCrypt)는 미국 국방부가 권장하는 AES 256bit 및 SHA 512bit 알고리즘을 적용한 파일 암호화 프로그램(http://software.naver.com/software)이다(그림 26-43).

주요 기능을 살펴보면 첫째, 모든 파일 암호화 처리. 둘째, 용량 및 인코딩 언어에 상관없이 모든 파일에 대한 암호화 지원. 셋째, Windows 탐색기 전용. 넷째, 마우스 오른쪽 버튼을 이용하여 파일 암호화 제공. 다섯째, 기본 메일 클라이언트 연동 기능. 여섯째, 간편하게 파일을 암호화 후 메일에 첨부 가능. 일곱째, 고수준의 암호화 등을 제공하고 있다.

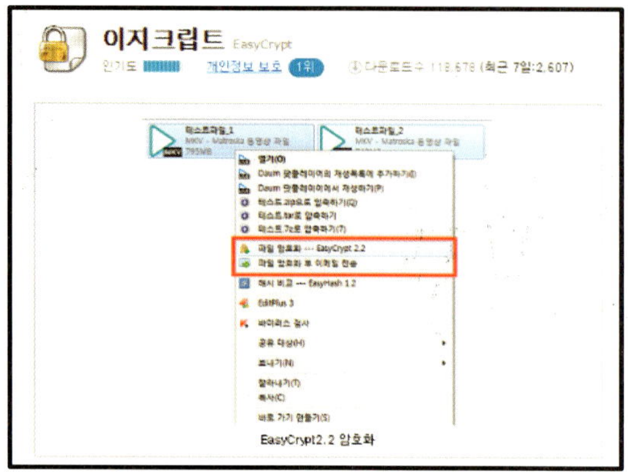

그림 26-43 이지크립트

3) PDF Password Remover Tool

PDF Password Remover Tool은 사용자 암호가 설정되어 암호로 보호된 PDF 파일 해독으로 사용할 수 있는 간단한 프로그램(http://pdf-password-remover.en.softonic.com/?ex=SWH-1740.1)이다(그림 26-44).

주요 기능을 살펴보면 첫째, PDF 암호문서 방지. 둘째, PDF 문서에서 소유자 암호를 해독하고 제거. 셋째, 소유자 암호가 설정된 PDF 파일의 뷰어 방지 등의 기능을 제공한다.

그림 26-44 PDF Password Remover Tool

4) ZIP Password Unlocker

ZIP Password Unlocker는 Zip 압축파일 패스워드를 복구하는 프로그램(http://software.naver.com/software)이다(그림 26-45).

그림 26-45 ZIP Password Unlocker

5) Wise Folder Hider

Wise Folder Hider는 사용자가 원하는 파일을 숨겨주는 프로그램이다(그림 26-46).

주요 기능을 살펴보면 첫째, 파일 숨기기. 둘째, 파일이나 폴더를 보이지 않게 하기. 셋째, 숨겨진 파일은 암호로 지정. 넷째, 여러 가지 계정 지원 등의 기능을 제공한다.

그림 26-46 Wise Folder Hider

18. 뉴스바다

뉴스바다는 웹 브라우저와 동일한 구조로 인터넷 익스플로러 8.0을 개조해 만들었다. 국내외 뉴스 사이트에 빠르게 접근할 수 있는 뉴스 전용 웹 브라우저(http://software.naver.com/software)이다(그림 26-47).

사용 방법은 기존 웹 브라우저와 동일하며, 웹 브라우저를 이용해 인터넷에 접속하던 일반 사용자도 쉽게 적응할 수 있게 구성되어 있다. 상단 메뉴에는 주소창과 신문 목록이 있다. 종합신문(연합, 조선, 중앙, 동아, 경향, 한겨레, 한국, 세계, 문화 등), 경제신문(매일경제, 한국경제, 서울경제, 머니투데이, 헤럴드경제, 이데일리, 파이낸셜 등), 스포츠신문(스포츠서울, 스포츠동아, 일간스포츠, OSEN 등), IT 신문(전자신문, 디지털타임즈, 아이뉴스24, 지디넷 등), 인터넷신문(오마이뉴스, 프레시안, 미디어오늘 등) 등에 바로 접근할 수 있도록 단축 버튼이 준비되어 있다. 사용자는 이 가운데 자신이 접근하고 싶은 신문을 누르면 된다. 메뉴를 누르면 해당 신문사의 홈페이지에 바로 접속되어 언론사 홈페이지 주소를 따로 외우지 않아도 된다.

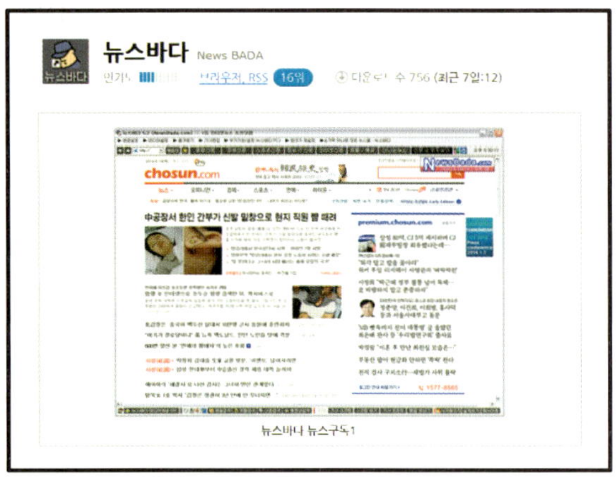

뉴스바다 News BADA

그림 26-47 뉴스바다

19. 아이패드 추천 앱

1) 로드무비

로드무비는 영상 편집 촬영에 다양한 필터 입히기, 배경음악까지 삽입할 수 있는 영상 제작 앱이다(그림 26-48).

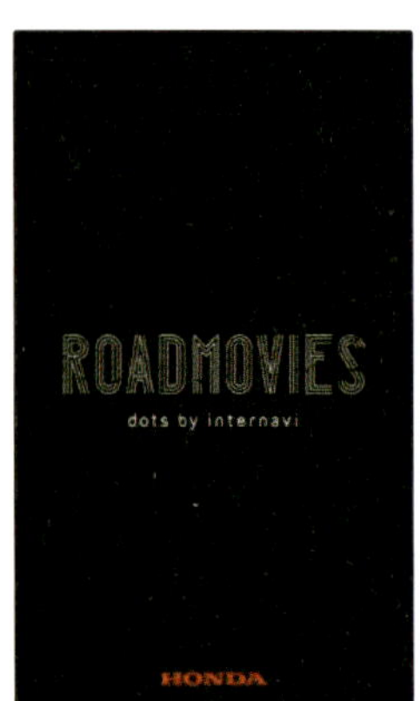

그림 26-48 로드무비

2) CNN

CNN은 세계 최고의 뉴스채널 중 한 곳으로 영어 공부를 하는 사람들을 위한 앱(http://edition.cnn.com)이다(그림 26-49).

가입 절차나 인증 필요 없이 CNN의 수준 높은 뉴스들을 돌려볼 수 있고, 스크립트도 제공되기 때문에 쉽고 편리하게 영어 공부를 할 수 있는 앱이다.

그림 26-49 CNN

3) 스피킹 맥스

스피킹 맥스는 컴퓨터와 노트북, 태블릿 PC와 스마트폰까지 모두 연동이 가능한 영어학습 앱(http://www.speakingmax.com)이다(그림 26-50).

자신의 레벨에 따라 또는 자신이 흥미 있는 국가에 따라 과정을 선택할 수 있어 효율적으로 영어 공부를 할 수 있다.

그림 26-50 스피킹 맥스

4) PDF 노트

PDF 노트는 PDF 파일의 페이지를 빠르게 넘기면서도 즉시 내용을 확인할 수 있고, 손가락으로 편리하게 코멘트를 달아 다른 사람에게 이메일로 보낼 수 있는 앱이다(그림 26-51).

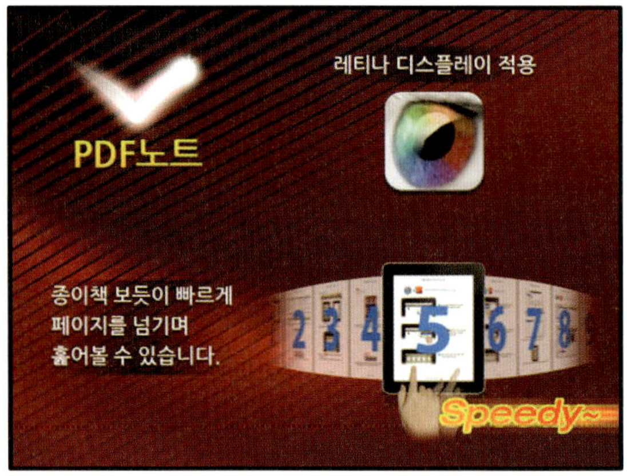

그림 26-51 PDF 노트

5) Bamboo Paper

Bamboo Paper는 아이패드에서 손으로 메모하거나 무엇인가를 그리고 싶은 경우에 유용한 앱(http://bamboopaper.wacom.com)이다(그림 26-52).

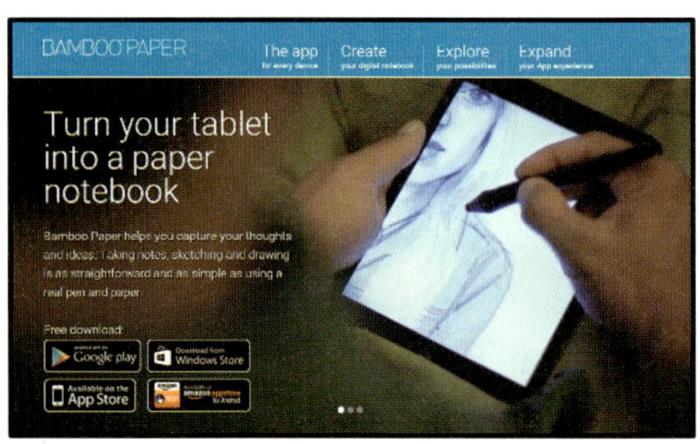

그림 26-52 Bamboo Paper

6) iTuness U

스탠포드, 예일, MIT, 옥스퍼드, UC 버클리 대학교를 비롯해 1,000개가 넘는 대학교와 전 세계 초· 중·고등학교 대상 교육 시설 및 문화 시설에서 공개적으로 배포하고 있는 무료 공개 강의 앱(https://itunes.apple.com)이다(그림 26-53).

그림 26-53 iTuness U

7) TED

TED(Technology, Entertainment, Design)는 미국의 비영리 재단에서 운영하는 강연회이다. 정기적으로 기술, 오락, 디자인 등과 관련된 강연회를 개최한다. 알릴 가치가 있는 아이디어(Ideas worth spreading)가 모토이다. TED는 미국뿐만 아니라 유럽, 아시아 등에서도 개최하고 있으며, TEDx란 형식으로 각 지역에서 약 20분 정도의 독자적인 강연회를 개최(https://www.ted.com)하기도 한다.

초대되는 강연자들은 각 분야의 저명인사와 괄목할 만한 업적을 이룬 사람들이 대부분인데 이 중에는 빌 클린턴, 앨 고어 등 유명 인사와 노벨상 수상자들도 많이 있다. TED 강연은 1,700개 이상의 비디오와 오디오로 제공되고, 매주 더해지고 있으며, 이제 TED 공식 앱을 통해 타블렛과 스마트폰으로 멋진 강연들을 감상할 수 있다(그림 26-54).

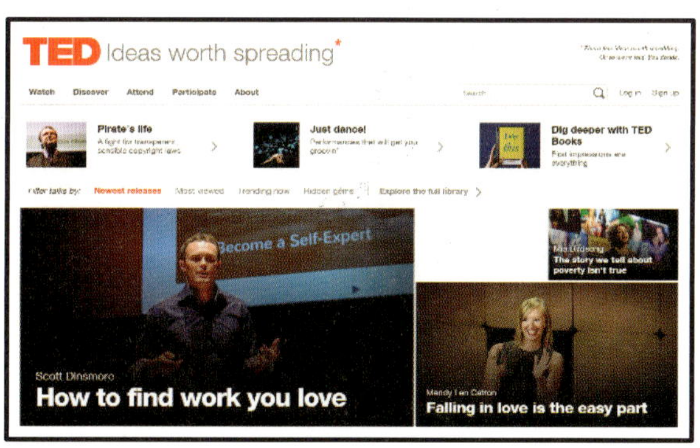

그림 26-54 TED

8) Nearpod

Nearpod는 강의실에서 교수가 강의할 때 보는 화면을 학생들의 아이패드에서 볼 수 있도록 해주는 앱(https://itunes.apple.com/kr/app/nearpod/id523540409?mt=8)이다(그림 26-55).

노트북 컴퓨터나 안드로이드 태블릿으로도 접속할 수 있으며, 화이트보드에 필기를 한 다음 그대로 전송할 수 있다.

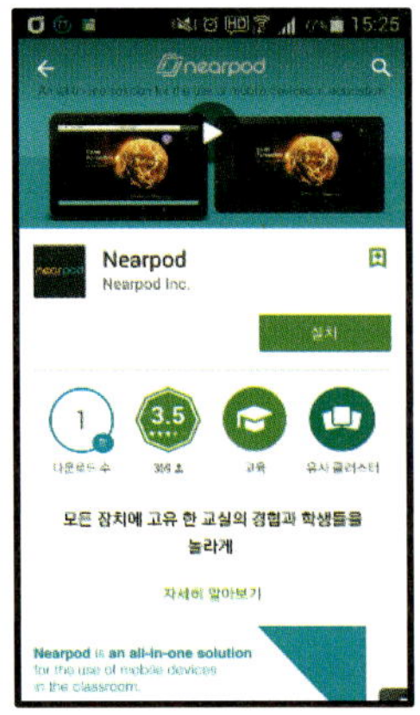

그림 26-55 Nearpod

9) Explain Everything

Explain Everything은 아이패드에서 강의 자료를 판서하면서 프레젠테이션을 할 수 있는 앱(http://explaineverything.com)이다(그림 26-56).

프레젠테이션 중 판서하는 과정을 그림이나 동영상으로 저장하여 공유할 수 있다.

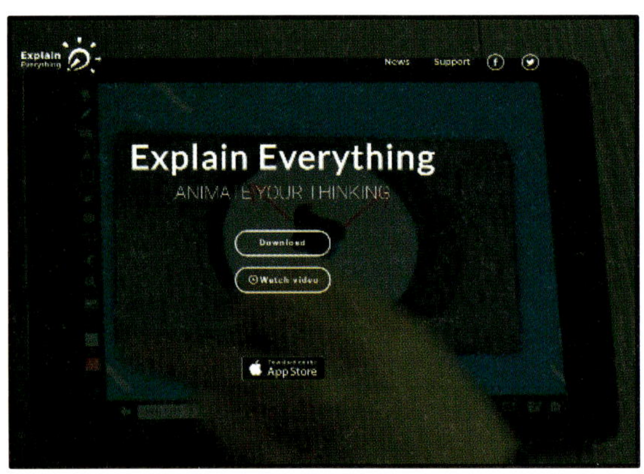

그림 26-56 Explain Everything

10) iMovie

iMovie는 아이패드에서 사진, 음악 등을 이용해 동영상을 만들어 주는 앱(https://itunes.apple.com/kr/app/imovie/id377298193?mt=8)이다(그림 26-57).

애플의 최신 제품인 아이폰 6s, 아이패드 미니, 아이패드 에어를 구입하는 사용자는 무료로 이용할 수 있다.

그림 26-57 iMovie

11) Numbers

Numbers는 모바일 기기를 위해 디자인된 가장 혁신적인 스프레드시트 앱(https://itunes.apple.com/kr/app/numbers/id361304891?mt=8)이다(그림 26-58).

iPad, iPhone, iPod touch를 위해 특별히 탄생한 Numbers는 Multi-Touch 제스처와 스마트 확대/축소하기 기능을 지원하기 때문에 손가락만으로도 멋진 스프레드시트를 만들 수 있다. 특히 기존 엑셀 파일을 열어 편집할 수 있어 아이패드에서 엑셀을 다루고 싶은 경우에 유용하다. 애플의 최신 제품인 아이폰6s, 아이패드 미니, 아이패드 에어를 구입하는 사용자는 무료로 이용할 수 있다.

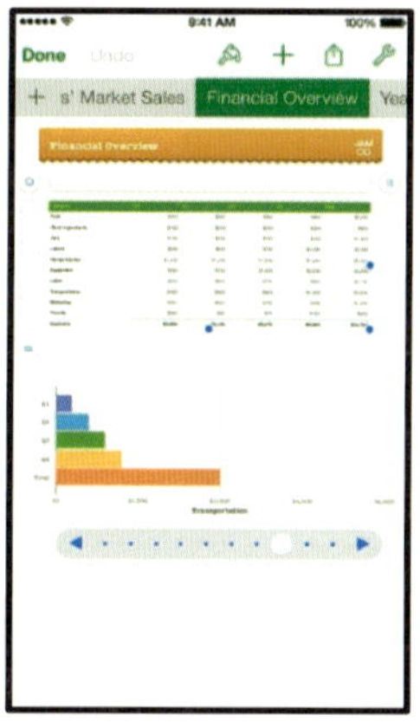

그림 26-58 Numbers

20. MOOC

온라인 공개수업(Massive Open Online Course; MOOC)(http://mooc.org)은 웹 서비스를 기반으로 이루어지는 상호 참여적, 거대 규모의 교육을 의미한다. 비디오나 유인물, 문제집이 보충자료가 되는 기존의 수업들과는 달리, 온라인 공개수업은 인터넷 토론 게시판을 중심으로 학생과 교수 및 조교 사이의 커뮤니티를 만들어 수업을 진행하는 것이 특징이다. 온라인 공개수업은 원격교육이 진화한 형태로 초기 온라인 공개수업의 핵심은 평생학습, 열린교육, 상호유대였다.

오늘날에는 이러한 특징 중 일부만 가지고 있으면서 개방성을 지닌 교육방침이라 하여 온라인 공개수업이라고 통칭하고 있다. 다시 말해 MOOC는 2002년 미국 명문대를 중심으로 시작된 개방형 온라인 강좌라고 할 수 있다.

MOOC는 M(Massive: 수강 인원에 제한을 두지 않고), O(Open: 별도의 수업료 없이 수강 가능), O(Online: 웹 기반), C(Course: 학습 목표를 달성하기 위해 구성된 코스)의 의미로 정의하고 있다(그림 26-59).

그림 26-59 MOOC

21. OCW

OCW 운동은 양질의 교육자료를 오픈된 라이선스(CCL)를 적용하여 누구나 강의자료로 이용할 수 있는 서비스(http://www.kocw.net)이다(그림 26-60). 세계 각국은 우수 콘텐츠를 대외적으로 공개 및 공유함으로써 고등교육 이러닝의 수월성을 향상시키기 위해 다각적인 노력을 전개하고 있다.

그림 26-60 OCW

22. Padlet

Padlet은 담벼락에 학습 정리를 하거나 과제로 다양한 자료를 모을 경우에 유용한 프로그램(https://ko.padlet.com)이다(그림 26-61). 로그인도 필요 없이 학생들이 들어올 수 있기 때문에 번거로운 절차가 없다는 것도 장점이다.

그림 26-61 Padlet

23. Evernote

에버노트(Evernote)는 메모용 스마트폰 앱(https://evernote.com/intl/ko)이다(그림 26-62). 크롬, 아이폰, 안드로이드, PC와 같은 플랫폼에서 실행된다. 한 기기에서 메모를 작성할 경우 다른 플랫폼끼리 메모 동기화가 가능하다. 녹음, 파일 첨부, 사진 저장, 저장한 메모에 대한 위치 정보 추가, 태그에 따른 메모 분류, 키워드에 따른 메모 검색, 텍스트, 이미지 및 링크를 포함하여 웹 페이지의 일부 또는 전체를 스크랩하는 클리핑 기능을 제공한다. 에버노트는 무료 사용자에게 한 달에 최대 60MB의 용량을, 유료 사용자에게 4G를 제공한다.

그림 26-62 Evernote

24. Onenote

마이크로소프트 오피스 원노트(Microsoft office OneNote)는 노트 사용, 정보 수집 및 여러 사용자의 협업을 위해 마이크로소프트사가 만든 앱(https://www.onenote.com)이다(그림 26-63).

오피스를 구입해야 사용할 수 있는 유료 소프트웨어였으나 최근 일부 유료 버전의 기능을 제거한 무료 버전을 공개하였다. 초기의 많은 시스템이 선형 텍스트 흐름(단순한 목록)에 의지해야 하는 반면, 원노트는 노트들을 한 장의 이차원의 페이지로 시각화하였다. 또한 노트 공유와 더불어 그림, 사진, 소리, 영상, 링크와 같은 기능들도 추가하였다. 현재 최신 버전에서의 확장자는 .one이다.

그림 26-63 Onenote

25. Post-it® Plus

Post-it® Plus는 포스트잇을 아날로그와 디지털 환경을 아우르는 좋은 앱(https://itunes.apple.com/kr/app/post-it-plus/id920127738?mt=8)이다(그림 26-64).

종이로 된 포스트잇과 그 안에 적힌 글씨를 그대로 이미지로 변환해 주기 때문에 유용하다. 전체 구조는 유지하면서 각각의 포스트잇을 이미지로 변환해 주기 때문에 디지털 환경에서도 종이로 된 포스트잇을 활용하는 방법 그대로 사용할 수 있다.

그림 26-64 Post-it® Plus

27

PC 포맷 후 필수 설치 소프트웨어

포맷(format)이란 PC의 보조기억장치인 하드디스크의 내용을 지우고 초기화한다는 말과 거의 같은 의미로, PC를 사용하다가 오류가 자주 발생하거나 속도가 느려지는 현상이나 하드웨어적으로 문제가 발생할 경우에 포맷을 하는 것을 말한다. 포맷은 새로 구입한 디스크뿐 아니라 기존에 사용하던 디스크에도 가능하며, 포맷을 하면 기록되었던 데이터들이 전부 지워지기 때문에 기존에 쓰던 PC를 초기화할 때도 하드디스크 포맷을 한다. 하드디스크를 포맷하면 당연히 저장되어 있던 운영체제 및 응용프로그램들이 전부 사라지기 때문에 포맷이 끝나면 PC는 부팅이 되지 않아 정상적으로 사용할 수 없게 된다. 따라서 하드디스크 포맷을 하기 전에 중요한 데이터를 미리 백업해 두어야 하며, 포맷 후에는 다시 운영체제 및 응용프로그램 설치 작업을 해야 한다.

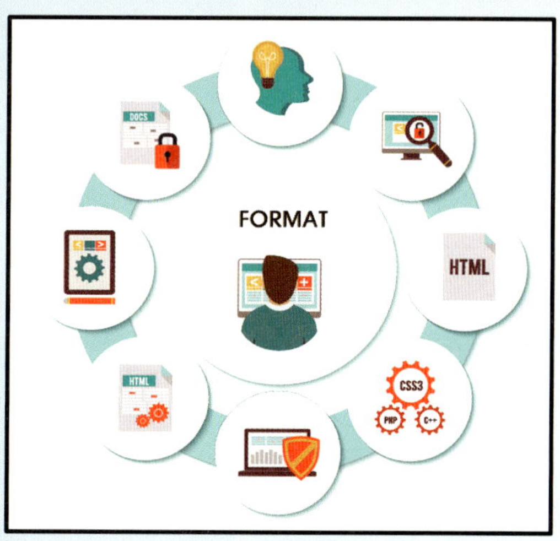

1. PC 포맷을 하는 이유

1) 디스크 단편화

디스크 단편화(파일이 조각나는 현상)는 PC를 계속 사용하게 되면 필연적으로 일어나게 된다. 그런데 이러한 디스크 단편화는 PC 사용 누적시간이 오래되면 디스크 조각모음으로도 한계가 있다. 이러한 이유로 포맷을 하게 되면 조각난 파일들까지 다 삭제되기 때문에 PC의 속도가 향상된다.

2) 사용하지 않는 파일 정리

오랜 시간 동안 사용한 PC에서 사용하지 않는 파일들을 정리한다고 하면 엄청나게 많은 수의 파일들을 일일이 정리해야 한다. 하지만 포맷을 한다면 모든 파일을 삭제하므로 일일이 정리할 필요가 없다.

3) 바이러스 및 에러

사용 중인 PC가 바이러스나 에러가 자주 발생하고, 백신 프로그램으로도 복구가 되지 않는다면 포맷이 하나의 방법이 될 수 있다. 바이러스나 에러는 가끔 원인을 파악하기 어렵거나 PC의 System 파일 자체에 오류가 생겨서 복구가 어려울 경우가 있다. 이때 포맷은 가장 효과적인 복구 방법이 될 수 있다(그림 27-1).

그림 27-1 PC 포맷

2. 백신

1) 안랩 V3 Lite

안랩 V3 Lite는 악성코드 진단 및 치료는 물론, 의심 프로그램 실행 차단/웹 보안 등 강력한 PC 보안을 제공하는 AhnLab의 대표 무료백신(http://www.ahnlab.com/kr/site/main.do)이다(그림 27-2).

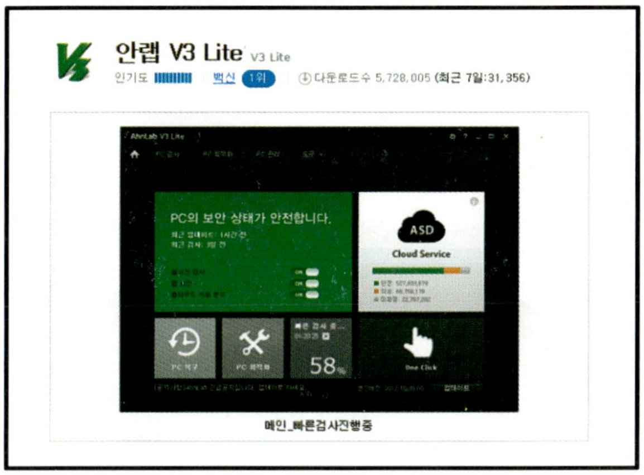

AhnLab

그림 27-2 안랩 V3 Lite

2) 네이버 백신

네이버 백신은 각종 악성코드 및 스파이웨어, 바이러스, 웜, 해킹 등의 외부적 위험 요소로부터 다양한 기능을 통해 사용자의 PC를 보호하고 치료하는 강력한 백신 프로그램(http://tools.naver.com/service/vaccine)이다(그림 27-3).

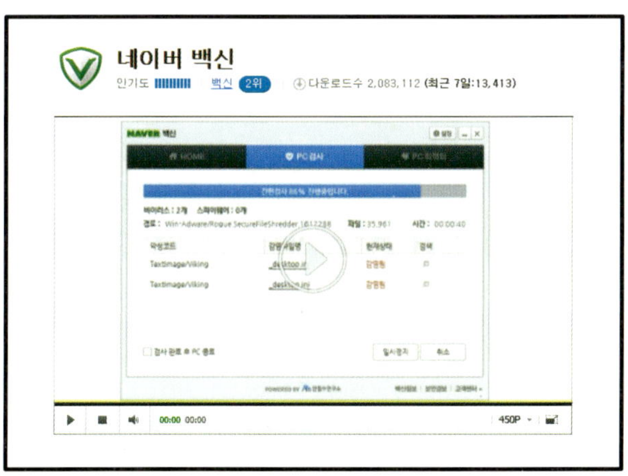

그림 27-3 네이버 백신

3) Avast Free Antivirus 2015

Avast Free Antivirus 2015는 철저한 방역 기능과 감시 기능을 갖춘 AVAST Software의 개인 사용자 배포용 무료백신 프로그램(https://www.avast.com/index)이다(그림 27-4).

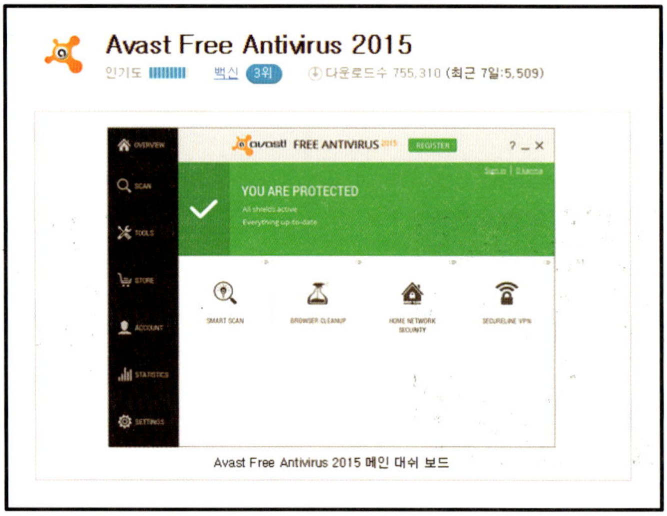

그림 27-4 Avast Free Antivirus 2015

4) Norton AntiVirus 체험판

Norton AntiVirus 체험판은 빠르고 가벼운 것은 기본이며, 설치만 하면 스스로 판단하여 내 PC를 보호하는 백신 프로그램(http://kr.norton.com/antivirus)이다(그림 27-5).

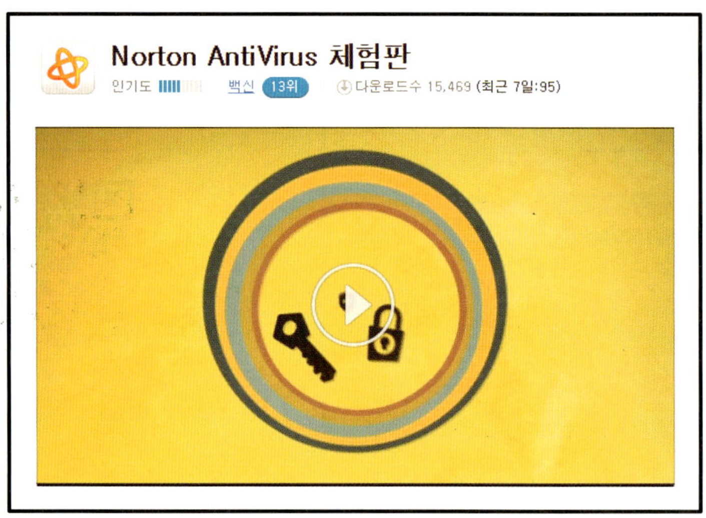

그림 27-5 Norton AntiVirus 체험판

3. 클리너

1) 고클린

고클린(GoClean)은 레지스트리 최적화를 비롯해 시스템 정보 제공, 컴퓨터 정보 모니터링, 타이머 기능 등 다기능을 갖춘 PC관리 및 최적화 프로그램(http://www.gobest.co.kr/goclean/goclean1.htm)이다(그림 27-6).

그림 27-6 고클린

2) 네이버 클리너

네이버 클리너(Naver cleaner)는 사용자 PC의 불필요한 프로그램들을 자동 삭제해 주거나 실시간으로 PC를 모니터링하여 상태 변화를 감지하고 미리 알려주는 알리미 기능 등을 제공하는 강력한 PC 관리 프로그램(http://tools.naver.com/ service/cleaner/index.nhn)이다(그림 27-7).

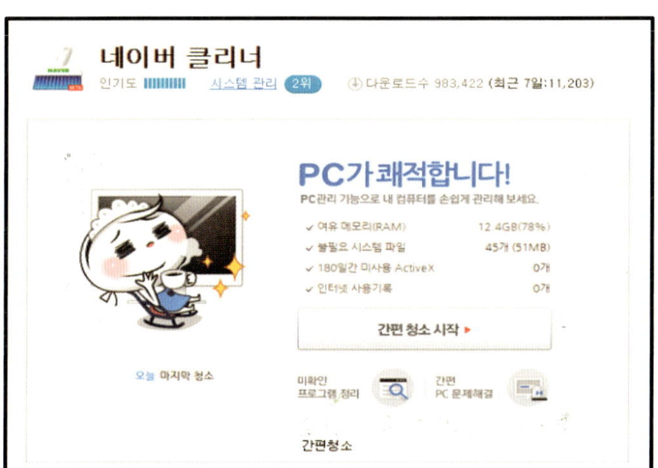

그림 27-7 네이버 클리너

3) CCleaner

CCleaner는 Internet Explorer, 시스템, 레지스트리 등의 불필요한 파일들을 삭제하여 하드디스크의 용량 확보는 물론 시스템 최적화에 도움을 주는 프로그램(http://www.piriform.com/ccleaner)이다(그림 27-8).

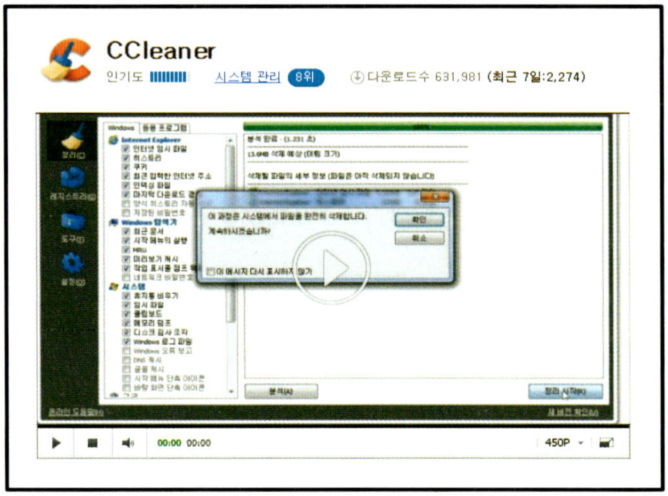

그림 27-8 CCleaner

4. 압축

1) 반디집

반디집(Bandizip)은 멀티코어를 활용하여 최대 6배까지 빠른 속도로 압축이 가능한 고성능 무료 압축 프로그램(http://www.bandisoft.co.kr/bandizip)으로, 대용량 파일 압축과 분할 압축 및 해제 기능이 뛰어나고 다양한 압축 포맷을 지원하고 있다(그림 27-9).

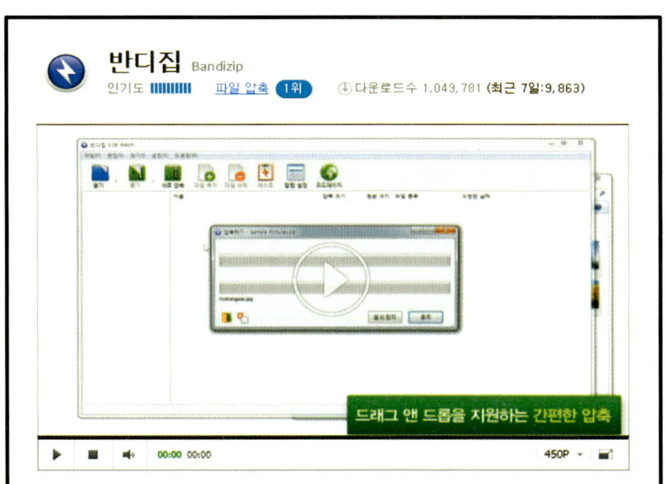

그림 27-9 반디집

2) 7-Zip

7-Zip은 많은 사람이 사용하고 있고, 여러 가지 압축 방식이 존재하며, 높은 압축률을 자랑하는 완전 무료 압축 프로그램(http://www.7-zip.org)이다(그림 27-10).

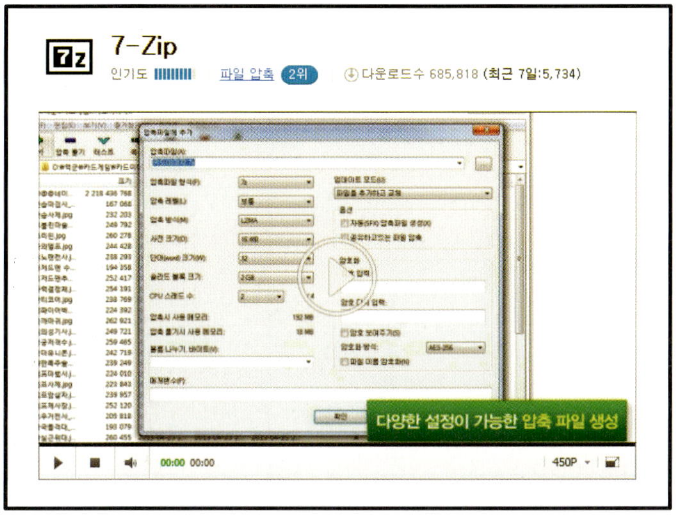

그림 27-10 7-Zip

3) 빵집

빵집은 파일을 압축하고, 압축된 파일을 열어주는 프로그램(http://blog.naver.com/delmadang)이다(그림 27-11).

그림 27-11 빵집

5. 문서/사무

1) MS Excel Viewer

MS Excel Viewer는 Excel이 설치되어 있지 않아도 Excel 통합 문서를 열어서 보고 인쇄할 수 있는 프로그램(https://support.microsoft.com/ko-kr/kb/273711)이다(그림 27-12).

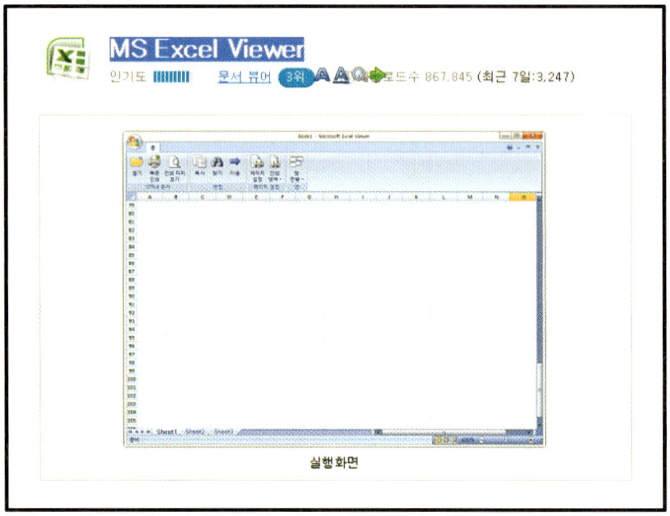

그림 27-12 MS Excel Viewer

2) MS PowerPoint Viewer

MS PowerPoint Viewer는 Microsoft Office가 설치되어 있지 않아도 해당 포맷 파일의 열람 및 인쇄가 가능한 전용 뷰어 프로그램(http://www.microsoft.com/en-us/download/details.aspx?id=13)이다(그림 27-13).

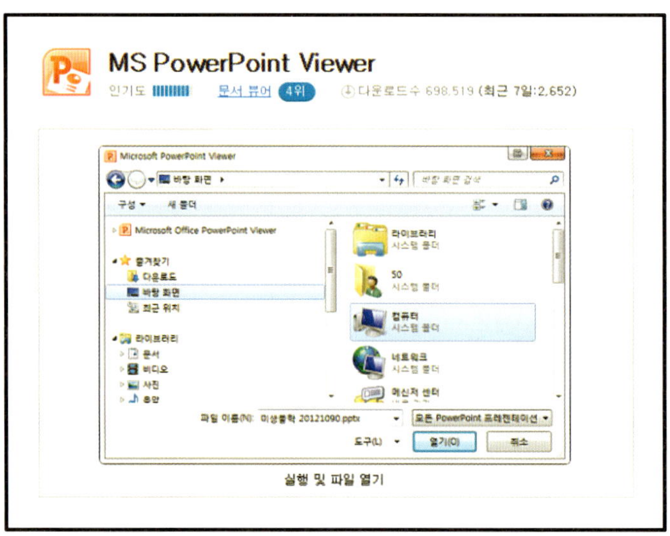

그림 27-13 MS PowerPoint Viewer

3) MS Word Viewer

MS Word Viewer는 Microsoft Office가 컴퓨터에 설치되어 있지 않아도 관련 문서들을 읽고 프린트할 수 있는 문서 뷰어 프로그램(http://www.microsoft.com/ko-kr/download/details.aspx?id=4#overview)이다(그림 27-14).

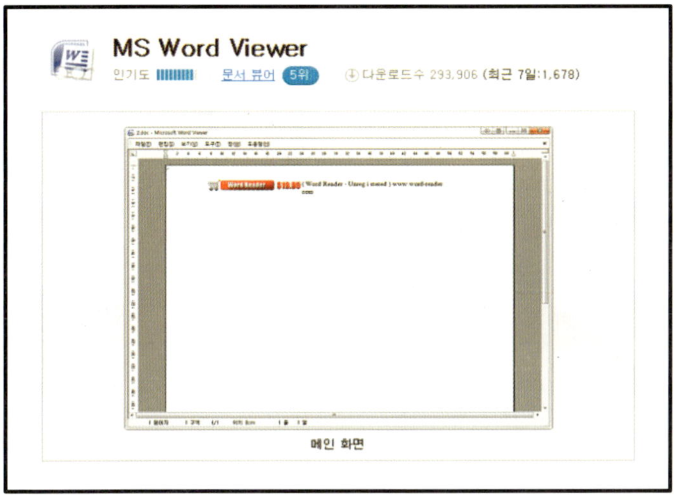

그림 27-14 MS Word Viewer

6. 동영상 플레이어

1) 네이버 미디어 플레이어

네이버 미디어 플레이어는 사진처럼 선명한 고화질 영상을 제공하고 자막, 화면 캡처 등 다양한 동영상 재생 기능들을 제공하는 유용한 동영상 플레이어 프로그램(http://tools.naver.com/service/mediaplayer)이다(그림 27-15).

그림 27-15 네이버 미디어 플레이어

2) QuickTime

QuickTime은 다양한 미디어 플랫폼에 호환되며 서라운드 사운드 지원, 스트리밍 미디어 지원 등 유용하고 다양한 기능을 가진 동영상 재생 프로그램(http://www.apple.com/shop/product/D3381Z/A/quicktime-7-pro-for-windows)이다(그림 27-16).

그림 27-16 QuickTime

7. 코덱

1) 스타코덱

스타코덱(Starcodec)은 동영상, 음악 재생에 필요한 코덱을 간편하게 설치하기 위한 통합 코덱 설치 프로그램(http://www.starcodec.com/ko)이다(그림 27-17).

그림 27-17 스타코덱

2) Z통합코덱

Z통합코덱(zcodec)은 미디어 재생을 위한 통합 코덱으로서 시스템을 감지하여 최적화된 코덱을 자동으로 설치할 수 있는 편리한 프로그램(http://software.naver.com/software/summary.nhn?softwareId=MFS_100188)이다(그림 27-18).

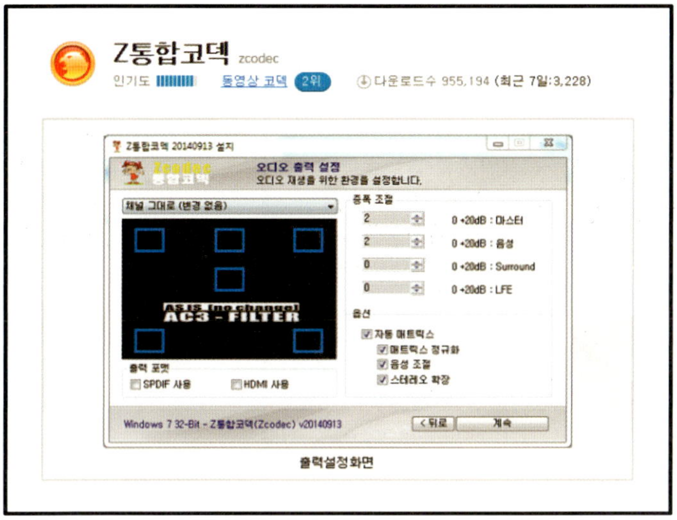

그림 27-18 Z통합코덱

8. 오디오 플레이어

1) Apple iTunes

Apple iTunes는 미디어의 보관 및 재생이 가능하며, Apple의 휴대기기에 미디어를 추가할 수 있도록 해주는 응용 프로그램(http://www.apple.com/itunes)이다(그림 27-19).

그림 27-19 Apple iTunes

2) Foobar2000

Foobar2000은 가벼운 구동과 함께 포맷 변환의 확장 기능까지 적용 가능한 오디오 재생 프로그램(http://www.foobar2000.org)이다(그림 27-20).

그림 27-20 Foobar2000

3) Winamp

Winamp은 원음에 가까운 멀티미디어 재생 프로그램이다. 새로운 버전에는 Modern Skin과 Media Library 기능을 포함시킨 새로운 멀티미디어 프로그램(http://www.winamp.com)이다(그림 27-21).

그림 27-21 Winamp

9. 이미지 뷰어

1) 꿀뷰

꿀뷰(HoneyView)는 압축파일을 지원하는 매우 빠르고 편리한 그림보기로 여러 개의 이미지 파일을 하나의 압축파일로 만들었을 경우에 압축을 풀지 않고 바로 볼 수 있는 프로그램(http://www.bandisoft.co.kr/honeyview)이다(그림 27-22).

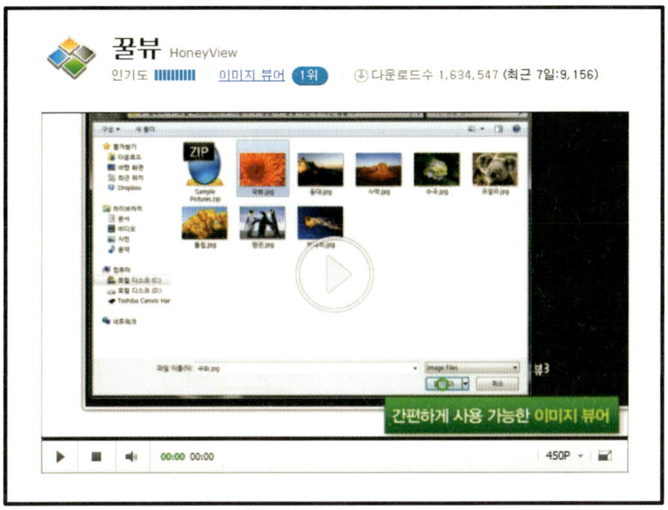

그림 27-22 꿀뷰

2) 네이버 포토뷰어

네이버 포토뷰어는 가볍고 빠른 사진 감상, 다양한 편집 기능 및 고화질 포토 동영상 제작 기능을 제공하는 다기능 종합 이미지 뷰어 프로그램(http://tools.naver.com/service/photoviewer)이다(그림 27-23).

그림 27-23 네이버 포토뷰어

3) ACDSee 10 Photo Manager

ACDSee 10 Photo Manager는 전 세계적으로 가장 널리 알려진 이미지 뷰어로서 기능이 다양하고 편리하여 누구나 손쉽게 사용할 수 있는 프로그램(http://www.acdsee.com)이다(그림 27-24).

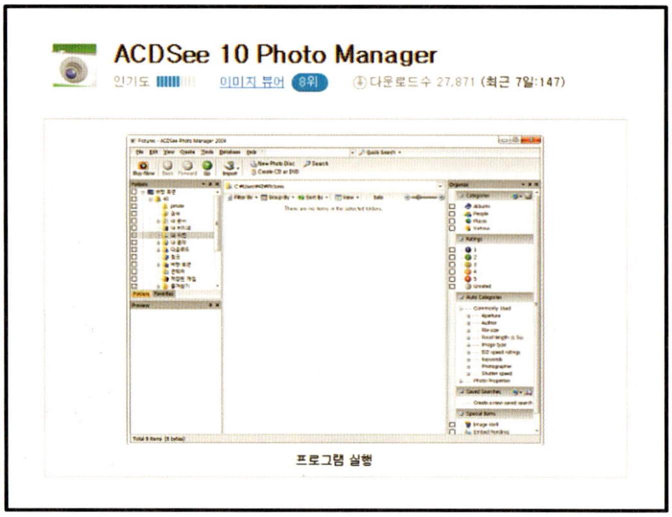

그림 27-24 ACDSee 10 Photo Manager

4) 다씨

다씨(DaSee)는 약 40여 가지의 모든 이미지 확장자를 빠른 속도로 보여줄 수 있으며, 그래픽뷰어 기능과 함께 편집할 수 있다. 일괄 편집이 가능한 강력한 편집 기능은 다씨만의 큰 특징으로 그림, 사진 등을 관리하고 볼 수 있는 이미지 뷰어 프로그램(http://datools.kr/datools4.htm)이다(그림 27-25).

그림 27-25 다씨

10. 이미지 캡처

1) 네이버 캡처

네이버 캡처는 내 컴퓨터의 모든 화면을 저장하고 다양하게 편집할 수 있는 화면캡처 프로그램(http://tools.naver.com/service/capture/index.nhn)이다(그림 27-26).

그림 27-26 네이버 캡처

2) 칼무리

칼무리는 키보드의 Print Screen 키를 이용하여 손쉽게 화면을 파일로 저장해 주는 캡처 프로그램(http://software.naver.com/software/summary.nhn?softwareId=MFS_100183)이다(그림 27-27).

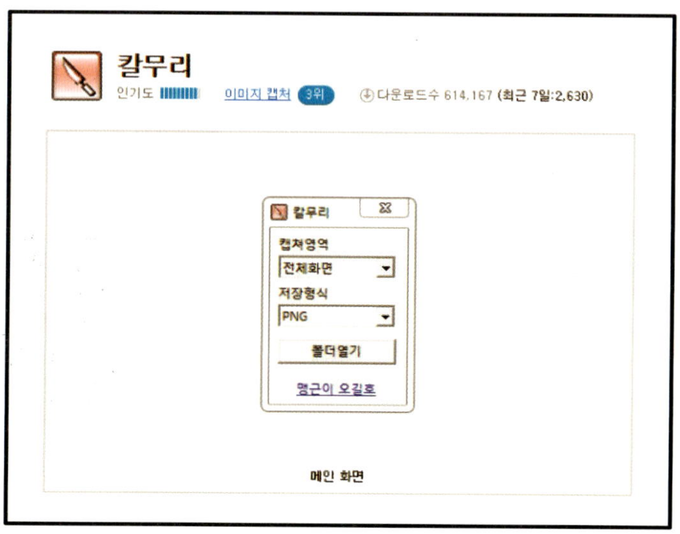

그림 27-27 칼무리

11. 브라우저

1) Internet Explorer 10

Internet Explorer 10은 Internet Explorer 9의 후속 작으로 간편해진 웹 서핑과 강력해진 보안 기능, 빠른 속도가 특징인 웹 브라우저 프로그램(http://windows.microsoft.com/ko-kr/windows-8/browse-web-internet-explorer-tutorial)이다(그림 27-28).

그림 27-28 Internet Explorer 10

2) 구글 크롬

구글 크롬(Google Chrome)은 Google사에서 개발한 크롬 웹 브라우저로 개발사 정책에 따라 외부 다운로드로 제공(https://www.google.com/intl/ko/chrome/browser/desktop/index.html)하고 있다(그림 27-29).

그림 27-29 구글 크롬

12. 메신저

1) 카카오톡

카카오톡(Kakaotalk)은 전 세계 어디서나 아이폰과 안드로이드폰, 블랙베리, 바다폰, 윈도우폰 사용자 간 무료로 메시지를 주고받을 수 있는 메신저 프로그램(http://www.kakao.com)이다(그림 27-30).

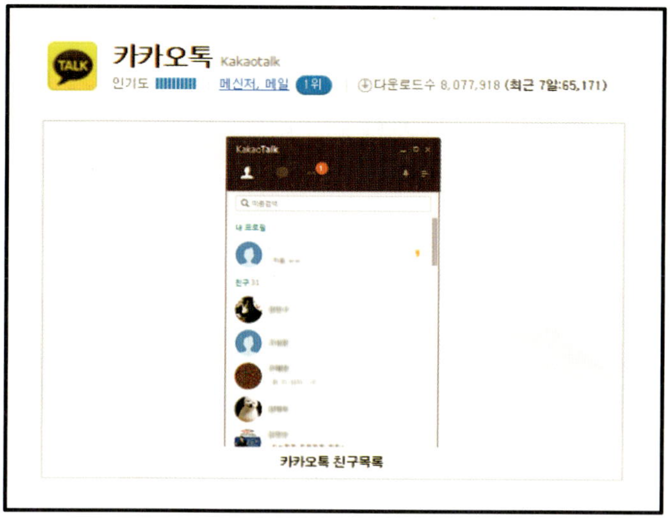

그림 27-30 카카오톡

2) 클래스팅

클래스팅(clasting)은 국내 최대 교육용 SNS인 클래스팅이 공교육 현장에서 SW 교육의 최적화 플랫폼(www.classting.com)이다(그림 27-31).

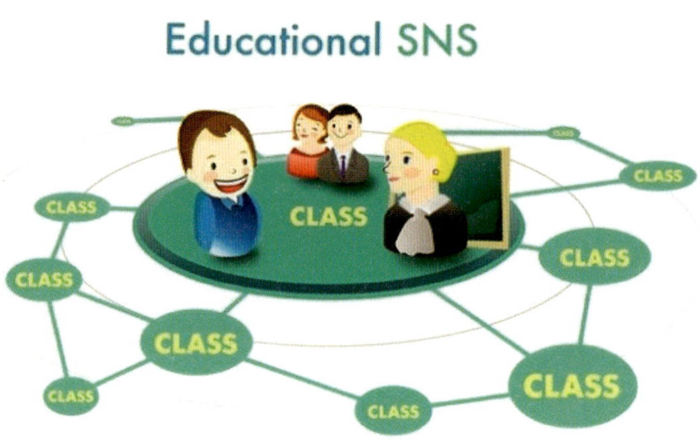

그림 27-31 클래스팅

3) 스카이프

스카이프(Skype)는 인터넷을 통해 글로벌하게 음성 및 영상 통화를 할 수 있는 프로그램(http://skype.daesung.com/service_intro/introMain.asp)이다(그림 27-32).

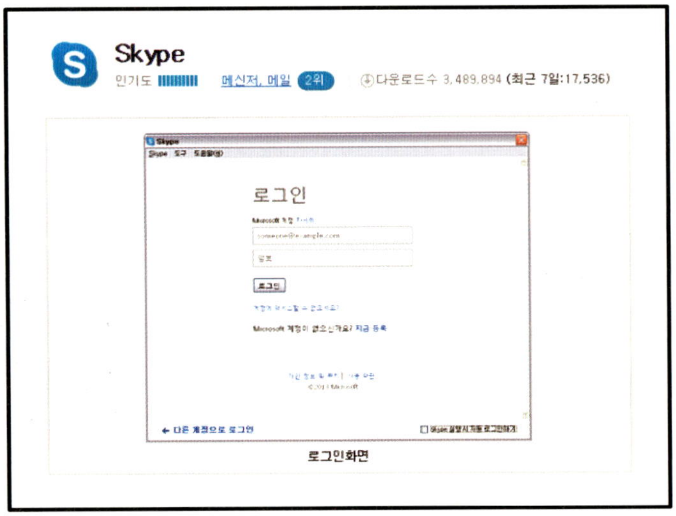

그림 27-32 Skype

4) 라인

라인(Line)은 세계 231개국 사용자가 언제, 어디서나 무료 메시지, 무료 통화를 이용하고 즐길 수 있는 새로운 커뮤니케이션 메신저(http://line.me/ko)이다(그림 27-33).

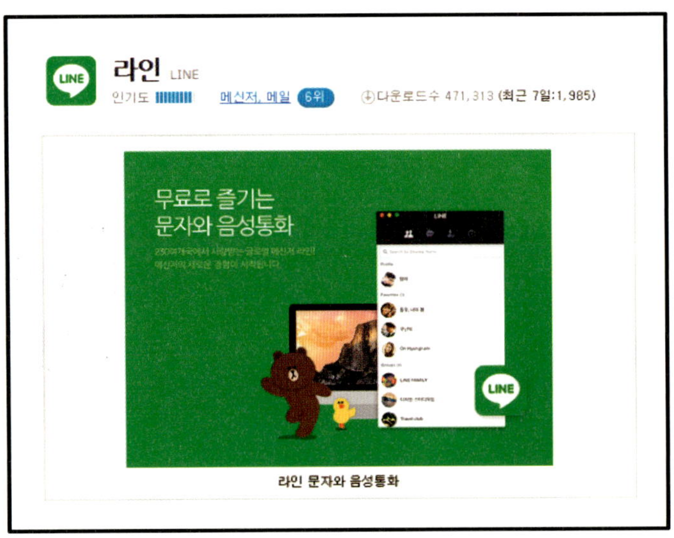

그림 27-33 라인

미남교수의 플립러닝을 위한 디지털 미디어 활용

발행일 2015년 10월 15일
저 자 신 종 우
발행인 최 용 원
편 집 이 은 의 · 장 순 임
표 지 김 애 선
발행처 **대한나래출판사**
등 록 제2012-000051호(1994.12.14)

주 소 서울특별시 성동구 성수2로 147 (성수동2가 289-319번지)
아이에스비즈타워 903호
전 화 (02) 922-7080
팩 스 (02) 922-0841
이메일 nrpub@naver.com

ISBN 978-89-5741-416-3 **정가 38,000원**

www.dhpub.com